제 2 판

사회복지법제론

김진수 · 권혁창 · 정창률 · 배화숙 · 남현주

형지사

제 2 판을 내며

사회복지법제를 교과서로 만들면서 저자 분들과 의논하면서 많은 망설임을 가졌던 기억이 새삼스럽게 떠올랐다. 법적인 기본 상식이 마련되지 않은 상태의 학생에게 사회복지법제를 가르치는 것이 가능할 것인가? 가르쳐야 한다면 어떤 전공을 한 학자가 적합할 것인가? 무엇을 가르쳐야 할 것인가? 거의 모든 것이 새삼스러운 논의의 대상이기도 하였고, 내용에 대한 논의이기도 하였다. 현재의 상태에서 아마 전형적인 법학자에게 강의를 맡긴다면 당연히 최소한 2~3학기의 기간을 요구할 것이다. 마찬가지로 사회복지 전공 학자가 강의를 하더라도 한 학기에 제도에서 규정한 내용을 전달하는 것 자체에 대해서 무리하다는 기존의 답변을 반복해서 들을 수밖에 없을 것이다.

아마 정상적인 사회복지법제를 가르치기 위해서는 법학개론을 수강하고 법 규정을 해석하고 이를 사회보장체제로서 설명하는 수업을 거치면서 사회보장체제를 법 규정으로 표현하는 능력을 키워야 한다고 하여야 정상일 것이다.

현재로서 이를 정당하다고 그리고 이를 수행하는 교과과정으로 개편해야 한다는 주장은 아마 이상을 생각하는 바람 정도로 받아들이지 않을까 싶다. 그리고 우리 법학계의 사회보장에 대한 관심이 이제야 시작되는 상황에서 법학계의 협조를 기대하는 것은 아직 시기상조인 듯싶다. 더구나 법학적 접근은 법 조항을 해석하고 이를 통하여 법적 다툼이 발생할 경우 이를 판단하는 근거를 제공하는 전형적인 형태에 집중하고 있기 때문에 법에 내포된 정신과 체제의 목적, 의미에 치중하는 사회복지접근 방식과는 상당한 차이가 있다.

이러한 복잡하고 무거운 상황을 인식하면서도 이번 사회복지법제 개정판을 내기 위한 저자 회의에서 먼저 의논된 것은 이미 출판된 사회복지법제 교과서의 충실성에 대한 반성이었다. 광범위한 사회복지법에 있는 내용을 교과서에 잘 수습해서 담는다는 것은 절대 쉬운 일이 아니긴 하지만, 핵심적이고 최근에 논의되고 또한 관심되는 사항을 포함하지 못하고 단순하게 나열하는 것은 부끄러운 일이라 생각했다. 또한 단순하게 나열된 내용으로 교과서의 역할을 다했다고 하는 것도 책임을 통감하지 못하는 태도라고 생각했다.

이러한 반성적 관점에서 교과서의 내용을 다른 차원에서 접근하고자 하는 노력을 보이도록 하였다. 제2판에서는 먼저 단순한 법 나열에서 벗어나기 위해서 사회복지와 관련된 사회적 위험에 대해서 어떠한 법들이 관련되어 있는지 종합적 차원에서 파악을 하도록 노령, 장애, 가족 등을 주제로 관련법을 분류하고 체계화하는 시도를 하였다. 그리고 각 법에 대해서는 빈곤에 대한 정책으로서 빈곤 예방적 성격의 사회보험과 빈곤 보호로서의 사회부조 그리고 빈곤탈출의 포함하는 사회서비스의 기본 성격을 염두에 두고 내용을 기술하였다. 특히 이번에는 각 법 제도에서 가장 이슈가 되고 있는 사항들, 예를 들어 가정폭력에서 관심 대상이 되고 있는 긴급임시조치에 대한 내용과 관심이 더욱 높아지고 있는 아동학대에 대한 개정 내용 그리고 저출산과 관련된 제도내용 등 사회 경제적 변화에 따라 나타나는 논란과 제도 변화를 중점적으로 다루도록 하는 데 노력을 기울였다. 물론 이러한 개정에는 한 가지 아쉬움과 미련이 있었다. 무엇보다도 사회복지사 2급 자격시험과의 연관성 문제가 있었기 때문이다. 이러한 자격증 시험에 대한 내용에 대해서 우리 저자들은 이러한 결론에 도달했다. 실제 시험 출제를 내었던 교수를 포함해서 솔직한 우리의 생각은 사회복지법제 시험 수준이 안정적이거나 변별력을 가지고 출제되기보다는 시험을 위한 시험, 출제를 위한 출제에서 크게 향상되지 못하였다는 것이라는 점이다. 그래서 이번 제2판에서는 사회복지사 시험을 준비하는 수험서로 활용할 수 있는지에 대해서는 고려하지 않았다.

전반적으로 그리고 거대한 파도처럼 밀려오는 사회복지법의 변화를 이해하고 발전의 흐름과 경향을 분석하고 판단하여 사회복지발전에 기여하는 데 도움이 되길 바라는 마음을 담아 제2판을 낸다.

이번 제2판을 작업하는 데 항상 넓은 이해와 지원을 해주신 형지사 유성열 사장님과 임직원께 감사드린다. 그리고 개정이 쉽지 않았던 점과 까다로운 주문에도 불구하고 희생을 아끼지 않은 공동 집필진에게 진심으로 감사한다. 그리고 아펜젤러관 205호에서 방학과 주말을 잊고 작업을 도와준 민동선 외 조교들에게도 학문적 애정을 보낸다.

2017년 여름 아펜젤러관에서

집필진

머리말

우리나라는 사회복지에 대해 사회적으로 양분화되어 첨예하게 대립 모습을 보여 왔지만, 최근에는 선진국과 후진국 모두에게 긍정적인 관심의 대상이 되고 있다. 선진국과 후진국의 입장과 상황이 서로 다름에 따라 관심의 초점도 다르다. 선진국은 사회복지가 너무 지나쳐서 국가재정 뿐만 아니라 사회복지체제존립 자체도 위협이 되고 있는 상황에 있고, 반대로 제3세계에서는 경제발전과 사회복지를 조화롭게 발전시켜야 하는 만큼, 그에 대한 바람직한 정책 판단과 해결책을 모색하고 있다. 그런데 한국은 사회복지 발전이 선진국이 놀랄 정도의 새로운 발전 형태를 구축하고 있으며, 후진국에게는 새로이 추구하여야 할 발전 모델로서 자리 잡고 있기 때문이다.

선진국 입장에서 볼 때, 한국은 사회복지에 있어서 늦은 출발에도 불구하고 선진국의 재정문제의 시행착오를 겪지 않기 위해서 공적연금의 재정 안정을 위한 개혁을 제도가 성숙되기 이전에 이미 단행한 바 있다. 후진국 입장에서 볼 때 한국은 성장과 복지라는 두 마리 토끼를 잡는 방법을 동시적 성격에서 시차적 방법을 통하여 소위 실질적인 선성장 후분배를 통해서 이루어내고 있다는 점에 크게 고무되어 있다. 한국의 선성장 후분배 사례는 후진국의 국민을 설득하는 데 매우 중요한 사례가 되기 때문이다. 이러한 이유로 한국은 과거 경제성장의 모델 국가에서 성장과 분배의 조화를 이루어낸 모델 국가로 그 위상이 변화되었다.

이러한 국제적 높은 평가 높은 관심에도 불구하고 한국의 사회복지는 아직 미흡한 수준이고 해결하여야 할 과제가 산적해 있는 것이 사실이다. 더구나 주변국의 변화는 그동안 우리가 겪었던 어떤 변화보다 더 충격이 클 것이고, 따라서 이에 대비한 준비도 사전에 이루어져야 하는 것은 물론, 철저하게 계획되고 수행되어야 함에는 의심의 여지가 없다. 그렇기 때문에 우리는 사회복지에 대한 근본적인 질문부터 세부적인 규정에 이르기까지 다시 한 번 점검해 보고, 장기적으로 흔들리지 않는 안정적인 발전 방안을 마련할 필요가 있다.

한국의 최근 상황은 정치 · 경제 · 사회 전반에 걸쳐 상당한 수준의 변화를 야기할 것이다. 이러한 변화에 대한 대응과 적응은 상당한 희생과 비용을 요구하게 된다. 사회 · 경제적 환경 변화로써 사회복지와 관련된 중요한 변화는 신자유주의 영향에 의한 결과가 더 심화될 것이라는 점이다. 한편에서는 소득양극화의 심화와 노동시장의 양분화를 들 수 있고, 다른 한편에서는 소득개념의 모호성과 근로자의 개념이 모호해질 것이라는 점을 들 수 있다. 그 결과 저소득 계층에서 일어나는 현상이 문제가 될 것이다. 결론부터 말하면 사회보험과 공적부조 그리고 사회복지서비스의 영역 구분이 없어지면서 사회보험의 상당 부분이 공적부조와 사회복지서비스에 흡수되어 버릴 수 있다는 것이다.

이에 대한 한국 사회복지의 발전 방향은 무엇인가? 한국의 사회복지의 기본 방향은 두 가지 방향에서의 조화를 의미할 수 있다. 하나는 사회·경제적 환경 변화에 따른 사회복지 필요성이 증대에 대한 대처이며, 다른 하나는 선진국의 재정실패라는 시행착오를 답습하지 않는 수준으로 사회보장체제를 정립하는 것이다. 확실하게 인식할 필요가 있다.

종합적으로 한국이 추구해야 할 사회안전망에 대한 개혁의 기본 방향은 복지체제의 새로운 패러다임과 복지와 고용의 유기적 결합을 추구하는 것이라 할 수 있다. 현재의 제도로는 사회안전망으로서 효과적으로 작동하지 않을 뿐만 아니라 그대로 방치하게 되면 선진국의 재정 위기를 그대로 답습할 수밖에 없기 때문이다. 구체적으로 사회복지의 대상 범위는 넓게 하여 전 국민을 대상으로 모든 사회적 위험에 대해서 최소한의 보장을 하도록 할 필요가 있다. 즉, 보편주의, 포괄성의 원칙, 집합적 책임, 국민 최저선(national minimum) 등의 기준을 기본 원리로 할 필요가 있다. 사회복지는 기본적으로 국가의 책임 아래(집합적 책임의 원칙), 모든 국민에게(보편주의), 모든 사회적 위험으로부터(포괄성의 원칙), 최소한의 인간다운 삶을 살 수 있는 수준의 소득과 보호(국민 최저선의 원칙)라는 원칙을 견지해야 한다는 것이다. 또한 복지와 고용의 유기적 결합으로는 최근 세계화에 대한 선진국가의 대응과정이 보여준 바로서 이른바 적극적 복지(active welfare or activation)를 의미하기도 한다. 적극적 복지에는 두 가지가 있는데, 고용친화적 복지(employment-friendly welfare)와 사회적 배제(social exclusion)의 해소로써, 이 둘은 상호 유기적으로 연결되어 있다. 즉, 복지와 고용 문제가 상충적·배타적 관계로 전락하지 않도록 사회정책을 재편하는 것이 곧 사회적 배제를 해소하는 효과를 나타나게 한다는 것이다. 먼저 국가 책임으로 보장되는 영역은 '기초생활보장'에 집중할 필요가 있으며, 추가적인 보장은 기업과 개인에 의한 민간 부문의 책임과 자율을 유도함으로써, 공공에 대한 보완과 보충적 체제를 공공과 민간이 조화할 수 있는 혼합복지체제구축을 의미한다. 이는 복지에 대한 국가의 과도한 재정부담에서 벗어나 체제의 지속성을 확보할 수 있기 때문이다. 국가는 사회보장체제에서 비용집약적인 사회수당 형태를 지양하고, 사회보험에 의한 1차 사회안전망, 공공부조에 의한 2차 사회안전망을 구축하여, 사회보험은 빈곤에 대한 예방 정책에 중심을 두고, 공공부조는 빈곤 추락에 대한 직접적인 보호 정책 수단으로 작동하는 체제구축이라 할 수 있다.

사회복지법제는 사회복지와 관련된 모든 규정을 총망라하고 있다. 이를 구체적으로 설명하고 특히 제도 중심이 아니라 사회적 위험을 중심으로 종합적인 접근을 해야 하겠다는 생각을 한 지 5년이 되어서야 불안전한 모습으로 책을 낼 수밖에 없었다.

부족한 능력 탓도 있었지만, 너무도 걷잡을 수없이 변화하는 사회복지의 역동적 상황을 단순한 책으로 포괄하기에는 한계가 너무 컸다고 하는 것이 솔직한 심정이었던 것이 사실이다. 그럼에도 불구하고 완성되지 않은 모습이라도 우선 내놓고 다시 전체 내용을 다시 생각해 보기로 했다. 내용의 미흡한 부분이나 충분치 못한 것은 전적으로 집필진의 책임이며 지속적으로 보완하고 발전시킬 것을 약속드린다. 이러한 상황을 이해하고 오랫동안 기다려 주신 청목출판사의 유성열 사장님과 임직원께 감사드린다. 그리고 집필에 대한 부담과 한계에도 불구하고 같이 참여해서 희생을 아끼지 않은 공동 집필진에게 진심으로 애정 어린 고마움을 보낸다. 그리고 아펜젤러관 205호에서 방학과 주말을 잊고 작업을 도와준 이윤진과 제자들에게 심심한 학문적 애정을 보낸다.

2013년 여름 아펜젤러관에서

집필진

차 례

제3편 사회복지서비스 관련법

제 1 편

사회복지법 일반

제 1 장　사회복지법 개관
제 2 장　사회복지법의 발생 배경 및 목적
제 3 장　사회복지수급권
제 4 장　사회복지법의 구성 체제

제 1 장

사회복지법 개관

제 1 절 법 이론 일반

1. 법의 정의

사회를 유지하고 사회구성원들의 행동을 규율하기 위해서는 사회규범이 필요하기 마련이며, 법(法)은 대표적인 사회규범 중 하나이다. 사회통제의 형태로서 법이 핵심적인 역할을 수행하기 시작한 것은 근대국가 이후로서, 현재 모든 국가들은 법에 의한 통치, 즉 법치주의를 추구하고 있다.

오늘날 국가들이 다른 사회규범보다 법을 우선시하는 이유는 법이 사회규범으로 가지는 특징 때문이다. 우선, 법은 권위가 부여된 물리적 힘을 지닌다. 따라서 법은 행위에 대응하는 강제가 수반되며, 사회적 규범을 위반하였을 때 심리적 또는 물리적 강제가 준비되어 있고, 그 강제가 실행될 것이라는 가능성이 주어져 있다. 그리고, 법은 책무들의 총체이다. 다시 말해서, 법은 한 당사자에 의해서는 '권리'로 간주되고 다른 당사자에 의해서는 '의무'로 인정되는 양당사자 간의 책무들의 총체로 구성되어 있다. 또한, 법은 제도화된 관습이다. 법은 계획되고 제도화된 사회기관에 의해서 재창조된 관습이며, 관습이 무력화되는 것을 극복하기 위한 필요성에서 법이 발전하게 된 것이다.

앞에서 법의 고유한 정의와 특징에 대해서 나열하였지만, 법의 정의(definition)의 핵심에는 정의(justice)가 존재한다. 정의(justice)는 옳고 바른 도리를 뜻하는 것으로, 법은 사회가 나아가야 하는 올바른 방향을 제시하는 것을 핵심으로 한다. 따라서, 법적 정당성의 핵심은 힘과 통제력의 실시나 집행에 있는 것이 아니라 힘을 사용하는 사람들의 정의로움에 근거한 예상가능한 억제력이 있다. 법이 올바름을 추구한다는 합의가 존재하는 상황에서 법은 처벌을 목적으로 하는 것이 아니라 사회를 규율하는데 그 의의가 있다 하겠다.

2. 법의 규범성

인간의 행위를 규율하는 것을 규범이라고 하는데, 이 규범에는 도덕, 관습 등도 있으나 법률은 국가에 의해서 강제된다는 점에서 차별화된다. 다른 규범들은 위반할 경우 비난의 대상이 될 뿐이지만 법을 위반하게 되면 강제적 처벌을 받게 된다. 따라서 이러한 강제성은 법의 본질적 속성이라 할 수 있다.

법은 질서를 유지하기 위한 일종의 약속으로서 인간의 사회생활에 대한 규범의 역할을 하는데, 이러한 사회규범은 당위의 규범으로서 마땅히 지켜야 될 것에 관한 것을 내용으로 한다. 이는 법이 정의라는 보편적 가치를 지향하는 절대적인 규범이라는 의미이기도 하다.

그러나, 다른 한편으로는 법은 당위의 규범이지만 동시에 문화규범이기도 하다. 이는 법이 단순히 당위(가치)만을 추구하는 것이 아니라 현실(존재)을 반영해야 한다는 것을 의미한다. 따라서 법문화가 그 나라 혹은 시대의 특색을 반영하여 변화 및 진화하게 마련이다.

또한, 법은 사회구성원의 행동기준이 되는 행위규범이기도 하다. 법을 통해서 본인의 행위도 제약될 뿐 아니라 다른 사람들의 행동 역시 예측할 수 있다. 따라서, 법은 이 사회에서의 어떠한 질서와 규칙을 예상할 수 있는 틀이 된다.

3. 법의 목적

법의 목적은 정의, 법적 안정성, 합목적성으로 구성된다. 이 세 가지는 성격이나 내용에서 서로 다르며 경우에 따라서는 충돌할 수도 있다.

법은 정의실현의 수단으로 인식될 정도로 법과 정의는 불가분의 관계이며, 따라서 절대다수의 학자들이 정의를 법의 목적 내지 이념으로 인정하고 있다. 정의는 인간과 인간 그리고 인간과 사회와의 관계에 있어서 이상적인 상태로서 모든 인간들이 추구해야 할 법적/사회적 가치이다. 현실적으로는 국가 조직 및 실정법을 통해서 이러한 목표를 실현하고자 하는 것이 일반적이다. 그러나, 실제로 정의를 규정하기는 매우 어려운데, 이는 정의에 대한 인식이 상이할 수 있기 때문이다.

법적 안정성은 법의 준수와 관련되어 있다. 법이 제정된다고 했을 때, 그 법은 그 내용의 타당성 여부를 떠나서 모든 사람들에 의해서 준수되지 않으면 안 된다고 하는 것을 의미한다. 법적 안정성이 충족되기 위해서는 다음 조건들이 충족되어야 한다. 법은 명확해야 하며, 법은 규정된 대로 실제로 행해져야 하며, 법은 함부로 변경되어서는 안 되며, 법은 국민에게 합당하여야 한다. 만일 너무 엄하거나 국민의 정의감에 반한다면 법적 안정성은 사라지게 될 것이다.

또한, 법은 합목적성의 추구를 목적으로 하고 있는데 법은 국가와 사회가 추구하는 이념과 가치에 맞게 제정되어야 하며 국가의 질서 유지 및 국민의 자유와 권리를 보장하여야 한다는 것이 합목적성의 내용이라고 할 수 있다. 법의 목적 중 합목적성에 의할 때 법에 의해 한 사회의 질서 및 제도는 타당성을 유지하게 된다.

법의 목적은 시대에 따라 그 내용의 중요도가 달라지며, 각 법률도 강조하는 바가 상이하다. 예를 들어서, 형법은 정의에 초점을 두는 반면, 민법과 소송법은 법적 안정성에, 행정법은 합목적성을 상대적으로 강조하는 경향이 있다.

제 2 절 사회복지법의 개념 및 분류

사회복지법이란 사회복지와 법이라는 용어가 합쳐진 것으로 이를 개념화하기 위해서는 사회복지와 법의 개념을 파악하는 것이 선행되어야 한다. 사회복지법의 사회복지(social welfare)는 모든 국민을 포함한 사회전체가 걱정이나 문제없이 편안하고 행복하게 잘 지내는 상태를 의미하며, 법(law)은 국가권력에 의해 강제되는 사회규범을 의미한다. 따라서 사회복지법은 모든 국민이 편안하고 행복하게 지낼 수 있도록 국가에 의해 강제되는 규범으로 마련된 제도를 의미한다. 이러한 의미에서 사회복지법은 국민의 복지를 위해서 그들이 가진 다양한 욕구를 충족시켜야 하는 의무를 가지고 있다. 따라서 사회복지법 또한 가변적일 수밖에 없는 특성을 지니고 있다.

한편, 사회복지와 관련한 법은 다양하게 존재한다. 사회보장법이나 사회복지서비스법은 외형적으로 사회복지법으로 쉽게 분류될 수 있는 반면, 조세법이나 노동법과 같이 외형적으로 사회복지법이 아니지만 실제로 적용될 때에 사회복지적인 역할을 하는 법도 있다. 혹은 헌법처럼 일부 조항이 사회복지와 직접적으로 관련되는 법도 있다.

사회복지법에 대한 구체적인 내용을 살펴보기 이전에 사회복지법의 개념 및 범주를 설정하는 것은 사회복지와 관련한 권리의 구체적인 실현을 위하여 반드시 필요하다. 사회보장 및 사회복지의 개념이 통일되어 있지 않기 때문에, 사회복지법의 개념 규정 역시 단순하지 않다. 하지만 본 절에서는 본격적인 사회복지법의 내용을 다루기에 앞서서 사회복지법의 개념을 설정하고 사회복지법이 어떻게 분류될 수 있는지 사회복지법의 분류를 다루도록 한다.

1. 사회복지법의 개념

1) 사회복지법 개념 규정의 필요성 및 한계

사회복지법의 연구에 있어서 가장 우선이 되어야 하는 일은 무엇이 사회복지법인가를 규정하는 일이다. 왜냐하면, 연구 대상이 무엇인지가 명확하게 정의되어야 구체적인 법의 내용 등을 다룰 수 있기 때문이다. 사회복지법[1]의 개념을 정립하는 일은 연구대상의 범위를 규정하는 데에 꼭 필요한데, 그 이유는 그 개념을 어떻게 이해하는가에 따라, 연구대상의 범위가 바뀌기 때문이다(이상광, 2002). 사회복지법은 사회복지에 대한 정책을 마련하는 기준이 되어야 하고 따라서 이를 전달하는 체계를 구축하는 구체적인 규정을 마련하는 것이 필요하다. 또한, 사회복지법은 사회복지사가 사회복지를 실천하는 데 있어서 국민의 복지향상을 위한 방향을 제시하는 큰 틀이기도 하다.

사회문제를 해결하여 사람들의 삶의 질을 향상시킨다는 목적을 가지고 있는 사회복지는 필연적으로 사회변화와 밀접하게 연관될 수밖에 없는데, 가변적인 사회의 변화를 통일된 체계적인 법으로 일원화하여 규정한다는 것은 매우 어려운 작업이라고 할 수 있을 것이다. 구체적으로 살펴보면, 우리나라의 경우 사회복지법이 체계화되지 못했던 이유는 사회복지법규의 제정이 비교적 최근에 이르러 시작하였고(짧은 사회복지법의 역사), 그것에 대한 국가 간 상이한 이해가 있으며(사회복지법 개념의 지역성 · 개별성), 동일국가에 있어서도 시대에 따라 다르게 파악되었기(사회복지법 개념의 역사성) 때문이다. 또한 사회

1) 유럽 등 주요 선진국들은 사회복지의 개념을 경제의 개념과 동등하게 균형화함으로써 사회복지법이라는 용어보다는 사회법으로 폭넓게 정의하고 있다.

(복지)법 개념의 기준이 되는 개념요소들과 그 개념이 나타내는 외연이 끊임없이 변화하고 있기 때문에 사회(복지)법의 개념파악이 불확실할 수밖에 없다는 점이 지적되고 있다(이상광, 2002). 민법이나 형법과 같이 법체계가 성립되어 있는 법은 형식적 개념규정이 명료하지만, 우리나라는 통일된 사회복지법전이 제정되어 있지 않아 형식적 개념이 정립되기가 힘든 점도 원인으로 볼 수 있다.

형식적 개념을 정립하기 어려운 문제 외에 사회복지법은 전달체계에 있어서 사회복지법과 정책 그리고 실천사이의 관계가 매우 복잡하게 형성되어 있는 점 역시 개념규정을 어렵게 한다. 사회복지법과 사회복지정책 그리고 사회복지실천의 관계가 매우 복잡한 이유는 사회복지실천현장에서 발생한 현상에 대해 법적규정이 나중에 도입되기도 하고, 정책적인 목적에 따라 새로운 법이 제정되기도 하며, 일부 법적규정은 사회복지실천현장과 동떨어져 있어 그 적용이 쉽지 않은 경우도 생기는 등의 현상이 발생되기 때문이다.

하지만, 비록 사회복지법이 그 제정의 역사가 짧고 시대와 국가에 따라 개념규정이 다르며, 가변적인 사회변화를 체계적으로 사회복지법 안에서 명확히 규정할 수 없다고 하더라도, 사회복지를 수행하는데 있어 그것을 법으로 그것을 규정하는 작업은 법치국가에서 그 원칙을 마련하기 위한 필수조건이라 할 수 있다. 또한, 현재 사회복지를 공부하고 있는 학생들에게 사회복지법의 개념을 규정하는 것은 필수불가결한 과제라고 할 수 있을 것이다. 다만 그 한계를 인식하고 주어진 조건하에서 사회복지법의 개념을 파악하고자 한다.

2) 사회복지법의 개념

사회복지법의 개념 규정은 관점에 따라서 다양하다. 사회복지법을 좁게 규정하는 대표적인 연구는 김만두(1997:17-19)인데, 여기에서는 사회복지법을 사회복지서비스(사회사업)에 관하여 기본적인 사항을 규정한 사회복지사업법 제2조에 입각하여 사회복지법의 개념을 파악하며 사회복지의 대상도 같은 규정에 의해 한정한다. 그러나, 대부분의 다른 연구는 사회복지법을 전통적인 사회사업의 범위 이상의 사회복지정책 혹은 사회정책의 실현과 관련된 법률로 규정한다.

윤찬영(2007)은 사회복지법을 넓은 개념의 상위개념으로 파악하여 사회사업법, 사회복지서비스법, 사회보장법 등을 하위영역의 법들로 구성되어 있다고 한다. 이러한 하위법들의 이념이나 목적은 사회복지라는 상위의 목적에 종속되는 것이며, 단지 실천적인 방법상의 차이로 구별되는 것이다. 결론적으로 궁극적·목적적 이념을 나타내는 사회복지법은 실천적으로 방법상의 차이를 갖는 사회보장법(사회보험법, 공공부조법), 사회복지서비스법, 기타 사회정책관련법으로 이루어진다.

김근조는 일반적으로 사회복지법의 체계를 사회보험과 공공부조에 한정하는 경우가 있으나 이는 사회복지법의 체계를 너무 한정하여 파악함으로써 사회복지법의 목표 달성과는 거리가 있다고 지적한다. 그리고, 넓은 의미의 사회복지법 체계는 좁은 의미의 사회복지법체계에 사회복지서비스법을 포함하는 견해인데, 이도 자본주의 사회의 변화와 관련하여 발생한 제반 사회문제를 해결하는데 다소 어려움이 있다고 지적한다. 그래서 사회복지법의 체계 속에 이상의 법체계를 비롯하여 헌법의 복지사회구현원리를 실현하기 위한 목적에서 제정된 사회책임·국가책임에 속하는 법 영역을 포함하여 연구의 대상으로 삼는 것이 타당하다는 주장하고 있다(김근조 1994). 장동일은 사회복지의 실현을 목적으로 하거나 규범내용이 사회복지실현에 관계가 있거나 법의 기능이 사회복지실현에 기여하는 법은, 예를 들어 재해구호법이나 최저임금법과 같은 법들 역시 넓은 의미에서 볼 때 사회복지법 개념에 포함된다고 주장한다(장동일, 2001). 전광석은 사회복지법보다 사회보장법의 개념을 사용하며 사회정책의 실현을 위해 요구되는 법률로 이해한다. 사회보장법의 체계화는 원인관계 및 입법목적을 기준으로 사회보험법, 사회보상법, 공공부조법, 사회복지관련법으로 구성된다고 본다(전광석, 2010:88).

3) 사회복지법의 분류

사회복지법의 구조는 다양한 기준으로 구분할 수 있지만, 일반적으로 사회복지법은 그 원리에 따라 보험의 원리, 보상의 원리 및 원호의 원리 등에 의해 구분하는 경향이 있다. 따라서 사회복지법은 사회보험법, 사회보상법(사회보훈법) 및 사회원호법으로 나누어진다(Tomandl, 1974). 구체적으로, 사회보험법은 보험원리에 의거하되, 사회적 위험이 발생했을 때 정해진 급여를 지급하는 것을 규정한 법으로, 의료보험법, 연금보험법, 산업재해보상보험법, 실업보험법, 장기요양보험법으로 구성된다. 사회보상법은 국가와 민족을 수호하기 위하여 활동한 사람이 상해를 입거나 사망하거나 근로능력을 상실하고 또는 본인이나 유족의 생활이 빈곤하게 될 때 그와 같이 공익을 위한 헌신에 대하여 국가가 본인과 가족 또는 유족의 생활을 보상하는 제반 사회적 급여에 관한 법률을 말한다. 사회원호법(사회부조법)은 개인의 일정한 가중된 경제적 부담을 경감시켜 주거나 기타 사회적 보호를 필요로 하는 개인의 복지를 증진시켜 줌으로써 그에게 인간다운 생활을 보장시켜 줄 목적으로 국가에서 일방적으로 지급하는 사회급여에 관한 법이다(Tomandl, 1974; 이상광, 2002). 사회보험법과 사회보상법의 근본원리는 인과성의 원리에 바탕을 둔 인과적 사회급여인데 반해 원호의 원리에 근거를 둔 사회급여는 반대급부를 전제로 하지 않은, 즉 합목적성의 원리를 근거로 한 합목적적 사회급여인 점이 다르다.

이러한 기본원리에 의한 분류 이외에도 급부의 기능, 사회적 위험, 대상 등의 분류에 따라 달라질 수 있다. 다만 이러한 분류는 절대적인 것이라 할 수는 없으며, 각 국가의 학문적 경향 등을 감안해서 달라질 수 있을 것이다.

2. 본서의 사회복지법 개념 및 분류

본서에서는 사회복지법을 넓은 의미의 사회복지법으로 파악하도록 한다. 사회복지의 개념을 한 마디로 요약하기란 곤란하나, 사회복지는 넓은 의미에서 사회문제를 해결하고 개인의 최소한의 생활보장을 국가를 통해 충족시키기 위한 제도를 포괄하므로 이를 규율하는 법인 사회복지법은 사회보장, 사회사업 및 기타 사회복지 서비스 전반에 관련된 법을 포괄한다고 할 것이다. 따라서 이 책에서는 사회복지법의 개념을 사회복지와 관련된 실정법을 중심으로 분류하되 총론에서는 사회복지법과 관련된 법의 일반적인 이론과 원칙 등을 다루고, 그 후에 이어지는 각론에서는 사회보상관련법 및 사회복지서비스 관련법에 관하여 서술하고자 한다. 구체적으로 사회보장관련법에서는 사회보험, 공공부조 관련법 등을 다루고 사회복지서비스 관련법에서는 급여 대상을 기준으로 하여 노인, 장애인, 아동과 청소년, 가족 및 여성을 대상으로 한 법을 다루도록 한다.

제3절 사회복지법의 법원(法原)

1. 법원(法原)

법원이란 '법의 연원'(Rechtsquelle, Source of law)의 축약어이다. 법원의 의미는 다양하게 사용되고 있는데(엄영진, 1989: 윤찬영, 2007 재인용),

① 법을 형성하는 기관으로서 신, 군주, 국민 또는 국가 등

② 법을 구성하는 재료로 종교, 도덕, 관심, 판례, 조리, 학설 등

③ 법률지식을 얻는 자료로서 법전, 판결록, 저서, 논문 등

④ 법이 존재하는 형식으로서 성문법 및 불문법

등의 개념으로 사용된다. 그러나, 흔히 사용되는 개념은 법의 존재형식에 대한 것이며, 사회복지법의 법원이란 사회복지와 관련하여 그 급여서비스의 내용, 그 서비스를 제공하기 위한 조직과 관리, 감독의 기준이 법률 등에 의하여 어떠한 형식으로 표현되는가를 말하는 사회복지법의 원천과 존재양식을 의미한다(현외성, 2007). 일반적으로 법원은 그 표현양식에 따라 성문법과 불문법으로 나뉘고 성문법에서는 헌법, 법률, 명령, 조례, 규칙, 국제법규 등이 있고, 불문법에는 관습법, 판례법, 조리 등이 있다. 사회복지법에 이를 적용해보면, 사회복지법의 법원 역시 일반 법원에서처럼 헌법부터, 법률, 명령, 조례 등 성문법을 우선으로 연결되어 있으며, 판례나 조리 등 불문법도 부분적으로 사용된다.

1) 성문법원

성문법은 제도상 권한을 가진 기관에 의해 내용이 문자로 표기되어 일정한 형식과 절차에 따라 제정되는 제정법이다. 성문법은 법의 구체화를 합리적으로 하는 데에 적합하며 그 존재와 내용이 명백하여 법의 안전성을 확보할 수 있다는 장점이 있다. 반면 유동적인 사회에 시의적절하게 대응하지 못한다는 점, 입법의 형식과 절차가 복잡하여 수정이나 변경이 오래 걸리고 어렵다는 점 등과 같은 단점이 있다. 따라서 이런 단점을 보완하기 위한 불문법이 존재하는 것이다. 오늘날 대부분의 국가는 성문법주의를 원칙으로 하고 보충적으로 불문법주의를 활용하고 있으며 예외적으로 몇몇 나라에서 불문법주의를 원칙으로 하고 있다. 우리나라의 경우에는 성문법주의를 택하고 있다.

(1) 헌법

헌법은 국가의 구성, 조직, 작용에 관한 기본법이며 최고법으로, 국회의 의결과 국민투표를 거쳐서 제정된다. 우리나라 헌법은 사회복지국가 내지 복지사회를 위한 규정이 제시되어 있으며, 이를 위한 국가와 국민간의 권리/의무에 대한 기본사항을 규정하고 있다. 국민의 균등한 향상을 기한다는 헌법 전문의 기본이념에 따라 헌법 제10조에는 인간의 존엄성을, 헌법 제34조에는 국가의 사회보장의무(인간답게 살 권리)를 규정하고 있다. 대부분의 사회복지 관련 법제는 헌법 제34조에 근거하여 제정되었다고 할 수 있고, 이 외에도 헌법 제10조의 행복추구권, 제31조 교육을 받을 권리, 제32조 근로의 권리, 제33조 근로3권, 제35조 쾌적한 환경에서 생활할 권리 및 제36조 혼인과 모성보호와 관련된 권리가 헌법에 나타난 사회복지 관련 규정이라 할 수 있다. 특히, 제31조에서 36조의 규정은 소위 '복지권' 또는 '생존권' 규정으로서 사회복지법의 기본방향이나 근거가 된다.

(2) 법률

법률이란 국회의 의결을 통과한 후 대통령이 공포하여 제정된 성문법을 일컫는다. 헌법보다는 하위의 효력을 가지지만, 헌법을 제외하면 가장 큰 법 형식을 갖는다고 볼 수 있다. 따라서 법률은 헌법의 내용에 반하지 못한다. 사회복지의 영역에서는 헌법 제34조를 근거로 '사회보장기본법', '국민연금법', '국민기초생활보장법' 등 사회보장 관련 법률과 '사회복지사업법' 및 기타 사회복지서비스와 관련한 수많은 법률이 제정되어 있다.

법률은 사회복지법원에서 실질적인 내용을 담당하는 가장 기본적인 법원이라 할 수 있으며 사회복지 영역이 확산되고 다양화될수록 관련 법률의 양적 증대는 필연적이라고 할 것이다. 또한 이러한 수많은 법률들의 체계화 및 각 법률 간의 관계들을 정립하는 것이 앞으로의 과제라 할 수 있다.

(3) 명령

명령이란 국회의 의결을 거치지 않고 각 행정부에서 제정한 성문법들을 일컫는다. 명령은 제정권자에 따라 대통령령, 총리령, 부령으로 구분할 수 있다. 이러한 명령은 개별 법률에서 위임된 사항을 규정하고 그 시행을 위하여 제정한 시행령과, 개별법률과 대통령령에서 위임된 사항 및 그 시행을 위한 시행규칙으로 나누어진다. 사회복지분야는 시대의 흐름에 따라 매우 유동적이며 개방적인 성격을 가지므로 모든 사항을 법률에 규정하는 것이 불가능하다. 따라서 시행령과 시행규칙은 중요한 위치를 차지한다. 그러나, 명령은 국회의 의결을 거치지 않고 행정부에서 손쉽게 변경시킬 수 있다는 점에서 중요한 내용은 법률로 규정되는 것이 타당하다.

(4) 국제법: 조약과 일반적으로 승인된 국제법규

국제법의 성문 법원으로는 조약 및 일반적으로 승인된 국제법규가 포함된다. 오늘날 사회는 국제연맹, 국제연합 등의 조직화된 국제 조직이 일반화되어 있고 개인들도 이러한 국가간의 관계에 기반하여 권리와 의무가 부여되기도 하므로 사회복지의 영역에서도 국제법은 법원으로 기능하기에 이르렀다.

우리 헌법 제60조 및 제73조는 대통령에게 조약을 체결·비준할 권리를 부여하며 국회는 중요한 조약의 체결 및 비준에 관한 동의권을 가진다. 또한 헌법 6조에 따르면 헌법에 의하여 체결 및 공포된 조약과 일반적으로 승인된 국제법규는 국내법과 동일한 효력을 가진다. 따라서 이에 의해 조약과 국제법규 등 국제법의 내용이 사회복지 관련 내용을 가지고 있다면 사회복지법의 법원으로서의 역할을 하게 된다.

한편 외국과의 교류 및 이동이 활발해짐에 따라 국제법이 사회복지에의 법원으로 기능하는 경우가 늘어나고 있는데, 이 외에도 각종 사회보장협정 및 국제인권규약에 대한 관심도 증가하고 있다. 사회보장협정이란 사회보장기여금 납부의무를 면제해 주거나 사회보장제도 가입기간을 본국에서의 가입기간과 합산할 수 있도록 하여 사회보장 급여수급권을 보장하는 것을 주요 내용으로 하는 국가간의 협정을 의미한다. 2017년 1월 기준 우리나라는 31개국과 사회보장협정을 체결하고 있다. 국제인권규약은 '경제적 · 사회적 · 문화적 권리에 관한 규약'(A규약)과 '시민적 · 정치적 권리에 관한 규약'(B규약) 그리고 A규약과 B규약 각각의 부속 선택의정서로 이루어져 있다. A규약은 1976년 1월에, B규약과 그 부속 선택의정서는 같은 해 3월에 각각 발효되었다. 세계인권선언과 달리 국제인권규약은 조약으로서, 체약국을 법적으로 구속하는 것이 특징이다.

(5) 자치법규

자치법규는 지방자치단체나 그 기관이 법령의 범위 안에서 제정하는 것으로 조례와 규칙으로 구성된다. 우리나라 헌법 제117조는 "지방자치단체는 주민의 복리에 관한 사무를 처리하고 재산을 관리하며 법령의 범위 안에서 자치에 관한 규정을 제정할 수 있다."고 규정하여 지방자치단체에 자치법규와 관련하여 제정권을 부여하고 있다. 따라서 지방자치단체는 법령의 범위 내에서 자치에 관한 규정을 제정할 수 있는데 이러한 자치법규에는 조례와 규칙이 있다. 사회복지의 영역은 사람들의 개별적인 욕구를 충족시키는 것에 초점을 두기 때문에, 지역에 따라서 다양한 필요가 생길 수 있다. 따라서 각 지역 주민들의 개별적이고 가변적인 욕구에 즉각적으로 대응하기 위한 방안으로 자치법규가 사용되고 있다.

a. 조례

조례는 지방자체단체가 지방의회의 의결을 거쳐 제정하고 규칙은 지방자치단체장이 법령 또는 조례가 위임한 범위안에서 그 권한에 속하는 사무에 관하여 제정한다. 따라서 조례의 제정과 개폐는 의결기관으로서의 지방의회의 권한에 속하게 된다. 사회복지는 각 지역 주민들의 다양하고 세분화된 욕구가 반영될 때 구체적인 목적을 달성할 수 있으므로 지방정부의 역할이 점차 중요해지고 있는 실정이다. 따라서 각 지방자치단체는 조례를 근거로 사무의 범위를 자율적으로 조정할 수 있다. 조례는 내용상 포괄성을 가지며 지방자체단체의 업무의 수행에 필요한 모든 분야를 포괄하므로 사회복지와 관련해서도 자율성과 포괄성을 바탕으로 내용이 제정되게 된다. 이러한 사회복지 관련 조례는 지방자치단체들이 지역 주민들의 욕구를 반영하여 전반적인 삶의 질을 향상시키는 데 기여하게 되고 민주성을 향상시키는 기능을 하기도 한다. 조례를 제정할 때에는 상위 법령의 내용에 반하지 못하며, 법령에서는 자치법규로 포괄적인 위임이 금지되는 일반 원칙을 지켜야 한다.

b. 규칙

규칙은 조례보다 하위의 자치법규로 지방자치단체의 장이 법령 또는 조례가 위임한 범위 내에서 그 권한에 속하는 사무에 관하여 정립한 법규이다(지방자치법 제23조). 규칙에 대한 제정권은 지방자치단체의 장에게 속하며 조례가 제정이 되면 조례의 시행에 관하여 필요한 세부적인 사항을 규칙으로 정하게 된다. 규칙 역시 조례와 마찬가지로 상위 법령의 내용에 반하지 못하며 상위 법령은 포괄적인 내용으로 위임하지 못한다.

2) 불문법원

불문법은 성문법과 다르게 문서로 제정되어 있지 않는 법이다. 하지만 불문법도 구속력을 가진 재판제도가 있으며, 성문법만큼이나 중요한 위치를 차지하ㄱ 있다. 비록 불문법이 문자로 제정되어 있지는 않으나 인간생활의 여러 가지 일들에 대해 모두 규율하는 법을 성문법으로 제정하는 것은 불가능하기 때문에 불문법의 존재는 필수적이다. 일반적으로 대륙법계 국가에서는 성문법주의를 취하고 있으나 폐쇄적이고 변동이 어려운 성문법의 단점을 보완하는 것으로 불문법의 구속력을 인정하는 국가들이 존재한다. 불문법원의 대표적인 예로는 판례, 관습법, 조리가 있다.

(1) 판례

구체적 사건에 대한 법원의 재판을 판결(결정 포함)이라 하는데, 이러한 판결에 의하여 밝혀진 법이론이나 법원칙 등을 판례라 한다. 판례를 법원으로 볼 수 있는지에 대해서는 긍정설과 부정설이 나뉜다. 다만, 대법원의 판례는 하급심을 구속하게 되므로 법원으로 작용하는 판례라 함은 대법원의 판례라 할 수 있고 헌법재판소의 결정은 법률과 마찬가지로 구속력이 있으므로 법원성이 있다는 것이 통설의 입장이다. 아직 우리나라의 경우에는 사회복지법의 역사가 짧아서 관련된 판례들이 아직 축적되어 있지 못한 것이 사실이다. 그러나, 선진국의 경우처럼 시간이 지나면서 판례들이 축적되면 주요한 법원으로서의 역할을 하게 될 것이다.

(2) 관습법

관습법이란 사회의 거듭된 관행으로 생성한 사회생활규범이 사회의 법적 확신과 인식에 의하여 법규범으로 인정을 받아 지켜지고 있는 규범을 말한다. 관습법이 법으로 되기 위해서는 ① 사회 구성원간의 관행이 존재하고 ② 그 관행을 법규범으로 인식하는 확신이 있어야 하며 ③ 그 관습이 선량한 풍속 기타 사회질서에 반하지 않아야 한다. ④ 또한 판례에 의하면 그 관습법이 헌법에 반하지 않아야 한다. 한편, 관습법에는 국제사회에서 법으로 관행이 인정된 국제관습법을 포함한다.

(3) 조리

조리란 사물의 본성 또는 도리, 자연의 이치 등을 의미한다. 조리는 법률이나 계약을 해석하는 기준이 될 수 있고 법의 흠결이 있을 때에는 재판의 준거가 되기도 한다. 사회복지법의 경우에는 조리가 중요한 법원이 되는데, 그것은 현행 사회복지법이 대상자들의 필요를 적절히 반영하지 못하며 또한 법체계가 미비하기 때문이다. 예를 들어, 유효, 적절 등의 불확정 개념 용어들이 법에 제시되어 있기 때문에 그 판단은 조리에 따를 수밖에 없다. 따라서, 조리는 현행 사회복지법을 보충해 주는 법원으로서 중요하다.

2. 법의 분류와 적용

1) 법의 분류

법은 일반적으로 상위법과 하위법, 일반법과 특별법, 강행법과 임의법, 신법과 구법 등으로 구분된다. 이러한 법의 일반적 분류 방법은 성문법을 전제로 하였을 때 가능한 것으로 법 적용의 원칙에 대한 해석에 있어서 유용하다. 우선, 상위법과 하위법에 의한 분류에 따르면, 사회복지법의 경우 헌법이 가장 상위의 법규에 해당하고, 법률과 명령, 자치법규의 순으로 법률이 수직적 체계를 가지게 된다. 따라서 법률과 명령에서는 법률이 상위법, 명령과 자치법규의 경우에는 상대적으로 명령이 상위법이 된다.

특별법은 일반법의 규정과 내용을 구체화한 것으로 인적 범위를 한정하여 특별법이 성립하는 경우, 지역적 범위를 한정하여 특별법이 성립하는 경우, 일반적인 내용이 구체화되어 특별법이 성립하는 경우로 구분할 수 있다. 예를 들어 사회복지서비스 관련 법률 중에 노인복지법이 일반법이라면 서울특별시의 노인과 관련한 조례 및 규칙은 특별법의 지위를 차지한다.

강행법과 임의법의 경우는 당사자의 의사와 관계없이 적용되는 것이 강행법, 당사자의 의사에 의하여 적용을 배제할 수 있는 것이 임의법이 된다. 임의법의 경우는 사적자치의 원칙이 적용되는 민법의 경우가 이에 해당한다. 마지막으로 신법과 구법은 상대적인 개념으로 새로 제정된 법이 신법, 신법 이전에 적용되던 법을 구법이라고 한다.

2) 법 적용의 원칙

법을 적용함에 있어서는 위에서 제시한 법의 분류를 바탕으로 하여 ① 상위법 우선의 원칙, ② 특별법 우선의 원칙, ③ 신법 우선의 원칙, ④ 법률불소급의 원칙의 네 가지가 제시되고 있다. 이 같은 원칙은 모두 성문법을 전제로 하는 원칙들이다. '상위법 우선의 원칙'이란 명령보다는 법률이 우선하고, 규칙보다는 명령이 우선하는 법의 일반 원칙을 말한다. 우리나라의 경우 헌법은 국가에서 최상위의 규범으로써 모든 법규에 가장 최우선하게 된다. '특별법 우선의 원칙'이란 일반 사항 전체를 아우르는 일반법보다 세부적인 사항을 규정하고 있는 특별법이 우선한다는 원칙이다. 예를 들어 상인의 민사적 법률관계는 민법보다 상법이 우선하게 되는 원리이다. 다음으로 '신법 우선의 원칙'이란 법률이 제·개정되었을 경우 구법은 효력을 상실하고 새로 제·개정된 신법이 구법에 대응하여 우선한다는 원칙을 말한다. 마지막으로 '법률불소급의 원칙'이란 행위 시에 제정된 법에 의해서만 법률 당사자는 영향을 받고 법률이 시행되기 이전으로 소급하여 행위 당사자가 영향을 받지 않는다는 원칙이다. 사회복지법제에서는 특히 진정소급입법과 부진정소급입법이 문제될 수 있는데, 진정소급입법이란 새로운 입법으로 이미 종료된 사실관계 또는 법률관계에 작용하게 되는 경우를 일컫고 부진정소급입법은 현재 진행 중인 사실관계 또는 법률관계에 작용하게 되는 경우를 말한다. 진정소급입법은 허용되지 않는 것이 원칙이나 일반적으로 국민이 예상할 수 있었거나 보호할만한 신뢰이익이 적은 경우, 소급입법에 의한 당사자의 손실이 없거나 경미한 경우, 신뢰보호의 요청에 우선하는 중대한 공익사유가 소급입법을 정당화할 경우 예외적으로 허용되고, 부진정소급입법은 원칙적으로 허용되지만 신뢰 보호가 중요시 되는 경우 제한된다. 사회복지 관련 법제는 다른 법률에 비하여 상대적으로 사회적 변화에 즉각적으로 대응해야 하므로 개정이 잦을 수밖에 없는 특징을 갖게 되므로 주목하여야 할 법원칙이 된다.

3. 법의 효력

1) 법의 실질적 효력

우리가 살고 있는 사회생활에서 법의 이념이 실현되는 것을 법의 효력이라고 하는데, 법이 효력을 가지려면 타당성과 실효성을 동시에 지녀야 한다. 타당성이란 법이 구속력을 가지는 능력을 의미하고 실효성이란 법이 현실로 지켜지고 있는 근거를 말한다. 타당성이 없는 법은 실효성이 있다 하더라도 정의로운 법이 아니며 반대로 실효성이 없는 법은 타당성이 있다 하더라도 현실적으로 임무를 다하지 못하는 공문(空文)에 불과하므로 법이 효력을 갖기 위해서는 법의 규범적 타당성과 실질적 실효성을 동시에 갖추어야 한다.

2) 법의 형식적 효력

(1) 시간에 관한 효력

법은 효력은 그 시행일부터 폐지일까지 계속되는데, 이를 법의 유효기간이라고 한다. 법은 시행에 앞서 성립과 내용을 국민에게 알리기 위해 공포하여야 한다. 또한 특별한 규정이 없는 한, 법은 공포일로부터 20일이 경과하면 효력이 발생한다(헌법 제53조 제7항). 경우에 따라 공포와 동시에 시행하는 법이 있는가 하면, 법령에 시행기일을 개별적으로 정할 때도 있다. 논란이 되는 것은 경과법인데 구법 시 발생한 상황이 신법 시까지 진행되는 경우 신법과 구법 중 어느 법을 적용할 것인가에 대한 문제이다. 이러한 문제해결을 위해 법을 개정할 때 관련규정을 부칙이나 시행법령에 두는 것이 일반적이다.

(2) 장소에 관한 효력

한 국가의 법률은 법률로 특별히 제한하지 않는 한 국가의 전 영토에 적용된다. 또한 대한민국의 모든 영역과 해상, 타국 영해상의 우리나라 선박, 항공기 등에 인정되는 것이 일반적이다.

(3) 사람에 관한 효력

모든 국민은 성별, 종료, 사회적 신분에 따라 그 적용을 달리하지 않는다. 영토를 불문하고 국적을 기준으로 모든 국민에 대해 법을 적용하는 원칙을 속인주의라 하고, 체류중인 국가에서 처벌받지 않는 행위일지라도 국내에서는 처벌받을 수 있다.

제 2 장

사회복지법의 발생 배경 및 목적

제 1 절 사회복지법의 발생 배경

사회복지법의 발생 배경과 관련해서는 사회복지법의 법 체계적 위치를 함께 살펴보는 것이 필요하다. 사회복지법은 시민법과 사회법의 두 영역 측면[1]에서 본다면 사회법의 영역에 속하는 법으로 시민법의 한계를 수정하면서 발전하게 되었다고 볼 수 있다.

1. 시민법

시민법이란 부르주아 혁명에 의하여 탄생한 시민사회를 전제로 하여 출현한 법으로 개인주의 및 자유주의를 사상적 배경으로 하고 있다. 따라서 모든 개인은 태어날 때부터 자유롭고 평등한 인격체임을 전제로 한다. 시민법은 크게 사법과 공법의 분류에 따를 때 사법의 영역에 속하게 된다.

시민법은 근대사회의 '개인'의 자유를 중시하여 생겨난 법이므로 소유권절대의 원칙, 계약자유의 원칙, 과실책임의 원칙의 주요 원리를 따르게 된다. 우선 소유권 절대의 원칙이란 각 개인은 자기의 책임 아래 생활을 영위하여야 하고 개인의 소유권은 침해받지 않아야 한다는 사상에 기반한다. 따라서 각 개인의 사유재산권의 절대적인 지배를 인정하고

1) 시민법은 사인간의 관계를 규율하는 법, 사회법은 각종 사회 문제 및 사회적 위험에 대한 내용을 포괄하는 법으로 정의할 수 있다.

국가 또는 다른 사인은 개인의 재산권에 간섭하거나 이러한 재산권을 제한하지 못하게 된다. 다음으로 계약자유의 원칙은 개인이 자유의지에 따라 자유로이 계약을 체결할 수 있다는 원칙을 말한다. 이 원칙에 의하면 시민들간의 계약은 본인의 자유로운 의사 표시에 의하여 이루어지며 이러한 계약에 따라 성립된 권리와 의무는 본인이 책임지고 본인의 판단에 의하게 된다. 즉, 다른 사람의 간섭에 의하여 계약이 이루어지는 것이 아니며 각 개인은 누구나 합리적인 판단을 할 수 있기에 본인의 책임 하에 계약을 하게 되고 이러한 활동에 의하여 사회는 조화롭게 발전한다는 것을 전제하고 있다. 마지막으로 과실책임의 원칙이란 자기책임의 원칙을 명시화한 것으로 개인은 타인에게 준 손해에 대하여 그 행위가 위법한 경우 뿐 아니라 고의 및 과실이 있는 경우에도 책임을 진다는 원칙이다. 따라서 고의가 아닌 과실이 있는 경우에도 본인의 행동에 책임을 지게 되는 반면에 고의 뿐만 아니라 과실이 없는 경우에는 타인에게 재산상의 피해를 주더라도 책임을 지지 않게 된다.

2. 시민법에서 사회법으로

사회법은 이러한 시민법 원리인 소유권 절대의 원칙, 계약 자유의 원칙, 과실책임의 원칙의 수정이 필요하게 된 현실을 반영하여 발생하였다. 근대 국가에 있어서 자본주의 경제가 발전함에 따라 사적자치의 원칙 등 근대 시민법의 원칙에 수정을 가할 필요성이 생기게 되었고 증가하는 사회적 위험은 평등한 개인을 전제로 하는 시민법의 원칙의 유지를 불가능하게 하는 배경으로 작용하게 되었다. 시민법의 기본적인 배경인 계약 자유의 원칙은 평등한 개인을 전제로 하지만 자본주의 경제의 발전은 경제적 약자와 강자간의 대립을 발생시켰다. 다시 말해서, 시민법에 근거한 근대사회는 심각한 노동문제와 빈곤 등의 문제를 야기하였고, 이는 자유계약의 원칙과 소유권 절대의 원칙으로는 해결할 수 없는 것이었다. 이에 따라 시민법 원칙의 수정이 필요하게 되었고, 소유권과 계약 자유의 원칙을 수정한 사회법이 출현하게 된 계기가 되었다. 이러한 배경 하에 출현하게 된 사회법은 시민법의 기본 원칙인 사적자치원칙에 수정을 가하게 되는데 소유권 행사를 공공복리에 의해 제한하였고, 계약 자유 원칙에 대한 수정으로 공공복리, 질서유지, 신의성실 등의 원칙에 의하여 계약의 자유에 제한을 가하였다. 또한 과실책임원칙의 수정으로 무과실책임 원칙이 나오게 되었는데, 이는 사회가 발전하게 되면서 타인에게 입히게 된 손해가 누구의 과실로 인한 책임인가를 밝히는 과정에서 피해를 입은 사람이 입증하기 어려운 점을 고려하여 나오게 된 원칙이라 할 수 있다.

이렇듯 사회복지법은 시민법에서 사회법으로의 이행과정에서 발생한 법으로 사회복지법은 기본적으로 사회법의 영역에서 발전하게 된 법이라고 볼 수 있을 것이다. 현대 사회에서도 사회복지법은 사회문제의 해결이나 사회적 갈등의 조정, 사회적 위험의 해결 및 예방을 위한 기능을 하고 있는 점에서 볼 때 시민법의 원리가 아닌 사회법의 원리가 적용되는 법 영역이라 볼 수 있다.

제 2 절 사회복지법의 목적

사회복지법은 여러 가지 사회복지제도가 사회에서 기능하기 위하여 법에 의한 근거를 마련한 것으로 관련 법에 의해 사회문제의 해결 및 개인의 최소한의 생활을 보장하는 사회복지의 목적을 달성하게 된다. 따라서 사회복지법의 목적은 결국 사회복지의 목적과 일맥상통한다. 이러한 사회복지법의 목적은 크게 인간다운 생활의 보장, 사회복지의 증진, 소득재분배, 사회통합의 네 가지로 구분된다.

1. 인간다운 생활의 보장

사회복지의 가장 오래되고 기본적인 기능은 보호기능으로써 인간다운 생활을 보장하는 것이다. 이는 헌법 제34조 제1항에서 모든 국민의 인간다운 생활을 할 권리를 보장함을 명시함으로써 사람들을 여러 가지 사회적 위험으로부터 보호하는 역할을 한다. 인간다운 생활을 보장하기 위해서는 먼저 이를 어떻게 개념정의할 것인지 생각해 보아야 한다. 만약 인간다운 생활의 보장이 사회적 위험으로부터의 보장을 의미한다면 이는 크게 소득보장과 의료보장을 의미한다고 할 수 있을 것이다. 하지만 인간다운 생활이 과연 물질적으로 극빈곤의 상태를 벗어나게 하는 것인지, 혹은 물질적인 요소는 물론 문화적인 요소도 고려한 최저생활의 보장을 의미하는 것인지는 장소와 시대에 따라 달라지는 상대적인 것이다. 그럼에도 불구하고 이를 보편적인 개념에서 생각해 보면 넓게는 인간으로서 존엄과 가치를 존중받을 권리에 관한 조항인 헌법 제10조에 따라 모든 국민이 인간으로서의 존엄성을 잃지 않도록 하는 것이며, 좁게는 사회적 위험 즉, 노령, 질병, 사망, 장애, 실업, 장기요양 등으로 인해 빈곤으로 추락하는 것을 방지하는 예방적 기능과 빈곤으로 추락한 경우 이를 보호하기 위한 기능으로 구분할 수 있다. 예컨대, 우리나라 최후의 사회안전망인 국민기초생활보장법의 목적은 생활이 어려운 사람에게 필요한 여러 가지 급여를 제공하여 이들이 인간으로서의 존엄과 가치를 유지하며 최저생활을 할 수 있도록 보장하는 것은 빈곤에 대한 보호를 목적으로 하고, 사회보험은 이보다 높은 수준에서 국민이 기존의 일상생활을 어느 정도 유지하는 빈곤예방을 목적으로 하고 있다. 물론 각각의 보장수준이 어느 정도여야 한다는 객관적 혹은 절대적인 기준은 없지만, 사회복지법이 인간으로서의 존엄과 가치를 존중받고 인간다운 생활을 보장받기 위해 존재하는 것은 분명하다. 즉, 인간다운 생활의 보장은 제도가 가지고 있는 목적에 따라 수준의 차이는 있다는 점에서 구체화하기에는 다소 현실적인 어려움이 있으나 사회복지법의 가장 본질적인 목적은 이를 실현하는 것이어야 한다는 사실은 부정될 수 없을 것이다.

2. 사회복지의 증진

한편, 사회복지의 증진은 국민의 정당한 기본권 실현을 위해 국가가 해야 할 의무라 할 수 있다. 국민의 인간다운 생활을 보장하기 위해서는 국가가 사회보장 및 사회복지의 증진을 위해 지속적으로 노력해야 한다. 사회복지와 관련된 기본권인 국민의 사회적 기본권은 국가의 적극적인 노력에 의해서만 실현될 수 있고 이를 위한 실정법상 근거가 헌법(제34조 2항)을 근거로 하여 규율된 사회복지법인 것이다. 따라서 사회복지의 증진은 사회복지법의 실천적 이념이자 궁극적인 목표가 된다.

3. 소득재분배의 기능

한국 헌법상의 경제질서는 자본주의 경제질서를 기본으로 하되 국가의 개입 및 규제를 허용하고 있다. 헌법 제119조에 따르면 국가는 개인과 기업의 경제상의 자유와 창의의 존중을 기본으로 하되, 균형 있는 국민경제의 성장 및 안정과 적정한 소득의 분배를 유지하고, 시장의 지배와 경제력의 남용을 방지하며, 경제주체간의 조화를 통한 경제의 민주화를 위하여 경제에 관한 규제와 조정을 할 수 있다. 이에 근거하여 사회복지국가는 국민의 실질적인 자유를 보장함을 기본으로 하되 소득의 분배 유지를 위해 국가가 개입할 수 있다. 한편 각종 연금제도 및 국민건강보험제도, 조세제도 등을 규정하고 있는 사회복지관련법에서는 직접적으로 국가나 국민의 경제행위에 직접적으로 개입하지는 않으나 사회보험법 및 제도의 운영을 통하여 사회복지 영역에서 소득재분배의 기능을 담당하고 있다.

4. 사회통합

마지막으로 사회복지법의 목적으로 사회통합을 언급할 수 있다. 국가의 존재 목적은 전 국민의 기본권 보장이라고 할 수 있을 것이다. 이러한 국민의 기본권 보장과 관련하여 국가는 헌법의 기본원리를 바탕으로 운영되는데 사회복지법은 세부적으로 사회적 약자의 영역에서 법치주의, 민주주의, 사회복지라는 헌법상 기본 원리와 결합한 국민의 기본권을 실현할 수 있는 구체적인 방안이 된다. 사회복지법은 국민의 정당한 권리 실현을 위해 사회의 여러 영역에서 다양한 모습을 보이고 있는데 이로써 궁극적으로 헌법 전문의 국민의 균등한 향상 실현에 이바지하고 있는 것이다. 따라서 사회복지법에 근거하여 이를 구체적으로 실천함으로써 사회통합의 목적을 달성할 수 있게 된다.

제 3 장
사회복지수급권

사회복지법은 앞서 살펴보았듯이 시민법에서 사회법으로 변화하면서 생겨난 법으로 사회권 사상이 보편화되면서 관련 영역에서 권리의 개념이 강조되기에 이르렀다. 따라서 사회복지에서의 급여를 받을 권리는 '사회복지수급권'이라는 일종의 단일화된 용어로 개념화할 수 있으며 헌법에 의하여 발생하는 권리라 할 수 있다. 즉, 사회복지수급권은 헌법에 근거하며 각종 법률에 의하여 구체화된다. 이하에서는 헌법의 규정에서 사회복지수급권이 어떻게 구체적으로 근거를 가지게 되는지, 또한 사회복지대상자의 권리 실현이라는 관점에서 구체적으로 사회복지수급권은 어떻게 발현되고 있는지 살펴보도록 한다.

제 1 절 헌법과 사회복지

헌법에서 구체적으로 사회복지 관련 법률과 관련된 조항은 제 10조와 34조라고 할 수 있다. 우선 헌법 제10조 제1문 전단은 "모든 국민은 인간으로서의 존엄과 가치를 가지며..."라고 규정하여 인간의 존엄성을 보장하고 있다. 우리나라는 1962년 헌법 개정을 통하여 인간의 존엄성을 처음으로 규정하였다. 이 조문은 우리나라의 사회복지와 관련한 제도 및 서비스의 시행에 앞서 기본적인 가치를 담고 있는 조항이라고 할 수 있다. 따라서 모든 사회복지 관련 제도는 "인간의 존엄성"을 구현하기 위함을 궁극적인 목표로 하고 있다고 보아야 할 것이다. 이는 인간의 존엄성이 천부인권이라는 권리에 바탕한다고 할 때 사회복지와 관련된 권리의 당위성을 포함한다.

다음으로 헌법 제34조 제1항은 "모든 국민은 인간다운 생활을 할 권리를 가진다."라고 규정하여 인간의 존엄성을 포괄적으로 규정하고 있으며 2항부터는 인간다운 생활을 할 권리의 내용을 구체화하고 있다.

> 헌법 제34조
> ① 모든 국민은 인간다운 생활을 할 권리를 가진다.
> ② 국가는 사회보장·사회복지의 증진에 노력할 의무를 진다.
> ③ 국가는 여자의 복지와 권익의 향상을 위하여 노력하여야 한다.
> ④ 국가는 노인과 청소년의 복지향상을 위한 정책을 실시할 의무를 진다.
> ⑤ 신체장애자 및 질병·노령 기타의 사유로 생활능력이 없는 국민은 법률이 정하는 바에 의하여 국가의 보호를 받는다.
> ⑥ 국가는 재해를 예방하고 그 위험으로부터 국민을 보호하기 위하여 노력하여야 한다.

인간다운 생활을 할 권리란, 국가에 대하여 인간의 존엄에 상응하는 최소한의 급부를 청구할 수 있는 권리를 일컬으며 사회복지법의 발생 이념이자 기본 원리가 된다. 이러한 인간의 존엄성에 상응하는 최소한의 수준에 관하여는 의견이 나뉘는데 우리나라 헌법재판소는 "최소한의 물질적인 생활의 유지에 필요한 급부를 요구할 수 있는 권리"로 보고 있고[1], 국민기초생활보장법 제4조 제1항은 "건강하고 문화적인 최저생활을 유지할 수 있는 것"이라고 규정하고 있다. 인간다운 생활이란 그 자체가 추상적이고 상대적인 개념으로서 그 나라의 문화의 발달, 역사적, 사회적, 경제적인 여건에 따라 어느 정도 달라질 수 있을 것이다. 또한, 헌법에 의한 인간다운 생활을 할 권리에 근거하면 사회보험, 공공부조, 사회보상, 기타 사회복지 관련 권리의 사회복지수급권이 구체화된다.

따라서, 헌법은 국가가 적극적으로 사회복지의 기능을 확대할 수 있는 근거가 된다. 그러나 이러한 헌법의 역할은 국가의 사회복지 실현에 있어서 한계를 가지는 것도 사실이다. 우선, 헌법은 기본적인 복지에 대한 국가의 방향을 설정해 줄 뿐, 구체적으로 어떻게 그 내용을 실현해야 하는지에 대하여는 개방적인 성격을 취한다. 다음으로 국가가 복지를 실현함에 있어서 여러 가지 각 개인의 기본권 및 국가 권력의 범위와 관련성을 갖게 되므로 조정 작업이 필연적으로 요구된다. 따라서 헌법상의 규범에 의해서 사회복지와 관련한 청구권을 입법자의 자의에 따를 수 있는 한계를 가지게 되는 것이다. 이는 헌법의 개방성과 추상성이라는 성격에 기인한 것이다. 따라서 헌법에 의해 국민은 사회복지와 관련한 여러 권리를 확보하는 근거를 마련하고 있지만 이러한 권리의 구체적인 실현을 위해

1) 헌재 1995. 7. 21. 93헌가14 판결

서는 각종 법률에 의한 보장이 필요하고 이는 개개인의 다양한 욕구를 반영하여야 하는 사회복지의 특성에 기인할 때 시대에 따라, 상황에 따라 변화하게 된다고 할 수 있다.

제 2 절 헌법상 사회적 기본권과 사회복지법

사회복지와 관련한 법률들은 헌법에 기초한다. 구체적으로는 헌법상에 규정된 사회적 기본권 혹은 생존권적 기본권에 근거하여 사회복지 관련법이 제정된다고 할 수 있다. 이는 헌법이 사회복지와 관련한 최상위의 규범이라는 점에 근거함과 동시에 기본권 발생의 근거 법규라는 점에 기인한다. 한편, 헌법에 의한 기본권이라는 것은 이것이 침해될 경우 권리에 대한 구제를 받을 수 있다는 근거가 된다. 본 절에서는 기본권의 일반 개념과 헌법상의 사회적 기본권에 대하여 살펴보도록 한다.

1. 기본권

1) 기본권의 개념 및 의의

기본권이란 국민이라면 누구나 향유할 수 있는 기본적인 권리로 헌법에 의하여 보장되는 것을 일컫는다. 기본권은 천부인권상의 권리 및 실정법에 의해 형성되거나 구체화되는 권리를 모두 포함하는 포괄적인 성격을 갖는다. 헌법에 규정된 기본권은 자연권인지 실정권인지에 대하여 견해가 대립하게 되는 데 헌법에 규정된 기본권은 헌법에 의하여 비로소 창설되고 보장되는 권리가 아니라 인간이 태어날 때부터 인간에게 주어진 권리로 이해하는 자연권설이 다수설이다.

기본권의 주체는 크게 자연인과 법인으로 구분할 수 있고 자연인은 국민과 외국인으로 구분할 수 있다. 헌법 제 10조는 "모든 국민은 인간으로서의 존엄과 가치를 가지며 행복을 추구할 권리를 가진다. 국가는 개인이 가지는 불가침의 기본적인 인권을 확인하고 이를 보장할 의무를 진다"고 규정하여 헌법상 기본권의 주체는 국민임을 명확하게 하고 있다. 외국인은 대한민국의 국적을 가지고 있지 않은 자이며 무국적자를 포함하게 된다. 현행 헌법은 제 6조에서 "외국인은 국제법과 조약이 정하는 바에 의하여 그 지위가 보장된다"고 정하고 있고 외국인에게는 제한된 범위내에서 기본권의 주체성이 인정된다. 기본권의 주체 중 법인은 특정한 범위내에서 법인의 기본권 주체성을 인정하고 있다.

한편, 기본권과 관련하여 기본권의 이중적 성격이란 기본권은 '주관적 권리'이면서 동시에 헌법질서의 기본이 되는 '객관적인 질서'로서의 양자의 성격을 모두 지닌다는 것을 의미한다. 국내에서는 기본권이 국민 각 개인이 상대방에 대하여 주장할 수 있는 권리라는 점에서 주관적 권리로서의 성격을 가진다는 점에는 이론의 여지가 없으나 국가에 대하여 주장할 수 있는 권리라는 측면에서의 객관적 질서로서의 성격을 가지는가와 관련하여는 학설이 나뉘고 긍정설이 다수설이다.

헌법 제 37조 1항에 의해 국민의 자유와 권리는 헌법에 열거되지 않더라도 경시되지 않으며 국민의 모든 자유와 권리는 국가안전보장·질서유지 또는 공공복리를 위하여 필요한 경우에 한하여 법률로써 제한할 수 있으며, 제한하는 경우에도 자유와 권리의 본질적인 내용을 침해할 수 없다(헌법 제 37조 2항). 기본권은 보편적으로 인정되어야 하며 불가침의 권리이므로 헌법이 개정된다 하더라도 국가권력에 의해 훼손될 수 없는 권리라 할 수 있다(윤찬영, 2007:284).

2) 사회복지와 관련한 헌법상 기본권

사회복지와 관련한 영역에서 헌법상 기본권은 앞서 살펴본 인간다운 생활을 할 권리를 포함한 포괄적 기본권으로서의 평등권, 자유권적 기본권, 사회권적 기본권으로 구분할 수 있다. 우선 헌법 제11조 제1항에는 "모든 국민은 법 앞에 평등하다. 누구든지 성별·종교 또는 사회적 신분에 의하여 정치적·경제적·사회적·문화적 생활의 모든 영역에 있어서 차별을 받지 아니한다"고 하여, 평등권을 규정하고 있다. 평등의 원칙은 사회복지법 적용에 대상이 되는 모든 인간은 원칙적으로 공평하게 대우받아야 한다는 것이다. 그 밖에 대표적인 자유권적 기본권으로는 사생활의 비밀과 자유와 관련한 조항이 있는데 헌법 제17조에서 모든 국민은 사생활과 비밀의 자유를 가지고 있다는 것으로 이는 사회복지사와 사회복지전담공무원의 윤리강령 중에 하나인 비밀유지의 원칙과도 일맥상통한다. 모든 국민은 기본권 중의 하나인 자유권을 가지고 있지만 사회복지를 수행하면서 알게 된 타인의 정보를 몇 가지 예외적인 경우 이외에는 지켜줘야 하는 것이다. 특히 건강과 관련된 정보는 보험가입 시 판단여부에 사용되는만큼 개인정보의 유출 혹은 공개여부가 매우 엄격하게 다루어져야 한다는 점에서 논란이 되고 있다.

또한 헌법 제31조는 교육을 받을 권리를 규정하고 있다. 교육을 받을 권리는 개개인의 능력에 따라 교육을 받을 수 있는 것은 물론 부모가 자녀에게 교육의 기회를 적절한 시기에 제공하는 것을 강제하는 것을 포괄하는 적극적인 개념이다. 헌법이 교육을 받을 권리를 보장하는 이유는 민주국가에서의 국민 참여의 전제조건을 위한 모든 국민을 대상으로 하는 공교육이 필요하고, 나아가 자본주의 경제질서 하에 생존을 위한 최소한의 필수적인 조건으로서 생활권을 보장하기 위해 필요하기 때문이다.

그밖에 제32조는 근로의 권리를 규정하고 있다. 다시 말해, 근로자는 근로를 해야 하며, 노동에 투입에 따른 적절한 보상을 사회적·경제적인 방법으로 받을 수 있다는 것이다. 특히 국가는 고용보험을 통하여 고용의 증진에 힘써야 하고, 최저임금제를 시행함으로써 근로자의 기본생활을 보장하고자 하는 목적을 내포하고 있다.

그리고 헌법 제29조에서는 공무원의 직무상 불법행위로 손해를 받은 국민은 법률이 정하는 바에 의하여 국가 또는 공공단체에 정당한 배상을 청구할 수 있음을 규정하고 있으며, 헌법 제30조에 의하여 타인의 범죄행위로 인하여 생명·신체에 대한 피해를 받은 국민은 법률이 정하는 바에 의하여 국가로부터 구조를 받을 수 있음을 명시하고 있다.

이상 앞에서 살펴본 것과 같이 헌법에서의 사회복지는 모든 국민에게 인간다운 생활을 보장하는 것을 기본으로 하여, 다시 구체적 대상과 생활영역을 세분화하여 보장하고 있다. 하지만 앞서 말한 것처럼 헌법 안에서는 사회복지를 현실화하는 그 구체적인 윤곽은 드러나 있지는 않은 한계를 가진다.

2. 사회권적 기본권(생존권적 기본권)

1) 개념 및 의의

사회권적 기본권은 사회국가원리를 헌법적으로 수용한 것으로 국민이 국가에 대하여 인간다운 생활과 최저한의 생활 보장을 적극적으로 요구할 수 있는 권리를 말한다. 이러한 사회권적 기본권은 생존권적 기본권이라고도 한다.

사회권적 기본권은 1919년 바이마르 헌법에서 최초로 규정한 이래 세계 각국의 헌법이 이를 규정하고 있는데, 그 내용과 성격이 다양하지만 그 목적은 개인의 생존을 보장하기 위해 국가가 적극적으로 개인생활에 개입하여 사회권적 기본권을 실천하게 된다는 것이다. 우리나라에서는 이와 관련하여 인간다운 생활을 할 권리, 교육을 받을 권리, 근로에 대한 권리, 근로 3권, 환경권 등을 규정하고 있다.

그러나, 헌법에 명시되어 있는 인간답게 살 권리 - 사회권적 기본권 - 는 자유권적 기본권처럼 보편적으로 인정되는 것은 아니며, 이에 대한 인정 범위에 대해서는 여러 가지 학설이 존재한다. 대표적으로 프로그램 규정설과 법적 권리설로 구분하고 있으며 법적 권리설은 추상적 권리설과 구체적 권리설로 구분된다.

프로그램 규정설은 객관설로도 불리며 사회권적 기본권의 현실적이고 구체적인 권리성을 부인한다. 프로그램 규정설에 따르면 사회권적 기본권은 국가의 기본 목표를 선언한 것에 불과하므로 국가가 이러한 목표의 실현과 관련한 입법을 하지 않더라도 헌법 자체의 규정만으로는 국가에 대한 입법 청구가 불가능하게 된다. 이러한 프로그램 규정설에 의하면 헌법에서 생존권을 규정하고 있더라도 현실적으로 국가와 국민 전체의 경제력이 미치지 못하면 이 규정은 국가의 기본 방침을 정한 것에 불과하게 된다.

다름으로 법적 권리설 중 추상적 권리설은 헌법 규정만으로는 구체적 권리로서 기능할 수 없지만 생존권 규정을 프로그램 규정이라고 보기는 힘들다고 한다. 사회권적 기본권, 즉 생존권의 경우 불완전한 권리로서의 성격을 가지나 법적인 권리임은 명백하고 국가에게 의무 이행을 강제할 수 없을지라도 국가의 생존권 보장 의무는 헌법에 근거한 법적인 의무라고 본다. 이 학설은 우리나라의 다수설을 차지하고 있다. 이에 의하면 사회권적 기본권은 구체적인 기본권이기는 하지만 입법에 의하여 완전하고 구체적인 권리가 되게 된다.

마지막으로 법적 권리설 중 구체적 권리설은 생존권과 관련한 헌법 규정은 그 자체로 현실적인 효력을 가지는 규정이라고 본다. 따라서 국가가 사회권적기본권과 관련하여 의무를 다하지 않는다면 이러한 부작위는 현실적이고 구체적인 권리의 침해가 되어 국가에 의무이행소송을 제기할 수 있다. 구체적 권리설과 관련해서는 우리나라 헌법은 제 34조에서 인간다운 생활을 할 권리, 즉 생존권적 기본권을 규정하고 있는데 이 조항과 사회복지법상의 수급권이 어떠한 관계에 있는지를 구분하는 것이 중요한 이슈라 할 수 있다.

아사히 소송

아사히 소송은 1957년부터 1964년까지 약 10년에 걸쳐 이루어진 소송으로 사회권적 기본권 조항을 프로그램 규정설로 이해하느냐, 구체적 권리설로 보느냐와 관련한 내용을 담고 있다. 또한 생활보호법상의 생활보호청구권을 구체적 권리로 볼 수 있느냐와 최저생활비의 산출 근거가 무엇인지에 대해 판시하고 있다. 동 판결의 결과 사회권적 기본권의 권리성에 대한 논쟁이 가열되었는데 우선 이 소송을 통해 1심은 헌법상의 생활보호 규정은 국가에 대해 권리를 청구할 수 있는 구체적 조항으로 인정하여 구체적 권리설을 따랐으나 2, 3심에 와서는 생존권에 대해 프로그램 규정설에 입각하여 판시하였다. 또한 건강하고 문화적인 생활수준의 산정방법과 관련하여는 마켓바스킷 방식으로 산정하는 것으로 정리하였다.
아사히소송은 국가를 상대로 생존권적 기본권을 주장하였다는 점에서 기존에 생활보호는 시혜적인 권리라고 인식되었던 것에서 나아가 생활보호를 국민의 권리로 인식하였다는 점에서는 의의를 가지나 최종심에서는 결국 보호 기준과 관련하여 불명확한 기준을 제시하여 비판을 받는다(현외성, 2007).

2) 우리나라 헌법의 사회권적 기본권

우리나라 헌법은 제헌헌법 이래 현행 헌법에 이르기까지 이른바 "사회국가 조항"을 명시적으로 규정하지 않고 있다. 다만, 헌법 제119조 이하에서 경제에 관한 국가의 포괄적인 규제 및 조정의 권한규정과 함께 세부적인 경제 관련규정을 두는 한편, 사회국가원리에 따른 세부적인 조항을 사회적 기본권의 형식으로 규정하고 있다. 이와 같은 규정의 형식 때문에 사회적 기본권의 헌법 규범적 의미 및 헌법 소송의 방법 등과 관련하여 복잡한 문제들이 제기된다.

사회적 기본권은 자유권적 기본권과 달리 국가의 적극적 급부와 배려를 통하여 비로소 보장될 수 있으므로 국가의 개입과 간섭을 필요로 하게 된다. 하지만 그 내용의 불명확성으로 인하여 급부의 실현대상이나 방법, 수준 등에 관하여 입법자와 정부에 의한 구체화가 필요하게 된다. 따라서 여러 가지 사회복지 관련 법률은 이러한 헌법상의 사회적 기본권을 구체화하고 명확하게 하는 역할을 담당하게 된다. 또한 사회복지 관련 법률을 통한 사회적 기본권의 실현은 궁극적으로 국가의 경제적인 여건이나 재정능력에 따라 실현 여부와 그 정도가 결정된다.

우리나라의 사회적 기본권에 대한 입장은 판례를 통해서 살펴볼 수밖에 없는데, 판례마다 사회적 기본권에 대한 시각은 상이한 것이 사실이다. 국가유공자예우등에관한법률 제9조 본문 위헌제청 사건(1995.7.21. 93헌가14)의 경우, "인간다운 생활을 할 권리로부터 인간의 존엄성에 상응하는 생활에 필요한 최소한의 물질적인 생활의 유지에 필요한 급부를 요구할 수 있는 구체적인 권리가 상황에 따라서는 직접 도출될 수 있다고 할 수는 있어도, 동 기본권이 직접 그 이상의 급부를 내용으로 하는 구체적인 권리를 발생하게 한다고는 볼 수 없다고 할 것이다"고 판시하여 구체적인 권리성을 일부 인정하고 있다. 한편 저상버스도입의무불이행 위헌확인 사건(2002.12.18. 2002헌마 52)의 경우에는 헌법 제34조 제1항의 의미를 제시함과 동시에, 국가기관 간 권력 분립의 원칙에 의거하여 국가기관 부작위의 위헌성을 확인할 수 없다 하여 각하판결 하였다. 이는 어떤 복지정책의 취지가 바람직하더라도 정책의 우선순위 결정에 있어서 헌법재판소가 이를 대신할 수는 없다는 취지로 헌법을 근거로 구체적인 청구권이 도출될 수 없음을 명확히 하고 있다.[2)]

저상버스 도입의무불이행 위헌확인 사건

동 사건에서 헌법재판소는 '장애인의 복지를 향상해야 할 국가의 의무가 다른 다양한 국가과제에 대하여 최우선적인 배려를 요청할 수 없을 뿐 아니라, **헌법의 규범으로부터 장애인을 위한 저상버스의 도입과 같은 구체적인 국가의 행위의무를 도출할 수 없다**........(이하 중략)....... 장애인의 복지를 노력해야 할 국가의 과제를 언제 어떠한 방법으로 이행할 것인가 하는 이행의 구체적 방법(예컨대 장애인 생활안정 지원, 재활시설 운영, 직업생활시설 운영, 편의시설 설치, 재활서비스 운영 등)과 이행시기에 관하여는 행정청이 다른 여러 과제들과의 우선순위, 재정적 여건 등 다양한 요인들을 감안하여 결정할 사안으로서, 그에 관하여 광범위한 재량권을 갖는다......(이하 생략)......'고 판시하였다. 결국 저상버스를 도입하는 정책의 취지가 바람직하더라도 정책의 우선순위 결정에 있어서 헌법재판소가 이를 대신할 수는 없다는 취지로 헌법을 근거로 구체적인 청구권이 도출될 수 없음을 명확히 하고 있다.

제 3 절 사회복지수급권

사회권적 기본권은 자유권적 기본권에 비해서 모든 사회에서 보편적으로 받아들여지는 기본권은 아니라고 언급한 바 있다. 어느 사회의 경우, 개인의 실패를 개인의 탓으로 돌리는 경향이 있다면 사회복지 급여를 받는 것을 권리로 받아들여지기 어려운 반면, 국민 전체가 향유하는 권리로서의 기본권으로 복지에 관한 권리를 인식하는 경우에는 사회복지급여는 일종의 권리로 받아들여질 수 있게 된다. 여기에서 사회복지급여를 받을 수 있는 권리가 사회복지수급권이며 이는 사회복지법의 내용에서 가장 본질적인 부분에 해당된다 하겠다. 그리고 사회복지수급권은 사회복지제도의 성격에 따라서도 권리성 측면에서 차이가 있을 수 있다.

---

2) 헌법재판소가 헌법을 근거로 구체적인 청구권을 가진다고 판단하였느냐와 관련하여 학설은 상이한 입장을 보이고 있다. 헌법에 근거하여 곧바로 구체적인 청구권을 가지지는 않는다는 것이 헌법재판소의 판시를 해석하는 학계 다수설의 입장이다(정회철, 2008).

1. 사회보험과 공공부조에서의 권리성

1) 사회보험에서의 수급권(사회보험의 권리성)

사회보험은 공공부조 및 기타 사회복지서비스들과는 달리 본인의 경제적 기여를 전제로 법률관계가 성립하는 것이 특징이다. 사회보험은 운영주체가 국가 혹은 공공기관이 되며 일정 요건이 갖추어지면 가입이 강제되고, 가입 이후 일정 요건을 충족한 이후 사회적 위험을 겪게 되면 급여지급 사유에 해당하는지를 검토한 후 급여 지급이 이루어진다. 사회보험은 기여에 기초하여 급여지급 여부가 결정되기 때문에 다른 제도에 비해서 권리성이 매우 강하다. 국민연금법 부칙 제8조 위헌확인 사건(2012헌마906)과 공무원연금법 제47조 제2항 등 위헌확인(부칙 제2항) 사건(2005헌마918)에서는 "사회보험수급권은 재산권으로서의 특징을 갖는다. 국가는 매년 사회보험의 관리 및 운영에 필요한 관리운영비만을 전부 또는 일부 부담하고 실제 급여에 필요한 재원을 이루는 보험료는 가입자 본인이 전부 또는 일부를 부담하므로 재산권으로서의 성격도 가지고 있는 것으로 보아야 한다"고 판시하였다. 따라서 본인의 보험료라는 경제적 부분의 기여를 조건으로 발생하는 사회보험과 관련한 수급권은 일종의 재산권의 성격을 가지는 것으로 보아야 할 것이다.

또한 사회보험수급권은 공공부조에서의 수급권과는 달리 구체적이고 법적인 권리라고 보아야 한다. 헌법재판소의 판시에서도 밝히고 있는 바와 같이 사회보험료를 통한 본인의 기여라는 조건으로 성립하는 사회보험의 특성상 사회보험수급권은 명확하게 재산권으로서의 성격을 가지는 이상 헌법에 보장된 인간다운 생활을 하기 위한 것으로 생존권을 구체화하기 때문이다. 따라서 국민은 사회보험과 관련한 급여 청구권에 대하여 법적으로 권리를 가지게 되며 이에 대하여 불충분한 급여를 받게 되면 국가를 대상으로 소송을 진행할 수 있다. 이와 관련하여 우리나라는 각종 사회보험 관련법에 권리구제절차를 마련하고 있고, 이는 행정심판의 성격을 가지게 된다.

2) 공공부조에서의 수급권(공공부조의 권리성)

공공부조제도는 기여에 기초하는 사회보험제도와 다르게 자산조사에 의해 욕구가 큰 대상자를 선별하며, 모든 국민이 대상이 되는 것이 아닌 일정한 요건 - 빈곤 - 을 충족한 사람들만이 대상층이 되는 특징이 있다. 따라서 공공부조에서의 수급권은, 기여에 기초하여 급여를 제공하는 사회보험의 수급권에 비해서 구체적인 권리가 있다고 볼 수 없기 때문에, 급여를 임의로 삭감하거나 폐지하게 되는 경우 이를 권리의 침해로 볼 수 있는지에 대해서는 논란이 있다.

물론, 그렇다고 해서 공공부조에서의 수급권이 인정되지 않는 것은 아니다. 우리나라의 대표적인 공공부조제도인 국민기초생활보장제도는 생활할 능력이 없는 일정 범위의 국민들을 대상으로 인간다운 최소한의 생활을 유지시켜 주기 위한 목적을 가지며, 공공부조의 권리성을 인정하고 있다.

따라서 국민은 인간다운 생활을 유지할 권리를 가지며 국가는 이에 대한 의무를 지니게 된다. 공공부조와 관련한 법률인 국민기초생활보장법은 최저 생활을 보장해 준다고 규정함으로써 구체적 권리까지는 아니더라도 추상적 권리로 권리성이 진일보한 것으로 볼 수 있다.

2. 사회복지수급권의 규범적 구조

사회복지 영역에서의 사회권적 기본권, 즉 사회복지수급권은 크게 실체적 권리, 수속적 권리, 절차적 권리의 세 가지 권리 구조로 구분할 수 있다. 실체적 권리란 헌법상 기본권에 기초하는 권리로 사회복지수급권 중 가장 일반적으로 언급되는 권리라 할 수 있는데, 법률에 구체적으로 근거를 가지고 현실적으로 급여를 청구할 수 있는 권리이다. 현재 우리 헌법에는 모든 국민이 인간다운 생활을 할 수 있도록 규정되어 있는데, 이러한 헌법 규정에 의하여 구체적인 법률이 만들어지게 되고 해당 법률에 근거하여 급여를 청구할 수 있는 권리가 실체적 권리라 할 수 있다. 따라서 이러한 실체적 권리의 특성에 기인할 때 사회복지 관련법은 급여와 관련한 다음의 요건들을 구체적으로 규정하여야 한다: 수급요건, 수급권자, 급여수준, 수급 기준, 급여 종류, 재정조달, 전달체계, 수급권의 보호와 제한 등. 실체적 권리를 세분화하면 공공부조청구권, 사회보험청구권, 사회서비스청구권으로 구분할 수 있다.

다음으로 수속적 권리란 수급권의 보장을 위해 거쳐야 할 절차가 적합하게 이행되어야 할 것을 요구하는 권리라 할 수 있다. 수속적 권리에는 급여에 대한 정보를 취득할 권리, 상담을 받을 권리, 적법한 진행을 보장받을 권리 등이 포함된다.

마지막으로 절차적 권리란, 사회복지수급권을 현실적으로 실현하기 위하여 필요한 의무의 이행을 요구할 수 있는 권리를 일컫는다. 이 권리는 수속적 권리와 마찬가지로 사회복지수급권의 보장을 위한 것으로 복지급여와 관련한 쟁송권, 복지행정에 대한 참여권, 복지에 대한 입법청구권이 포함된다. 사회복지급여 쟁송권이란 실체적 권리인 사회복지급여 청구권이 위법이나 부당한 조치에 의해서 침해되었을 때 이의 구제를 신청할 수 있는 권리를 의미한다. 이는 행정심판을 통한 행정적 구제와 행정소송을 통한 사법적 구제가 있다. 사회복지행정 참여권이란 사회복지행정 과정에 사회복지 대상자나 국민이 참여할 권리를 뜻한다. 사회복지행정은 그 특징상 재량의 여지가 많은데, 사회복지행정 과정에 국민이 참여하여 이러한 재량권의 남용을 막고 적절한 니드 충족에 기여하는 사회복지급여를 실천하는 조건을 만들 수 있다. 사회복지입법 청구권이란 생존권 보장을 위한 사회복지급부를 제공하는 구체적인 법률이 제정되지 않았거나 또는 제정되었더라도 그 법률이 생존권 실현에 불충분한 경우에 사회복지입법을 추진하거나 그 개정을 청구할 수 있는 권리를 말한다.

3. 사회복지수급권의 보호와 제한

1) 사회복지수급권의 권리성

사회복지수급권은 헌법에 기초한 기본적인 권리로 인식되고 있지만 헌법상의 규정에 대한 인식을 어떻게 하느냐와 관련하여 그 효력에 차이를 가지게 된다. 사회복지를 시혜적인 것으로 인식할 경우 당연히 권리성이 약화되며, 사회복지 관련 욕구가 시대에 따라 변하기 때문에 사회복지 급여 수급과 관련된 권리성 역시 변하기 마련이다. 사회복지법의 특성상 욕구가 변화하고 생활이 변화함에 따라 모든 제반 사항을 법률로 규정할 수 없고 시행령이나 규칙, 행정규칙에 위임함에 따라 담당자의 재량이 우선시되고 있는데 이와 같은 특성으로 권리성이 약화되는 측면이 있다. 한편, 이때는 행정기관이나 담당자의 재량과 판단, 권한이 매우 중요시되는데 이러한 것은 임의적으로 이루어지는 경우가 많아 복지 급여의 수급시 문제가 발생한다. 하지만 사회복지를 하나의 권리로 인식함이 일반적이며 오늘날의 사회복지급여는 국가의 객관적인 목적을 달성하기 위한 수단 그 자체가 아니라 국가의 사회보장 의무를 다하여 국민의 인간다운 생활을 보장하기 위한 목적을 가진다. 따라서 개인의 권리는 사법적으로 보장되어야 할 것이다.

2) 사회복지수급권의 보호

사회복지수급권은 이와 같이 하나의 권리로 인식됨이 일반적이며 앞서 살펴본 사회권적 기본권의 성격을 가지고 있다. 또한 동 권리는 개인의 생활을 보장한다는 측면에서 나아가 사회적으로도 특별한 보호가 필요한 권리라는 점에서 적극적 권리실현과 더불어 권리에 대한 보호가 필요하다.

우선, 사회복지수급권은 재산적 가치가 있는 권리인 민법상의 채권과는 다른 특징을 가진다. 즉, 압류, 양도, 담보 제공 등이 금지되는데 이는 수급권의 개인적, 사회적 보호를 통하여 인간다운 생활을 유지하기 위한 목적에서 비롯된다. 한편, 사회복지급여와 관련하여 원칙적으로는 조세나 기타 공과금 부과를 금지함으로써 사회복지 급여를 통해 최소한의 인간다운 삶을 영위할 수 있도록 보장하고 있다. 마지막으로 사회복지급여는 일종의 기득권적인 성격을 가지게 되므로 정당한 이유 없이는 불이익하게 그 급여가 변경될 수 없는 원칙 하에 제공된다.

3) 사회복지수급권의 제한

이와 같은 사회복지급여의 권리는 제한될 수 있는데, 사회적 요보호자에게 주어지는 헌법에 근거한 권리이기 때문에 필요한 경우 헌법상 적정성의 원칙에 따라 제한이 가능하다. 구체적으로는 고의적인 행위에 의하여 수급권을 취득한 경우나 중과실로 수급권을 취득한 경우 사회복지수급권이 제한된다(이상광, 2002). 즉, 수급권의 실현이 정의에 반할 때, 형식상 요건에 불충분하게 실현되고 있다고 보일 때 권리를 제한할 수 있다. 사회복지수급권의 제한과 관련하여는 과잉사회복지급여의 제한과 권리 남용의 금지 등이 적용되는데 사회복지급여의 중복급여는 법률에 의해 조정되고 있는 것은 이와 관련한 수급권 제한의 한 측면이라 볼 수 있을 것이다. 그 밖에 사회복지수급권자라 하더라도 특정의 고의적 행위를 통하여 권리를 획득하였을 경우, 중과실에 의하여 권리를 획득하게 되었을 경우 그 권리를 제한함이 일반적이다. 우리나라 국민연금법 및 건강보험법 등에서도 고의로 인해 보험 사고를 발생시킨 후 급여를 받을 권리가 생긴 경우에는 그 권리의 취득을 명시적으로 제한하고 있다.

제 4 절 사회복지법과 권리구제

1. 권리구제의 개요 및 의의

권리구제절차란 일반적으로 국민이 본인의 권리가 침해당하였을 때 국가에 대하여 권리의 회복을 위하여 진행하는 절차를 일컫는다. 따라서 사회복지에서의 권리구제는 사회복지 관련 법률에서 급여와 관련하여 수급권자가 수급 자격이나 급여와 관련하여 처분에 이의가 있는 경우 그 처분에 이의를 제기하는 절차이다. 현재 우리나라의 사회복지 관련 법률에서는 이러한 권리구제절차가 규정되어 있는데 해당 법률에 의한 처분에 의해 권리를 침해당한 당사자가 행정심판과 행정소송을 제기할 수 있도록 규정되어 있다.

사회복지의 영역에서는 일방의 당사자가 사회적 취약계층 내지는 경제적 약자, 혹은 국가로부터 지급받는 급여의 수급권자라는 측면에서 여타의 소송과는 다른 구조의 특징을 가진다. 즉, 공법관계에서의 소송 진행절차가 주축이 되며 급여의 수급권자의 권리를 한층 두텁게 보장해 주기 위하여 다른 소송 절차와는 달리 특별행정심판 절차가 운영되고 있는 모습을 보이는 것이 주요 특징이다. 결국 사회복지급여의 수급권자가 복지에 관한 권리, 즉 사회보장수급권 내지 복지권의 보호 및 권익 향상을 위하여 권리구제절차를 진행하게 된다.

2. 사회복지법제 권리구제의 특수성

사회복지법 관계는 법률에 의해 발생하는 양당사자간의 법률관계로 강제성이 부여되는 공법상의 채권채무관계라 할 수 있다. 따라서, 사법상 법률관계와 달리 양당사자의 의사가 서로 반대로 설정되지 않으며 엄격한 사법상 배상책임 관계는 성립하지 않는다. 한편, 헌법에 근거하여 공권력의 행사에 대하여 국가가 심사하게 되는데 사회정책의 측면에서 보호의 필요성, 급부의 적절성 등을 심사기준으로 판단하게 된다. 채권자는 이에 따라 국가에서 법률상의 법적 청구권을 갖게 되고 국가는 이에 대한 결정으로 급부를 지급하게 되는 것이다.

사회복지기관의 경우 사법상의 법률관계와 공법상의 법률관계가 명확히 구분된다. 사회복지기관이 다른 법인과 맺게 되는 다양한 계약으로 매매계약, 수리계약 등은 사법적 법률관계가 성립되지만, 사회복지시설에서 대상자를 위탁해서 수용하는 경우는 다르다. 이 경우 사회복지기관과 국가 또는 지방자치단체는 계약관계가 아니라 공법상의 법률관계가 성립되게 된다. 따라서 사회복지기관은 법률상의 조건에 해당되지 않는 경우 외에 자유의사에 의하여 클라이언트의 수용을 거부할 수 없고, 국가나 지방자치단체도 이에 대한 비용을 계약이 아닌 법에 의해서 지불하도록 하고 있다는 점이다.

한편, 사회복지법에서 급여청구권자는 채권자의 지위를 가지게 되는 것인데 사회복지분야 중 사회보험 분야에서는 가입자와 실제 급여수령자가 상이할 수 있는 특징을 가진다. 예컨대 산재보험의 경우 사용주는 보험 가입자로써 보험료를 납부하나 급여수령은 근로자가 하게 된다. 또한 사회복지법제 중 사회보험법은 강제로 법률에 의해 보험가입의무와 보험료 납부의무가 발생되는 특징을 가진다. 사적인 계약처럼 보험료 납부의무를 다하지 않았다는 사실로 계약이 종료되지 않는다는 점에서 법률관계의 종료 시점에 차이가 있음을 알 수 있다. 법률관계의 종료사유 중 하나인 소멸시효도 사회복지법제에서는 엄격히 적용되지 않는다. 청구권에 대한 소멸시효가 법률에 규정되어 있더라도 실제적인 상황이 발생한다면 청구권은 발생하고 이러한 상황이 종료되는 요건을 충족함에 따라 법률관계가 종료될 뿐이다. 이렇듯 사회복지법제는 각 분야별로 권리구제에 있어서 특이성과 특수성을 지니게 된다.

3. 사회복지법에서의 권리구제의 유형

권리구제를 위한 심사의 유형은 일반적으로 심사청구제도(행정심판), 행정소송제도, 민사소송제도 등이 있다. 권리구제와 관련해서는 담당 행정기관에 최초로 심사청구를 제기하여 의견이 받아들여지지 않을 경우 법적 쟁송제도인 행정소송 및 민사소송 등으로 넘어가는 것이 일반적인 절차이다. 이러한 권리구제는 심사청구제도를 시작으로 하는 것이 일반적인데 이는 사법제도의 보완적 기능 및 행정의 능률, 자율적 행정통제의 의미를 가지게 된다(현외성, 2007). 사회복지와 관련한 소송도 이러한 일반적인 권리구제 절차를 따르게 된다. 특히 사회복지급여는 대부분 신속성 및 행정적 편의가 중요시되기 때문에 이러한 심사제도 이후에 법적인 권리구제절차로 넘어가게 된다. 본 절에서는 사회복지급여가 헌법을 기반으로 하여 발생하는 권리라는 측면에서 헌법 관련 권리구제 소송과 사회복지 관련 개별 법률에서 규정되어 있는 권리구제 절차를 함께 살펴보도록 한다.

1) 헌법관련 권리구제 소송의 구체적 예시

사회복지법은 헌법을 근거로 하여 발생되는 법률이므로 헌법과 관련한 소송이 주를 이루게 된다. 또한 사회복지법관계는 국가와 사인과의 관계인 경우가 대부분이므로 따라서 여기서는 헌법과 관련한 사회복지 관련 소송에 대하여 살펴보도록 한다.

사회복지 관련법들은 헌법상 사회적 기본권의 구체화 법률로써, 일단 국민의 생존권이 침해된 경우에는 헌법소원을 통하여 입법부작위위헌확인과 권리구제를 받을 수 있다(김철수, 2001). 또한 입법부가 사회적 기본권 실현에 필요한 입법을 태만히 할 경우, 헌법재판소는 이것이 헌법위반임을 확인할 수 있다(권영성, 2003). 즉, 사회적 기본권의 권리성을 인정하여 사회복지법제로 구체화된 권리의 구체성의 정도에 대하여 입법의 의무를 국가에 부여하여 국가가 이러한 입법 의무를 게을리하거나 입법의 내용이 불충분할 경우에는 사법적으로 권리구제를 다툴 수 있다.

(1) 입법부작위 헌법소원

일차적으로 헌법상 규정되어 있는 인간다운 생활을 할 권리인 사회적 기본권을 구체화하는 법률이 마련되어 있지 않은 경우, 국민은 국가에 대하여 헌법 규정에 근거하여 인간다운 생활의 실현에 관한 구체적인 입법이 마련되어 있지 않음을 위헌이라고 주장할 수 있게 된다. 따라서 입법 청원, 선거 등을 통하여 국가에 대하여 책임을 추궁하는 방법 이외에도 "헌법상으로 보장된 기본권이 공권력의 불행사로 침해되었다"는 것을 이유로 헌법재판소에 직접 헌법소원을 제기할 수 있다.

(2) 위헌법률심판 또는 법률헌법소원

한편, 헌법상 인간다운 생활을 할 권리를 구체화하는 사회복지 관련 법률이 존재하지만, 현존하는 입법만으로는 국민의 최저생활 보장이 불충분하거나 오히려 법률에 의하여 국민의 헌법상 권리가 제한될 경우에는 헌법의 규정을 근거로 관련 사회복지법이 위헌임을 이유로 위헌법률심판이나 법률헌법소원을 제기할 수 있다. 법률의 내용이 최저생활의 보장에 불충분하여 위헌으로 되는 경우 헌법재판소는 잠정적용 헌법불합치결정을 하게 되는데, 단순 위헌 결정을 할 경우에는 불충분한 법률에 의하여 지급되는 급여조차 수급하지 못하기 때문이다.

(3) 국가에 대한 이행청구

또한 인간다운 생활을 할 권리가 구체적이고 충분한 내용을 가진 사회복지 관련 법률에 의하여 보장되고 있다면 국민은 이러한 법률에 근거하여 구체적인 권리를 주장할 수 있게 된다. 즉, 이러한 사회적 기본권을 실현할 수 있는 사회복지 관련 법률이 마련되어 있음에도 국가가 구체적 의무를 이행하지 아니할 경우에는 국가에 대하여 그 이행을 청구할 수 있다.

2) 사회복지법 관련 권리구제 절차

위와 같이 헌법을 근거로 헌법 관련 소송을 하는 것 이외에 각종 사회복지관련 법률에는 수급권자의 권리구제방법이 명시되어 있다. 사회복지에서의 권리구제는 사회복지 관련 법률에 있어 사회복지급여 수급권자가 수급자격, 보험료, 급여 등과 관련하여 행정기관의 처분에 이의가 있거나 불복하는 경우 진행하는 것으로 사회복지 관련법에 개별적으로 각각 그 절차가 규정되어 있다. 구체적으로 사회복지 관련법에서의 권리구제는 행정심판 절차인 심사와 재심사 제도를 말하는 것으로 각종 법률에 동 제도가 규정되어 있는 경우 이러한 절차를 거친 후 행정소송 절차로 나아갈 수 있다.

사회복지 영역에서의 권리구제절차는 다른 영역과 달리 사회복지의 특수성을 반영한 것에서 그 특징을 언급할 수 있는데, 사회복지수급권자의 경우 사회적 약자로서 그 권리가 두텁게 보호되어야 한다는 점, 행정적 편의가 다른 사건에 비하여 요구된다는 점, 경제적 능력을 고려하여야 한다는 점에서 권리구제 절차가 특수성을 가진다. 또한 일반적으로는 사회복지관련 법률의 권리구제절차인 심사, 재심사 제도인 행정심판 이후 행정소송의 절차를 거치게 되는데 대표적으로 '국민연금법', '고용보험법' 등 사회보험 관련법은 행정심판과 행정소송과의 관계에 대하여 규정하고 있으나, 공공부조법인 '국민기초생활보장법'에는 행정소송에 대해서 언급하고 있지 않으므로 각각의 법률에 따라 행정소송에 관련한 권리구제 절차는 달라진다고 보아야 한다.

우선 심사청구 제도는 행정기관의 처분에 대하여 법적 쟁송 이전에 행정기관을 통해서 이의를 신청하는 제도로서, 사회보험법 및 공공부조법에서는 심사청구와 재심사청구 이렇게 2단계의 심사청구 제도를 권리구제 절차로 운영하고 있다. 심사청구와 재심사청구는 〈표 Ⅰ-1〉와 같이 각 법에 심사 제기 기간 및 결정 기간 등이 명시되어 있다. 심사청구에도 불구하고 이의가 있는 경우에는 법적 쟁송 절차인 행정소송 단계로 넘어가게 된다.

각종 사회보험법과 국민기초생활보장법 등에 규정되어 있는 권리구제절차는 사회복지급여의 특성을 반영하여 신속성을 보장할 수 있도록 운영하고 있으며 사회복지급여의 수급권자들이 본인의 권리에 대한 인식이 강해질수록 이러한 제도에 대한 이용률은 증가할 것으로 예상된다.

〈표 Ⅰ-1〉 관련법의 권리구제절차

관련법 / 유형		국민연금법	국민건강 보험법	노인장기 요양보험법	산재보험법	고용보험법	국민기초 생활보장법
심사청구	근거 법률	제 108조	제 87조	제 55조	제 103조	제 87조	제 38,39조
심사청구	담당 기구	국민연금공단 건강보험공단	건강보험공단	건강보험공단	근로복지공단	고용심사관	시/도지사
심사청구	심사 제기 기간	처분 인지일로부터 90일, 처분일로부터 180일 이내	좌동	처분일로부터 90일 이내	결정 인지일로부터 90일 이내	확인 또는 처분 인지일로부터 90일 이내	결정통지일로부터 60일 이내
심사청구	결정 기간	청구일로부터 60일 이내	좌동	좌동	좌동	청구일로부터 30일 이내	좌동
재심사청구	근거 법률	제 110조	제 88조	제 56조	제 106조	제 87조	제 40, 41조
재심사청구	담당 기구	국민연금 재심사위원회	건강보험분쟁조정위원회	장기요양 심판위원회	산재보험 재심사위원회	고용보험 심사위원회	보건복지부 장관
재심사청구	심사 제기 기간	결정통지 받은 날부터 90일 이내	심사청구와 동일	결정처부 받은 날로부터 90일 이내	결정 인지일로부터 90일 이내	좌동	이의신청을 받은 날로부터 60일 이내
재심사청구	결정 기간	결정통지 받은 날로부터 90일 이내	심판청구서 제출일로부터 60일 이내	심사청구 받은 날로부터 60일 이내	심사청구와 동일	청구 받은 후 50일 이내	이의 신청서를 받은 후 30일 이내
행정소송절차 근거법률		제 112조	제 90조	제 57조	제 111조	제 104조	없음

주: 박정선(2013) 재구성

제 4 장

사회복지법 구성 체제

제 1 절 사회복지법의 구성 형태

우리나라 사회복지법 전체의 구성을 살펴보면 매우 복잡하고 혼란스럽게 분포되어 있어 전체적인 맥락을 이해하기 어려울 뿐만 아니라 각각의 법의 내용두 법 제목과 일치하지 않거나 일부만을 포함하고 있다. 이러한 혼란스러움으로 사회복지 전반에 대하여 전체적인 내용을 파악하는 것이 사실상 불가능한 수준이라는 지적을 받고 있다. 물론 사회복지법에 있어서 체계적이지 못하고 상호간에 연계나 조정이 이루어지지 못하여 발생하는 현상은 우리만의 일은 아니다. 선진국의 경우도 시기적으로 필요에 따라 제도를 도입하거나 법 규정을 제정하다 보니 전체적인 체제나 구성에 대한 고려 없이 제도 도입이 이루어지면서 법 규정이 난립하게 된 것이 사실이다. 최근 독일이 사회복지에 관련 된 관련법을 사회법으로 정리한 것은 이를 보여주는 단적인 예라 할 것이다.[1)]

만일 사회복지 관련 주체가 민간 자율에 의하여 자율적으로 이루어진다면 사회복지법은 그나마 최소한의 규정을 두고 각각의 운영 주체가 스스로 결정하고 집행할 수 있을 것이다. 그러나 사회복지법은 국가책임이라는 공법적 성격을 가지고 있기 때문에 개별법에 명시하는 규정이 명확하여야 하고, 이를 근거로 운영되도록 하여야 하기 때문에 세세한 부분까지 규정에 포함하여야 한다.

---

1) 독일은 그동안 시기적으로 그리고 필요에 따라 사회복지 관련법을 도입함으로써 더 이상 혼란을 수습하기 어렵다고 판단하여 최근 30년에 걸친 노력을 통하여 사회법으로 통합하는 거대한 법적 체계로서 사회법을 완성한 바 있다.

그런데 제도를 이해함으로써 사회복지의 내용을 확인하는 방법은 이미 지적한 바와 같이 사회복지 분류에 따라 관련된 법을 사회보험과 공적부조 그리고 사회복지서비스법으로 구분하는 방법이 일반적이라 할 수 있을 것이다. 이러한 방식은 제도를 직접적으로 분석하기 때문에 제도 내용을 이해하는 데에는 유용한 장점이 있다. 그러나 각 제도 내용에 한정하기 때문에 전체적인 관점에서 포괄성을 갖기 어렵고 중복이나 탈루 등의 문제를 확인하는 데에는 한계가 발생하게 된다. 이를 보완하기 위해서는 사회복지법을 분석함에 있어서 제도별 내용을 확인함과 동시에 각각의 내용을 상호 연계함으로써 전체적인 맥락을 파악하는 사회복지법 구성 체제를 파악하고 판단하는 추가적인 노력이 요구된다 할 것이다.

그렇다면 이러한 추가적인 노력을 효과적으로 하기 위해서는 어떠한 분류방식을 통한 분석이 합리적일 것인가에 대한 판단이 있어야 한다. 이는 전체 사회복지법 체제에 대한 구성을 분석함에 있어서 제도적 유형을 어떻게 구분하여야 하는 것인가에 대한 질문으로 바꾸어 설명할 수 있을 것이다.

제도적 유형을 구분하는 형태에서 과거 전통적인 분류 방식은 대상계층에 따른 분류라 할 수 있다. 대상에 따른 분류는 국가에 따라 차이가 있는데, 근로자를 대상으로 한 관련 제도와 빈곤 계층을 대상으로 한 관련제도로 구분하는 것이 일반적이다. 물론 이러한 분류는 사회복지의 정책적 접근이 다르기 때문에 발생한 것으로 근로자 중심의 복지체제는 독일을 중심으로 사회복지 발전이 이루어졌다는 점에서 의미를 가지며, 빈곤계층에 대한 복지체제는 영국을 중심으로 이루어졌다는 점에서 구분할 수 있다.

이와는 달리 사회적 위험에 따른 보장 내용을 중심으로 구분하고 이에 따른 구성 체제를 기준으로 분석을 하는 방식을 들 수 있다. 사회적 위험은 인간으로서 생활하면서 발생할 수 있는 경제적 손실의 가능성으로 구체적으로는 노령, 질병, 사망, 장애(해), 실업 그리고 장기요양 등으로 구분될 수 있다. 따라서 사회적 위험은 전형적인 사회보험에서 보장하는 대상이며, 정책적으로는 사회보험이 수행하는 빈곤 예방적 성격과 직접적인 관련성을 가지고 있다. 이와는 달리 원인에 관계없이 대상자가 이미 빈곤 상태에 있는 경우에 대해서는 공적부조가 수행하는 대상이라 할 수 있다. 공적부조제도는 빈곤 상황에 있는 대상자를 보호하는 기능을 수행하는 것이 일반적이라 할 수 있다. 또한 빈곤 예방과 보호 그리고 빈곤 탈출의 역할을 수행하는 사회복지서비스를 추가적으로 구성요소에 포함한다. 이러한 사회복지법의 구성 체제는 상당히 체계적이라고 생각할 수 있지만 실제에 있어서는 매우 혼란스러운 상황에 있다. 사회복지법이 빈곤 예방 및 빈곤 보호 그리고 빈곤 탈출을 수행하는 역할을 수행함에 있어서 실제에 있어서는 너무 많고 다양한 법 규정이 존재하고 있기 때문이다.

그래서 전체 사회복지법 구성 체제를 전체적 차원에서 분류하고 이를 다시 종합적 관점에서 분석하는 것은 매우 중요한 접근 방법이라 할 수 있다. 예를 들어 노령이나 장애(해)의 경우에는 국민연금이나 산재보험 등 사회보험제도 뿐만 아니라 다양한 사회복지서비스법이 복잡한 형태로 구성되어 있다는 점을 고려하여 분석하여야 한다. 반면에 출산이나 영유아보육 그리고 아동학대나 가정폭력 등은 개별적으로 별도의 항목으로 보기보다는 가정이라는 포괄적인 접근이 이를 이해하고 파악하는 데 용이하다고 할 수 있다. 즉 단순한 사회적 위험에 따른 엄격한 구분보다는 급여의 종류와 내용을 동시에 고려한 분류 방식을 활용하는 것이 전체 체제와 구성을 파악하는 데 도움이 될 것이라는 점이다.

따라서 본 장에서는 사회복지법을 포함한 관련법을 포함하여 사회적 위험과 급여종류 및 내용을 고려한 분류한 내용을 제시할 것이다. 따라서 사회복지법 체제의 분류 기준은 노령, 장애(해) 그리고 가족으로 구분하고 이와 관련된 법을 구분하고 체제에 대한 분류를 제시하도록 한다.

제 2 절 기준별 법 구성 체제

1. 노령 관련 법 구성 체제

노령과 관련된 대표적인 법은 노인복지법을 들 수 있다. 그런데 노인복지법에서는 상징적이고 선언적인 내용과 노인시설과 관련된 내용 외에는 다른 규정을 찾기 어렵다. 오히려 다른 법에서 별도의 독립적 내용을 다루고 있어 전체적인 노령 관련 복지내용을 분석하기 위해서는 종합적으로 다양한 법 내용을 개별적으로 분석하고 전체적으로 통합하여야 파악이 가능하다.

노령에 대한 법체계 구성은 노령으로 인하여 발생되는 위험요소를 제시하고 이에 대응하는 제도를 사회복지체제에 따라 영역별로 구분할 수 있을 것이다. 이에 따라 노령으로 인한 보장 영역은 소득보장, 의료 및 돌봄보장, 고용보장 그리고 사회적 배제와 관련된 내용으로 분류하였다. 이에 대한 제도적 대응은 사회보험, 공공부조 및 사회수당, 사회복지서비스 그리고 일반 또는 일부 계층에 대한 관련법으로 구분하였다. 이에 따라 제시된 법 구성 체제는 다음 〈표 Ⅰ-2〉와 같다.

〈표 Ⅰ-2〉 노령에 대한 법체계 구성

<table>
<tr><th>관련법
유형</th><th>사회보험</th><th>공공부조 및
사회수당</th><th colspan="2">사회복지서비스</th><th>일반
(일부계층)
대상법</th></tr>
<tr><td>소득
보장</td><td>·국민연금법</td><td>·국민기초생활보장법
·기초연금법</td><td colspan="2"></td><td>·퇴직연금법
·공무원연금법
(군인, 사립, 별정우체국 연금)</td></tr>
<tr><td>의료
및
요양</td><td>·국민건강보험법
·노인장기요양보험법</td><td>·의료급여법</td><td rowspan="4">노
인
복
지
법</td><td>·치매관리법</td><td></td></tr>
<tr><td>근로
보장</td><td></td><td></td><td>·고용상 연령차별금지 및 고용촉진에 관한 법률</td><td>·사회적 기업 육성법</td></tr>
<tr><td>생활
환경</td><td></td><td></td><td>·장애인·고령자 등 주거약자 지원에 관한 법률
·장애인·노인·임산부 등의 편의증진 보장에 관한 법률
·교통약자의 이동편의 증진법</td><td></td></tr>
<tr><td>사회적
배제</td><td></td><td></td><td>·대한노인회 지원에 관한 법률</td><td>·평생교육법
·자원봉사활동 기본법</td></tr>
</table>

기타 : 저출산 고령사회 기본법, 고령친화산업 진흥법, 상속세 및 증여세법, 소득세법

소득보장 영역의 관련법은 사회보험 영역에서 국민연금의 노령연금, 공공부조 영역에서 기초생활보장법의 생계급여와 주거급여 그리고 사회수당 영역에서 기초연금법을 들 수 있을 것이다. 이외에도 일반법에 해당되는 퇴직연금과 특수직역에 해당되는 공무원연금 및 사립학교교직원연금 그리고 군인연금의 노령관련 급여가 이에 해당된다고 할 수 있다.

의료 및 돌봄 영역에서는 사회보험의 국민건강보험과 노인장기요양보험, 공공부조의 의료급여와 사회복지서비스의 치매관리법이 이에 해당된다. 근로보장에서는 사회보험의 고용보험법을, 사회복지서비스에서는 고용상 연령차별금지 및 고용촉진에 관한 법을 들 수 있고, 간접적이기는 하지만 일반법에서는 사회적기업 육성법을 제시할 수 있다. 생활환경 영역은 사회복지서비스에서 장애인과 고령자에 대한 다양한 사회복지서비스 관련법을 들 수 있다. 마지막으로 사회적 배제와 관련된 내용으로는 대한노인회 지원법과 평생교육법과 자원봉사활동 기본법을 들 수 있다.

노령과 관련된 보장체제를 분석할 때 전체적으로 보면 노후의 소득보장은 제도적 정비

가 이루어진 것으로 볼 수 있다. 다만 특수직역에 대한 노후 소득보장의 조건이나 수준은 높은 반면에 일반 국민을 대상으로 하는 국민연금은 아직 제대로 된 역할을 수행하지 못하는 것으로 평가할 수 있다. 한편 일반 근로자에 적용되는 퇴직연금은 퇴직금에서 전환된 지 얼마 되지 않아 제 기능을 수행하지 못한다는 점에서 한계를 지적할 수 있을 것이다. 또한 의료 및 돌봄에서는 건강보험의 보장에서 본인부담이 너무 높아 빈곤 추락의 위험이 크게 상존한다는 것과 노인장기요양보험법에서 보장하는 돌봄서비스 제공은 새로이 도입되어 사회보험제도로서 서비스 제공의 역할을 수행하고 있다는 데에 의의를 둘 수 있으나 질적인 측면에서 한계와 정착 단계에서의 혼란이 남아 있는 상태라 할 수 있다. 물론 사회보험 가입이 불가능한 빈곤계층에 대해서 공공부조의 의료급여법은 보완적 기능을 수행하고 있으며, 사회복지서비스 영역의 치매관리법은 의학적 입장에서 노인 치매에 기여하고 있다. 노인의 공적영역에서의 경제적 지원과는 달리 사회의 참여와 활동을 지원하기 위한 사회적 배제 영역에서는 노인의 체계적 활동을 지원하는 제도와 평생교육지원 그리고 사회복지의 민간영역으로 주요한 자원봉사활동기본법이 운영되고 있다. 특히 고령화로 인한 사회 변화에서 노인 스스로 다른 노인에 대한 자발적인 서비스를 제공하는 노노케어에 대한 중요성과 함께 자원봉사활동기본법에 관한 관심이 높아지면서 이에 대한 적극적인 활성화 노력이 있어야 할 것으로 판단된다.

2. 장애(해) 관련 법 구성 체제

우리나라에서는 장애와 장해라는 용어를 법에 따라 달리 표현하고 있다. 보건복지부와 관련된 법 규정에는 장애로 표현하고 있지만 고용노동부를 비롯한 다른 법체계에서는 장해로 표기하고 있어 혼란스러운 것이 사실이다. 이러한 용어의 다른 표기 문제는 단순한 용어 사용의 문제로 볼 수 있지만 장애(해)와 관련된 정책이 얼마나 체계적이지 못하고 제도 간 이질성을 보여주는가를 보여주는 단적인 예라 할 것이다. 본 장에서는 장애와 장해의 표기를 동시에 장애(해)로 표기하고 각 개별법에서는 그 법에서 표시하는 것과 동일하게 표기하도록 한다.

장애(해)에 대한 법체계 구성은 장애(해)로 인하여 발생되는 위험요소를 제시하고 이에 대응하는 제도를 사회복지체제에 따라 영역별로 구분하도록 하였다. 이에 따라 장애(해)로 인한 보장 영역은 장애(해)예방, 소득보장, 고용보장 및 재활, 돌봄보장, 교육보장 그리고 이동보장과 관련된 내용으로 구분하였다, 이에 대한 제도적 대응은 사회보험, 공공부조 및 사회수당, 사회복지서비스 그리고 일반 또는 일부 계층에 대한 관련법으로 구분하였다. 이에 따라 제시된 법 구성 체제는 다음 〈표 Ⅰ-3〉과 같다.

〈표 Ⅰ-3〉 장애(해) 관련 법체계 구성

<table>
<tr><th>관련법
유형</th><th>사회보험</th><th>공공부조 및
사회수당</th><th colspan="2">사회복지서비스</th><th>일반
(일부계층)
대상법</th></tr>
<tr><td>장애
예방</td><td></td><td></td><td rowspan="6">장애인복지법</td><td></td><td>·산업안전보건법
·모자보건법</td></tr>
<tr><td>소득
보장</td><td>·국민연금법
·산업재해보상보험법</td><td>·국민기초생활보장법
·장애인 연금법</td><td></td><td>·공무원연금법(사립군인연금법
·국가유공자 예우에 관한법</td></tr>
<tr><td>고용
보장
및
재활</td><td>·고용보험법</td><td></td><td>·장애인 고용촉진 및 직업재활법
·장애인 기업활동 촉진법</td><td>·사회적기업 육성법</td></tr>
<tr><td>의료
및
돌봄
보장</td><td>·건강보험법
·노인장기요양보험법</td><td>·의료급여법</td><td>·장애인활동지원법
·정신보건법</td><td></td></tr>
<tr><td>교육
보장</td><td></td><td></td><td>·장애인 차별 금지 및 권리구제법</td><td>·교육법</td></tr>
<tr><td>이동
보장</td><td></td><td></td><td>·장애인 노인 임산부 등의 편의증진보장법</td><td></td></tr>
</table>

장애(해)와 관련된 넓은 범위의 대표적인 법은 장애인복지법이다. 그렇지만 장애인복지법은 오히려 장애인 복지의 일부에 국한되어 있고 별도의 법들로 구성되어 있는 내용을 분석하여야 전반적인 장애인 복지와 관련된 내용을 파악할 수 있다. 먼저 장애(해)예방에 대한 관련법은 일반을 대상으로 한 산업안전보건법과 모자보건법을 들 수 있다. 소득보장에 있어서 사회보험 영역은 국민연금의 장애급여와 산업재해보상보험법의 장해급여를 들 수 있으며, 공공부조와 사회수당에 있어서는 국민기초생활보장법의 생계급여와 주거급여 그리고 장애인 연금법 및 장애인 복지법을(?) 들 수 있다. 이외에 일반(일부계층)대상법에서 특수직역에 해당되는 공무원연금 및 사립학교교직원연금 그리고 군인연금의 장해 관련 급여가 이에 해당된다고 할 수 있다. 고용보장 및 재활에 있어서는 고용보험법의 장애인 관련 규정과 사회복지서비스에 있어서 장애인고용촉진 및 직업재활법, 장애인 기업

활동촉진법을 들 수 있다. 직접적이지는 않지만 사회적 기업육성법도 해당된다고 볼 수 있다. 돌봄보장은 건강보험의 복지용구지원이나 노인장기요양보험에서 65세 이상의 장애인에 대한 돌봄서비스, 공공부조 영역의 의료급여에서 복지용구지원을 들 수 있다. 사회복지서비스영역에서는 장애인활동지원법과 정신보건법이 이에 해당된다. 교육보장에 있어서는 사회복지서비스 영역에서 장애인 차별금지 및 권리구제법과 장애인 특수교육법이 있고 일반법으로 교육법에서도 장애인 관련 규정을 두고 있다. 또한 노령에서와 마찬가지로 생활환경영역은 사회복지서비스에서 장애인과 고령자에 대한 다양한 사회복지서비스 관련법을 들 수 있다.

장애(해)와 관련된 보장체제를 분석하여 볼 때 전체적으로 보면 장애(해)로 인한 소득보장은 매우 복잡하게 구성되어 있음을 알 수 있다. 사회보험과 공적부조 그리고 사회수당에서 장애정도와 연령 그리고 소득수준에 따라서 급여여부 및 수준이 결정되도록 하고 있기 때문이다. 이러한 복잡성은 중복과 사각지대가 동시에 존재할 수 있음을 의미하며 이러한 혼란스러움은 복지에 있어서 효과성과 효율성을 떨어뜨려 합리성에 있어서 문제가 있음을 지적받게 된다. 따라서 이를 개선하기 위해서는 제도 정비를 통한 제도의 통폐합과 연계 노력이 필요하다. 또한 장애와 관련된 중요한 기능은 예방과 재활이다. 우리나라가 다른 선진국에 비해서 크게 뒤떨어진 영역은 특히 이 두 분야로 지적된다. 예를 들어 산재보험의 경우 선진국의 보험료는 우리나라 보다 현저하게 낮다. 이는 산재예방에 의해서 산재 발생 자체를 크게 줄였기 때문이다. 이와 함께 재활은 의료재활과 직업재활 그리고 사회재활에 대한 체계적인 접근이 미흡하여 재활의 경제적 효과를 기대하기 어려운 실정이다. 장기적으로 장애에 대한 예방과 재활 그리고 보호의 기능이 체계적으로 구축되어야 할 것이다.

3. 가족 관련 법 구성 체제

가족은 사회적 위험이 아니기 때문에 전체적인 구성 요소 관점에서 위험별 분류 대상과는 일치한다고 할 수 없다. 또한 가정에서 발생하는 다양한 욕구는 매우 광범위할 수 있다. 결혼에서 출산 그리고 양육과 보육 및 교육 그리고 아동 및 청소년보호 그리고 가정유지 차원에서의 폭력보호 등 매우 많은 사항을 포함하고 있기 때문이다. 그럼에도 불구하고 사회복지에 있어서 가정은 사회복지를 실천하고 정책을 제시하는 차원에서 기본이 되는 단위라는 점에서 매우 중요한 의미를 갖는다. 특히 사회복지는 우선적인 노력으로 가정을 형성하고 그 가정이 유지되도록 하는 데 정책적 우선순위를 두고 있기 때문에 관련 정책에 있어서 가정 관련 법 규정은 사회복지의 핵심적 요소라 할 수 있다.

가족과 관련된 법은 저출산에 대응하는 임신과 출산 및 양육, 가정폭력 및 아동 학대와 관련된 법 등으로 구성되어 있다. 가정에 대한 법체계 구성은 가정을 형성하고 유지하는데 필요한 사항을 지원하고 배려하는 것으로 구분할 수 있다. 먼저 가정에 있어서 소득보장 영역과 의료보장, 위기가정 지원 및 양육 및 요양 그리고 아동·청소년 보호 영역으로 구분할 수 있다. 가족과 관련된 법 체계 및 구성은 다음 〈표 Ⅰ-4〉와 같다.

〈표 Ⅰ-4〉 가족에 대한 법 체계 구성

<table>
<tr><th colspan="2">관련법
유형</th><th>사회보험</th><th>공공부조 및
사회수당</th><th colspan="2">사회복지서비스</th><th>일반법</th></tr>
<tr><td colspan="2">소득
보장</td><td>·국민연금법
·산업재해보상보험법</td><td>·국민기초
생활보장법</td><td colspan="2"></td><td>·특수직역연금
(공무원연금법 등)
·별정우체국연
금법</td></tr>
<tr><td colspan="2">의료
(임신·출산)</td><td>·국민건강보험법</td><td>·의료급여법</td><td colspan="2">·모자보건법</td><td>·근로기준법</td></tr>
<tr><td rowspan="3">위
기
가
정</td><td>가정폭력</td><td rowspan="3"></td><td rowspan="3"></td><td rowspan="3">건
강
가
정
기
본
법</td><td>·가정폭력방지 및 피해자보호 등에 관한 법률
·가정폭력범죄의 처벌 등에 관한 특례법</td><td></td></tr>
<tr><td>한부모
가정</td><td>·한부모가족지원법
·양육비 이행확보 및 지원에 과한 법률(2015)</td><td></td></tr>
<tr><td>다문화
가정</td><td>·다문화가족지원법
·북한이탈주민의 보호 및 정착지원에 관한 법률</td><td>·재한외국인처
우법
·난민법</td></tr>
<tr><td colspan="2">양육, 요양</td><td>·고용보험법
·노인장기요양보험법</td><td></td><td rowspan="2"></td><td>·남녀고용평등과 일·가정 양립지원에 관한 법률
·가족친화 사회환경의 조성 촉진에 관한 법률
·영유아보육법
·아이돌봄지원법</td><td>·유아교육법</td></tr>
<tr><td colspan="2">아동,
청소년보호</td><td></td><td></td><td>·아동복지법
·입양특례법
·아동학대범죄의 처러 등에 관한 특례법
·아동·청소년의 성보호에 관한 법률
·아동의 빈곤예방 및 지원에 관한 법률
·청소년복지지원법</td><td></td></tr>
</table>

소득보장 영역은 국민연금법에서 가족에 따라 추가 지급되는 부양가족연금과 가입자나 수급자 사망 시 지급하는 유족급여, 산업재해보상보험법에서 유족급여 등을 들 수 있다. 공적부조에서는 국민기초생활보장법에서 부양의무자와 관련된 규정을 들 수 있을 것이다. 물론 부양의무자 규정은 오히려 수급권에서 제외되거나 상실될 수 있다는 점에서 오히려 부정적 영향을 미칠 수 있지만 사회복지 측면에서 가정을 고려한 규정이라는 점에서 의미를 둘 수 있을 것이다. 마찬가지로 일반법에서는 특수직역연금에서 가입자 또는 수급자의 사망에 따른 유족급여를 들 수 있다. 사회복지서비스에서는 아동과 관련된 규정으로 아동빈곤예방 및 지원에 관한 법이 규정되어 있다. 의료와 관련된 영역에서는 임신 및 출산과 관련된 법 규정을 들 수 있는데, 사회보험에서는 국민건강보험에서 질병 외에 임신과 출산을 급여대상으로 포함하고 있으며 고용보험에서 출산휴가 및 육아휴직을 규정하고 있다. 공적부조의 의료급여법에서도 건강보험과 거의 동일한 지원이 이루어지고 있다. 사회복지서비스에서는 모자보건법이 그리고 국민행복카드에 의한 임신 여성에 대한 지원을 들 수 있다. 일반법에서는 여성 근로자에 대한 보호 및 임산 및 출산여성에 대한 근로 관련 규정은 사회복지영역에 포함되지는 않지만 매우 중요한 여성보호 관련 내용을 포함하고 있다.

위기가정에 있어서는 가정의 형태에 따라 지원을 달리하고 있는데 가정폭력, 한부모가정 그리고 다문화 가정으로 구분하여 내용을 분석한다. 가정형태에 따른 지원은 대부분 사회복지서비스 영역에서 규정하고 있는 데, 먼저 가정폭력은 가정폭력방지 및 피해자 보호 등에 관한 법률과 가정폭력범죄의 처벌 등에 관한 특례법을 동시에 두어 가정폭력 가해자와 피해자에 대한 규정을 모두 두고 있다. 한부모가정에 대한 법 규정은 한부모가정지원법과 양육비 이행확보 및 지원에 관한 법률로 구성되어 있다. 또한 한부모가정에 대한 규정으로 이혼과 관련된 제도로는 국민연금 등 공적연금에서 이혼 부부에게 연금을 분할하도록 하는 분할연금 규정을 두고 있는 것과 같은 맥락이라 할 수 있다. 다문화가정에서는 다문화가족지원법을 규정하고 있고, 이와는 다른 맥락이기는 하지만 북한이탈주민의 보호 및 지원에 관한 법률이 있다. 양육 및 돌봄과 관련된 영역에서는 고용보험법에서 유아휴직규정과 노인장기요양보험법에서의 돌봄서비스를 제공하는 것이 가정의 부담을 덜어준다는 차원에서 의미를 갖는다. 사회복지서비스 영역에서는 남녀고용평등과 일가정양립 지원에 관한 법, 가족친화 사회환경의 조성 촉진에 관한 법, 영유아보육법 그리고 아이돌봄 지원법이 있다. 일반법에서는 유아교육법에서 유아관련 교육 및 지원에 대한 사항을 규정하고 있다. 한편 아동·청소년 보호 영역은 사회복지서비스 분야에서 아동복지법,

입양특례법, 아동학대범죄의 처벌 등에 관한 법, 아동청소년 성보호에 관한 법 그리고 청소년 복지 지원법으로 구성되어 있다.

가정과 관련된 지원체제의 구성은 가정형태가 다양화됨에 따라 새로운 욕구가 발생하고 이것들이 서로 엉키게 되면서 매우 혼잡한 상황이 되고 있다. 특히 저출산 고령화의 긴급한 해결 과제와 여성에 있어서 결혼부터 청소년 보호에 이르기까지 장기적인 기간 동안의 다양한 보장과 해결 노력이 있어야 하는 만큼 성숙한 제도로서의 역할과 문제에 대한 명확한 이해와 해결방안이 마련되어야 할 과제를 안고 있다 할 것이다.

제 2 편

사회보장관련법

제 1 장　사회복지 관련 기본법

제 2 장　사회보험법

제 3 장　공공부조법

제 1 장

사회복지 관련 기본법

제1절 사회보장기본법

1. 일반 사항

우리나라 헌법은 인간답게 살 권리를 제시하고 있지만 이러한 추상적인 규정만으로는 개별적인 사회복지법률을 제정하는데 한계가 있다. 따라서, 헌법과 개별 사회복지법을 매개해 주는 기본법이 필요하게 되는데, 사회보장기본법이 사회복지법의 기본법에 해당된다. 기본법의 핵심적인 기능 가운데 하나는 포괄적인 규정을 통해서 개별 법률이 해결할 수 없는 문제들을 전반적으로 규율하는 데 있다. 다시 말해서, 개별 사회복지법을 적용할 수 있는 경우에는 기본적으로 개별 사회복지법을 적용하되, 개별 사회복지법을 적용할 수 없는 경우에는 사회보장기본법에서 제시하고 있는 기준을 따르도록 한다.

사회복지와 관련된 기본법이 명칭에 있어서 사회복지기본법이 아니라 왜 사회보장기본법이 되어야 하는지에 대해서는 논란의 여지가 있는 것이 사실이다. 현재의 명칭은 사회복지를 구성하는 사회보험, 공공부조, 사회복지서비스를 포괄하는 의미로서 사회보장이라는 용어를 사용하는 것으로서, 사회복지의 전 영역을 포함하는 것으로 이해할 수 있다.

사회보장기본법은 기존의 '사회보장에 관한 법률'을 대체하는 기본법으로서 1995년 제정되었다. 1963년에 제정된 사회보장에 관한 법률은 정책의 우선순위를 경제개발에 치중하고 있었던 군사정권 하에 제정된 법률로 정작 사회보장과 관련된 중요한 사항은 규정되어 있지 않았다. 사회보장에 관한 법률 제3조 제2항은 '정부는 사회보장사업을 시행함에 있어서 국민의 자립정신을 저해하지 아니하도록 해야 한다'고 규정하여 사회보장에 관한 국가의 책임을 무의미하게 만들었고, 동조 제3항은 '사회보장사업은 국가의 경제적 실정을 참작하여 순차적으로 법률이 정하는 바에 의해 행한다'고 규정하여 사회보장의 경제적 종속성을 선언하였다. 즉, 사회보장 내지 사회복지는 무관심의 영역이었고 사회보장에 관한 법률은 실질적으로 사문화(死文化)된 법률로 남아 있었다. 그 이후 1995년에 이르러서야 사회보장에 관한 법률을 대체하는 사회보장기본법이 제정되어 기본법으로서의 기능을 수행하게 되었고, 2012년에 이르러 처음으로 전면 개정을 실시하였다. 2012년 개정에서는 사회보장의 범위를 확대하여 사회적 위험의 범위를 확대하고 사회보장의 기본 이념, 기본 원칙, 추진체계 등을 명확히 하였다.

2. 목적 및 의의

사회보장기본법은 사회보장에 관한 국민의 권리와 국가 및 지방자치단체의 책임을 정하고 사회보장정책의 수립·추진과 관련 제도에 관한 기본적인 사항을 규정함으로써 국민의 복지증진에 이바지하는 것을 목적으로 한다(법 제1조). 한편 사회보장기본법의 사회보장은 모든 국민이 다양한 사회적 위험으로부터 벗어나 행복하고 인간다운 생활을 향유할 수 있도록 자립을 지원하며, 사회참여·자아실현에 필요한 제도와 여건을 조성하여 사회통합과 행복한 복지사회를 실현하는 것을 기본 이념으로 한다(법 제2조).

3. 주요 내용

1) 용어의 정의(법 제3조)

(1) 사회보장

'사회보장'이란 출산, 양육, 실업, 노령, 장애, 질병, 빈곤 및 사망 등의 사회적 위험으로부터 모든 국민을 보호하고 국민 삶의 질을 향상시키는 데 필요한 소득·서비스를 보장하는 사회보험, 공공부조, 사회서비스를 말한다.[1)]

1) 2012년 개정 이전에는 장애, 질병, 노인, 실업 등을 사회적 위험으로 규정하였다.

(2) 사회보험

'사회보험'이란 국민에게 발생하는 사회적 위험을 보험의 방식으로 대처함으로써 국민의 건강과 소득을 보장하는 제도를 말한다.

(3) 공공부조

'공공부조'란 국가와 지방자치단체의 책임 하에 생활 유지 능력이 없거나 생활이 어려운 국민의 최저생활을 보장하고 자립을 지원하는 제도를 말한다.

(4) 사회서비스

'사회서비스'란 국가·지방자치단체 및 민간부문의 도움이 필요한 모든 국민에게 복지, 보건의료, 교육, 고용, 주거, 문화, 환경 등의 분야에서 인간다운 생활을 보장하고 상담, 재활, 돌봄, 정보의 제공, 관련 시설의 이용, 역량 개발, 사회참여 지원 등을 통하여 국민의 삶의 질이 향상되도록 지원하는 제도를 말한다.[2)]

(5) 평생사회안전망

'평생사회안전망'이란 생애주기에 걸쳐 보편적으로 충족되어야 하는 기본욕구와 특정한 사회위험에 의하여 발생하는 특수욕구를 동시에 고려하여 소득·서비스를 보장하는 맞춤형 사회보장제도를 말한다.

2) 사회보장의 책임

사회보장기본법은 국가, 지방자치단체 및 국민의 책임을 규정하고 있다. 국가와 지방자치단체는 모든 국민의 인간다운 생활을 유지·증진하는 책임을 가지며 국가와 지방자치단체는 사회보장에 관한 책임과 역할을 합리적으로 분담하여야 한다. 또한 국가와 지방자치단체는 국가 발전수준에 부응하고 사회환경의 변화에 선제적으로 대응하며 지속가능한 사회보장제도를 확립하고 매년 이에 필요한 재원을 조달하여야 하고, 국가는 사회보장제도의 안정적인 운영을 위하여 중장기 사회보장 재정추계를 격년으로 실시하고 이를 공표하여야 한다(법 제5조).

국가와 지방자치단체는 가정이 건전하게 유지되고 그 기능이 향상되도록 노력하여야 하며, 사회보장제도를 시행할 때에 가정과 지역공동체의 자발적인 복지활동을 촉진하여야 한다(법 제6조).

---

2) 2012년 전면개정 되면서 사회복지서비스에서 사회서비스로 용어도 바뀌고 범위 역시 확대되었다.

한편, 모든 국민은 자신의 능력을 최대한 발휘하여 자립·자활(自活)할 수 있도록 노력하여야 하고, 경제적·사회적·문화적·정신적·신체적으로 보호가 필요하다고 인정되는 사람에게 지속적인 관심을 가지고 이들이 보다 나은 삶을 누릴 수 있는 사회환경 조성에 서로 협력하고 노력하여야 한다. 마지막으로 모든 국민은 관계 법령에서 정하는 바에 따라 사회보장급여에 필요한 비용의 부담, 정보의 제공 등 국가의 사회보장정책에 협력하여야 한다고 규정하였다(법 제7조).

3) 사회보장수급권

(1) 의의

사회보장기본법은 사회적 위험으로 생활이 곤란에 빠진 국민에게 국가가 사회보장급여를 제공하는 것으로 규정되어 있다. 즉, 모든 국민은 사회보장과 관련한 법률에 근거하여 사회보장급여를 받을 권리를 가지게 되는데(법 제9조), 이를 사회보장수급권이라 한다. 구체적으로는 사회적 위험(출산, 양육, 실업, 노령, 장애, 질병, 빈곤 및 사망 등[3]))으로 요보호 상태에 있는 개인이 인간의 존엄에 상응하는 생활을 영위하기 위하여 국가에 대하여 일정한 내용의 급부를 요구할 수 있는 권리를 말한다.

본서의 총론에서 언급하였듯이 사회보장수급권은 헌법 제34조 제1항에 규정된 '인간다운 생활을 할 권리'의 내용으로 보아야 할 것이며 사회적 수급권의 일종으로 독자적인 기본권성을 가진다.

(2) 수준

국가와 지방자치단체는 모든 국민이 건강하고 문화적인 생활을 유지할 수 있도록 사회보장급여의 수준 향상을 위하여 노력하여야 하고, 국가는 관계법령에서 정하는 바에 따라 최저보장수준과 최저임금을 매년 공표하여야 하며 국가와 지방자치단체는 최저보장수준과 최저임금법에 따른 최저임금을 고려하여 사회보장급여의 수준을 결정하여야 한다(법 제10조). 2016년 1월 1일 이전에는 최저보장수준이라는 용어가 아니라 최저생계비였으나, 2014년 국민기초생활보장제도를 맞춤형 빈곤정책으로 전환하여 급여별 수급자 선정기준을 다층화하고, 최저생계비 대신 최저보장수준 및 기준 중위소득 제도를 도입하는 등의 내용으로 국민기초생활 보장법이 개정되어 사회보장기본법에서도 이를 반영하여 최저생계비라는 용어를 최저보장수준으로 변경하게 되었다.

---

3) 개정 전 법률의 사회적 위험이라 함은 장애, 질병, 노령, 실업 등으로 규정되어 있었다.

(3) 신청

사회보장급여를 받으려는 자는 관계법령에서 정하는 바에 따라 국가나 지방자치단체에 신청하여야 하고, 만일 다른 기관에 신청을 한 경우에는 그 기관은 지체없이 이를 정당한 권한이 있는 기관에 이송하여야 한다. 이 경우 정당한 권한이 있는 기관에 이송된 날을 사회보장급여의 신청일로 본다(법 제11조).

(4) 제한

사회보장수급권은 제한되거나 정지될 수 없는 것이 원칙이나 수급권자가 동일한 사유로 다른 법령에 의하여 급여를 받거나 받을 수 있는 경우 급여를 지급하지 않거나 정지되고, 사회보장급여는 관계법령상의 수급요건을 충족한 경우에 지급되는 것이므로 위법 또는 부당한 방법으로 급여를 받은 자는 그 급여를 반환하여야 한다. 한편, 수급권자가 스스로 자신의 생활을 할 수 있도록 지원하는 것을 원칙으로 하기 때문에 수급권자가 자립할 수 있는 상태에 이르게 되면 급여를 중단하여야 하며 사회보장수급권이 제한되거나 정지되는 경우 그 목적에 필요한 최소한에 그쳐야 한다(법 제13조).

(5) 포기

사회보장수급권은 정당한 권한이 있는 기관에 서면으로 통지하여 포기할 수 있고 그 포기는 취소할 수 있다. 그러나 이를 포기하는 것이 타인에게 피해를 주거나 사회보장에 관한 관계법령에 위반되는 경우에는 사회보장수급권을 포기할 수 없다(법 제14조).

(6) 구상권 행사

제3자에 의한 불법행위에 의하여 피해를 입은 국민이 이로 인해 사회보장수급권을 가지게 된 경우 사회보장제도를 운영하는 자는 그 불법행위의 책임이 있는 자에 대하여 관계법령에서 정하는 바에 따라 구상권을 행사할 수 있다(법 제15조).

(7) 기타

사회보장수급권은 양도, 담보제공, 압류가 금지된다(법 제12조).

4) 사회보장기본계획

보건복지부장관은 관계 중앙행정기관의 장과 협의하여 사회보장 증진을 위하여 사회보장에 관한 기본계획을 5년마다 수립하여야 한다. 기본계획에는 국내외 사회보장환경의 변화와 전망, 사회보장의 기본목표 및 중장기 추진방향, 주요 추진과제 및 추진방법, 필요한 재원의 규모와 조달방안, 사회보장 관련 기금 운용방안, 사회보장 전달체계 및 그 밖에 사회보장정책의 추진에 필요한 사항이 포함되어야 하며 기본계획은 사회보장위원회와 국무회의의 심의를 거쳐 확정한다. 기본계획 중 시행령으로 정하는 중요한 사항을 변경하려는 경우에도 심의를 거친 확정이 필요하다(법 제16조). 이러한 기본계획은 다른 법령에 따라 수립되는 사회보장에 관한 계획에 우선하며 그 계획의 기본이 된다(법 제17조).

한편 보건복지부장관 및 관계 중앙행정기관의 장은 기본계획에 따라 사회보장과 관련된 소관 주요 시책의 시행계획을 매년 수립·시행하여야 한다. 관계 중앙행정기관의 장은 소관 시행계획 및 전년도의 시행계획에 따른 추진실적을 보건복지부장관에게 제출하여야 하고 보건복지부장관은 이러한 관계 중앙행정기관 및 보건복지부 소관의 추진실적을 종합하여 성과를 평가하여 사회보장위원회에 보고하여야 한다. 보건복지부장관은 평가를 효율적으로 하기 위하여 이에 필요한 조사·분석 등을 전문기관에 의뢰할 수 있다(법 제18조).

그 밖에 특별시장·광역시장·특별자치시장·도지사 또는 시장·군수·구청장은 관계 법령으로 정하는 바에 따라 사회보장에 관한 지역계획을 수립·시행하여야 한다. 이러한 지역계획은 기본계획과 연계되어야 한다(법 제19조).

5) 사회보장위원회

(1) 의의 및 성격

사회보장위원회는 사회보장에 관한 주요 시책을 심의하기 위하여 국무총리 소속 하에 설치된 상설, 심의 기구이다(법 제20조). 위원회는 다음의 사항을 심의·조정한다: 사회보장 증진을 위한 기본계획, 사회보장 관련 주요 계획, 사회보장제도의 평가 및 개선, 사회보장제도의 신설 또는 변경에 따른 우선순위, 둘 이상의 중앙행정기관이 관련된 주요 사회보장정책, 사회보장급여 및 비용 부담, 국가와 지방자치단체의 역할 및 비용 분담, 사회보장의 재정추계 및 재원조달 방안, 사회보장 전달체계 운영 및 개선, 사회보장통계, 사회보장정보의 보호 및 관리, 그 밖에 위원장이 심의에 부치는 사항.

(2) 구성 및 임기 등

동 위원회는 위원장 1명, 부위원장 3명과 행정자치부장관, 고용노동부장관, 여성가족부장관, 국토교통부장관을 포함한 30명 이내의 위원으로 구성한다. 위원장은 국무총리가 되고 부위원장은 기획재정부장관, 교육부장관 및 보건복지부장관이 된다.

임기는 2년이고 위원이 공무원인 경우 재임기간이 임기가 된다. 위원회를 효율적으로 운영하고 위원회의 심의사항을 전문적으로 검토하기 위하여 위원회에 실무위원회를 두며, 실무위원회에 분야별 전문위원회를 둘 수 있다(법 제21조).

6) 사회보장정책의 기본방향

국가와 지방자치단체는 모든 국민이 생애 동안 삶의 질을 유지·증진할 수 있도록 평생사회안전망을 구축하여야 하고 평생사회안전망을 구축·운영함에 있어 사회적 취약계층을 위한 공공부조를 마련하여 최저생활을 보장하여야 한다고 규정하여 국민의 전 생애에 거쳐 사회안전망을 마련함을 명시하고 있다(법 제22조).

국가와 지방자치단체는 모든 국민의 인간다운 생활과 자립, 사회참여, 자아실현 등을 지원하여 삶의 질이 향상될 수 있도록 사회서비스에 관한 시책을 마련하여야 하며, 사회서비스 보장과 소득보장이 효과적이고 균형적으로 연계되도록 하여야 한다고 규정하여, 국가에 의한 사회서비스의 보장을 명시하고 있다(법 제23조).

국가와 지방자치단체는 다양한 사회적 위험 하에서도 모든 국민들이 인간다운 생활을 할 수 있도록 소득을 보장하는 제도를 마련하여야 하며, 공공부문과 민간부문의 소득보장제도가 효과적으로 연계되도록 하여야 한다고 규정하여 국가에 의한 소득보장을 명시하고 있다(법 제24조).

7) 사회보장 제도의 운영

(1) 운영 원칙

국가 및 지방자치단체는 사회보장제도를 운영할 때에는 이 제도를 필요로 하는 모든 국민에게 적용하여야 하고(모든 필요 국민 적용의 원칙), 사회보장제도의 급여 수준과 비용 부담 등에서 형평성을 유지하여야 한다(형평성의 원칙). 또한 사회보장제도의 정책 결정 및 시행 과정에 공익의 대표자 및 이해관계인 등을 참여시켜 이를 민주적으로 결정하고 시행하여야 하며(민주성의 원칙), 사회보장제도를 운영할 때에는 국민의 다양한 복지 욕구를 효율적으로 충족시키기 위하여 연계성과 전문성을 높여야 한다(연계성과 전문성의 원칙). 사회보험은 국가의 책임으로 시행하고, 공공부조와 사회서비스는 국가와 지방자치단체의 책임으로 시행하는 것을 원칙으로 함을 명시하고 있다. 다만, 국가와 지방자치단체의 재정 형편 등을 고려하여 이를 협의·조정할 수 있다(법 제25조).

(2) 협의 및 조정

국가와 지방자치단체는 사회보장제도를 신설하거나 변경할 경우 기존 제도와의 관계, 사회보장 전달체계와 재정 등에 미치는 영향 등을 사전에 충분히 검토하고 상호협력하여 사회보장급여가 중복 또는 누락되지 아니하도록 하여야 한다. 또한 중앙정부와 지자체는 사회보장제도를 신설하거나 변경할 경우 신설 또는 변경의 타당성, 기존 제도와의 관계, 사회보장 전달체계에 미치는 영향 및 운영방안 등에 대하여 보건복지부장관과 협의하여야 하고 협의가 이루어지지 아니할 경우 위원회가 이를 조정한다(법 제26조).

(3) 민간의 참여

국가와 지방자치단체는 사회보장에 대한 민간부문의 참여를 유도할 수 있도록 정책을 개발·시행하고 그 여건을 조성하여야 하고, 사회보장에 대한 민간부문의 참여를 유도하기 위하여 다음의 사업이 포함된 시책을 수립·시행할 수 있다(법 제27조): 자원봉사, 기부 등 나눔의 활성화를 위한 각종 지원 사업, 사회보장정책의 시행에 있어 민간 부문과의 상호협력체계 구축을 위한 지원사업, 그 밖에 사회보장에 관련된 민간의 참여를 유도하는 데에 필요한 사업.

(4) 비용 부담

사회보장비용의 부담은 각각의 사회보장제도에 대한 역할 분담에 따라 국가, 지방자치단체 및 민간부문 간에 합리적으로 조정되어야 한다. 사회보험에 드는 비용은 사용자, 피용자 및 자영업자가 부담하는 것을 원칙으로 하되, 관계 법령에서 정하는 바에 따라 국가가 그 비용의 일부를 부담할 수 있다. 공공부조 및 관계 법령에서 정하는 일정 소득 수준 이하의 국민에 대한 사회복지서비스에 드는 비용의 전부 또는 일부는 국가와 지방자치단체가 부담한다. 부담 능력이 있는 국민에 대한 사회복지서비스에 드는 비용은 그 수익자가 부담함을 원칙으로 하되, 관계 법령에서 정하는 바에 따라 국가와 지방자치단체가 그 비용의 일부를 부담할 수 있다(법 제28조).

(5) 전달체계

국가와 지방자치단체는 모든 국민이 쉽게 이용할 수 있고 사회보장급여가 적시에 제공되도록 지역적·기능적으로 균형잡힌 사회보장 전달체계를 구축하여야 하고 사회보장 전달체계의 효율적 운영에 필요한 조직, 인력, 예산 등을 갖추어야 한다. 한편 국가와 지방자치단체는 공공부문과 민간부문의 사회보장 전달체계가 효율적으로 연계되도록 노력하여야 한다(법 제29조).

(6) 기타

한편 국가와 지방자치단체는 국민의 사회보장수급권의 보장 및 재정의 효율적 운용을 위하여 권리구제, 급여의 사각지대 발굴, 부정 및 오류 관리, 과오지급액의 환수 등 관리의 사회보장급여의 관리체계를 구축·운영하여야 한다(법 제30조). 또한 국가와 지방자치단체는 효과적인 사회보장정책의 수립·시행을 위하여 사회보장에 관한 통계를 작성·관리하여야 한다(법 제32조). 그 밖에도 국가와 지방자치단체는 정보공개, 사회보장에 관한 설명, 상담, 통지의 의무를 가진다(법 제33조~36조).

8) 사회보장정보의 관리

국가와 지방자치단체는 국민편익의 증진과 사회보장업무의 효율성 향상을 위하여 사회보장업무를 전자적으로 관리하도록 노력하여야 하고, 국가는 관계 중앙행정기관과 지방자치단체에서 시행하는 사회보장수급권자 선정 및 급여 관리 등에 관한 정보를 통합·연계하여 처리·기록 및 관리하는 시스템인 사회보장정보시스템을 구축·운영할 수 있다. 보건복지부장관은 사회보장정보시스템의 구축·운영을 총괄하고 사회보장정보시스템 구축·운영의 전 과정에서 개인정보 보호를 위하여 필요한 시책을 마련하여야 한다. 또한 보건복지부장관은 관계 중앙행정기관, 지방자치단체 및 관련 기관·단체에 사회보장정보시스템의 운영에 필요한 정보의 제공을 요청하고 제공받은 목적의 범위에서 보유·이용할 수 있다(법 제37조).

또한 사회보장 업무에 종사하거나 종사하였던 자는 사회보장업무 수행과 관련하여 알게 된 개인·법인 또는 단체의 정보를 관계 법령에서 정하는 바에 따라 보호하여야 하고 국가와 지방자치단체, 공공기관, 법인·단체, 개인이 조사하거나 제공받은 개인·법인 또는 단체의 정보는 이 법과 관련 법률에 근거하지 아니하고 보유, 이용, 제공되어서는 아니 된다(법 제38조).

9) 외국인에 대한 적용

국내에 거주하는 외국인에게 사회보장제도를 적용할 때에는 상호주의의 원칙에 따르되, 관계 법령에서 정하는 바에 따른다(법 제8조).

4. 과제와 전망

사회보장기본법은 1995년 법 제정과 이후 2012년 전면개정을 통해서 개선되기는 하였으나, 여전히 이 법이 사회복지 혹은 사회보장에 대한 기본법으로서 적절하게 구성되어 있는지에 대해서는 비판의 여지가 있는 것이 사실이다. 사회보장기본법이 기본법으로서의 역할을 수행하기 위해서는 사회복지법제의 이념, 목적, 원칙과 제도, 절차 등을 명확하고도 포괄적으로 규율하여야 한다. 이는 사회보장기본법이 헌법상의 추상적인 원칙과 가치를 구체화하면서도 개별적인 사회복지법을 하나의 체계로 묶을 수 있는 수준이어야 하기 때문이다.

사회보장기본법의 규정들이 개별 사회복지법제들에 대한 구체적인 지침의 역할을 제대로 수행하지 못한다는 사실을 고려하여, 「사회보장급여의 이용 · 제공 및 수급권자 발굴에 관한 법률(사회보장급여법)」을 2014년 12월 제정하여 2015년 7월부터 시행하고 있는데, 이 법은 사회보장기본법의 맞춤형 사회보장제도의 운영을 실현하기 위한 세부적인 실행방안과 절차, 즉 사회보장급여의 신청, 조사, 결정 · 지급, 사후관리에 이르는 복지대상자 선정과 지원에 필요한 일련의 절차 및 방법 등에 관한 사항을 구체적으로 규정하여 사회보장기본법의 현실적 내용을 보완하고 있다. 다시 말해서, 사회보장기본법과 개별 사회복지법을 매개하는 사회보장급여법이라는 또 하나의 법률이 도입되면서, 사회보장기본법이 지나치게 추상적이어서 개별 사회복지법을 규율하지 못한다는 비판으로부터는 다소 벗어날 수 있게 되었다 할 수 있다.

제 2 절 사회보장급여의 이용 · 제공 및 수급권자 발굴에 관한 법률

1. 일반사항

2012년 사회보장기본법이 전면 개정되면서 외형적으로는 국민의 보편적 · 생애주기 특성에 맞게 소득과 사회서비스를 함께 보장하는 맞춤형 사회보장제도의 운영을 지향하게 되었다. 그러나, 이를 실현하기 위한 세부적인 실행방안과 절차가 미비하여 적절한 조사와 지급 이후의 사후관리가 미흡하다는 비판이 있어 왔다. 그러한 논의 과정에서 2014년

2월 26일 서울 송파구에서 생활고를 비관한 세 모녀가 동반 자살하는 사건이 일어나게 되었는데, 이들이 국가로부터 받을 수 있었던 복지급여를 신청하지 않았음이 알려지게 되면서 우리나라 복지사각지대 문제의 심각성과 발굴서비스의 필요성이 본격적으로 논의되기 시작하였다.

복지급여에 대한 신청부터 전달체계에 이르기까지 기존의 사회복지사업법이 있었으나, 기존 사회복지사업법이 사회복지서비스 이용 절차와 운영에 한정되어 있어 중앙행정기관과 지방자치단체의 유기적인 연계를 통한 지역단위 사회보장을 제대로 이루어 내지 못하는 한계가 있어 이를 보완할 후속조치가 요구되었다. 이에 2014년 12월 30일 '사회보장급여의 이용·제공 및 수급권자 발굴에 관한 법률'(이하 '사회보장급여법')을 제정하고 2015년 7월 1일부터 시행하게 되었다. 이에 따라 기존 사회복지사업법에서 다루어졌던 공공복지 급여 제공과 복지전달체계 부분이 사회보장급여법으로 옮겨지게 되었다. 결과적으로 사회복지급여와 전달체계에 대한 부분이 공공부문은 사회보장급여법이, 민간서비스 부문은 사회복지사업법이 담당하는 것으로 변경되었음을 의미한다.

사회보장급여법은 복지분야에 대한 정부의 재정 투자가 증가하고 새로운 복지제도와 서비스가 제공됨에도 불구하고 도움이 절실하게 필요한 사람들이 복지혜택을 누리지 못하고 있는 복지사각지대가 상존하고 있는 현실을 반영하였다. 또 현행 복지전달체계가 중앙행정기관별·지방자치단체별로 분절적으로 운영되어 상호간의 긴밀한 협조가 이루어지지 못하고 서비스가 효율적으로 연계되지 않고, 신청주의를 원칙으로 하는 현행 사회보장제도하에서는 사각지대에 놓인 사람들을 찾아내는 데 한계가 있음을 고려하였다. 또한, 이러한 가운데에서도 동일한 대상자에게 복지혜택이 중복하여 제공되거나 도덕적 해이 현상이 빈발하고, 때로는 복지사기가 발생하기도 했다. 이 법은 이러한 문제를 방지하고 복지사각지대에 놓인 사람들을 찾아내어 서비스를 제공하는 발굴서비스를 법제화하였다는 특징이 있다.

법 체계상 이 법은 사회보장급여의 이용 및 제공에 관한 기준과 절차 등 기본적 사항을 규정하고 있어서, 사회보험, 공공부조, 사회서비스의 급여의 이용 및 제공에 관해 기본법의 역할을 수행한다. 따라서, 사회보장기본법의 하위법인 동시에, 사회복지사업법의 상위법의 위상을 가지게 된다. 그리고, 사회보장급여의 이용 및 제공과 관련하여 개별법에서 적용할 법 조항이 없는 경우, 이 법이 일반법적인 지위에서 부족한 점을 보충할 수 있게 되었다.

2. 목적

사회보장급여법은 사회보장급여의 이용 및 제공에 관한 기준과 절차 등 기본적 사항을 규정하고 지원을 받지 못하는 지원대상자를 발굴하여 지원함으로써 사회보장급여를 필요로 하는 사람의 인간다운 생활을 할 권리를 최대한 보장하고, 사회보장급여가 공정하고 효과적으로 제공되도록 하며, 사회보장제도가 지역사회에서 통합적으로 시행될 수 있도록 그 기반을 구축하는 것을 목적으로 한다(법 제1조).

기준, 방법, 절차와 지원대상자의 발굴 및 지원 등에 관하여는 다른 법률에 특별한 규정이 있는 경우를 제외하고는 이 법에 따른다(법 제3조). 따라서 이 법은 개별사회복지법에 대해서 일반법으로서의 지위를 갖는다.

3. 주요 내용

1) 정의 및 기본 원칙

사회보장급여법은 '사회보장급여'란 현금, 현물, 서비스 및 그 이용권을 말하는 것으로 규정하고 있어 기본적으로 현금 제공을 배제하는 사회복지사업법에 비해서 급여의 범위가 넓음을 나타내고 있다. '보장기관'은 사회보장급여를 제공하는 국가기관과 지방자치단체를 말하는 것으로 공공기관에 한정됨을 명확히 하고 있다(법 제2조).

이 법의 기본 원칙은 다음과 같다 (법 제4조): 첫째, 사회보장급여가 필요한 사람은 누구든지 자신의 의사에 따라 사회보장급여를 신청할 수 있으며, 보장기관은 이에 필요한 안내와 상담 등의 지원을 충분히 제공하여야 한다. 둘째, 보장기관은 지원이 필요한 국민이 급여대상에서 누락되지 아니하도록 지원대상자를 적극 발굴하여 이들이 필요로 하는 사회보장급여를 적절하게 제공받을 수 있도록 노력하여야 한다. 셋째, 보장기관은 국민의 다양한 복지욕구를 충족시키고 생애주기별 필요에 맞는 사회보장급여가 공정・투명・적정하게 제공될 수 있도록 노력하여야 한다. 넷째, 보장기관은 사회보장급여와 사회복지법인, 사회복지시설 등 사회보장 관련 민간 법인・단체・시설이 제공하는 복지혜택 또는 서비스를 효과적으로 연계하여 제공할 수 있도록 노력하여야 한다. 다섯째, 보장기관은 국민이 사회보장급여를 편리하게 이용할 수 있도록 사회보장 정책 및 관련 제도를 수립・시행하기 위하여 노력하여야 한다. 여섯째, 보장기관은 지역의 사회보장 수준이 균등하게 실현될 수 있도록 노력하여야 한다.

2) 사회보장급여의 이용: 신청, 조사 및 결정

지원대상자와 그 친족, 후견인, 청소년상담사·청소년지도사, 지원대상자를 사실상 보호하고 있는 자 등은 지원대상자의 주소지 관할 보장기관에 사회보장급여를 신청할 수 있다. 보장기관의 업무담당자는 지원대상자가 누락되지 아니하도록 하기 위하여 관할 지역에 거주하는 지원대상자에 대한 사회보장급여의 제공을 직권으로 신청할 수 있다. 이 경우 지원대상자의 동의를 받아야 하며, 동의를 받은 경우에는 지원 대상자가 신청한 것으로 본다(법 제5조). 다시 말해서, 사회보장급여는 신청주의를 원칙으로 하고, 직권신청보장을 보완하고 있다. 보장기관의 담당자는 신청 시 신청인 또는 지원대상자에 대하여 다음 사항을 고지하여야 한다.

- 조사의 목적, 조사 정보의 범위 및 이용방법
- 거주지, 세대원, 소득·재산 상태, 근로능력, 다른 급여의 수급이력 등의 사항이 변동되었을 때의 신고의무
- 정보의 보유기간 및 파기

보장기관의 장은 사회보장급여의 신청을 받으면 다음의 사항을 조사하여야 한다(법 제6조): 지원대상자의 사회보장 요구와 관련된 사항, 지원대상자의 건강상태, 가구 구성 등 생활 실태에 관한 사항, 그 밖에 지원대상자에게 필요하다고 인정되는 사회보장급여에 관한 사항.

보장기관의 장은 사회보장급여의 신청을 받으면 지원대상자와 그 부양의무자(배우자와 1촌의 직계혈족 및 그 배우자)에 대하여 사회보장급여의 수급자격 확인을 위하여 다음의 어느 하나에 해당하는 자료 또는 정보를 제공받아 조사하고 처리할 수 있다(법 제7조): 인적사항 및 가족관계 확인에 관한 사항, 소득·재산·근로능력 및 취업상태에 관한 사항, 사회보장급여 수급이력에 관한 사항, 그 밖에 수급권자를 선정하기 위하여 보장기관의 장이 필요하다고 인정하는 사항.

보장기관의 장이 조사를 실시한 경우에는 사회보장급여의 제공 여부 및 제공유형을 결정하되, 제공하고자 하는 사회보장급여는 지원대상자가 현재 제공받고 있는 사회보장급여와 보장내용이 중복되도록 하여서는 아니된다. 통지는 서면으로 신청인에게 하여야 하며, 필요한 경우 구두 등의 방법을 병행할 수 있다(법 제9조).

3) 지원대상자의 발굴

사회보장급여법은 법 도입 당시부터 기존의 신청주의에서 벗어나 국가가 복지수요를 적극적으로 찾아서 발굴하도록 하는 것에 초점을 두었으며 이에 대한 규정을 마련하였다.

보장기관의 장은 지원대상자를 발굴하기 위하여 다음의 사항에 대한 자료 또는 정보의 제공과 홍보에 노력하여야 한다: 사회보장급여의 내용 및 제공규모, 수급자가 되기 위한 요건과 절차, 그 밖에 사회보장급여 수급을 위하여 필요한 정보(법 제10조).

보장기관의 장은 관할 지역에 거주하는 지원대상자를 발굴하기 위하여 다음에 해당하는 관계 기관·법인·단체·시설의 장에게 소관 업무의 수행과 관련하여 취득한 정보의 공유, 지원대상자의 거주지 등 현장조사 시 소속 직원의 동행 등 필요한 사항에 대한 협조를 요청할 수 있다(법 제11조). 사회복지법인 및 사회복지시설, 국민연금공단, 국민건강보험공단, 보건소, 초·중등학교, 경찰서, 소방대, 그 밖에 대통령령으로 정하는 기관·법인·단체·시설이 해당된다.

누구든지 출산, 양육, 실업, 노령, 장애, 질병, 빈곤 및 사망 등의 사회적 위험으로 인하여 사회보장급여를 필요로 하는 지원대상자를 발견하였을 때에는 보장기관에 알려야 한다. 사회복지시설의 종사자 등은 그 직무상 사회적 위험으로 인하여 사망 또는 중대한 정신적·신체적 장애를 입을 위기에 처한 지원대상자를 발견한 경우 지체 없이 보장기관에 알리고, 지원대상 자가 신속하게 지원을 받을 수 있도록 노력하여야 한다(법 제13조).

4) 수급권자 등의 지원

보장기관의 장은 사회보장급여의 제공을 결정한 때에는 필요한 경우 사회보장급여의 유형·방법·수량 및 제공기간 등의 사항이 포함된 수급권자별 사회보장급여 제공계획인 지원계획을 수립하여야 한다. 이 경우 수급권자 또는 그 친족이나 그 밖의 관계인의 의견을 고려하여야 한다(법 제15조).

5) 사회보장급여의 관리: 적정성 확인조사 및 변동신고

보장기관의 장은 수급자에 대한 사회보장급여의 적정성을 확인하기 위하여 수급자격 확인에 관한 정보를 조사할 수 있다. 주기적으로 또는 기간을 정하여 사회 보장급여를 제공받는 수급자는 거주지, 세대원, 소득·재산 상태, 근로능력, 다른 급여의 수급이력 등의 사항이 변동되었을 때에는 지체 없이 관할 보장기관의 장에게 신고하여야 하며, 변동이 있는 경우에는 직권 또는 수급자나 그 친족, 그 밖의 관계인의 신청에 따라 수급자에 대한 사회보장급여의 종류·지급방법 등을 변경할 수 있다(법 제19조-제21조).

6) 사회보장정보

이 법은 사회복지급여에 대한 적극적인 발굴과 공정한 관리를 위하여 사회보장정보시스템에 대한 규정을 명확히 하고 이를 운영·지원하기 위한 조직을 명시하고 있다.

보건복지부장관은 보장기관이 수급권자의 선정 및 급여관리 등에 관한 업무를 효율적으로 수행할 수 있도록 사회보장 정보시스템을 통하여 사회보장급여 현황에 관한 자료 혹은 사회보장급여 수급이력에 관한 자료를 처리할 수 있다(법 제23조). 보건복지부장관은 사회보장의 사각지대를 해소하기 위하여 사회보장 정보시스템을 통하여 처리된 정보를 보장기관의 장에게 제공할 수 있으며, 보장기관의 장은 필요한 경우 지원대상자의 동의를 받아 법인·단체·시설의 장이 활용할 수 있도록 지원할 수 있다(법 제24조).

사회보장정보시스템의 운영·지원을 위하여 법인으로서 사회보장정보원을 설립한다. 사회보장정보원의 업무는 다음과 같다(법 제 29조): 사회보장정보시스템의 구축 및 유지·기능개선·관리 등 운영에 관한 사항, 자료 또는 정보의 처리 및 사회보장정보의 처리, 사회보장급여의 수급과 관련된 법령 등에 따른 신청, 접수, 조사, 결정, 환수 등 업무의 전자적 처리 지원, 사회서비스이용권의 이용·지급 및 정산 등에 필요한 정보시스템의 운영, 사회서비스이용권을 통하여 사회서비스를 제공하는 사업의 관리에 관한 사항 등.

7) 사회보장에 관한 지역계획 및 운영체계 등

이 법에서는 기존의 사회보장기본법에서 규정하고 있던 '사회보장에 관한 기본계획'을 보완하는 차원에서 지역사회보장에 관한 계획(이하 '지역사회보장계획')을 수립하도록 하였다.

광역지자체장 및 기초단체장은 지역사회보장계획을 4년마다 수립하고, 매년 지역사회보장계획에 따라 연차별 시행계획을 수립하여야 한다. 이 경우 상위법인 사회보장기본법에 의한 '사회보장에 관한 기본계획'과 연계되도록 하여야 한다.

기초단체장은 해당 시·군·구의 지역사회보장계획을 지역주민 등 이해관계인의 의견을 들은 후 수립하고, 지역사회보장협의체의 심의와 해당 시·군·구 의회의 보고를 거쳐 광역지자체장에게 제출하여야 한다. 광역지자체장는 제출받은 시·군·구의 지역사회보장계획을 지원하는 내용 등을 포함한 광역 지역사회보장계획을 수립하여, 시·도 사회보장위원회의 심의와 해당 시·도 의회의 보고를 거쳐 보건복지부장관에게 제출하여야 한다. 이 경우 보건복지부장관은 제출된 계획을 사회보장위원회에 보고하여야 한다(법 제35조).

기초지자체의 지역사회보장계획과 광역지자체의 지역사회보장계획은 다음 표와 같은 내용을 포함하여야 한다(법 제36조).

기초지자체의 지역사회보장계획	광역지자체의 지역사회보장계획
• 지역사회보장 수요의 측정, 목표 및 추진전략 • 지역사회보장의 목표를 점검할 수 있는 지표의 설정 및 목표 • 지역사회보장의 분야별 추진전략, 중점 추진사업 및 연계협력 방안 • 지역사회보장 전달체계의 조직과 운영 • 사회보장급여의 사각지대 발굴 및 지원 방안 • 지역사회보장에 필요한 재원의 규모와 조달 방안 • 지역사회보장에 관련한 통계 수집 및 관리 방안 • 그 밖에 대통령령으로 정하는 사항	• 시·군·구의 사회보장이 균형적이고 효과적으로 추진될 수 있도록 지원하기 위한 목표 및 전략 • 지역사회보장지표의 설정 및 목표 • 시·군·구에서 사회보장급여가 효과적으로 이용 및 제공될 수 있는 기반 구축 방안 • 시·군·구 사회보장급여 담당 인력의 양성 및 전문성 제고 방안 • 지역사회보장에 관한 통계자료의 수집 및 관리 방안 • 그 밖에 지역사회보장 추진에 필요한 사항

8) 지역사회보장 운영체계

이 법은 광역 지자체 차원에서 사회보장위원회를 두도록 하고, 기존의 사회복지사업법에서 규정하고 있던 '지역사회복지협의체'와 별도로 '지역사회보장협의체'를 두도록 하였다.

시·도지사는 시·도의 사회보장 증진을 위하여 시·도사회보장위원회를 둔다. 시·도사회보장위원회의 심의·자문 업무는 다음과 같다(법 제40조): 시·도의 지역사회보장계획 수립·시행 및 평가에 관한 사항, 시·도의 지역사회보장조사 및 지역사회보장지표에 관한 사항, 시·도의 사회보장급여 제공에 관한 사항, 시·도의 사회보장 추진과 관련한 중요 사항 등.

기초단체장인 시장·군수·구청장은 지역의 사회보장을 증진하고, 사회보장과 관련된 서비스를 제공하는 관계 기관·법인·단체·시설과 연계·협력을 강화하기 위하여 해당 시·군·구에 지역사회보장협의체를 둔다. 지역사회보장협의체의 심의·자문 업무는 다음과 같다(법 제41조): 시·군·구의 지역사회보장계획 수립·시행 및 평가에 관한 사항, 시·군·구의 지역사회보장조사 및 지역사회보장지표에 관한 사항, 시·군·구의 사회보장급여 제공에 관한 사항, 시·군·구의 사회보장 추진에 관한 사항 등.

사회복지사업에 관한 업무를 담당하도록 하기 위하여 시·도, 시·군·구, 읍·면·동 또는 사회보장사무 전담기구에 사회복지전담공무원을 둘 수 있다. 사회복지전담공무원은 사회보장급여에 관한 업무 중 취약계층에 대한 상담과 지도, 생활실태의 조사 등 사회복지에 관한 전문적 업무를 담당한다(법 제43조).

시장·군수·구청장은 읍·면·동 단위로 읍·면·동의 사회보장 관련 업무의 원활한 수행을 위하여 필요한 사람을 복지위원으로 위촉하여야 한다(법 제44조).

9) 지역사회보장 지원 및 균형발전

중앙행정기관의 장 및 시·도지사는 시·도 및 시·군·구 간 사회보장 수준의 차이를 최소화하기 위하여 예산 배분, 사회보장급여의 제공 기관 등의 배치 등에 필요한 조치를 하여야 한다. 보건복지부장관은 광역지자체 및 기초지자체의 사회보장추진 현황 분석, 지역사회보장계획의 평가, 지역 간 사회보장의 균형발전 지원 등의 업무를 효과적으로 수행하기 위하여 지역사회보장균형발전지원센터를 설치·운영할 수 있으며, 센터의 운영을 관련전문기관에 위탁할 수 있다. 중앙행정기관의 장 또는 시·도지사는 영구임대주택단지, 저소득층 밀집 거주지, 그 밖에 보건, 복지, 고용, 주거, 문화 등 특정 분야의 서비스가 취약한 지역을 사회보장 특별지원구역으로 선정하여 지원할 수 있다(법 제45조-제48조).

4. 과제와 전망

사회보장급여법은 헌법 34조의 인간다운 생활을 할 권리와 사회보장기본법을 구체화하여 사회복지법의 완결성을 향상시키며, 사회보장행정의 공정성과 효과성을 도모하고, 지역사회 통합적 사회보장제도가 실시를 목표로 도입되었다. 그리고, 이 법은 사회보장급여를 제공하고 이용함에 있어서 기존의 개별법들이 갖고 있는 부족한 부분을 보완하고, 발굴서비스를 법제화함으로써 공적인 복지혜택을 누리지 못하고 복지사각지대에 놓여 있는 사람들을 찾아내어 사회보장수급권자의 권리를 보다 철저히 보호하고 맞춤형 평생사회안전망의 기반을 강화할 수 있을 것으로 전망된다.

그러나, 몇 가지 점에서는 이 법이 차지하는 위상이나 기능에 대해서 불완전한 측면이 있는 것이 사실이다. 이러한 점들은 향후 법 개정을 통해서 개선되어야 할 부분이라고 판단된다. 현재 이 법이 가지는 한계는 다음과 같다.

첫째, 법체계상 이 법이 가지는 위상이 분명하지 않다. 이 법은 사회보장급여의 이용 및 제공에 관한 기준과 절차 등 기본적 사항을 규정하고 있으며, 사회보장기본법상 사회보장의 영역인 사회보험, 공공부조, 사회서비스의 급여의 이용 및 제공에 관해서는 기본법의 역할을 수행한다. 따라서, 이 법은 사회보장기본법의 하위법으로, 사회복지사업법의 상위법으로 위계상 법적 위치에 있다고 볼 수 있다. 그러나, 다른 한편으로는 사회복지사업법이 민간 사회복지서비스의 전달체계를 규정하고 있듯이, 사회보장급여법은 공공 사회복지 전달체계를 규정하고 있다는 점에서 대등한 위상으로 볼 수도 있다. 이러한 혼란은 사회보장급여법과 사회복지사업법 각각의 역할을 명확하게 하여 개정함으로써 개선될 수 있을 것이다.

둘째, 사회보장급여법과 사회복지사업법이 일부 내용에 있어서 중복되고 있다. 사회복지사업법 제 2장의 2 사회복지서비스의 실시와 관련된 내용의 상당부분이 사회보장급여법과 중복되고 있어서 두 법 사이의 조정이 필요하다.

셋째, 사회보장급여법의 주요한 특징 가운데 하나는 발굴서비스에 대한 부분인데, 이것이 실효성이 있을지는 확신하기 어렵다. 복지사각지대의 축소를 위한 발굴서비스 시행은 복지사각지대를 없애기 위한 적극적인 노력의 일환이기는 하지만, 선진국들이 하지 못한 일을 우리나라에서 실시하여 해결할 수 있을지는 의구심이 들 수밖에 없는 것이 사실이다. 또한, 발굴서비스를 민간이 아닌 공공의 영역에서 실시하도록 규정하는 것이 타당한지에 대해서도 비판이 있다. 실제 지역사회의 문제에 대한 파악은 민간 기관이나 단체들의 영역이라는 접근에 기초한 것이다. 또한, 복지 재정에 대한 지역격차가 있는 가운데에서 발굴서비스의 실시는, 재정이 열악한 지역에서는 이를 수행하기에 한계가 있어서 결과적으로 복지격차를 확대할 수도 있다는 비판이다.

넷째, 이 법의 시・도 사회보장위원회와 사회복지사업법상 시・도 사회복지위원회의 차이점이 무엇인지, 지역사회보장협의체와 지역사회복지협의체의 차이는 무엇인지, 아니면 동일한 내용인지 여부를 명확히 할 필요가 있다. 동일한 기능을 수행하는 기관을 이름만 바꾸어 새로운 기관인 것처럼 사용한다면, 이 역시 상당한 혼란을 가져올 수 있다. 이 역시 두 법 사이의 조정이 필요한 부분이다.

제 2 장

사회보험법

우리나라에서 사회보험이 처음 도입된 것은 1960년 제정된 공무원연금법이다. 1964년 산업재해보상보험법'이 시행되면서 본격적인 산업화가 진행되기 이전에 이미 사회보험제도가 일부 도입되었다. 그 후 의료보험(1977), 국민연금(1988), 고용보험(1995), 노인장기요양보험(2008)이 도입되어 5대 사회보험의 체계를 갖추게 되었다.

사회보험이란 국민의 다양한 사회적 위험을 해결하기 위해 민영보험과 달리 국민의 강제적 기여에 의해 유지되는 제도이다. 한편 사회보험은 보험원리에 의한 상호부조의 조직에서 유래되었고, 전 국민을 대상으로 하는 제도로서 국가 또는 국가위탁기관에 의해 관리 운영되는 것이 원칙이다. 본 장에서는 우리나라 사회보험제도를 구성하고 있는 5대 사회보험법(국민연금법, 국민건강보험법, 산업재해보상보험법, 고용보험법, 노인장기요양보험법)에 대해 살펴보도록 한다.

제 1 절 국민연금법

1. 일반사항

1) 의의 및 목적

국민연금제도는 모든 경제활동계층을 대상으로 하여 가입자가 노령, 장애, 사망 등의 사회적 위험에 처해 소득이 감소하거나 상실되는 경우 본인이나 유족에게 경제적으로 안정적인 생활을 보장할 수 있도록 연금형태의 급여를 제공하는 우리나라의 대표적인 소득보장제도이다. 따라서 국민연금법은 국민연금제도의 시행에 관한 사항을 규정하고 있는 사회보험법이라 할 수 있다. 이 법은 국민의 노령, 장애, 또는 사망에 대하여 연금급여를 실시함으로써 국민의 생활 안정과 복지 증진에 이바지하는 것을 목적으로 하고 있다(법 제1조).

2) 주요 연혁

1988년 1월 1일부터 시행된 국민연금법은 초기에는 10인 이상 사업장의 정규직 근로자를 가입 대상으로 하여 시행되었다. 그 후 가입범위가 확대되어 1992년에는 5인 이상 사업장 근로자, 1995년 7월 농어민, 1999년 4월 도시지역 거주자, 2001년 7월에는 5인 미만 사업장 근로자까지 확대되어 전 국민에게 적용되었다.

급여와 관련해서는 1998년과 2007년 두 차례 주목할 만한 변화가 있었다. 1998년 법 개정에서는 40년 가입 평균소득자의 소득대체율을 70%에서 60%로 하향조정하였고, 2007년 법 개정에서는 2028년까지 점진적으로 국민연금 소득대체율을 40%로 낮추도록 변경되었다.

그 밖에 2007년 개정으로 출산 및 군복무에 따라 가입기간을 인정해 주는 크레딧 제도를 도입하였으며, 2016년부터는 실업크레딧 제도를 시행하여 실업 기간으로 인하여 가입기간을 충족시키지 못하는 자들에 대해 연금 가입기간 충족의 기회를 제공하게 되었다. 또한 기존에는 특수직역연금과 국민연금 간의 이동이 불가능하게 되어 가입 기간과 관련하여 대상자에서 탈락하는 경우가 많이 발생하였는데 2009년부터는 국민연금의 가입기간과 공무원연금, 사립학교교직원연금, 군인연금 및 별정우체국직원연금의 재직기간 및 복무기간을 연계하여 급여가 지급되도록 '국민연금과 직역연금 연계에 관한 법률'이 제정되어 관련 문제를 해결하였다.

3) 용어의 정의

국민연금법에서 제시하는 주요 용어는 다음과 같다(법 제3조 1항):

(1) "사업장가입자"란 사업장에 고용된 근로자 및 사용자로서 국민연금에 가입된 자를 말한다.
(2) "지역가입자"란 사업장가입자가 아닌 자로서 국민연금에 가입된 자를 말한다.
(3) "임의가입자"란 사업장가입자 및 지역가입자 외의 자로서 국민연금에 가입된 자를 말한다.
(4) "임의계속가입자"란 국민연금 가입자 또는 가입자였던 자가 가입자로 된 자를 말한다.
(5) "연금보험료"란 국민연금사업에 필요한 비용으로서 사업장가입자의 경우에는 부담금 및 기여금의 합계액을, 지역가입자·임의가입자 및 임의계속가입자의 경우에는 본인이 내는 금액을 말한다.
(6) "부담금"이란 사업장가입자의 사용자가 부담하는 금액을 말한다.
(7) "기여금"이란 사업장가입자가 부담하는 금액을 말한다.

4) 국민연금 재정계산 및 급여액의 조정

국민연금의 급여 수준과 연금보험료는 국민연금 재정이 장기적으로 균형을 유지할 수 있도록 조정되어야 한다(법 제4조 제1항). 보건복지부장관은 5년마다 국민연금 재정 수지를 계산하고, 국민연금의 재정 전망과 연금보험료의 조정 및 국민연금기금의 운용 계획 등이 포함된 국민연금 운영 전반에 관한 계획을 수립하여 국무회의의 심의를 거쳐 대통령의 승인을 받아야 하며, 승인받은 계획을 국회에 제출하고 공시하여야 한다(법 제4조 제2항). 또한 연금보험료, 급여액, 급여의 수급 요건 등은 국민연금의 장기재정 균형 유지, 인구구조의 변화, 국민의 생활수준, 임금, 물가, 그 밖의 경제 사정에 뚜렷한 변동이 생기면 그 사정에 맞게 조정되어야 한다(법 제4조 제3항).

5) 국민연금심의위원회

국민연금심의위원회는 국민연금사업에 관한 다음 사항을 심의하기 위하여 보건복지부에 둔다(법 제5조): 국민연금제도 및 재정 계산에 관한 사항, 급여에 관한 사항, 연금보험료에 관한 사항, 국민연금기금에 관한 사항, 그 밖에 국민연금제도의 운영과 관련하여 보건복지부장관이 회의에 부치는 사항.

2. 가입자

국민연금제도는 국내에 거주하는 18세 이상 60세 미만의 국민들을 의무가입 대상으로 하고 있다(법 제6조). 다만 공무원연금, 군인연금, 사립학교교직원연금에 가입하고 있거나 노령연금의 수급권을 취득한 자 중 60세 미만의 특수직종 근로자, 조기노령연금의 수급권을 취득한자는 제외한다. 한편, 국민연금법의 적용을 받는 사업장에 사용되고 있는 외국인과 국내에 거주하는 외국인은 당연히 사업장가입자 또는 지역가입자가 되지만 이 법에 따른 국민연금에 상응하는 연금에 관하여 그 외국인의 본국법이 대한민국 국민에게 적용되지 않으면 국민연금 역시 적용되지 않는다(법 제126조 제1항).

가입자는 사업장가입자, 지역가입자, 임의가입자 및 임의계속가입자로 구분하며(법 제7조), 또한 반드시 가입해야 하는 당연적용가입대상(사업장가입자 및 지역가입자)과 가입이 본인의 선택에 맡겨지는 임의적용가입대상(임의가입자 및 임의계속가입자)으로 구분된다.

1) 당연적용가입대상자

사업장가입자는 상시근로자 1인 이상 사업장의 임시, 일용직 및 시간제근로자와 정규직을 포함한 18세 이상 60세 미만인 근로자와 사용자이다(법 제8조 제1항). 또한, 국민연금에 가입된 사업장에 종사하는 18세 미만의 근로자는 사업장가입자가 되며, 다만 본인이 원하지 않으면 사업장가입자가 되지 아니할 수 있다(법 제8조 제2항). 반면, 지역가입자에 해당하는 자는 사업장가입자에서 제외된 자로 18세 이상 60세 미만인 자가 해당된다(법 제9조).

사업장가입으로부터 적용이 제외되는 대상자들은 다음과 같다: '공무원연금법', '사립학교교직원 연금법', '군인연금법', '별정우체국법'에 따른 급여를 받을 권리를 가진 자.

지역가입으로부터 적용이 제외되는 대상자들은 다음과 같다: 첫째, 국민연금 가입자나 수급권자의 배우자로서 별도의 소득이 없는 자, 둘째, 18세 이상 27세 미만인 자로서 학생이거나 군 복무 등의 이유로 소득이 없는 자, 셋째, '국민기초생활보장법'에 따른 수급자, 넷째, 1년 이상 행방불명된 자 등.

납부 의무자는 사업장가입자 또는 지역가입자가 다음 어느 하나에 해당하는 사유로 연금보험료를 낼 수 없으면 그 사유가 계속되는 기간에는 연금보험료를 내지 아니할 수 있다(납부예외): 사업 중단, 실직 또는 휴직 중인 경우, 병역의무를 수행하는 경우, '초·중등교육법'이나 '고등교육법'에 따른 학교에 재학 중인 경우, 교정시설에 수용 중인 경우, 1년 미만 행방불명된 경우, 재해·사고 등으로 소득이 감소되거나 그 밖의 소득이 있는 업무에 종사하지 아니하는 경우(법 제91조).

2) 임의적용가입대상자

가입이 본인의 선택에 맡겨지는 임의가입대상은 일반적인 가입대상자에게 적용되는 임의가입자와 일반적인 가입대상에서 제외되는 자에게 적용되는 임의계속가입자로 구분된다.

임의가입자는 사업장가입자나 지역가입자에 해당되지 않는 자로서 18세 이상 60세 미만인 국민연금 가입을 신청한 자를 말한다(법 제10조). 가령 배우자가 공적연금에 가입하고 있거나 공적연금을 받고 있는 경우 소득이 없는 다른 배우자는 임의가입대상이다. 또한 27세 미만의 소득이 없는 자, 국민연금에 보험료를 한 번도 낸 사실이 없는 자는 임의가입대상이 된다.

반면, 임의계속가입자는 국민연금에 가입해 오고 있는 자가 연령 등의 문제로 가입대상에서 제외되는 자이나, 특별한 경우 본인의 희망으로 계속하여 가입자 자격이 유지되는 자이다. 가령, 국민연금 가입자 또는 가입자였던 자로서 60세가 된 자는 65세가 될 때까지 국민연금공단에 가입을 신청하면 임의계속가입자가 될 수 있다. 이 경우 가입 신청이 수리된 날에 그 자격을 취득한다(법 제13조 제1항).

3. 보험료(재정)

국민연금의 재정은 가입자 및 사용자의 기여(보험료)를 가장 중요한 재원으로 하되, 국고가 일부 지원되는 방식으로 한다.

각종 연금급여의 지급 등 국민연금사업에 소요되는 비용을 충당하기 위해 가입자 및 사용자로부터 가입기간 동안 가입자의 소득에 비례하여 일정 비율의 연금보험료를 징수한다. 국민연금의 가입자는 가입기간 동안 가입자의 소득에 비례하여 일정 비율의 보험료를 납부하는데 보험료율은 사업장가입자의 경우 연금보험료 중 기여금은 사업장가입자 본인이, 부담금은 사용자가 각각 부담하되, 그 금액은 각각 기준소득월액의 4.5%에 해당하는 금액으로 한다. 지역가입자, 임의가입자 및 임의계속가입자의 연금보험료는 지역가입자, 임의가입자 또는 임의계속가입자 본인이 부담하되, 그 금액은 기준소득월액의 9%로 한다(법 제88조).

국고가 지원되는 경우는 다음과 같다. 첫째, 국가가 매년 국민연금공단이 국민연금사업을 관리·운영하는데 필요한 비용의 전부 또는 일부를 부담한다(법 제87조). 둘째, 2011년부터 국가는 연금보험료 지원과 관련하여 지원사업(두루누리 지원사업)을 시행하고 있으며(법 제100의3), 영세사업장에 근로하는 저소득근로자들에게 보험료를 국고로 지원하고 있다. 셋째, 가입기간 추가 인정(크레딧)의 비용이 국고로부터 지원되는데, 군복무크레딧은 전액 국고에서, 출산크레딧과 실업크레딧은 국고에서 일부가 지원되도록 하고 있다[1](법 제18조, 제19조, 제19조의2).

4. 연금급여

연금급여란 가입자가 노령, 장애 또는 사망으로 인해 소득이 중단, 상실 또는 감소되었을 때 기본적인 생활보장을 위해 지급하는 현금급여를 말한다. 수급권자의 청구에 따라 공단이 지급하며 연금액은 지급사유에 따라 기본연금액과 부양가족연금액을 기초로 산정한다(법 제50조).

1) 연금급여

연금급여액은 기본연금액과 부양가족연금액으로 구성되어 있다.

(1) 기본연금액

기본연금액은 전체 사업장가입자 및 지역가입자의 평균소득을 기초하여 산출되는 균등부분과 가입자 개인의 가입기간 동안의 소득수준에 의해 산출되는 소득비례부분으로 구

1) 실업크레딧의 경우 일부 재원이 고용보험기금에서 제공된다.

성되며, 기본연금액에 대한 연금종별 해당 지급률에 따라 실제로 지급될 연금액을 산출한다. 이 기본연금액은 노령연금, 장애연금 및 유족연금의 산정기초가 된다.

연금액 = 기본연금액 × 연금종별 지급률 및 제한율 + 부양가족연금액

최초 산정된 연금액은 평생 동안 동일한 액수가 지급되는 것이 아니라, 인플레이션에 대한 연금액의 실질가치를 보장하기 위한 제도적 장치를 통해 기본연금액이 조정된다. 우리나라의 경우 법적으로 전국소비자물가변동률을 적용토록 되어 있고, 실무적으로는 통계청이 발표하는 소비자물가지수를 적용한다.

기본연금액에 대한 소득비례부분은 가입자 개인의 가입기간 중 매년 기준소득월액을 보건복지부장관이 고시하는 연도별 재평가율에 의하여 연금수급 전년도의 현재가치로 환산한 후 이를 합산한 금액을 총 가입기간으로 나눈 금액으로 한다. 다만 군복무로 인하여 추가로 산입되는 가입기간의 기준소득월액은 전체 가입자의 평균소득에 따라 산정된 금액의 2분의 1에 해당하는 금액으로 하고, 출산으로 인하여 추가로 산입되는 가입기간의 기준소득월액은 전체 가입자의 평균소득에 따라 산정한 금액으로 한다.

(2) 부양가족연금액

부양가족연금액은 수급권자가 권리를 취득할 당시 가입자(유족연금은 사망한 가입자 또는 가입자였던 자)에 의해 생계를 유지하고 있던 자에게 지급하는 일종의 가족수당 성격의 부가급여이다. 부양가족연금은 1) 연금수급권자가 그 권리를 취급할 당시 그에 의하여 생계를 유지하고 있거나 노령연금 또는 장애연금의 수급권자가 그 권리를 취득한 후 그 자에 의하여 생계를 유지하고 있는 배우자, 2) 18세 미만이거나 장애등급 2급 이상인 자녀, 3) 60세 이상이거나 장애등급 2급 이상인 부모에게 지급된다(법 제 52조).

〈표 Ⅱ-1〉 부양가족연금액 지급 대상 및 요건, 지급 수준

지급대상	요　건	부양가족연금액
배 우 자 (사실혼 포함)	-	연 249,640원
자　　녀 (동거중인 계자녀 포함.)	만 18세 미만 또는 장애등급 2급 이상에 해당하는 자녀	연 166,360원/1인당
부　　모 (배우자의 부모와 동거중인 계부모 포함.)	만 60세 이상 또는 장애등급 2급 이상에 해당하는 부모	연 166,360원/1인당

주) 해당 금액은 2016년 4월부터 2017년 3월까지 적용됨. 연금액은 매년 물가변동률에 따라 조정됨.

부양가족연금액 역시 전국소비자물가변동률을 기준으로 하여 조정함으로써 그 실질가치를 유지시킨다. 그 조정은 전국소비자물가변동률을 기준으로 하여 그 변동률에 해당하는 금액을 매년 증액 또는 감액조정하며, 조정된 부양가족연금액의 적용은 기본연금액의 경우와 동일하다.

2) 급여의 종류

국민연금의 급여는 가입자가 노령이나 질병·사망으로 인해 소득능력이 상실 또는 감퇴되었을 때, 본인이나 유족의 생계를 보장하기 위해 지급되는 것이다. 이러한 국민연금의 급여 종류로는 급여의 대상자가 일정기간 가입하고 수급연령에 도달했을 때 지급되는 노령연금, 가입 중에 발생한 질병 또는 부상으로 장애가 남아 있을 때 지급되는 장애연금, 가입자가 사망한 경우 그 유족에게 지급되는 유족연금, 그리고 연금급여의 수급요건을 충족하지 못하고 중도에 자격을 상실하거나 사망한 경우 본인 또는 그 유족에게 지급하는 반환일시금, 사망일시금, 미지급급여가 있다.

〈표 Ⅱ-2〉 국민연금의 노령연금 종류별 조건 및 수준(2015년 현재)

구분	수급요건	가입기간, 연령 등		급여 수준
노령연금	ㅇ가입기간 10년 이상인 자로 60[2]세에 달한 자	가입기간	10년	기본연금액 50% + 부양가족연금액
			11년	기본연금액 55% + 부양가족연금액
			12년	기본연금액 60% + 부양가족연금액
			13년	기본연금액 65% + 부양가족연금액
			14년	기본연금액 70% + 부양가족연금액
			15년	기본연금액 75% + 부양가족연금액
			16년	기본연금액 80% + 부양가족연금액
			17년	기본연금액 85% + 부양가족연금액
			18년	기본연금액 90% + 부양가족연금액
			19년	기본연금액 95% + 부양가족연금액
			20년 이상	기본연금액 100% + 부양가족연금액
조기노령연금	ㅇ가입기간 10년 이상, 연령 55세 이상인 자가 소득이 있는 업무에 종사하지 아니하고 60세 도달 전에 연금수급을 원하는 경우	수급연령		※가입기간이 10년인 경우
			55세부터	기본연금액 50% × 70% + 부양가족연금액
			56세부터	기본연금액 50% × 76% + 부양가족연금액
			57세부터	기본연금액 50% × 82% + 부양가족연금액
			58세부터	기본연금액 50% × 88% + 부양가족연금액
			59세부터	기본연금액 50% × 94% + 부양가족연금액

2) 53년생~56년생은 61세, 57년생~60년생은 62세, 61년생~64년생은 63세, 65년~68년생은 64세, 69년생 이후는 65세 다음 달부터 수급한다.

(1) 노령연금

노령연금은 국민연금가입자가 더 이상 경제활동을 하기 어려운 연령에 도달한 경우 지급하는 급여이다. 국민연금 노령연금은 가입기간이 10년 이상인 가입자 또는 가입자였던 자에 대해서 60세가 된 때부터 그가 생존하는 동안 지급한다(법 제61조 1항). 가입기간이 10년 이상인 가입자 또는 가입자였던 자로서 55세 이상인 자가 '소득이 있는 업무'에 종사하지 아니하는 경우 본인이 희망하면 60세가 되기 전이라도 본인이 청구한 때부터 그가 생존하는 동안 일정한 금액의 연금을 받을 수 있다(법 제61조 2항).[3] 이를 조기노령연금이라 하며, 연금급여를 빨리 받는 대신 급여액의 일정비율이 삭감되어 지급된다.

그런데, 연금수급개시연령은 2033년까지 60세에서 65세로 점진적으로 높아지고 있는 상황으로 2013년부터 61세로 높아졌고 2018년에는 62세로 높아지게 된다. 대부분의 선진국에서 연금수급개시연령이 65세 이상인 상황에서 아직까지 국민연금은 그에 미치지 못하는 상황이다.

연금수급연령 이후 경제활동 소득이 있는 노인들의 국민연금 급여를 감액할 필요가 있는지는 논란이 될 수 있으며 그러한 감액이 자칫 노인들의 경제활동을 제한하는 것이라면 바람직하지 않을 것이다. 그러나 국민연금 제도가 부의 축적이 아니라 안정적인 노후생활을 위한 것이라는 취지를 고려할 경우 일정수준 이상의 경제활동 소득을 가지는 사람들에게까지 노령연금을 전액 제공해야 할 필요성은 다소 줄어드는 것이 사실이다. 따라서 노령연금 수급권자가 '소득이 있는 업무'에 종사하면 60세 이상 65세 미만인 기간에는 노령연금액의 일부를 감액하며, 노령연금의 감액기준은 다음과 같다(법 제63조의2). 단, 감액되는 노령연금액은 그 액수의 반을 넘지 않는다.

1. 초과소득월액(노령연금 수급권자의 소득월액-가입자 평균소득)이 100만원 미만인 사람: 초과소득월액의 1천분의 50
2. 초과소득월액이 100만원 이상 200만원 미만인 사람: 5만원 + (초과소득월액 - 100만원) × 1천분의 100
3. 초과소득월액이 200만원 이상 300만원 미만인 사람: 15만원 + (초과소득월액 - 200만원) × 1천분의 150
4. 초과소득월액이 300만원 이상 400만원 미만인 사람: 30만원 + (초과소득월액 - 300만원) × 1천분의 200
5. 초과소득월액이 400만원 이상인 사람: 50만원 + (초과소득월액 - 400만원) × 1천분의 250

3) '소득이 있는 업무'란 가입자 평균소득 이상의 소득이 있는 경우를 말한다.

조기노령연금과 반대로 연금수급개시연령 이후에도 연금수급을 늦추고 싶은 경우에는 연금수급을 늦추고 대신 증액된 금액을 받을 수 있다. 노령연금의 수급권자로서 60세 이상 65세 미만인 사람이 연금지급의 연기를 희망하는 경우에는 1회에 한정하여 65세 전까지의 기간에 대하여 그 연금의 전부 또는 일부의 지급을 연기할 수 있다(법 제62조).

혼인 기간(배우자의 가입기간 중의 혼인 기간만 해당됨)이 5년 이상인 자가 다음 세 가지 조건(배우자와 이혼하였어야 하고, 배우자였던 사람이 노령연금 수급권자일 것, 60세가 되었을 것)을 모두 갖추면, 그때부터 그가 생존하는 동안 배우자였던 자의 노령연금을 분할한 일정한 금액의 연금을 받을 수 있다. 분할연금액은 배우자였던 자의 노령연금액 중 혼인 기간에 해당하는 연금액을 균등하게 나눈 금액으로 한다(법 제64조). 단, 이혼판결에 분할 비율을 정할 수 있다.

(2) 장애연금

장애연금은 가입자가 질병 또는 부상으로 장애를 입어 노동력이 상실 또는 감소된 경우에 생계안정을 위해 장애정도(장애등급 1～4급)에 따라 지급되는 급여이다. 기존의 장애연금 수급요건이 지나치게 엄격하여 국민연금에 장기간 가입하였고 국민연금 가입 이후 장애를 입었음에도 불구하고, 장애발생이 가입기간 사이 공백 기간에 발생하는 경우 장애연금 수급자격을 획득하지 못하였다. 이에 2016년 5월 법 개정을 통해서 장애연금 수급자격이 다소 완화되었다.

가입자 또는 가입자였던 자가 질병이나 부상으로 신체상 또는 정신상의 장애가 있고, 해당 질병 또는 부상의 초진일 당시 연령이 18세 이상이고 노령연금 지급 연령 미만인 상황에서, 다음 세 가지 경우 가운데 하나에 해당되면 장애연금 수급요건을 충족한다: 해당 질병 또는 부상의 초진일 당시 연금보험료를 낸 기간이 가입대상기간의 3분의 1 이상일 것, 해당 질병 또는 부상의 초진일 5년 전부터 초진일까지의 기간 중 연금보험료를 낸 기간이 3년 이상일 것, 해당 질병 또는 부상의 초진일 당시 가입기간이 10년 이상일 것. 이를 충족하는 경우, 장애 정도를 결정하는 기준이 되는 날(장애결정기준일)부터 그 장애가 계속되는 기간 동안 장애 정도에 따라 장애연금을 지급한다(법 제67조 1항).

장애결정 기준일은 경우에 따라 다르게 결정되는데, 첫째, 초진일부터 1년 6개월이 지나기 전에 완치일이 있는 경우에는 완치일로 하고, 초진일부터 1년 6개월이 지날 때까지 완치일이 없는 경우에는 초진일부터 1년 6개월이 되는 날의 다음 날로 하고, 초진일부터 1년 6개월이 되는 날의 다음 날에 장애연금의 지급 대상이 되지 아니하였으나, 그 후 그 질병이나 부상이 악화된 경우에는 장애연금의 지급을 청구한 날과 완치일 중 빠른 날로 하고, 장애연금의 수급권이 소멸된 사람이 장애연금 수급권을 취득할 당시의 질병이나 부상이 악화된 경우에는 청구일과 완치일 중 빠른 날로 한다(법 제67조 2항).

장애연금의 수준은 1급의 경우 기본연금액 100%, 2급의 경우 기본연금액의 80%, 3급의 경우 기본연금액의 60%를 연금 방식으로 지급한다. 반면 장애정도가 경미한 4급의 경우 일시금으로 기본연금액의 225%를 일시보상금 형태로 지급하도록 하고 있다(법 제68조). 그리고 장애연금 수급권자에게 다시 장애연금을 지급하여야 할 장애가 발생한 때에는 전후의 장애를 병합한 장애 정도에 따라 장애연금을 지급한다(법 제69조). 국민연금공단은 장애연금 수급권자의 장애 정도를 심사하여 장애등급이 다르게 되면 그 등급에 따라 장애연금액을 변경하고, 장애등급에 해당되지 아니하면 장애연금 수급권을 소멸시키며, 장애연금의 수급권자는 그 장애가 악화되면 공단에 장애연금액의 변경을 청구할 수 있다(법 제70조).

(3) 유족연금

장애연금에서와 마찬가지로 유족연금의 수급요건이 엄격하여 제도의 혜택으로부터 배제되는 경우가 발생한다는 문제제기를 반영하여 2016년 5월 법개정을 통해서 유족연금의 수급요건을 완화하였다. 유족연금은 노령연금 수급권자, 가입기간이 10년 이상인 가입자 또는 가입자였던 자, 연금보험료를 낸 기간이 가입대상기간의 3분의 1 이상인 가입자 또는 가입자였던 자, 사망일 5년 전부터 사망일까지의 기간 중 연금보험료를 낸 기간이 3년 이상인 가입자 또는 가입자였던 자. 장애등급이 2급 이상인 장애연금 수급권자가 사망한 경우에 그 유족의 생활을 보장하기 위해 지급하는 연금이다(법 제72조).

유족연금을 지급받을 수 있는 유족은 가입자 또는 가입자였던 자가 사망할 당시 그에 의하여 생계를 유지하고 있던 자로, 1. 배우자 2. 자녀(25세 미만이거나 장애등급 2급 이상인 자만 해당) 3. 부모(배우자의 부모를 포함) 4. 손자녀(19세 미만이거나 장애등급 2급 이상인 자만 해당) 5. 조부모의 순서이다.

한편, 유족연금은 최우선 순위자에게만 지급하되 최우선 유족의 수급권이 소멸되거나 정지되면 차순위 유족에게 지급하고, 같은 순위의 유족이 2명 이상이면 그 유족연금액을 똑같이 나누어 지급하도록 한다.

유족연금의 급여수준은 가입자의 가입기간에 따라 급여수준의 차이를 두도록 하고 있다. 가입기간이 10년 미만인 경우 기본연금액의 40%, 10년 이상 20년 미만인 경우에는 기본연금액의 50%, 20년 이상인 경우에는 기본연금액의 60%를 지급하는 것으로 한다.

유족연금 수급권자가 다음 중 어느 하나에 해당하게 되면 그 수급권은 소멸한다: 수급권자가 사망한 때, 배우자인 수급권자가 재혼한 때, 자녀나 손자녀인 수급권자가 다른 사람에게 입양되거나 파양된 때, 장애등급 2급 이상에 해당하지 아니한 자녀인 수급권자가 25세가 된 때 또는 장애등급 2급 이상에 해당하지 아니한 손자녀인 수급권자가 19세가 된 때, 장애로 수급권을 취득한 자가 장애등급 2급 이상에 해당하지 아니하게 된 때.

유족연금의 수급권자인 배우자는 수급권이 발생한 때부터 3년 동안 유족연금을 지급한 후 55세가 될 때까지 지급을 정지한다. 다만, 그 수급권자가 장애등급이 2급 이상인 경우, 가입자 또는 가입자였던 자의 25세 미만인 자녀 또는 장애등급 2급 이상인 자녀의 생계를 유지한 경우, '소득이 있는 업무'에 종사하지 아니하는 경우에는 지급을 정지하지 않는다(법 제76조).

(4) 반환일시금 및 사망일시금

가입자 또는 가입자였던 자가 다음 중 어느 하나에 해당하게 되면 본인이나 그 유족의 청구에 의하여 반환일시금을 지급받을 수 있다: 가입기간이 10년 미만인 자가 60세가 된 때, 가입자 또는 가입자였던 자가 사망한 때(다만, 유족연금이 지급되는 경우에는 그러하지 아니함), 국적을 상실하거나 국외로 이주한 때. 반환일시금의 액수는 가입자 또는 가입자였던 자가 납부한 연금보험료에 이자를 더한 금액으로 한다(법 제77조).

사망일시금은 가입자 또는 가입자였던 자가 사망한 때에 유족이 없으면 그 배우자·자녀·부모·손자녀·조부모·형제자매 또는 4촌 이내 방계혈족에게 사망일시금을 지급한다. 다만, 4촌 이내 방계혈족의 경우에는 가입자 또는 가입자였던 사람의 사망 당시 가입자 또는 가입자였던 사람에 의하여 생계를 유지하고 있던 사람에게만 지급한다(법 제80조). 급여 수준은 가입자 또는 가입자였던 자의 반환일시금에 상당하는 금액으로 하며, 수급 순위는 배우자·자녀·부모·손자녀·조부모·형제자매 및 4촌 이내의 방계혈족 순으로 하되 순위가 같은 사람이 2명 이상이면 똑같이 나누어 지급하도록 한다.

4) 급여의 조정, 제한, 정지 및 시효

(1) 급여의 조정

급여의 병급 조정은 특정사고에 대해서 사회보험 급여가 중복적으로 지급되는 것을 방지하기 위한 제도이다. 이러한 급여의 조정은 국민연금 급여 간 병급 조정과 타 법률 간에 의한 병급 조정이 있다.

국민연금 급여 간 병급 조정은 급여(연금 및 반환일시금)의 수급권이 한 사람에게 2개 이상 발생한 경우에 수급권자의 선택에 의해 그 중 하나만이 지급되고 다른 급여의 지급은 정지되는 것을 말한다(법 제56조). 다만, 선택하지 아니한 급여가 유족연금일 때 유족연금의 100분의 30에 해당하는 금액을 추가로 지급하도록 한다.

국민연금과 타 법률 간의 병급 조정은 장애연금 또는 유족연금 수급권자가 동일한 사유(장애·사망)로 근로기준법, 선원법, 산업재해보상보험법, 어선원 및 어선재해보상보험법에 의한 장해보상, 유족보상 또는 일시보상을 받을 수 있는 경우 국민연금액의 1/2에 해당하는 금액을 지급하는 것을 의미한다(법 제113조).

(2) 급여의 제한과 정지

연금수급권자가 연금을 신청한 경우, 수급권자가 스스로 연금제도와 관련된 규정을 준수하는 것은 물론 충분히 협조해야 하는 의무를 수행해야 하며, 이를 수행하지 않을 경우 급여를 제한하거나 정지한다. 급여의 제한은 일반적으로 고의에 의한 부정으로 국민연금의 급여를 받으려는 것을 방지하기 위한 장치이다. 가입자나 가입자였던 자가 질병·부상 또는 고의로 사고를 일으켜 장애를 입은 경우나, 고의나 중대한 과실 또는 정당한 사유 없이 요양지시에 따르지 않는 경우 급여의 전부 또는 일부를 지급하지 아니할 수 있다(법 제82~3조). 그 외에도 가입자나 가입자였던 자를 고의로 사망하게 한 유족에게는 유족연금을 지급하지 아니하며, 연금보험료 미납, 정당한 사유가 없거나 고의로 자료 제출 요구 혹은 공단의 요구와 지시에 의하지 않을 경우 지급을 정지할 수 있다(법 제84-85조).

(3) 시효

연금보험료, 환수금, 그 밖의 이 법에 따른 징수금을 징수하거나 환수할 권리는 3년간, 급여를 받거나 과오납금을 반환받을 수급권자 또는 가입자 등의 권리는 5년간 행사하지 아니하면 각각 소멸시효가 완성된다. 급여를 지급받을 권리는 그 급여 전액에 대하여 지급이 정지되어 있는 동안은 시효가 진행되지 아니한다. 한편, 연금보험료나 그 밖의 이 법에 따른 징수금 등의 납입 고지, 독촉과 급여의 지급 또는 과오납금 등의 반환청구는 소멸시효 중단의 효력을 가진다(법 제115조).

(4) 대위권

공단은 제3자의 행위로 장애연금이나 유족연금의 지급 사유가 발생하여 장애연금이나 유족연금을 지급한 때에는 그 급여액의 범위에서 제3자에 대한 수급권자의 손해배상청구권에 관하여 수급권자를 대위(代位)한다. 제3자의 행위로 장애연금이나 유족연금의 지급

사유가 발생한 경우 그와 같은 사유로 제3자로부터 손해배상을 받았으면 공단은 그 배상액의 범위에서 장애연금이나 유족연금을 지급하지 아니한다(법 제114조).

5. 국민연금기금

1) 기금의 설치 및 조성

보건복지부장관은 국민연금사업에 필요한 재원을 원활하게 확보하고, 이 법에 따른 급여에 충당하기 위한 책임준비금으로서 국민연금기금을 설치한다(법 제101조). 기금은 연금보험료, 기금 운용 수익금, 적립금, 공단의 수입지출 결산상의 잉여금을 재원으로 한다.

2) 기금의 관리 및 운용

기금은 보건복지부장관이 관리·운용한다. 보건복지부장관은 국민연금 재정의 장기적인 안정을 유지하기 위하여 그 수익을 최대로 증대시킬 수 있도록 국민연금기금운용위원회에서 의결한 바에 따라 다음의 방법에 따라 기금을 관리·운용한다: 금융기관에 대한 예입 또는 신탁, 공공사업을 위한 공공부문에 대한 투자, 증권의 매매 및 대여, 파생상품시장에서의 거래, 복지사업 및 대여사업,[4)] 기금의 본래 사업 목적을 수행하기 위한 재산의 취득 및 처분 등.

3) 국민연금기금운용위원회

기금의 운용에 관한 다음의 사항을 심의·의결하기 위하여 보건복지부에 국민연금기금운용위원회를 둔다(법 제103조): 기금운용지침에 관한 사항, 예탁 이자율의 협의에 관한 사항, 기금 운용 계획에 관한 사항, 기금의 운용 내용과 사용 내용에 관한 사항 등.

국민연금기금운용위원회는 위원장인 보건복지부장관, 당연직 위원인 기획재정부차관, 농림축산식품부차관, 산업통상자원부차관, 고용노동부차관과 공단 이사장 및 위원장이 위촉하는 위원으로 구성한다(법 제 103조 2항).

4) 국민연금기금운용실무평가위원회

기금의 운용에 관한 다음 사항을 심의·평가하기 위하여 국민연금기금운용위원회에 국

4) 가입자, 가입자였던 자 및 수급권자의 복지증진을 위한 사업에 대한 투자는 국민연금 재정의 안정을 해치지 아니하는 범위에서 하여야 한다.

민연금기금운용실무평가위원회를 둔다: 기금 운용 자산의 구성과 기금의 회계 처리에 관한 사항, 기금 운용 성과의 측정에 관한 사항, 기금의 관리·운용과 관련하여 개선하여야 할 사항, 국민연금기금운용위원회에 상정할 안건 중 실무평가위원회의 위원장이 필요하다고 인정한 사항 등(법 제104조).

5) 기금운용지침

국민연금기금운용위원회는 가입자의 권익이 극대화되도록 매년 공공사업에 사용할 기금 자산의 비율, 공공사업에 대한 기금 배분의 우선순위, 가입자, 가입자였던 자 및 수급권자의 복지 증진을 위한 사업비, 기금의 증식을 위한 가입자 및 가입자였던 자에 대한 대여사업비에 관한 국민연금기금운용지침을 마련하여야 한다(법 제105조).

6. 관리운영체계

국민연금은 특수직역에 종사하는 자를 제외한 모든 국민을 단일체계를 통해 관리하고 있다. 국민연금제도의 운영은 보건복지부의 정책결정에 따라 이루어지는데, 보건복지부는 국민연금제도의 적용 및 적용시기, 연금보험료의 부과기준 및 보험료율, 급여 수급요건 및 지급수준, 장기재정추계 및 기금운용계획, 가입자 및 수급자의 복지증진사업 등에 대한 정책을 계획하고 수립할 책임을 지니고 있기 때문에 직접적인 운영보다는 정책결정과 감독업무를 수행한다.[5]

직접적인 관리운영기관인 국민연금공단은 보건복지부장관의 위탁을 받아 국민연금 사업을 운영하는 집행기관으로 다음과 같은 업무를 수행한다(법 제25조): 국민연금 가입자에 대한 기록의 관리와 유지, 연금보험료의 부과, 급여의 결정 및 지급, 가입자, 가입자였던 자, 수급권자 및 수급자를 위한 자금의 대여와 복지시설의 설치·운영 등 복지사업, 가입자 및 가입자였던 자에 대한 기금증식을 위한 자금 대여사업, 가입 대상과 수급권자 등을 위한 노후준비서비스 사업, 국민연금제도·재정계산·기금운용에 관한 조사연구 등.

---

5) 보험료 징수업무는 2011년 징수통합으로 인해 건강보험공단으로 통합되어, 국민연금보험료 징수업무는 건강보험공단에 위탁하고 있다.

7. 권리구제

1) 심사 청구

가입자의 자격, 기준소득월액, 연금보험료, 그 밖의 이 법에 따른 징수금과 급여에 관한 공단 또는 건강보험공단의 처분에 이의가 있는 자는 그 처분을 한 공단 또는 건강보험공단에 심사청구를 할 수 있다. 심사청구는 그 처분이 있음을 안 날부터 90일 이내에 문서로 하여야 하며, 처분이 있은 날부터 180일을 경과하면 이를 제기하지 못한다. 다만, 정당한 사유로 그 기간에 심사청구를 할 수 없었음을 증명하면 그 기간이 지난 후에도 심사청구를 할 수 있다(법 제108조).

2) 재심사 청구

심사청구에 대한 결정에 불복하는 자는 그 결정통지를 받은 날부터 90일 이내에 대통령령으로 정하는 사항을 적은 재심사청구서에 따라 국민연금재심사위원회에 재심사를 청구할 수 있다(법 제110조).

8. 과제와 전망

국민연금법의 위상이 재정립되어야 할 필요가 있다. 국민연금이 처음 도입되었을 때에는 특수직역연금에 가입된 사람들을 제외하고 경제활동을 하는 모든 국민들이 국민연금제도로부터 안정적인 노후소득을 보장받도록 하는 취지로 도입되었다. 그런데 국민연금제도가 1998년과 2007년 커다란 급여 하락을 겪게 되고, 현재 노인세대를 위해서 기초(노령)연금이 별도로 도입되고, 2005년부터 퇴직금제도가 점진적으로 퇴직연금제도로 전환되면서 국민연금의 위상은 혼란스러운 것이 사실이다. 다시 말해서, 현재의 국민연금제도가 기초연금이나 퇴직연금과 어떠한 관계를 형성해야 하고 장기적으로 어떤 역할을 해야 하는지에 대한 청사진이 불분명한 것이 사실이다. 부연하면, 국민연금법이 소득유지 기능과 빈곤경감 기능 모두를 수행하는 강력한 소득비례연금으로 나아가야 하는지, 아니면 사회경제적 여건상 빈곤경감 기능에 한정하여 저소득층을 위한 소득재분배 기능을 강화해 나가야 하는지 모호한 것이 사실이다. 국민연금제도가 기초연금이나 퇴직연금과 긴밀한 관계를 가진다는 점에서 국민연금법은 현재 혹은 미래의 역할에 대해서 명확히 할 필요가 있을 것이다.

제 2 절 국민건강보험법

1. 일반사항

1) 의의 및 목적

의료서비스는 서비스 성격상 전문가에 의한 급여의 제공이 필요한 영역으로 국가의 정책 방향 및 제공 방식에 따라 국민이 제공받는 서비스의 질이 좌우되는 대표적인 분야라 할 수 있다. 이는 국민의 건강과 직결되기에 사회복지 영역에서는 생존권을 기반으로 한 건강보장의 측면에서 그 의미를 찾을 수 있다. 이러한 건강보장과 관련하여 급여 제공 형태 및 재원의 구성에 따라 사회보험방식, 국민보건서비스방식, 민영보험 방식 등으로 구분할 수 있는데 우리나라는 사회보험방식의 건강보험제도를 채택하고 있다.

건강보험제도란, 국가가 법으로 정하여 실시하는 사회보장제도로서 보험가입자 전원에게 능력에 따라 보험료를 각출하고 질병이나 사고가 발생하여 예기치 않은 의료비용이 발생하였을 때 보험급여를 지급함으로써 국민의 경제적 부담을 덜어 주고 국민 보건을 유지·향상시켜 주는 제도이다. 국민건강보험법은 국민의 질병·부상에 대한 예방·진단·치료·재활과 출산·사망 및 건강증진에 대하여 보험급여를 실시함으로써 국민보건 향상과 사회보장 증진에 이바지함을 목적으로 한다(법 제1조).

2) 주요 연혁

우리나라 건강보험은 1963년 제정된 의료보험법의 제정으로 시작되는 것 같았으나 경제적 자원 부족을 이유로 시행이 지연되었고, 이후 1976년 의료보험법을 전면 개정하면서 1977년 7월부터 실시되었다. 점차 직장 가입자의 적용범위를 확대하고 1988년과 1989년 농어촌 주민 및 도시지역 자영자를 적용대상에 포함하면서 전 국민을 대상으로 하는 제도로 발전하였다. 그 후 1998년 직장의료보험조합과 더불어 지역조합과 공무원 및 사립학교 교직원 의료보험조합이 국민의료보험관리공단으로 부분적으로 통합된 후 2000년에는 국민의료보험관리공단과 직장의료보험조합이 국민건강보험공단으로 통합하였다. 2003년 7월 이후에는 조직 및 재정이 국민건강보험 단일사업자로 완전히 통합되기에 이르렀다.

3) 건강보험정책심의위원회

건강보험정책에 관한 다음 사항을 심의·의결하기 위하여 보건복지부장관 소속으로 건강보험정책심의위원회를 둔다(법 제4조): 요양급여의 기준, 요양급여비용에 관한 사항, 직장가입자의 보험료율, 지역가입자의 보험료부과점수당 금액, 그 밖에 건강보험에 관한 주요 사항으로서 대통령령이 정하는 사항.

심의위원회는 위원장 1인과 부위원장 1인을 포함한 25인의 위원으로 구성한다. 심의위원회의 위원장은 보건복지부차관이 되고, 부위원장은 위원 중에서 위원장이 지명하는 자가 된다.

2. 가입자

국내에 거주하는 모든 국민은 건강보험의 가입자 또는 피부양자로서 적용대상이 된다(법 제5조 1항). 다만, 의료급여법에 따라 의료급여를 받은 자와 독립유공자예우에관한법률 및 국가유공자등예우및지원에관한법률에 의하여 의료급여를 받은 자는 제외한다.

1) 피부양자

피부양자는 다음 어느 하나에 해당하는 사람 중 직장가입자에게 주로 생계를 의존하는 사람으로서 보수나 소득이 없는 사람을 말한다(법 5조 2항): 직장가입자의 배우자, 직장가입자의 직계존속(배우자의 직계존속 포함), 직장가입자의 직계비속(배우자의 직계비속 포함)과 그 배우자, 직장가입자의 형제·자매.

2) 가입자의 종류

국민건강보험의 적용대상은 직장가입자와 지역가입자로 구분한다(법 제6조).

(1) 직장가입자

모든 사업장의 근로자 및 사용자와 공무원 및 교직원은 직장가입자가 된다. 다만, 다음의 경우에는 직장가입자 적용이 제외된다(법 제6조2항): 고용 기간이 1개월 미만인 일용근로자, 현역병, 전환복무된 사람 및 무관후보생, 선거에 당선되어 취임하는 공무원으로서 매월 보수 또는 보수에 준하는 급료를 받지 아니하는 사람 등.

(2) 지역가입자

지역가입자는 직장가입자와 그 피부양자를 제외한 가입자를 말한다. 건강보험법에서는 직장가입자의 피부양자만을 규정하고 있으므로(법 제6조 제3항) 지역가입자의 경우에는 세대구성원 전체를 지역가입자로 전제한 후 구성원 전체가 연대하여 보험료를 납부하도록 하고 있다.

3) 가입자격의 취득 시기 등

가입자는 국내에 거주하게 된 날에 직장가입자 또는 지역가입자의 자격을 얻는다. 자격을 얻은 경우 그 직장가입자의 사용자 및 지역가입자의 세대주는 그 명세를 보건복지부령으로 정하는 바에 따라 자격을 취득한 날부터 14일 이내에 보험자에게 신고하여야 한다(법 제8조).

3. 보험료 (재정)

1) 보험료

건강보험공단은 건강보험사업에 드는 비용에 충당하기 위하여 보험료 납부의무자로부터 보험료를 징수한다. 직장가입자의 월별 보험료액은 보수월액보험료의 경우 보수월액에 보험료율을 곱하여 얻은 금액, 소득월액보험료의 경우 소득월액에 보험료율의 100분의 50을 곱하여 얻은 금액이다. 지역가입자의 월별 보험료액은 세대 단위로 산정하되, 지역가입자가 속한 세대의 월별 보험료액은 보험료부과점수에 보험료부과점수당 금액을 곱한 금액으로 한다(법 제69조).

직장가입자의 보수월액은 직장가입자가 지급받는 보수를 기준으로 하여 산정하되, 상한과 하한을 정할 수 있다. 휴직이나 그 밖의 사유로 보수의 전부 또는 일부가 지급되지 아니하는 가입자의 보수월액보험료는 해당 사유가 생기기 전 달의 보수월액을 기준으로 산정한다.

소득월액은 보수월액의 산정에 포함된 보수를 제외한 직장가입자의 소득(보수외소득)이 일정 금액을 초과하는 경우 보수외소득을 기준으로 하여 산정한다. 소득월액은 이자소득, 배당소득, 사업소득, 근로소득, 연금소득 및 기타소득이 산정에 포함된다(시행령 41조).

보험료부과점수는 지역가입자의 소득·재산·생활수준·경제활동참가율 등을 고려하여 정하도록 한다(법 제72조). 보험료부과점수의 산정방법과 산정기준을 정할 때 법령에 따라 재산권의 행사가 제한되는 재산에 대하여는 다른 재산과 달리 정할 수 있다. 보험료부과점수의 산정방법·산정기준 등의 구체적인 사항은 시행령 제42조에 규정하고 있다.

건강보험의 경우 매년 지출을 예상하고 그 지출을 근거로 하여 보험료를 정하도록 하기 때문에 매년 보험료가 변동된다. 직장가입자의 보험료율은 1천분의 80의 범위에서 심의위원회의 의결을 거쳐 정한다. 지역가입자의 보험료부과점수당 금액은 심의위원회의 의결을 거쳐 대통령령으로 정한다(법 제73조). 2017년 기준 직장가입자의 보험료율은 6.12%이고 지역가입자의 보험료부과점수당금액은 179.6원이다.

공단은 직장가입자가 국외에서 업무에 종사하고 있는 경우, 현역병, 전환복무된 사람 및 무관후보생 해당하게 된 경우, 교도소, 그 밖에 이에 준하는 시설에 수용되어 있는 경우 중 어느 하나에 해당하면 그 가입자의 보험료를 면제한다. 지역가입자가 위 사례 중 어느 하나에 해당하면 그 가입자가 속한 세대의 보험료를 산정할 때 그 가입자의 보험료부과점수를 제외한다(법 제74조). 다음 가입자 중 별도의 기준에 해당하는 가입자에 대하여는 그 가입자 또는 그 가입자가 속한 세대의 보험료의 일부를 경감할 수 있다(법 제75조): 섬·벽지·농어촌 등 대통령령으로 정하는 지역에 거주하는 사람, 65세 이상인 사람, 등록 장애인, 국가유공자, 휴직자, 생활이 어렵거나 천재지변 등의 사유로 보험료를 경감할 필요가 있다고 인정되는 자.

직장가입자의 보수월액보험료는 직장가입자와 사업주, 국가 또는 지방자치단체가 각각 보험료액의 절반을 부담한다. 다만, 직장가입자가 교직원이면 보험료액은 그 직장가입자가 100분의 50을, 사립학교를 운영하는 사용자가 100분의 30을, 국가가 100분의 20을 각각 부담하되, 사용자가 그 부담액 전부를 부담할 수 없으면 그 부족액을 학교에 속하는 회계에서 부담하게 할 수 있다(법 제 76조).

직장가입자의 소득월액보험료는 직장가입자가 부담하고 지역가입자의 보험료는 그 가입자가 속한 세대의 지역가입자 전원이 연대하여 부담한다. 직장가입자의 보험료는 보수월액보험료의 경우 사용자. 이 경우 사업장의 사용자가 2명 이상인 때에는 그 사업장의 사용자는 해당 직장가입자의 보험료를 연대하여 납부하고 소득월액보험료는 직장가입자가 납부한다. 지역가입자의 보험료는 그 가입자가 속한 세대의 지역가입자 전원이 연대하여 납부한다(법 제77조).

공단은 납부의무자가 보험료 등을 내지 아니하면 기한을 정하여 독촉할 수 있다. 이 경우 직장가입자의 사용자가 2명 이상인 경우 또는 지역가입자의 세대가 2명 이상으로 구성된 경우에는 그 중 1명에게 한 독촉은 해당 사업장의 다른 사용자 또는 세대 구성원인 다른 지역가입자 모두에게 효력이 있는 것으로 본다. 독촉할 때에는 10일 이상 15일 이내의 납부기한을 정하여 독촉장을 발부하여야 하고 독촉을 받은 자가 그 납부기한까지 보험료 등을 내지 아니하면 보건복지부장관의 승인을 받아 국세 체납처분의 예에 따라 이를 징수할 수 있다(법 제81조).

공단은 보험료를 3회 이상 체납한 자에 대하여 분할납부를 승인할 수 있는데 분할납부 승인을 받은 자가 정당한 사유 없이 2회 이상 그 승인된 보험료를 납부하지 아니하면 그 분할납부의 승인을 취소한다(법 제82조).

2) 국고지원

건강보험은 급여지출의 일정비율을 국고지원으로 하도록 규정하고 있다(법 제108조). 우선, 국가는 매년 예산의 범위에서 해당 연도 보험료 예상 수입액의 100분의 14에 상당하는 금액을 국고에서 공단에 지원한다. 이는 다음 사업에 사용한다: 가입자 및 피부양자에 대한 보험급여, 건강보험사업에 대한 운영비, 보험료 경감에 대한 지원.

다음으로, 공단은 「국민건강증진법」에서 정하는 바에 따라 국민건강증진기금에서 자금을 지원받을 수 있다. 이는 다음 사업에 사용한다: 건강검진 등 건강증진에 관한 사업, 가입자와 피부양자의 흡연으로 인한 질병에 대한 보험급여, 가입자와 피부양자 중 65세 이상 노인에 대한 보험급여.

그런데, 건강보험의 국고지원을 규정하고 있는 제108조 규정은 부칙에 따라서 한시규정으로 되어 있으며, 현재는 2017년 12월 31일까지 유효한 것으로 되어 있다. 법적 안정성을 위해서는 한시규정 조항은 폐지될 필요가 있다.

4. 급여

건강보험의 적용을 받는 가입자와 피부양자가 질병·부상에 대한 예방·진단·치료·재활과 출산·사망 및 건강증진에 대하여 국민건강보험법이 정하는 바에 의해 공단이 제공하는 각종 형태의 보험급여를 말한다(법 제41조).

건강보험의 급여는 제공형태에 따라 현물급여와 현금급여로 구분할 수 있다. 현물급여는 가입자 및 피부양자에게 요양기관을 통해 직접 의료서비스를 제공하는 것으로 요양급여와 건강검진이 있다. 현금급여에는 요양비, 본인부담액보상금, 장제비, 장애인 보장구

급여비 등이 있다.

〈표 Ⅱ-3〉 건강보험 급여 종류

구분	종류
현물급여	요양급여
	건강검진
현금급여	요양비
	본인부담액보상금
	장제비
	장애인 보장구 급여비

1) 요양급여

(1) 개괄

요양급여는 가입자와 피부양자의 질병, 부상, 출산 등에 대하여 실시한다. 요양급여의 종류는 다음과 같다(법 제41조): 진찰·검사, 약제(藥劑)·치료재료의 지급, 처치·수술 및 그 밖의 치료, 예방·재활, 입원, 간호, 이송(移送).

(2) 비용의 일부부담

요양급여를 받는 자는 대통령령으로 정하는 바에 따라 비용의 일부인 본인일부부담금을 본인이 부담한다(법 제44조). 요양급여비용 중 본인이 부담할 비용의 부담률 및 부담액은 보건복지부 장관의 고시에 의하여 별도로 정해진다. 현재 소득수준에 따라 7단계로 구분하여 본인부담금 상한제를 실시하고 있다. 본인이 부담한 비용의 연간 총액이 고시에 따른 금액을 넘는 경우에는 공단이 그 넘는 금액을 부담한다.

(3) 요양기관

요양급여(간호와 이송은 제외)는 다음의 요양기관에서 실시한다: 의료기관, 약국, 한국희귀의약품센터, 보건소·보건의료원 및 보건지소, 보건진료소 등. 이 경우 보건복지부장관은 공익이나 국가정책에 비추어 요양기관으로 적합하지 아니한 의료기관 등은 요양기관에서 제외할 수 있다(법 제42조).

보건복지부장관은 효율적인 요양급여를 위하여 필요하면 시설·장비·인력 및 진료과목 등 정해진 기준에 해당하는 요양기관을 전문요양기관으로 인정할 수 있다. 이 경우 해당 전문요양기관에 인정서를 발급하여야 하고 인정받은 요양기관이 인정기준에 미달하거나 발급받은 인정서를 반납한 경우 그 인정을 취소한다.

(4) 요양급여 비용의 산정, 청구 및 지급

요양급여비용은 공단의 이사장과 의약계를 대표하는 사람들의 계약으로 정한다. 이 경우 계약기간은 1년으로 하고, 계약이 체결되면 그 계약은 공단과 각 요양기관 사이에 체결된 것으로 본다. 이 계약은 그 계약기간 만료일이 속하는 연도의 5월 31일까지 체결하여야 하며, 그 기한까지 계약이 체결되지 아니하는 경우 보건복지부장관이 그 직전 계약기간 만료일이 속하는 연도의 6월 30일까지 심의위원회의 의결을 거쳐 정하는 금액을 요양급여비용으로 한다. 이 경우 보건복지부장관이 정하는 요양급여비용은 계약으로 정한 요양급여비용으로 본다.

요양급여비용이 정해지면 보건복지부장관은 그 요양급여비용의 명세를 지체 없이 고시하여야 한다. 공단의 이사장은 재정운영위원회의 심의·의결을 거쳐 계약을 체결하여야 하고, 심사평가원은 공단의 이사장이 계약을 체결하기 위하여 필요한 자료를 요청하면 그 요청에 성실히 따라야 한다(법 제45조).

요양기관은 공단에 요양급여비용의 지급을 청구할 수 있다. 요양급여비용을 청구하려는 요양기관은 심사평가원에 요양급여비용의 심사청구를 하여야 하며, 심사청구를 받은 심사평가원은 이를 심사한 후 지체 없이 그 내용을 공단과 요양기관에 알려야 한다. 심사 내용을 통보받은 공단은 지체 없이 그 내용에 따라 요양급여비용을 요양기관에 지급한다. 이 경우 이미 낸 본인일부부담금이 통보된 금액보다 더 많으면 요양기관에 지급할 금액에서 더 많이 낸 금액을 공제하여 해당 가입자에게 지급하여야 한다(법 제47조).

(5) 요양비

공단은 가입자나 피부양자가 긴급하거나 그 밖의 부득이한 사유로 요양기관과 비슷한 기능을 하는 기관으로서 정해진 기관에서 질병·부상·출산 등에 대하여 요양을 받거나 요양기관이 아닌 장소에서 출산한 경우에는 그 요양급여에 상당하는 금액을 가입자나 피부양자에게 요양비로 지급한다. 요양을 실시한 기관은 보건복지부장관이 정하는 요양비 명세서나 요양 명세를 적은 영수증을 요양을 받은 사람에게 내주어야 하며, 요양을 받은 사람은 그 명세서나 영수증을 공단에 제출하여야 한다(법 제49조).

2) 부가급여

공단은 이 법에서 정한 요양급여 외에 임신·출산진료비, 장제비, 상병수당, 그 밖의 급여를 실시할 수 있다(법 제50조)고 규정하고 있으나, 현재 건강보험법에서는 상병수당과 장제비가 급여 항목에서 제외되어 있다. 임신·출산진료비에 대해서는 시행령 제23조에서 규정하고 있다.

3) 건강검진

가입자 및 피부양자에 대한 질병의 조기발견과 그에 따른 요양급여를 하기 위해 건강검진을 실시한다(법 제52조). 건강검진은 일반건강검진, 암검진 및 영유아건강검진으로 구분하여 실시한다. 일반건강검진은 직장가입자, 세대주인 지역가입자, 40세 이상인 지역가입자 및 40세 이상인 피부양자를 대상으로 하며, 암검진은 암의 종류별 검진주기와 연령 기준 등에 해당하는 사람을 대상으로 하며, 영유아건강검진은 6세 미만의 가입자 및 피부양자를 대상으로 한다. 건강검진은 2년마다 1회 이상 실시하되, 사무직에 종사하지 아니하는 직장가입자에 대해서는 1년에 1회 실시한다. 다만, 암검진은 별도의 규정에서 정한 바에 따르며, 영유아건강검진은 영유아의 나이 등을 고려하여 보건복지부장관의 고시에 따라 검진주기와 검진횟수를 다르게 할 수 있다(시행령 25조).

4) 급여의 제한 및 정지

(1) 급여의 제한

공단은 보험급여를 받을 수 있는 사람이 다음 중 하나에 해당하면 급여를 하지 아니한다(법 제53조): 고의 또는 중대한 과실로 인한 범죄행위에 그 원인이 있거나 고의로 사고를 일으킨 경우, 고의 또는 중대한 과실로 공단이나 요양기관의 요양에 관한 지시에 따르지 아니한 경우, 고의 또는 중대한 과실로 문서와 그 밖의 물건의 제출을 거부하거나 질문 또는 진단을 기피한 경우, 업무 또는 공무로 생긴 질병·부상·재해로 다른 법령에 따른 보험급여나 보상을 받게 되는 경우.

공단은 가입자가 1개월 이상 보험료를 체납한 경우 그 체납한 보험료를 완납할 때까지 그 가입자 및 피부양자에 대하여 보험급여를 실시하지 아니할 수 있다. 다만, 보험료의 체납기간에 관계없이 월별보험료의 총 체납횟수가 6회 미만인 경우에는 그러하지 아니한다(시행령 26조).

(2) 급여의 정지

국외에 여행 중인 때, 국외에서 업무에 종사하고 있는 때, 교도소 그 밖에 이에 준하는 시설에 수용되어 있는 때 보험급여가 정지된다(법 제54조).

5. 관리운영체계

1) 건강보험관리운영체계

건강보험의 관리운영은 1977년 7월 500인 이상의 사업장 근로자를 중심으로 의료보험조합을 설립하여 실시하였다. 또 1979년 1월 공무원·교직원 대상인 공·교 의료보험법을 제정하였으며, 1988년 1월 군 단위를 중심으로 농어촌 의료보험을 도입하였다. 또한 1989년 7월 도시 자영업자를 중심으로 의료보험을 실시하는 등 분산관리운영체계에 의한 관리운영방식으로 운영해 오던 것을 1998년 10월 227개의 지역의료보험조합과 공무원 및 사립학교 교직원의료보험관리공단과 통합하여 국민의료보험관리공단이 발족하였다. 2000년 7월에는 사업장의 근로자를 대상으로 하고 있는 직장조합과 국민건강보험공단을 통합하여 국민건강보험공단을 통해 중앙집중관리방식으로 전환하였고, 이에 따라 1998년 10월 출범한 국민의료보험관리공단은 227개 지역조합과 공·교 공단을 통합 관리하는 단일보험자로서 전 국민의 60%에 해당하는 2,800만 명을 관리하고 장기적으로는 재정통합을 통해 우리나라 사회보험 중 유일하게 예외적으로 분산관리운영체제로 시작되었던 의료보험이 국민건강보험이라는 이름으로 바뀌면서 중앙집중관리운영방식으로 전환되었다.

2) 보험자

건강보험의 보험자는 국민건강보험공단으로 하며 공단은 법인격을 가진다(법 제13조, 제15조).

국민건강보험공단의 업무는 다음과 같다(법 제14조): 가입자 및 피부양자의 자격 관리, 보험료와 그 밖에 이 법에 따른 징수금의 부과·징수, 보험급여의 관리, 가입자 및 피부양자의 질병의 조기발견·예방 및 건강관리를 위하여 요양급여 실시 현황과 건강검진 결과 등을 활용하여 실시하는 예방사업, 보험급여 비용의 지급, 타법에서 위탁한 사업 등.

공단은 임원으로서 이사장 1명, 이사 14명 및 감사 1명을 둔다. 이 경우 이사장, 이사 중 5명 및 감사는 상임으로 한다. 이사장은 임원추천위원회가 복수로 추천한 사람 중에서 보건복지부장관의 제청으로 대통령이 임명하고, 상임이사는 정해진 추천 절차를 거쳐 이사장이 임명한다.

공단은 회계연도마다 결산상의 잉여금 중에서 그 연도의 보험급여에 든 비용의 100분의 5 이상에 상당하는 금액을 그 연도에 든 비용의 100분의 50에 이를 때까지 준비금으로 적립하여야 한다. 준비금은 부족한 보험급여 비용에 충당하거나 지출할 현금이 부족할 때 외에는 사용할 수 없으며, 현금 지출에 준비금을 사용한 경우에는 해당 회계연도 중에 이를 보전하여야 한다. 준비금의 관리 및 운영 방법 등에 필요한 사항은 보건복지부장관이 정한다(법 제38조).

3) 건강보험심사평가원

건강보험법에서는 요양급여비용을 심사하고 요양급여의 적정성을 평가하기 위하여 건강보험심사평가원을 설립한다(법 제62조). 이는 건강보험공단과는 별도의 공법인이다.

심사평가원은 다음의 업무를 관장한다: 요양급여비용의 심사, 요양급여의 적정성 평가, 심사기준 및 평가기준의 개발, 조사연구 및 국제협력 등. 한편, 요양급여 등의 적정성 평가의 기준·절차·방법 등에 필요한 사항은 보건복지부장관이 정하여 고시한다.

심사평가원에 임원으로서 원장, 이사 14명 및 감사 1명을 둔다. 이 경우 원장, 이사 중 3명 및 감사는 상임으로 한다. 원장은 임원추천위원회가 복수로 추천한 사람 중에서 보건복지부장관의 제청으로 대통령이 임명하고 상임이사는 정해진 추천 절차를 거쳐 원장이 임명한다(법 제65조).

심사평가원의 업무를 효율적으로 수행하기 위하여 건강보험심사평가원에 진료심사평가위원회를 둔다. 심사위원회는 위원장을 포함하여 50명 이내의 상근 심사위원과 1천명 이내의 비상근 심사위원으로 구성하며, 진료과목별 분과위원회를 둘 수 있다(법 제66조).

6. 권리구제

1) 이의신청

가입자 및 피부양자의 자격, 보험료 등, 보험급여, 보험급여 비용에 관한 공단의 처분에 이의가 있는 자는 공단에 이의신청을 할 수 있다. 요양급여비용 및 요양급여의 적정성 평가 등에 관한 심사평가원의 처분에 이의가 있는 공단, 요양기관 또는 그 밖의 자는 심사평가원에 이의신청을 할 수 있다. 이의신청은 처분이 있음을 안 날부터 90일 이내에 문서로 하여야 하며 처분이 있은 날부터 180일을 지나면 제기하지 못한다(법 제87조).

2) 심판청구

이의신청에 대한 결정에 불복하는 자는 건강보험분쟁조정위원회에 심판청구를 할 수 있다.[6] 이 경우 심판청구의 제기기간 및 제기방법에 관하여는 이의신청 방식을 따르도록 한다. 이에 따른 심판청구를 하려는 자는 심판청구서를 처분을 한 공단 또는 심사평가원에 제출하거나 건강보험분쟁조정위원회에 제출하여야 한다(법 제88조).

7. 과제와 전망

국민건강보험법의 과제는 크게 3가지라고 볼 수 있다. 첫째는 건강보험의 보장성이 약하다는 것으로서 근본적으로는 건강보험법이 규제하지 못하는 부분이 많다는 것이다. 다시 말해서, 건강보험법이 존재하고 본인부담금 상한제 등 경제적 부담을 줄이기 위한 규정들이 존재하고 있음에도 불구하고 실제 의료비 부담은 상당히 높은 것이 사실이다. 이는 건강보험법의 문제라기보다는 의료법 등에서 규정하고 있는 비급여 문제로 인해서 개인이나 가구가 감당할 수 없는 비용 문제가 발생하고 있기 때문이다. 이에 대한 근본적 해결이 없이는 본인부담금을 줄이는 등의 노력을 한다 해도 건강보험법을 통한 보장성 강화는 의미가 없을 것이다.

다음으로, 국민건강보험법의 보험료 부과체계가 불공정하다는 점이다. 직장가입자는 근로소득 중심의 보험료 부과체계를 가지는데 반해, 지역가입자는 소득, 재산 등을 포괄하는 부과체계로 운영되고 있다. 이러한 이원화 하에서 특히 저소득 지역가입자들은 높은 보험료 부담을 하고 있고 이러한 불공정한 부과체계는 체납자 급증, 그리고 그로 인한 건강보험급여 제외로 이어지고 있다. 이는 건강보험법의 근간을 흔드는 불합리한 규정이지만, 여러 논의에도 불구하고 이에 대한 개선은 이루어지지 않고 있다.

마지막으로, 현행 국민건강보험법이 소득손실에 대한 보장 규정이 부재하다는 것이다. 산재보험과 마찬가지로 질병이나 사고로 인한 사회적 위험은 비용발생과 소득손실을 모두 발생시키는데 현행 건강보험법은 비용발생에 대한 부분만을 보장하고 있는 것이다. 따라서 건강보험이 반쪽짜리라는 비판에서 자유로울 수 없는 것으로서 소득손실을 보장하는 상병급여 도입이 국민건강보험법에서 필요한 실정이다.

---

6) 건강보험분쟁조정위원회는 심판청구를 심리·의결하기 위하여 보건복지부에 둔다.

제 3 절 산업재해보상보험법

1. 일반사항

1) 의의 및 목적

산재보험은 산재근로자에게 확실한 생활을 보장하기 위해 국가가 책임을 지는 의무보험으로 역사적으로는 사용자의 산재근로자에 대한 근로기준법상 형사책임과 보상책임을 담보하기 위한 제도이다. 산업화 초기까지는 산재보험의 사회보험 제도화는 배상책임과 밀접한 관련이 있었다. 초창기 근로자의 재해에 대한 문제는 과실책임주의에 입각하여 근로자는 자신이 입은 재해가 사용자의 부주의와 과실에 기인하였음을 증명해야만 사용자로부터 산재에 대한 보상을 받을 수 있었다. 이에 따라 산재근로자나 가족이 사용자 측의 과실을 입증해야 하는 어려움으로 실제보상이 거의 불가능하였으며, 이를 입증하거나 소송을 통해 증명하는 경우 보상은 즉시 이루어질 수 없었다. 이후 산업화의 진전에 따라 근로자의 정치적 권리의 향상이 이루어지게 되었고, 이러한 민법상의 관계는 근로자의 재해에 대하여 우선적으로 사용자의 책임을 원칙으로 하되 사용자가 산재의 원인이 순수한 근로자의 부주의나 과실에 기인하였음을 증명해야 배상책임에서 벗어날 수 있는 무과실책임주의로 전환되었다.[7] 산업화의 진전에 따른 사고가 대형화되고 빈번해짐에 따라 근로자에 대해 빠르고 확실한 배상을 보장하고 기업의 안정적 발전을 위해 사회보험으로서 산재보험을 도입하게 되었다. 우리나라는 산업재해보상보험을 1963년 제정하여 사회보험의 방식으로 현재까지 운영해 오고 있다.

산재보험제도에 대한 근거법률인 산재보험법의 목적은 산업재해보상보험 사업을 시행하여 근로자의 업무상의 재해를 신속하고 공정하게 보상하며, 재해근로자의 재활 및 사회복귀를 촉진하기 위하여 이에 필요한 보험시설을 설치·운영하고, 재해 예방과 그 밖에 근로자의 복지 증진을 위한 사업을 시행하여 근로자 보호에 이바지하는 것을 목적으로 한다(법 제1조).

---

7) 유럽의 각 국가는 근로자의 산재에 대하여 사용자 책임을 우선으로 하는 법이 도입되었는데 독일의 제국 배상책임법(Reichshaftpflicutgesetz, 1871), 영국은 사용자책임법(Employer's Liability Act, 1880) 등을 예로 들 수 있다.

2) 주요 연혁

우리나라는 산재보험법 도입당시 상시 500인 이상인 광업 및 제조업의 사업장을 시작으로 1994년 5인 이상 사업장, 2000년 1인 이상 사업장으로 적용대상의 범위가 확대되었다. 산재보험은 사회적 연대를 통한 위험의 분산을 도모하기 위한 사회보험으로 도입 당시부터 사용자가 보험료를 부담하는 방식을 취하고 있다.

1982년에는 산재보험 기금제도가 마련되어 급여의 안정성을 보장하기 위한 법적 근거를 마련하였고 1989년 이후 보험급여를 14일 이내 지급하도록 법에 명시하여 급여의 신속한 지급을 보장하도록 하였다. 그 밖에 1995년에는 관리운영주체를 노동부에서 근로복지공단으로 이전하여 정부 사업의 효율성을 도모하도록 하였고 2007년에는 직업재활급여를 도입하여 산재보험의 최종적인 목적인 직업복귀를 통한 산재근로자의 사회 통합에 실질적으로 다가가고 있다.

3) 용어의 정의

산재보험법에서 제시하고 있는 주요한 용어는 다음과 같다(법 제5조):

(1) "업무상의 재해"란 업무상의 사유에 따른 근로자의 부상·질병·장해 또는 사망을 말한다.

(2) "치유"란 부상 또는 질병이 완치되거나 치료의 효과를 더 이상 기대할 수 없고 그 증상이 고정된 상태에 이르게 된 것을 말한다.

(3) "장해"란 부상 또는 질병이 치유되었으나 정신적 또는 육체적 훼손으로 인하여 노동능력이 상실되거나 감소된 상태를 말한다.

(4) "폐질"이란 업무상의 부상 또는 질병에 따른 정신적 또는 육체적 훼손으로 노동능력이 상실되거나 감소된 상태로서 그 부상 또는 질병이 치유되지 아니한 상태를 말한다.

4) 산업재해보상보험 및 예방심의위원회

산업재해보상보험 및 예방에 관한 중요 사항을 심의하게 하기 위하여 고용노동부에 산업재해보상보험및예방심의위원회를 둔다. 위원회는 그 심의 사항을 검토하고, 위원회의 심의를 보조하게 하기 위하여 위원회에 전문위원회를 둘 수 있다(법 제8조).

2. 적용대상

우리나라 산재보험은 근로자를 사용하는 모든 사업 또는 사업장에 적용하는 것을 원칙으로 하고 있다. 따라서 사용자가 보험관계 성립신고를 하였는지 여부와 관계없이 산재보험이 적용되는 날 이후에 재해를 당한 근로자는 산재보험법에 의해 재해보상을 받을 수 있다(법 제6조). 다만, 위험률, 규모 및 장소 등을 참작하여 일부 사업은 적용에서 제외되는데, 적용 제외 사업은 다음과 같다(시행령 제 2조): 타법(공무원연금법, 군인연금법 등)에서 재해보상이 되는 사업, 건설업자 등이 아닌 자가 시공하는 2,000만원 미만의 공사나 연면적 100제곱미터 이하의 건축물의 건축 또는 연면적이 200제곱미터 이하인 건축물의 대수선에 관한 공사, 가구내 고용활동, 상시근로자 1인 미만의 사업, 농업, 임업, 어업 및 수렵업 중 법인이 아닌 자의 사업으로서 상시근로자 수가 5명 미만인 사업.

한편, 동법은 국외의 사업에 대한 적용특례(제121조), 해외파견자에 대한 적용특례(제122조), 현장실습생에 대한 적용특례(제123조), 중·소기업사업주에 대한 적용특례(제124조), 특수형태종사자에 대한 특례(제125조), 「국민기초생활보장법」상의 수급자에 대한 특례(제126조) 등을 별도로 규정하여 산업재해에 대한 보호 대상을 넓히고 있다. 이 중 123조와 124조의 경우 산업재해보상보험이 원칙적으로 근로자를 위한 제도이지만, 비록 법적으로 근로자는 아니지만 근로자와 유사한 업무를 수행하고 재해 위험도 비슷하게 높은 현장실습생이나 중·소기업사업주를 가입하도록 하여 이들에 대한 보호를 제도화하고 있다. 가장 논란이 많이 되는 것은 125조의 특수형태종사자에 대한 특례규정으로서, 법적으로 근로자는 아니지만 근로자와 유사한 특수형태종사자들 - 학습지교사, 캐디, 레미콘기사, 택배기사 등 - 을 가입할 수 있도록 하고 있으나, 의무가입 대상이 아니라, 이 법의 적용을 원하지 않는 경우에는 적용제외를 신청할 수 있도록 하여 제도의 취지에서 벗어나 있다.

3. 보험료(재정)

1) 보험료

이 법에 따른 보험 사업에 드는 비용에 충당하기 위하여 징수하는 보험료나 그 밖의 징수금에 관하여는 고용보험및산업재해보상보험의보험료징수등에관한법률(보험료징수법)

에서 정하는 바에 따른다(법 제4조). 보험료징수법은 고용보험과 산업재해보상보험의 보험관계의 성립 · 소멸, 보험료의 납부 · 징수 등에 필요한 사항을 규정함으로써 보험사무의 효율성을 높이는 것을 목적으로 하는 법률이다.

〈표 Ⅱ-4〉 2017년도 사업종류별 산재보험료율

(단위: 천분율)

사 업 종 류	요율	사 업 종 류	요율
1. **광업**		3. **전기·가스·증기 및 수도사업**	10
석탄광업 및 채석업	323	4. **건 설 업**	39
석회석·금속·비금속광업 및 기타광업	71	5. **운수·창고 및 통신업**	
2. **제조업**		철도궤도 및 삭도운수업	9
식료품제조업	19	자동차운수업 및 택배업·퀵서비스업	20
담배제조업	8	수상운수업, 항만하역 및 화물취급사업	28
섬유 또는 섬유제품제조업(갑)	13	항공운수업	9
섬유 또는 섬유제품제조업(을)	20	운수관련 서비스업	9
목재 및 나무제품 제조업	42	창 고 업	13
펄프 · 지류제조업 및 제본 또는 인쇄물 가공업	24	통 신 업	11
신문·화폐발행, 출판업 및 인쇄업	11	6. **임 업**	90
화학제품 제조업	16	7. **어 업**	
의약품 및 화장품 향료 제조업	9	어업 및 양식어업, 어업관련 서비스업	36
코크스, 연탄 및 석유정제품 제조업	11	8. **농 업**	26
고무제품 제조업	21	9. **기타의 사업**	
유리 제조업	15	건물등의 종합관리사업	16
도자기 및 기타 요업제품 제조업	29	위생 및 유사서비스업	31
시멘트 제조업	26	기타의 각종사업	10
비금속광물제품 및 금속제품 제조업 또는 금속가공업	32	전문기술서비스업	7
금속제련업	11	보건 및 사회복지사업	7
도 금 업	17	교육서비스업	7
기계기구 제조업	19	도·소매 및 소비자용품수리업	9
전기기계기구 제조업	11	부동산업 및 임대업	8
전자제품 제조업	7	오락·문화 및 운동관련 사업	10
선박건조 및 수리업	26	국가 및 지방자치단체의 사업	8
수송용기계기구 제조업	16		
자동차 및 모터사이클 수리업	17	10. **금융 및 보험업**	7
계량기·광학기계·기타정밀기구 제조업	9	* 해외파견자: 17/1,000	
수제품 제조업	15		
기타제조업	27		

자료: 고용노동부홈페이지

산재보험료는 보험 사업에 소요되는 비용을 충당하기 위해 보험가입자(사업주)로부터 징수하는 금액으로 사업주가 전액 부담하는 것을 원칙으로 한다. 산재보험료율은 매년 6월 30일 현재 과거 3년 동안의 보수총액에 대한 산재보험급여총액의 비율을 기초로 하여,

산재보험급여에 드는 금액, 재해예방 및 재해근로자의 복지증진에 드는 비용 등을 고려하여 사업의 종류별로 구분하여 정한다(보험료징수법 제14조 3항). 이는 산재보험의 경우 보험료 산정을 업종별로 구분하여 정하고 (업종별 요율제), 또한 사업장에 따라서 산재발생 정도를 고려하여 보험료율을 매년 조정함(개별실적요율제)을 규정하는 것이다. 사업종류별로 〈표 Ⅱ-4〉에서의 산재보험료율을 기본으로 하여 산재발생 정도를 고려하여 보험료율이 변하도록 되어 있다. 산재보험료율이 인상되거나 인하되는 경우에는 직전 보험연도 산재보험료율의 100분의 30의 범위에서 조정하여야 한다(보험료징수법 제14조 6항).

개별실적요율제는 모든 사업장에 적용되는 것은 아니며 일정 규모 이상의 사업장에 적용된다.[8] 그러한 사업장 가운데 매년 6월 30일 현재 산재보험의 보험관계가 성립한 후 3년이 지난 사업의 경우에 그 해 6월 30일 이전 3년 동안의 산재보험료에 대한 산재보험급여 금액의 비율이 정해진 비율에 해당하는 경우에는 그 사업에 적용되는 산재보험료율의 100분의 50의 범위에서 사업 규모를 고려하여 인상하거나 인하한 비율을 그 사업에 대한 다음 보험연도의 산재보험료율로 할 수 있다(보험료징수법 제15조 2항).

일부 사업의 경우, 산재보험의 보험관계가 성립한 사업의 사업주가 해당 사업 근로자의 안전보건을 위하여 재해예방활동을 실시하고 이에 대하여 고용노동부장관의 인정을 받은 때에는 그 사업에 대하여 적용되는 산재보험료율의 100분의 30의 범위에서 인하한 비율을 그 사업에 대한 다음 보험연도의 산재보험료율로 할 수 있다(보험료징수법 제15조 3항).

2) 국고지원

국가는 회계연도마다 예산의 범위에서 보험사업의 사무 집행에 드는 비용을 일반회계에서 부담하여야 한다(법 제3조).

3) 제3자에 대한 구상권

수급권자 및 보험가입자는 제3자의 행위로 재해가 발생하면 지체 없이 공단에 신고하여야 하며 공단은 제3자의 행위에 따른 재해로 보험급여를 지급한 경우에는 그 급여액의 한도 안에서 급여수급자의 제3자에 대한 손해배상청구권을 대위(代位)한다. 다만, 보험가입자인 2 이상의 사업주가 같은 장소에서 하나의 사업을 분할하여 각각 행하다가 그 중 사업주가 다른 근로자의 행위로 재해가 발생하면 구상권을 행사하지 않는다. 이 경우 수

8) 개별실적요율제가 적용되는 사업장은 다음과 같다(보험료징수법 시행령 15조): 첫째, 건설업 중 해당 보험연도의 2년 전 보험연도의 총 공사금액이 20억원 이상인 사업. 둘째, 건설업 및 벌목업을 제외한 사업으로서 상시근로자수가 10명 이상인 사업.

급권자가 제3자로부터 동일한 사유로 이 법의 보험급여에 상당하는 손해배상을 받으면 공단은 그 배상액을 환산한 금액의 한도 안에서 이 법에 따른 보험급여를 지급하지 아니한다(법 제87조).

4. 보험 사고: 업무상 재해

산재보험은 '업무상 재해'라는 보험사고가 발생 시 수급권자에게 급여를 지급하게 된다. 산재보험의 업무상 재해는 '업무상'이라는 요건을 충족시킨 후 발생한 근로자의 부상, 질병, 장해 또는 사망을 일컫고 있다(법 제5조). 따라서 이 개념의 판정 기준은 산재 보험의 급여 결정 기준이 된다는 점에서 매우 중요한 부분을 차지한다. 산재보험법은 지속적인 법개정을 통해서 업무상재해 판정기준을 명확히 하여 왔으나, 여전히 업무상 재해 여부와 관련된 다툼은 계속되고 있다.

1) 업무수행성과 업무기인성

업무상 재해의 인정기준은 크게 '업무수행성' 과 '업무기인성'으로 구분된다. 업무수행성은 근로자가 사용자의 지휘·감독 아래 업무를 수행하는 과정에서 재해가 발생한 것을 말한다. 근로자가 근로계약에 기하여 사업주의 지휘·감독 아래에 업무를 수행하고 있는 경우와 업무를 수행하고 있지 않더라도 사업주가 지휘·감독할 여지가 있는 경우 업무수행성이 인정된다. 이는 사업주의 지배관리와 재해 사이에 상당인과관계가 있는지 여부에 의하여 인정 여부가 구분된다. 한편, 업무기인성은 재해와 업무 간에 인과관계가 있어야 함을 의미하는데 업무의 수행 과정이 원인이 되어 질병, 직업병 등이 발생한 경우가 주된 예라 할 수 있다.

업무수행성과 업무기인성 중 어느 하나만을 충족시킬 경우에 산재보험의 적용을 받게 되는지와 관련하여 산재보험의 사회보장적 성격을 고려할 때 두 요건 중 어느 한 요건에 해당이 된다면 가능하다고 볼 수 있다. 업무수행성은 업무기인성 유무를 판단하기 위한 하나의 기준일 뿐 업무수행성이 없더라도 업무기인성만 있으면 업무상 재해를 인정할 수 있는 것이다. 하지만 업무수행중의 사고라도 원인이 불분명한 경우 법적 근거도 없이 업무기인성을 추정하는 것은 무리가 있을 것이다.

가) 업무상 사고

(1) 근로자가 근로계약에 따른 업무나 그에 따르는 행위를 하던 중 발생한 사고

(2) 사업주가 제공한 시설물 등을 이용하던 중 그 시설물 등의 결함이나 관리소홀로 발생한 사고

(3) 사업주가 제공한 교통수단이나 그에 준하는 교통수단을 이용하는 등 사업주의 지배관리 하에서 출퇴근 중 발생한 사고

(4) 사업주가 주관하거나 사업주의 지시에 따라 참여한 행사나 행사준비 중에 발생한 사고

(5) 휴게시간 중 사업주의 지배관리 하에 있다고 볼 수 있는 행위로 발생한 사고

(6) 그 밖에 업무와 관련하여 발생한 사고

나) 업무상 질병

(1) 업무수행 과정에서 유해·위험 요인을 취급하거나 그에 노출되어 발생한 질병

(2) 업무상 부상이 원인이 되어 발생한 질병

(3) 그 밖에 업무와 관련하여 발생한 질병

한편, 법은 업무상 재해 요건의 제한과 관련한 규정을 두고 있는데 근로자의 고의·자해행위나 범죄행위 또는 그것이 원인이 되어 발생한 부상·질병·장해 또는 사망은 업무상의 재해로 보지 아니한다. 다만, 그 부상·질병·장해 또는 사망이 정상적인 인식능력 등이 뚜렷하게 저하된 상태에서 한 행위로 발생한 경우로서 정당한 사유가 있으면 업무상의 재해로 본다(법 제37조 2항).

2) 업무상 재해의 구체적 인정기준

산재보험법 37조의 업무상 재해 인정기준은 시행령을 통해서 구체화되고 있다.

시행령에 규정된 업무상 사고는 크게 업무수행 중의 사고, 시설물 등의 결함 등에 따른 사고, 출퇴근 중의 사고, 행사 중의 사고, 특수한 장소에서의 사고, 요양 중의 사고, 제3자의 행위에 따른 사고로 구분할 수 있다. 우선 업무수행 중의 사고에 관한 것은 근로계약에 따른 업무수행행위, 업무수행과정에서 하는 용변 등 생리적 필요행위, 업무를 준비하거나 마무리하는 행위, 그 밖에 업무에 따르는 필요적 부수행위, 천재지변과 화재 등 사업장 내에 발생한 돌발적인 사고에 따른 긴급피난, 구조행위 등 사회통념상 예견되는 행위로 구체화되어 있다(시행령 제27조). 시설물 등의 결함에 의한 사고는 사업주의 관리 소홀로 인한 경우는 대표적인 업무상 재해이나 사업주의 지시 위반으로 인한 사고는 업무상 재해로 보지 않는다(시행령 제 28조). 행사 중의 사고는 사업주가 근무시간으

로 인정한 행사와 행사에 참여하도록 지시한 경우, 승인한 경우 등만 업무상 재해로 인정된다(시행령 제 30조).

가장 논란이 많이 되어 왔던 것은 통근재해에 대한 부분이다. 통근재해가 과연 업무상 재해인지에 대해서는 오랫동안 논란이 되어온 것으로서, 선진국들에서는 점진적으로 통근재해로 인정하여 왔다. 우리나라의 경우에는 산재보험법 37조 1항 1호 다목에 의하여 '사업주가 제공한 교통수단이나 그에 준하는 교통수단을 이용하는 등 사업주의 지배관리하에서 출퇴근 중 발생한 사고'로 통근차량에 의한 사고 등 매우 한정적으로 통근재해를 인정하여 왔다. 그런데, 2016년 9월 헌법재판소가 통근재해 범위에 대해서 헌법불합치 판정을 내리면서(2014헌바254) 우리나라에서도 조만간 법개정을 통해서 통근재해에 대한 범위가 대중교통 이용이나 자가 운전차량까지도 확대될 것으로 예상된다.

다음으로 업무상 질병은 업무기인성의 판단과 주로 관련되는데 시행령(별표 3)에 예시된 질병이 아닌 경우, 인정 여부가 문제된다. 시행령의 업무상 질병의 범위에는 근로자가 업무수행과정에서 유해하거나 위험한 요인을 취급하거나 노출된 경력이 있을 것, 업무시간 및 환경에 비추어볼 때 근로자의 질병을 유발하였다고 인정될 때, 의학적으로 그 원인이 유해위험 노출임이 인정될 때 등으로 구분된다. 따라서 의학적으로 업무와 부상과 질병 간 인과관계가 증명되어야 하고 자연발생적으로 나타나거나 기초질환이 아니어야 한다.

5. 급여

보험급여는 산업재해보상보험법의 적용을 받는 사업 또는 사업장 소속 근로자가 업무상 사유로 인해 부상·질병·장해 또는 사망한 경우에 이를 회복시키거나 소득을 보장하고 그 가족의 생활보호를 위해 지급되는 급여이며 사용자의 무과실책임을 전제로 근로자의 업무상 재해를 보상하는 것이다.

근로기준법상의 재해보상은 업무상 재해를 입은 근로자에 대하여 사용자의 고의과실을 요건으로 하는 민법의 손해배상의 원칙과는 달리 고의과실이 없더라도 사용자의 법률상 의무로서 일정한 보상을 해야 한다고 규정하고 있다(근로기준법 제8장). 이것은 재해 보상이 법률상의 의무이며 보상을 받는 것이 근로자의 권리라는 것을 명확히 한 점에 그 의의가 있다.

산재보험의 급여조건은 산재가 발생하였을 때 산재근로자가 산재보험에 가입되어 있는지 여부가 아니라 업무 수행성과 업무 기인성에 달려 있다. 산재보험 급여조건에서 가입여

부가 포함되지 않는 것은 산재보험의 성격상 무과실책임주의에 입각하여 사용자가 전면 재정 부담을 해야 하는 만큼 근로자는 재정부담 없이 산재에 대한 보장을 받도록 하고 있기 때문이다. 보험급여는 지급결정일로부터 14일 이내에 지급하여야 한다(법 제82조).

유족급여나 장해급여를 산정할 때 그 기준이 되는 평균임금이 전체 근로자의 임금 평균액의 1.8배를 초과하거나 2분의 1보다 적으면 그 최고보상기준금액이나 최저보상기준금액을 각각 그 근로자의 평균임금으로 한다. 하지만, 휴업급여 및 상병보상연금을 산정할 때에는 최저보상기준금액을 적용하지 않는다(법 제36조 제7항).

1) 요양급여

요양급여는 근로자가 업무상의 사유로 부상을 당하거나 질병에 걸린 경우에 그 근로자에게 지급한다. 요양급여를 지급하는 경우에 부상 또는 질병이 3일 이내의 요양으로 치유될 수 있으면 요양급여를 지급하지 않는다(법 제 40조). 산재보험의 요양급여는 본인부담금이 없기 때문에 산재환자들은 일반 환자들의 경우보다 의료비 부담을 덜 느낄 수 있다.

(1) 요양급여의 범위

요양급여의 범위는 다음과 같다(법 제 40조 제4항): 진찰 및 검사, 약제 또는 진료재료와 의지(義肢)나 그 밖의 보조기의 지급, 처치, 수술, 그 밖의 치료, 재활치료, 입원, 간호 및 간병, 이송 등.

(2) 요양급여의 신청

요양급여를 받으려는 자는 소속 사업장, 재해발생 경위, 그 재해에 대한 의학적 소견 등을 적은 서류를 첨부하여 근로복지공단에 요양급여의 신청을 하여야 한다(법 제41조 제2항).

(3) 건강보험의 우선 적용

사고나 질병이 발생했을 때 그 사고나 질병이 업무상 재해인지 비업무상 재해인지를 단시간 내에 판단할 수 없는 경우가 발생할 수 있기 때문에, 산재보험에서 요양급여를 제공할 지 건강보험에서 요양급여를 제공할지를 지체하는 것은 수급자에게 여러 가지로 불편하다. 따라서 업무상재해 여부를 따지지 않고 건강보험에 우선적용 하는 것을 원칙으로 한다. 요양급여의 신청을 한 자는 공단이 이 법에 따른 요양급여에 관한 결정을 하기 전에는 국민건강보험법에 따른 요양급여 또는 의료급여법에 따른 의료급여를 받을 수 있다. 건강보험 요양급여 등을 받은 자가 국민건강보험법 또는 의료급여법에 따른 본인일부부담금을 산재보험 의료기관에 납부한 후에 이 법에 따른 요양급여 수급권자로 결정된 경우에는 그 납부한 본인 일부 부담금 중 요양급여에 해당하는 금액을 공단에 청구할 수 있다(법 제42조 제1항 및 2항).

(4) 산재보험 의료기관의 지정 및 지정취소

업무상의 재해를 입은 근로자의 요양을 담당할 의료기관은 다음과 같다: 근로복지공단에 두는 의료기관, 상급종합병원, 의료법에 따른 의료기관과 지역보건법에 따른 보건소로서 정해진 인력·시설 등의 기준에 해당하는 의료기관 또는 보건소 중 공단이 지정한 의료기관 또는 보건소(법 제43조).

(5) 재요양

요양급여를 받은 자가 치유 후 요양의 대상이 되었던 업무상의 부상 또는 질병이 재발하거나 치유 당시보다 상태가 악화되어 이를 치유하기 위한 적극적인 치료가 필요하다는 의학적 소견이 있으면 다시 요양급여(재요양)를 받을 수 있다(법 제51조). 다음 요건들을 모두 충족하는 경우 재요양을 받을 수 있다(시행령 제48조): 치유된 업무상 부상 또는 질병과 재요양의 대상이 되는 부상 또는 질병 사이에 상당인과관계가 있을 것, 재요양의 대상이 되는 부상 또는 질병의 상태가 치유 당시보다 악화된 경우로서 나이나 그 밖에 업무 외의 사유로 악화된 경우가 아닐 것, 재요양의 대상이 되는 부상 또는 질병 상태의 호전을 위하여 수술 등 적극적인 치료가 필요하다고 인정될 것, 재요양의 대상이 되는 부상 또는 질병의 상태가 재요양으로 치료효과를 기대할 수 있다고 인정될 것.

2) 휴업급여

(1) 휴업급여

휴업급여는 업무상 사유로 부상을 당하거나 질병에 걸린 근로자에게 요양으로 취업하지 못한 기간에 대하여 지급하되, 1일당 지급액은 평균임금의 100분의 70에 상당하는 금액으로 한다. 다만, 취업하지 못한 기간이 3일 이내이면 지급하지 않는다(법 제52조).

(2) 부분휴업급여

요양 또는 재요양을 받고 있는 근로자가 그 요양기간 중 일정 기간 또는 단시간 취업을 하는 경우에는 그 취업한 날 또는 취업한 시간에 해당하는 그 근로자의 평균임금에서 그 취업한 날 또는 취업한 시간에 대한 임금을 뺀 금액의 100분의 90에 상당하는 금액을 지급할 수 있다. 다만, 최저임금액을 1일당 휴업급여 지급액으로 하는 경우에는 최저임금액에서 취업한 날 또는 취업한 시간에 대한 임금을 뺀 금액을 지급할 수 있다(법 제53조 제1항). 단시간 취업하는 경우 취업하지 못한 시간에 대하여는 산정한 1일당 휴업급여 지급액에 8시간에 대한 취업하지 못한 시간의 비율을 곱한 금액을 지급한다(법 제53조 제2항).

(3) 저소득 근로자의 휴업급여

1일당 휴업급여지급액이 최저 보상기준 금액의 100분의 80보다 적거나 같으면 그 근로자에 대하여는 평균임금의 100분의 90에 상당하는 금액을 1일당 휴업급여 지급액으로 한다. 다만, 그 근로자의 평균임금의 100분의 90에 상당하는 금액이 최저 보상기준 금액의 100분의 80보다 많은 경우에는 최저 보상기준 금액의 100분의 80에 상당하는 금액을 1일당 휴업급여 지급액으로 한다(법 제54조 제1항). 이에 따라 산정한 휴업급여 지급액이 최저임금법에 따른 시간급 최저임금액에 8을 곱한 금액보다 적으면 그 최저임금액을 그 근로자의 1일당 휴업급여지급액으로 한다(법 제54조 제2항).

(4) 고령자의 휴업급여

휴업급여를 받는 근로자가 61세가 되면 그 이후의 휴업급여는 별도의 산정기준에 따라서 금액을 지급한다(법 제55조). 이는 휴업급여가 근로 중단으로 인한 보상이라는 측면에서 일정연령 이상의 경우 휴업급여를 전액지급하는 것이 산재보험법 취지에 어긋나기 때문이다. 다만, 61세 이후에 취업 중인 자가 업무상의 재해로 요양하거나 61세 전에 업무상 질병으로 장해급여를 받은 자가 61세 이후에 그 업무상 질병으로 최초로 요양하는 경우 업무상 재해로 요양을 시작한 날로부터 2년 동안에는 적용하지 아니한다(법 제55조).

연령	지급액
61세	1일당 휴업급여지급액 × 66/70
62세	1일당 휴업급여지급액 × 62/70
63세	1일당 휴업급여지급액 × 58/70
64세	1일당 휴업급여지급액 × 54/70
65세	1일당 휴업급여지급액 × 50/70

(5) 재요양 기간 중의 휴업급여

재요양을 받는 자에 대하여는 재요양 당시의 임금을 기준으로 산정한 평균임금의 100분의 70에 상당하는 금액을 1일당 휴업급여지급액으로 한다(법 제56조 제1항). 산정한 1일당 휴업급여 지급액이 최저임금액보다 적거나 재요양 당시 평균임금 산정의 대상이 되는 임금이 없으면 최저임금액을 1일당 휴업급여지급액으로 한다(법 제56조 제2항). 만약 장해보상연금을 지급받는 자가 재요양하는 경우에는 1일당 장해보상연금액과 1일당 휴업급여지급액을 합한 금액이 장해보상연금의 산정에 적용되는 평균임금의 100분의 70을 초과하면 그 초과하는 금액 중 휴업급여에 해당하는 금액은 지급하지 아니한다(법 제56조 제3항).

3) 장해급여

장해급여는 근로자가 업무상의 사유로 부상을 당하거나 질병에 걸려 치유된 후 신체 등에 장해가 있는 경우에 그 근로자에게 지급하는 급여이며(법 제57조 제1항), 장해등급에 따른 장해보상연금 또는 장해보상일시금으로 한다.

장해보상연금은 수급권자가 신청하면 그 연금의 최소 1년분 또는 2년분의 2분의 1에 상당하는 금액을 미리 지급할 수 있다. 이 경우 미리 지급하는 금액에 대하여는 100분의 5의 비율 범위에서 이자를 공제할 수 있다(법 제57조 제4항).

공단은 장해보상연금 수급권자 중 그 장해상태가 호전되거나 악화되어 치유 당시 결정된 장해등급을 변경될 가능성이 있는 자에 대하여는 장해등급을 재판정할 수 있다. 장해등급의 재판정 결과 장해등급이 변경되면 그 변경된 장해등급에 따라 장해급여를 지급한다. 장해등급 재판정은 1회 실시하되 그 대상자·시기 및 재판정 결과에 따른 장해급여의 지급 방법은 별도로 정한다(법 제59조).

장해보상연금의 수급권자가 재요양을 받는 경우에도 연금을 지급하며, 재요양을 받고 치유된 후 장해상태가 종전에 비하여 호전되거나 악화된 경우에는 그 호전 또는 악화된 장해상태에 해당하는 장해등급에 따라 장해급여를 지급한다(법 제60조).

〈표 Ⅱ-5〉 장애 등급별 보상 형태

<table>
<tr><th>장해등급</th><th>장해보상연금</th><th>장해보상일시금</th><th>연금대상 및 선급금</th></tr>
<tr><td>제1급</td><td rowspan="3">329일분
291일분
257일분</td><td rowspan="3">1,474일분
1,309일분
1,155일분</td><td rowspan="3">절대적 연금
선급금 1,2,3,4년분</td></tr>
<tr><td>제2급</td></tr>
<tr><td>제3급</td></tr>
<tr><td>제4급</td><td rowspan="4">224일분
193일분
164일분
138일분</td><td rowspan="4">1,012일분
869일분
737일분
616일분</td><td rowspan="4">선택적 연금
선급금 1,2년분</td></tr>
<tr><td>제5급</td></tr>
<tr><td>제6급</td></tr>
<tr><td>제7급</td></tr>
<tr><td>제8급</td><td rowspan="7">-</td><td>495일분</td><td rowspan="7">일시금</td></tr>
<tr><td>제9급</td><td>385일분</td></tr>
<tr><td>제10급</td><td>297일분</td></tr>
<tr><td>제11급</td><td>220일분</td></tr>
<tr><td>제12급</td><td>154일분</td></tr>
<tr><td>제13급</td><td>99일분</td></tr>
<tr><td>제14급</td><td>55일분</td></tr>
</table>

4) 간병급여

간병급여는 요양급여를 받은 자 중 치유 후 의학적으로 상시 또는 수시로 간병이 필요하여 실제로 간병을 받는 자에게 지급한다(법 제61조). 간병급여의 구체적인 지급대상은 다음 표와 같고(시행령 별표 7), 간병급여는 현금으로 지급하며 금액은 노동부장관 고시에 따른다.

간병급여의 지급 대상

구분	지급 대상
상시 간병급여	1. 신경계통의 기능, 정신기능 또는 흉복부 장기의 기능에 장해등급 제1급에 해당하는 장해가 남아 일상생활에 필요한 동작을 하기 위하여 항상 다른 사람의 간병이 필요한 사람 2. 두 눈, 두 팔 또는 두 다리 중 어느 하나의 부위에 장해등급 제1급에 해당하는 장해가 남고, 다른 부위에 제7급 이상에 해당하는 장해가 남아 일상생활에 필요한 동작을 하기 위하여 항상 다른 사람의 간병이 필요한 사람
수시 간병급여	1. 신경계통의 기능, 정신기능 또는 흉복부 장기의 기능에 장해등급 제2급에 해당하는 장해가 남아 일상생활에 필요한 동작을 하기 위하여 수시로 다른 사람의 간병이 필요한 사람 2. 장해등급 제1급에 해당하는 장해가 남아 일상생활에 필요한 동작을 하기 위하여 수시로 다른 사람의 간병이 필요한 사람

5) 유족급여

유족급여는 근로자가 업무상의 사유로 사망한 경우에 유족에게 지급하는 급여로 유족보상연금이나 유족보상일시금으로 하되, 유족보상일시금은 근로자가 사망할 당시 유족보상연금을 받을 수 있는 자격이 있는 자가 없는 경우에 지급한다(법 제62조 제2항).

유족보상연금을 받을 수 있는 자는 근로자가 사망할 당시 그 근로자와 생계를 같이 하고 있던 유족(근로자가 사망 시 대한민국 국민이 아닌 외국에서 거주하고 있던 유족은 제외) 중 배우자와 다음 중 어느 하나에 해당하는 자이다: 부모 또는 조부모로서 각각 60세 이상인 자, 자녀 또는 손자녀로서 각각 19세 미만인 자, 형제자매로서 19세 미만이거나 60세 이상인 자, 여기에 해당하지 않는 자녀·부모·손자녀·조부모 또는 형제자매로서 일정 장애등급 이상에 해당하는 자. 근로자가 사망할 당시 태아(胎兒)였던 자녀가 출생한 경우에는 출생한 때부터 장래에 향하여 근로자가 사망할 당시 그 근로자와 생계를 같이 하고 있던 유족으로 본다. 유족보상연금 권리의 순위는 배우자·자녀·부모·손자녀·조부모 및 형제자매의 순서로 한다(법 제63조).

유족연금액은 기본금액과 가산금액을 합한 금액으로 하는데, 기본금액은 급여기초연액의 47%에 상당하는 금액이며, 가산금액은 유족보상연금수급권자 및 근로자가 사망할 당시 그 근로자와 생계를 같이 하고 있던 유족보상연금수급자격자 1인당 급여기초연액의 100분의 5에 상당하는 금액의 합산액이다. 다만, 그 합산금액이 급여기초연액의 100분의 20을 넘을 때에는 급여기초연액의 100분의 20에 상당하는 금액으로 한다. 유족보상일시금은 평균임금의 1,300일분으로 한다. 유족보상연금을 받을 수 있는 자격이 있는 자가 원하면 유족보상일시금의 100분의 50에 상당하는 금액을 일시금으로 지급하고 유족보상연금은 100분의 50을 감액하여 지급한다.

6) 상병(傷病)보상연금

(1) 상병보상연금

요양급여를 받는 근로자가 요양을 시작한 지 2년이 지난 이후 다음의 요건 모두에 해당하는 상태가 계속되면 휴업급여 대신 상병보상연금을 지급한다(법 제66조): 그 부상이나 질병이 치유되지 아니한 상태일 것, 그 부상이나 질병에 따른 폐질(廢疾)의 정도가 정해진 폐질등급 기준에 해당할 것, 요양으로 인하여 취업하지 못하였을 것.

〈표 Ⅱ-6〉 폐질등급 따른 상병보상연금 지급액

폐질등급	지급액
제1급	평균임금의 329일분(평균임금의 90.14%)
제2급	평균임금의 291일분(평균임금의 79.73%)
제3급	평균임금의 257일분(평균임금의 70.41%)

(2) 저소득 근로자의 상병보상연금

상병보상연금을 산정할 때 근로자의 평균임금이 최저임금액에 70분의 100을 곱한 금액보다 적을 때에는 최저임금액의 70분의 100에 해당하는 금액을 그 근로자의 평균임금으로 보아 산정한다(법 제67조).

(3) 고령자의 상병보상연금

휴업급여에서와 마찬가지로 61세가 넘는 상병보상연금 수급자들은 급여 중 일부를 감액한다. 상병보상연금을 받는 근로자가 61세가 되면 그 이후의 상병보상연금은 아래 표에 따라 산정한 금액을 지급한다(법 제68조).

〈표 Ⅱ-7〉 고령자의 1일당 상병보상연금 지급기준

폐질등급 / 연령	제1급	제2급	제3급
61세	평균임금 × (329/365 - 0.04)	평균임금 × (291/365 - 0.04)	평균임금 × (257/365 - 0.04)
62세	평균임금 × (329/365 - 0.08)	평균임금 × (291/365 - 0.08)	평균임금 × (257/365 - 0.08)
63세	평균임금 × (329/365 - 0.12)	평균임금 × (291/365 - 0.12)	평균임금 × (257/365 - 0.12)
64세	평균임금 × (329/365 - 0.16)	평균임금 × (291/365 - 0.16)	평균임금 × (257/365 - 0.16)
65세 이후	평균임금 × (329/365 - 0.20)	평균임금 × (291/365 - 0.20)	평균임금 × (257/365 - 0.20)

(4) 재요양 기간 중의 상병보상연금

재요양을 시작한 지 2년이 지난 후에 상병상태가 상병보상연금 수급요건을 모두 충족하는 경우 휴업급여 대신 폐질등급에 따라 상병보상연금을 지급한다. 이 경우 상병보상연금은 재요양 기간 중의 휴업급여 산정에 적용되는 평균임금을 적용하되, 그 평균임금이 최저임금액에 70분의 100을 곱한 금액보다 적거나 평균임금 산정의 대상이 되는 임금이 없을 때에는 최저임금액의 70분의 100에 해당하는 금액을 그 근로자의 평균임금으로 본다. 장해보상연금을 받는 근로자가 재요양하는 경우에는 상병보상연금을 지급하지 않는다

(법 제69조).

7) 장의비(葬儀費)

장의비는 근로자가 업무상의 사유로 사망한 경우 평균임금의 120일분에 상당하는 금액을 유족에게 지급한다. 다만, 유족이 없는 경우에는 평균임금의 120일분에 상당하는 금액의 범위에서 실제 드는 비용을 그 장제를 지낸 자에게 지급한다(법 제71조).

8) 직업재활급여

직업재활급여는 장해급여를 받은 자나 장해급여를 받을 것이 명백한 자 중 취업을 위하여 직업훈련이 필요한 자에 대하여 실시하는 직업훈련에 드는 비용 및 직업훈련수당, 업무상의 재해가 발생할 당시의 사업에 복귀한 장해급여자에 대하여 사업주가 고용을 유지하거나 직장적응훈련 또는 재활운동을 실시하는 경우에 각각 지급하는 직장복귀지원금, 직장적응훈련비 및 재활운동비를 말한다(법 제72조).

(1) 직업훈련비용

직업훈련에 드는 비용은 직업훈련을 실시한 직업훈련기관에 지급하는데, 다른 법령에 따라 직업훈련비용에 상당한 비용을 받은 경우에는 지급하지 않는다. 지급기간은 12개월 이내로 한다(법 제73조).

(2) 직업훈련수당

직업훈련수당은 직업훈련대상자에게 훈련으로 인하여 취업하지 못하는 기간에 대하여 1일당 최저임금액에 상당하는 금액을 지급하는 수당이다. 다만, 직업훈련수당을 받는 자가 장해보상연금을 받는 경우 1일당 장해보상연금액과 직업훈련수당을 합한 금액이 평균임금의 100분의 70을 초과하면 초과금액 중 직업훈련수당은 지급하지 않는다(법 제74조).

(3) 직장복귀지원금 등

직장복귀지원금, 직장적응 훈련비 및 재활운동비는 장해급여자에 대하여 고용을 유지하거나 직장적응훈련 또는 재활운동을 실시하는 사업주에게 지급한다. 직장복귀지원금은 고용노동부장관이 임금수준 및 노동시장 여건 등을 고려하여 정하는 금액의 범위에서 사업주가 장해급여자에게 지급한 임금액으로 하되 기간은 12개월 이내로 한다. 직장적응훈련비 및 재활운동비는 노동부장관이 직장적응훈련 또는 재활운동에 드는 비용을 고려하여 정하는 금액의 범위에서 실제 드는 비용으로 지급기간은 3개월 이내로 한다. 만약 사업주가 다른 법령에 따라 직장복귀지원금, 직장적응훈련비 또는 재활운동비에 상당한 금액을 받은 경우에는 직장복귀지원금, 직장적응훈련비 또는 재활운동비를 지급하지 않는다(법 제75조).

9) 다른 보상이나 배상과의 관계(법 제80조)

수급권자가 이 법에 따라 보험급여를 받았거나 받을 수 있으면 보험가입자 (사용자)는 동일한 사유에 대하여 근로기준법에 따른 재해보상 책임이 면제된다.

수급권자가 동일한 사유에 대하여 이 법에 따른 보험급여를 받으면 보험가입자는 그 금액의 한도 안에서 민법 등에 따른 손해배상의 책임이 면제된다. 이 경우 장해보상연금 또는 유족보상연금을 받고 있는 자는 장해보상일시금 또는 유족보상 일시금을 받은 것으로 본다.

수급권자가 동일한 사유로 민법 등에 따라 이 법의 보험급여에 상당한 금품을 받으면 공단은 그 받은 금품을 환산한 금액의 한도 안에서 이 법에 따른 보험급여를 지급하지 아니한다. 다만, 수급권자가 지급받은 것으로 보게 되는 장해보상일시금 또는 유족보상일시금에 해당하는 연금액에 대하여는 그렇지 않다.

10) 보험급여 지급의 제한 및 부당이득의 징수

공단은 요양 중인 근로자가 정당한 사유 없이 요양에 관한 지시를 위반 하여 부상・질병 또는 장해 상태를 악화시키거나 치유를 방해한 경우, 장해등급 또는 진폐장해등급 재판정 전에 자해(自害) 등 고의로 장해 상태를 악화시킨 경우 보험급여의 전부 또는 일부를 지급하지 아니할 수 있다. 만약 공단이 보험급여를 지급하지 않기로 결정하면 이를 보험가입자와 근로자에게 알려야 한다(법 제83조).

근로복지공단은 보험급여를 받은 자가 거짓이나 그 밖의 부정한 방법으로 보험급여를 받은 경우 그 급여액의 2배에 해당하는 금액을 징수하여야 한다. 그리고 근로복지공단은 수급권자 또는 수급권이 있었던 자가 신고의무를 이행하지 아니하여 부당하게 보험급여를 지급받은 경우 급여액에 해당하는 금액을 징수하여야 한다(법 제84조).

6. 산업재해보상보험 예방기금

고용노동부장관은 보험사업, 산업재해 예방사업에 필요한 재원을 확보하고, 보험급여에 충당하기 위하여 산업재해보상보험 예방기금을 설치한다. 기금은 보험료, 기금운용 수익금, 적립금, 기금의 결산상 잉여금, 정부 또는 정부 아닌 자의 출연금 및 기부금, 차입금, 그 밖의 수입금을 재원으로 하여 조성한다. 산업재해 예방 사업을 수행하기 위하여 회계연도마다 기금지출예산 총액의 100분의 3의 범위에서 정부의 출연금으로 세출예산에 계상(計上)하여야 한다(법 제95조).

1) 기금의 용도(법 제96조)

기금은 다음 용도로 사용한다: 보험급여의 지급 및 반환금의 반환, 차입금 및 이자의 상환, 공단에의 출연, 산업안전보건법의 재해예방에 따른 용도, 재해근로자의 복지 증진, 한국산업안전보건공단법에 따른 한국산업안전보건공단에의 출연금 등.

2) 기금의 관리 및 운용

기금은 고용노동부장관이 관리·운용하며 금융기관 또는 체신관서에의 예입(預入) 및 금전신탁, 재정자금에의 예탁, 투자신탁 등의 수익증권 매입, 국가·지방자치단체 또는 금융기관이 직접 발행하거나 채무이행을 보증하는 유가증권의 매입 등에 따라 운용해야 한다. 고용노동부장관은 기금을 관리·운용할 때에 수익이 정해진 수준 이상이 되도록 하여야 하며 기업회계의 원칙에 따라 기금을 계리하여야 한다. 기금의 관리·운용에 관한 업무의 일부는 공단 또는 한국산업안전보건공단에 위탁할 수 있다(법 제97조).

7. 관리운영체계

산업재해보상보험의 보험관계는 관리 주체인 고용노동부장관의 위탁을 받아 산업재해보험 업무를 실제로 담당하는 일선 집행기관인 보험사업 집행기관(근로복지공단)과 보험료를 납부하고 산업재해보상보험법이 규정하고 있는 제반의무를 이행하는 보험가입자, 그리고 보험급여를 받을 권리가 있는 수급권자의 관계로 기본구조를 형성하고 있다.

고용노동부는 산재보험사업의 관장자로서 보험요율의 결정, 고시, 보험급여 기준의 결정, 보험기금의 관리운용 등 주요정책 업무만을 관장한다. 또한 산업재해예방 행정과 보험 사업을 연계시키는 역할을 담당하고, 근로자 복지증진을 위한 각종 시설의 공정한 기준 확립과 그 집행의 투명성을 확보하는 역할을 수행한다.

근로복지공단은 산업재해보상보험업무의 집행기관으로서 보험가입자 및 수급권자에 관한 기록의 관리·유지, 보험료 기타 이 법에 의한 징수금의 징수, 보험금의 결정 및 지급, 보험급여 결정 등에 관한 심사 청구의 심리·결정, 산재보험의 시설의 설치·운영, 근로자의 복지증진을 위한 사업 등을 수행하고 있다(법 제11조).

8. 권리구제

산재 결정에 대하여 이의가 있는 자는 심사청구를 제기할 수 있다. 심사 청구를 심의하기 위하여 근로복지공단에 관계 전문가 등으로 구성되는 산업재해보상보험심사위원회를 둔다(법 제104조). 심사 청구는 보험급여 결정이 있음을 안 날부터 90일 이내에 하여야 하며, 심사 청구서를 받은 공단의 소속 기관은 5일 이내에 의견서를 첨부하여 공단에 보내야 한다. 공단의 다음의 결정에 불복하는 자는 공단에 심사 청구를 할 수 있다(법 제103조): 보험급여에 관한 결정, 진료비에 관한 결정, 약제비에 관한 결정, 진료계획 변경 조치, 보험급여의 일시지급에 관한 결정, 부당이득의 징수에 관한 결정, 수급권의 대위에 관한 결정.

한편 공단은 심사 청구서를 받은 날부터 60일 이내에 심사위원회의 심의를 거쳐 심사 청구에 대한 결정을 하여야 한다. 다만, 부득이한 사유로 그 기간 이내에 결정을 할 수 없으면 1차에 한하여 20일을 넘지 아니하는 범위에서 그 기간을 연장할 수 있다.

심사 청구에 대한 결정에 불복하는 자는 산업재해보상보험재심사위원회에 재심사 청구를 할 수 있다. 재심사 청구를 심리·재결하기 위하여 고용노동부에 산업재해보상보험재심사위원회를 둔다(법 제107조). 재심사 청구는 심사 청구결정을 안 날부터 90일 이내에 제기하여야 한다. 다만, 제1항 단서에 따라 심사 청구를 거치지 아니하고 재심사 청구를 하는 경우에는 보험급여에 관한 결정이 있음을 안 날부터 90일 이내에 제기하여야 한다(법 제106조). 재심사 청구 결과 역시 청구서를 받은 날부터 60일 이내에 재심사 위원회의 심의를 거쳐 재심사청구에 대한 결정을 하여야 한다.

9. 과제와 전망

산업재해보장보험법의 과제는 우선, 관련법들과의 관계가 불분명하게 설정되어 있다는 점이다. 다시 말해서, 산업재해에 대한 민사배상, 근로기준법, 산재보험의 체계가 서로의 체계를 완전 대체하지 않음에도 불구하고 현재 우리나라에서는 이 세 종류의 보상체계를 동시에 적용하고 있다.

근로기준법과 산재보험에서 상호간 다른 한쪽에 의해 보상받을 경우, 나머지 한쪽에서는 그 금액 한도 내에서 보상책임을 면제하도록 규정(근로기준법 제87조, 산재보험법 제80조 제1항)하고 있다. 그런데 근로기준법이 규정한 급여의 종류는 산재보험의 급여와 완전히 일치하고, 산재보험급여의 수준이 동일하거나 높기 때문에 실질적으로 산재보험은 근로기준법상의 보상책임을 완전히 갈음한다. 이에 산재보험제도는 근로기준법의 재해보상책임을 사용자 보험화한 것으로 해석하기도 하는데 산재보험은 이러한 성격 때문에 제도운영의 필수사항을 다수 근로기준법에 의존하여 실제 운영에서 상당한 문제가 발생하게 된다. 산재보험 제도가 존재하고 있으므로 1차적으로 산재보험 제도로 우선 적용하도록 명확히 할 필요가 있다.

다음으로, 논란이 되고 있는 통근재해에 대한 규정 정비가 서둘러져야 한다. 앞서 언급했듯이, 최근 헌법불합치 판정으로 인해서 통근재해의 범위는 넓어질 것으로 예상되는데, 통근재해의 포함은 단지 보장 범위가 넓어지는 것은 물론, 재정 문제도 발생할 수밖에 없으며, 또한 국민연금이나 자동차보험과의 구상권 문제가 본격적으로 불거질 개연성이 높아질 것으로 예상된다. 따라서 이러한 여러 측면을 고려한 입법이 이루어져야 할 것이다.

제 4 절 고용보험법

1. 일반사항

1) 의의 및 목적

자본주의 경제에서 근로자는 노동시장의 공급자로서 자신의 노동력을 사용자에게 공급하고, 그 반대급부인 임금으로 가계의 재정을 확보하게 된다. 그러나 실업이 발생하면 근로자는 노동력 제공의 기회를 상실하고 소득의 급격한 감소로 근로자 자신뿐만 아니라 그 가족의 생활안정을 위협받게 된다. 이러한 개인적 위험뿐만 아니라 국가적으로도 실업은 인적자원의 손실을 초래함은 물론 구매력 상실에 따른 국민소비수요를 감소시키게 된다. 또한 이러한 경향이 다시 생산저하와 고용의 감소로 이어져 실업을 다시 확대시킴으로써 국민경제를 더욱 어렵게 만든다. 결국 실업은 국가경쟁력을 손상시킬 뿐만 아니라,

대량실업이 발생할 경우 사회불안을 증대시키고 국가질서를 위협하게 된다. 따라서 실업은 개인차원에서나 국가차원에서도 매우 중요한 정책결정요소이며, 이러한 차원에서 고용안정과 완전고용의 달성은 어느 나라에서나 우선적인 정책과제로 자리 잡고 있다. 한편 대부분의 국가에서는 노동시장 정책을 전통적 의미의 실업보험 사업과 적극적으로 연계하여 통합적으로 실시하고 있다.

우리나라의 고용보험제도는 1995년 7월부터 시행되었다. 산업화와 더불어 실업에 대한 사회안전망의 요구가 증가함에도 노사 양측의 대립을 둘러싼 논의 끝에 다른 사회보험제도보다 상대적으로 늦게 도입이 되었는데 실업급여제도와 더불어 노동시장에의 편입을 강화하기 위한 적극적 노동시장정책을 포괄하는 특징을 가진다. 즉, 고용보험제도는 실업에 대한 사회안전망으로 근로자가 실직하였을 경우, 실직근로자 및 그 가족의 생활안정과 재취업을 촉진하는 사회보험제도의 특징을 가진다. 이에 대해 고용보험법은 실업의 예방, 고용촉진 및 근로자의 직업능력의 개발·향상을 도모하고 국가의 직업지도·직업소개 기능을 강화하며 근로자가 실업한 경우에 생활에 필요한 급여를 실시함으로써 근로자의 생활 안정과 구직활동을 촉진하여 경제·사회발전에 이바지함을 목적으로 한다(법 제1조).

2) 주요 연혁

고용보험법은 1997년 국제외환위기로 실업률이 증가하면서 적용대상의 급속한 확대를 이루었다고 볼 수 있다. 따라서 5인 이상 사업장에 적용되던 규정이 1999년부터는 1인 이상 근로자를 사용하는 모든 사업장에 확대되기에 이르렀다. 한편 1999년에는 고용보험 수급요건을 완화하고 지급 기간을 연장하여 실업에 대한 사회안전망의 역할을 강화하였다. 2001년부터는 산전후휴가급여와 육아휴직급여를 고용보험에서 지급하여 모성보호정책을 고용보험에서도 담당하고 있다. 2008년에는 별정직 및 계약직 공무원의 경우 임의가입을 허용하고 실직 후의 생활안정을 보장하고 있고, 고용보험위원회를 신설하여 운영에 전문성을 강화하였다.

3) 용어의 정의

(1) "이직"이란 피보험자와 사업주 사이의 고용관계가 끝나게 되는 것을 말한다.

(2) "실업"이란 근로의 의사와 능력이 있음에도 불구하고 취업하지 못한 상태에 있는 것을 말한다.

(3) "실업의 인정"이란 직업안정기관의 장이 수급자격자가 실업한 상태에서 적극적으로 직업을 구하기 위하여 노력하고 있다고 인정하는 것을 말한다.

(4) "보수"란 소득세법에 따라 근로소득에서 정해진 금품을 뺀 금액을 말한다. 다만, 휴직이나 그 밖에 이와 비슷한 상태에 있는 기간 중에 사업주 외의 자로부터 지급받는 금품 중 일부 금품은 보수로 본다.

(5) "일용근로자"란 1개월 미만 동안 고용되는 자를 말한다.

4) 고용보험위원회

고용보험법의 시행에 관한 주요 사항을 심의하기 위하여 고용노동부에 고용보험위원회를 두며, 위원회는 다음 사항을 심의한다(법 제7조): 보험제도 및 보험사업의 개선에 관한 사항, 보험료징수법에 따른 보험료율의 결정에 관한 사항, 보험사업의 평가에 관한 사항, 기금운용 계획의 수립 및 기금의 운용 결과에 관한 사항 등.

2. 적용 대상

1) 적용 사업 및 적용 대상

고용보험법은 근로자를 사용하는 모든 사업 또는 사업장에 적용한다. 다만, 산업별 특성 및 규모 등을 고려하여 일부 정해진 사업에 대하여는 적용하지 아니하며(법 제8조 및 동법 시행령 제2조), 자영자는 임의 가입이 가능하다. 적용제외 사업은 다음과 같다 (시행령 제 2조): 농업·임업·어업 또는 수렵업 중 법인이 아닌 자가 상시 4명 이하의 근로자를 사용하는 사업, 총공사금액이 2천만원 미만인 공사, 연면적이 100제곱미터 이하인 건축물의 건축 또는 연면적이 200제곱미터 이하인 건축물의 대수선에 관한 공사, 가사서비스업.

다음의 근로자는 고용보험 적용에서 제외된다(법 제10조): 65세 이후에 고용되거나 자영업을 개시한 자, 소정(所定)근로시간이 일정 시간(1개월간 60시간) 미만인 자, 공무원, 교직원 등.

2) 보험관계의 성립 및 소멸

이 법에 따른 보험관계의 성립 및 소멸에 대하여는 보험료징수법으로 정하는 바에 따른다(법 제9조).

3) 피보험자의 관리

(1) 피보험자격에 관한 신고

사업주는 그 사업에 고용된 근로자의 피보험자격의 취득 및 상실 등에 관한 사항을 정하는 바에 따라 고용노동부장관에게 신고하여야 한다. 고용노동부장관은 신고된 피보험자격의 취득 및 상실 등에 관한 사항을 피보험자 및 원수급인 등 관계인에게 알려야 한다(법 제15조).

(2) 이직의 확인

사업주는 피보험자격의 상실을 신고할 때 근로자가 이직으로 피보험자격을 상실한 경우에는 피보험 단위기간 · 이직 사유 및 이직 전에 지급한 임금 · 퇴직금 등의 명세를 증명하는 이직확인서를 작성하여 고용노동부장관에게 제출하여야 한다. 다만, 수급자격의 인정신청을 원하지 아니하는 피보험자격 상실자에 대하여는 제출 의무가 없다. 이직으로 피보험자격을 상실한 자는 실업급여의 수급자격의 인정신청을 위하여 종전의 사업주에게 이직확인서의 교부를 청구할 수 있다. 이 경우 청구를 받은 사업주는 이직확인서를 내주어야 한다(법 제16조).

3. 보험료(재정)

1) 국고의 부담

국가는 매년 보험 사업에 드는 비용의 일부를 일반회계에서 부담해야 하며, 매년 예산의 범위에서 보험사업의 관리 · 운영에 드는 비용을 부담할 수 있다(법 제5조).

2) 보험료

보험 사업에 드는 비용을 충당하기 위하여 징수하는 보험료와 그 밖의 징수금에 대하여는 보험료징수법으로 정하는 바에 따르는데, 고용안정 · 직업능력개발 사업의 보험료 및 실업급여의 보험료는 각각 그 사업에 드는 비용에 충당한다. 다만, 실업급여의 보험료는 육아휴직 급여 및 출산전후휴가 급여 등에 드는 비용에 충당할 수 있다.

실업급여의 보험료는 근로자와 사업주가 각각 반씩 부담하며 고용안정, 직업능력개발사업에 대한 보험료는 사업주가 전액 부담한다. 다만 가입자인 근로자가 64세가 된 이후에는 보험료 납부의무는 면제된다(법 제6조).

한편, 고용노동부장관은 보험사업에 필요한 재원에 충당하기 위하여 고용보험기금을 설치한다(법 제78조). 고용보험기금은 보험료와 이 법에 따른 징수금·적립금·기금운용 수익금과 그 밖의 수입으로 조성하고 고용노동부장관이 관리·운용한다(법 제79조). 고용노동부장관은 대량 실업의 발생이나 그 밖의 고용상태 불안에 대비한 준비금으로 여유자금을 적립하여야 하는데 고용안정·직업능력개발 사업 계정의 연말 적립금은 해당 연도 지출액의 1배 이상 1.5배 미만을, 실업급여 계정의 연말 적립금은 해당 연도 지출액의 1.5배 이상 2배 미만을 적립하여야 한다(법 제84조).

4. 급여

고용보험은 고용보험사업으로 실업급여, 고용안정·직업능력개발 사업, 육아휴직 급여 및 출산전후휴가 급여 등을 실시한다(법 제4조).

1) 실업급여

실업급여란 근로자가 실직했을 경우 일정기간 급여를 지급함으로써 실업으로 인한 생계의 불안을 극복하고 생활의 안정을 도모하여 다시 취업을 할 수 있도록 기회를 제공해 주는 제도이다. 실업급여를 수급하기 위해서는 일정한 요건을 취득하여야 한다.

(1) 실업급여의 종류

실업급여는 구직급여와 취업촉진 수당으로 구분하고 취업촉진 수당의 종류는 조기재취업 수당, 직업능력개발 수당, 광역 구직활동비, 이주비가 있다(법 제37조).

① 구직급여

가. 구직급여의 수급 요건

구직급여는 이직한 피보험자가 다음 요건을 모두 갖춘 경우에 지급된다(법 제40조 1항): (a) 이직한 피보험자가 이직일 이전 18개월간 피보험 단위기간이 통산하여 180일 이상이고 (b) 근로의 의사와 능력이 있음에도 불구하고 취업하지 못한 상태에 있으며, (c) 이직사유가 수급자격의 제한 사유에 해당하지 않고,[9] (d) 재취업을 위한 노력을 적극적으로 한다.[10] 만약 피보험자가 이직일 이전 18개월 동안에 질병·부상 등의 사유로 계속하

9) 합당하지 않은 이직 사유의 구체적인 내용은 후술하도록 한다.

여 30일 이상 보수의 지급을 받을 수 없었던 경우에는 18개월에 그 사유로 임금을 지급받을 수 없었던 일수를 가산한 기간을 기준기간(3년을 초과할 때에는 3년)으로 한다(법 제40조 제2항).

나. 피보험 단위기간

피보험 단위기간은 피보험기간 중 보수지급의 기초가 된 날을 합하여 계산하고, 자영업자인 피보험자의 경우 폐업 전까지 고용보험료를 납부한 기간을 말한다. 이를 계산할 때에는 최후로 피보험자격을 취득한 날 이전에 구직급여를 받은 사실이 있는 경우에는 그 구직급여와 관련된 피보험자격 상실일 이전의 피보험단위기간은 넣지 아니한다(법 제41조).

다. 실업의 신고

구직급여를 지급받으려는 자는 이직 후 지체 없이 직업안정기관에 출석하여 실업을 신고하여야 하고, 실업 신고에는 구직신청과 수급자격의 인정신청을 포함하여야 한다(법 제42조).

라. 수급자격의 인정

구직급여를 지급받으려는 자는 직업안정기관의 장으로부터 구직급여의 수급요건을 갖추었다는 사실을 인정받아야 한다(법 제43조). 직업안정기관의 장은 수급자격의 인정신청을 받으면 그 신청인에 대한 수급자격의 인정 여부를 결정하고, 신청인에게 그 결과를 알려야 한다. 즉, 의무조항으로 규정되어 있다. 실업을 신고하려는 자는 직업안정법에 따른 구직신청을 하고, 수급자격 인정신청서를 자신의 거주지를 관할하는 직업안정기관의 장에게 제출하여야 한다(시행령 제61조 1항).

신청인이 피보험자로서 마지막에 이직한 사업에 고용되기 전에 피보험자로서 이직한 사실이 있을 것, 마지막 이직 이전의 이직과 관련하여 수급자격의 인정을 받은 사실이 없을 것의 요건을 모두 갖춘 경우에는 마지막에 이직한 사업을 기준으로 수급자격의 인정 여부를 결정한다.

마. 실업의 인정

구직급여는 수급자격자가 실업한 상태에 있는 날 중에서 직업안정기관의 장으로부터 실업의 인정을 받은 날에 대하여 지급한다(법 제44조). 실업의 인정을 받으려는 수급자격자는 실업의 신고를 한 날부터 계산하기 시작하여 1주부터 4주의 범위에서 직업안정기

10) 일용근로자는 다음 두 요건 또한 요구된다: 첫째, 수급자격 인정신청일 이전 1개월 동안의 근로일수가 10일 미만일 것을 조건으로 한다. 둘째, 최종 이직일 전 기준기간의 피보험 단위기간 180일 중 다른 사업에서 수급자격의 제한 사유에 해당하는 사유로 이직한 사실이 있는 경우에는 그 피보험 단위기간 중 90일 이상을 일용근로자로 근로한 요건을 모두 갖춘 경우에 지급한다.

관의 장이 지정한 날에 출석하여 재취업을 위한 노력을 하였음을 신고하여야 한다.

바. 대기기간

실업의 인정에도 불구하고, 실업의 신고일부터 계산하기 시작하여 7일간은 대기기간으로 보아 구직급여를 지급하지 않는다(법 제49조). 각 나라의 입법례에 따라 대기기간 유무나 기간의 길이 등이 다르게 규정되어 있으나 우리나라는 일주일의 기간이 법에 명시되어 있다.

사. 급여의 기초가 되는 임금일액

구직급여의 산정 기초가 되는 임금은 마지막 이직당시 근로기준법에 따라 산정된 평균임금으로 한다. 하지만 금액이 근로기준법에 따른 그 근로자의 통상임금보다 적을 경우에는 그 통상임금액을 기초일액으로 한다(법 제45조). 구직급여의 산정기초가 되는 임금일액이 8만 6천원을 초과하는 경우에는 8만 6천원을 해당 임금일액으로 한다(동법 시행령 제68조 1항).

아. 구직급여일액

구직급여일액은 원칙적으로 그 수급자격자의 기초일액에 100분의 50을 곱한 금액(법 제46조 제1항), 최저기초일액일 경우는 그 수급자격자의 기초일액에 100분의 90을 곱한 최저구직급여일액이다(법 제46조 제1항). 만약 원칙적으로 산정된 구직급여일액이 최저구직급여일액보다 낮은 경우에는 최저구직급여일액을 그 수급자격자의 구직급여일액으로 한다(법 제46조).

자. 수급기간 및 수급일수

구직급여는 따로 규정이 없는 한 구직급여의 수급자격과 관련된 이직일의 다음 날부터 계산하기 시작하여 12개월 내에 소정급여일수를 한도로 하여 지급한다(법 제48조). 하나의 수급자격에 따라 구직급여를 지급받을 수 있는 날은 대기기간이 끝난 다음 날부터 계산하기 시작하여 피보험기간과 연령이 따라 다음 〈표 Ⅱ-8〉과 같이 산정한다(법 제50조).

〈표 Ⅱ-8〉 구직급여 지급 일수

구분		피보험기간				
		1년 미만	1년 이상 3년 미만	3년 이상 5년 미만	5년 이상 10년 미만	10년 이상
이직일 현재 연령	30세 미만	90일	90일	120일	150일	180일
	30세 이상 50세 미만	90일	120일	150일	180일	210일
	50세 이상 및 장애인	90일	150일	180일	210일	240일

여기서 피보험기간이란 이직당시 적용사업장에서의 고용기간을 말하고, 자영업자의 경우 실제로 납부한 고용보험료에 해당하는 기간이다. 장애인이란 장애인 고용 촉진 및 직업재활법의 장애인을 말한다.

수급자격자가 소정급여일수 내에 임신·출산·육아, 그 밖에 정해진 사유로 수급기간을 연장한 경우에는 그 기간만큼 구직급여를 유예하여 지급한다. 피보험기간은 그 수급자격과 관련된 이직 당시의 적용 사업에서 고용된 기간으로 하고, 자영업자인 피보험자의 경우에는 그 수급자격과 관련된 폐업 당시의 적용 사업에의 보험가입기간 중에서 실제로 납부한 고용보험료에 해당하는 기간으로 한다.

차. 연장급여

연장급여는 훈련연장급여, 개별연장급여, 특별연장급여가 있다. 연장급여는 상호 중복지급이 불가능하다.

(a) 훈련연장급여

직업안정기관의 장은 수급자격자의 연령·경력 등을 고려할 때 재취업을 위하여 직업능력개발 훈련 등이 필요하면 그 수급자격자에게 직업능력개발 훈련 등을 받도록 지시할 수 있다. 이에 따라 직업능력개발 훈련 등을 받도록 지시한 경우에는 수급자격자가 그 직업능력개발 훈련 등을 받는 기간 중 실업의 인정을 받은 날에 대하여는 소정급여일수를 초과하여 구직급여를 연장하여 지급할 수 있다. 이 경우 연장하여 지급하는 구직급여의 지급 기간은 2년 범위 내이고, 구직급여일액의 100%가 지급된다(법 제51조).

(b) 개별연장급여

직업안정기관의 장은 취업이 특히 곤란하고 생활이 어려운 수급자격자로서 임금수준, 재산상황, 부양가족, 훈련수강 여부 등을 고려하여 생계지원이 필요한 자에게는 그가 실업의 인정을 받은 날에 대하여 소정급여일수를 초과하여 구직급여를 연장하여 지급할 수 있다. 제1항에 따라 연장하여 지급하는 구직급여는 60일의 범위에서 구직급여일액의 70%가 지급된다(법 제52조).

(c) 특별연장급여

고용노동부장관은 실업의 급증 등으로 재취업이 어렵다고 인정되는 경우 60일의 범위에서 수급자격자가 실업의 인정을 받은 날에 대하여 소정급여일수를 초과하여 구직급여를 연장하여 지급할 수 있다. 60일 범위 내 구직급여일액의 70%를 지급한다(법 제53조).

카. 급여의 지급제한

구직급여를 받기 위해서는 이직사유가 합당해야 하며, 다음과 같이 합당하지 않은 이직사유를 가지는 경우에는 수급자격이 없는 것으로 본다(법 제58조): 첫째, 중대한 귀책사유로 해고된 피보험자(형법이나 직무와 관련된 법률을 위반하여 금고이상의 형을 선고받은 경우, 사업에 막대한 지장을 초래하거나 재산상 손해를 끼친 경우, 정당한 사유 없이 근로계약 또는 취업규칙 등을 위반하여 장기간 무단결근한 경우). 둘째, 자기 사정으로 이직한 피보험자(전직 또는 자영업을 하기 위하여 이직한 경우, 중대한 귀책사유가 있는 자가 해고되지 아니하고 사업주의 권고로 이직한 경우 등).

수급자격자가 직업안정기관의 장이 소개하는 직업에 취직하는 것을 거부하거나 직업안정기관의 장이 지시한 직업능력개발 훈련 등을 거부하면 정해진 바에 따라 구직급여의 지급을 정지한다(법 제60조). 다만, 해당하는 정당한 사유가 있는 경우에는 예외를 둔다.

부정행위에 따른 급여 지급 제한(법 제61조)도 규정하는데 거짓이나 그 밖의 부정한 방법으로 실업급여를 받았거나 받으려 한 자에게는 그 급여를 받은 날 또는 받으려 한 날부터의 구직급여를 지급하지 아니한다.

타. 질병 등의 특례

수급자격자가 실업의 신고를 한 이후에 질병·부상 또는 출산으로 취업이 불가능하여 실업의 인정을 받지 못한 날에 대하여는 그 수급자격자의 청구에 의하여 구직급여일액에 해당하는 금액(상병급여)을 구직급여에 갈음하여 지급할 수 있다. 다만, 구직급여의 지급이 정지된 기간에 대하여는 상병급여를 지급하지 아니한다(법 제63조).

② 취업촉진수당

가. 조기재취업 수당

조기재취업 수당은 수급자격자가 안정된 직업에 재취직하거나 스스로 영리를 목적으로 하는 사업을 영위하는 경우로서 다음과 같은 기준에 해당하면 지급한다(법 제64조): 구직급여 수급자격자가 대기기간이 지난 후 재취업한 날의 전날을 기준으로 구직급여 소정 급여일수를 2분의 1 이상 남기고 재취업한 경우로서 12개월 이상 계속하여 고용되거나, 12개월 이상 계속하여 사업을 영위한 경우(시행령 제84조). 조기재취업 수당의 금액은 구직급여일액에 미지급일수의 2분의 1을 곱한 금액으로 한다(시행령 제85조). 수급자격자를 조기에 재취업시켜 구직급여의 지급 기간이 단축되도록 한 자에게는 장려금을 지급할 수 있다.

나. 직업능력개발 수당

직업능력개발 수당은 수급자격자가 직업안정기관의 장이 지시한 직업능력개발 훈련 등을 받는 경우에 그 훈련을 받는 기간에 대하여 지급한다(법 제65조).

다. 광역 구직활동비

광역 구직활동비는 수급자격자가 직업안정기관의 소개에 따라 광범위한 지역에 걸쳐 구직 활동을 하는 경우로서 정해진 기준에 따라 직업안정기관의 장이 필요하다고 인정하면 지급할 수 있다(법 제66조).

라. 이주비

이주비는 수급자격자가 취업하거나 직업안정기관의 장이 지시한 직업능력개발 훈련 등을 받기 위하여 그 주거를 이전하는 경우로서 정해진 기준에 따라 직업안정기관의 장이 필요하다고 인정하면 지급할 수 있으며, 금액은 수급자격자 및 피부양자의 이주에 일반적으로 드는 비용으로 한다(법 제67조).

③ 취업촉진 수당의 지급 제한

거짓이나 그 밖의 부정한 방법으로 실업급여를 받았거나 받으려 한 자에게는 그 급여를 받은 날 또는 받으려 한 날부터 취업촉진 수당을 지급하지 아니한다. 다만, 이직 후에 새로 수급자격을 취득하면 그 새로운 수급자격에 따른 취업촉진 수당은 해당하지 않는다(법 제68조).

④ 수급권의 보호

실업급여를 받을 권리는 양도 또는 압류하거나 담보로 제공할 수 없으며, 지정된 실업급여수급계좌의 예금 중 150만원 이하의 금액에 관한 채권은 압류할 수 없다(법 제38조).

2) 고용안정사업

고용안정사업이란 근로자가 취업할 때부터 자신의 적성과 능력에 맞는 직업을 선택할 수 있도록 고용정보 제공, 직업지도, 취업알선 등의 프로그램을 실시하여 고용을 촉진하고 실업 발생을 예방하는 제도이다. 근로자의 노동시장 유입을 위한 적극적 노동시장정책의 일환으로 이루어지고 있다.

(1) 고용안정 · 직업능력개발 사업의 실시

고용노동부장관은 피보험자 및 피보험자였던 자, 그 밖에 취업할 의사를 가진 자에 대한 ① 실업의 예방, ② 취업의 촉진, ③ 고용기회의 확대, ④ 직업능력개발 · 향상의 기회 제공 및 지원, ⑤ 그 밖에 고용안정과 사업주에 대한 인력 확보를 지원하기 위하여 고용안정 · 직업능력개발 사업을 실시하고, 고용안정 · 직업능력개발 사업을 실시할 때에는 근로자의 수, 고용안정 · 직업능력개발을 위하여 취한 조치 및 실적 등의 기준에 해당하는 기업을 우선적으로 고려하여야 한다(법 제19조).

(2) 고용창출의 지원

고용노동부장관은 고용환경 개선, 근무형태 변경 등으로 고용의 기회를 확대한 사업주에게 임금의 일부를 지원할 수 있다(법 제20조 및 동법 시행령 제17조).

(3) 고용조정의 지원, 이직예정자 등 재취업 지원금

고용노동부장관은 경기의 변동, 산업구조의 변화 등에 따른 사업 규모의 축소, 사업의 폐업 또는 전환으로 고용조정이 불가피하게 된 사업주가 근로자에 대한 휴업, 직업전환에 필요한 직업능력개발 훈련, 인력의 재배치 등을 실시하거나 그 밖에 근로자의 고용안정을 위한 조치를 하면 그 사업주에게 필요한 지원을 할 수 있는데, 이 경우 휴업이나 휴직 등 고용안정을 위한 조치로 근로자의 임금이 정해진 수준으로 감소할 때에는 그 근로자에게도 필요한 지원을 할 수 있다. 고용노동부장관은 고용이 불안정하게 된 근로자의 고용안정을 위한 조치를 하는 사업주에게 필요한 지원을 할 수 있다(법 제21조).

(4) 지역 고용의 촉진

고용노동부장관은 고용기회가 뚜렷이 부족하거나 산업구조의 변화 등으로 고용사정이 급속하게 악화되고 있는 지역으로 사업을 이전하거나 그러한 지역에서 사업을 신설 또는 증설하여 그 지역의 실업 예방과 재취업 촉진에 기여한 사업주, 그 밖에 그 지역의 고용기회 확대에 필요한 조치를 한 사업주에게 필요한 지원을 할 수 있다(법 제22조).

(5) 고령자 등 고용촉진의 지원, 고령자 고용연장 지원금, 고용촉진지원금

고용노동부장관은 고령자의 고용을 촉진하기 위하여 고령자등을 새로 고용하거나 이들의 고용안정에 필요한 조치를 하는 사업주 또는 사업주가 실시하는 고용안정 조치에 해당된 근로자에게 필요한 지원을 할 수 있다(법 제23조).

고용노동부장관은 다음 중 어느 하나에 해당하는 요건을 갖춘 사업의 사업주 - 사용근로자 수가 300명 이상인 사업의 사용주는 제외 - 에게 고령자 고용연장 지원금을 지급한다(시행령 제25조): 첫째, 정년을 폐지하거나, 기존에 정한 정년을 60세 이상으로 1년 이상 연장할 것, 둘째, 정년을 55세 이상으로 정한 사업장의 사업주에게 고용되어 18개월 이상을 계속 근무한 후 정년에 이른 자를 퇴직시키지 아니하거나 정년퇴직 후 3개월 이내에 고용하고 재고용 전 3개월, 재고용 후 6개월 동안 근로자를 고용조정으로 이직시키지 아니할 것.

고용노동부장관은 다음의 요건을 모두 갖춘 사업의 사업주에게 60세 이상 고령자 고용지원금을 지급한다(시행령 제25조의 2). 정년을 정하지 아니한 사업장일 것, 매 분기 그 사업의 월평균 근로자 수에 대한 매월 말일 현재 계속하여 1년 이상 고용된 만 60세 이상 월평균 근로자 수의 비율이 업종별로 고시하는 비율 이상일 것, 사업주가 60세 이상 고령자 고용지원금 신청일 당시 고령자 고용촉진 장려금을 1회 이상 지급받고 그 지급한도 기간 내에 있는 자가 아닐 것.

고용노동부장관은 장애인, 여성가장 등 노동시장의 통상적인 조건에서는 취업이 특히 곤란한 사람의 취업촉진을 위하여 직업안정기관이나 그 밖에 정해진 기관에 구직등록을 한 사람으로서 다음 중 하나에 해당하는 실업자를 피보험자로 고용한 사업주에게 고용촉진장려금을 지급한다(시행령 제26조): 고용노동부장관이 고시하는 바에 따라 노동시장의 통상적인 조건에서는 취업이 특히 곤란한 사람을 대상으로 하는 취업지원프로그램을 이수한 사람, 장애인 고용촉진 및 직업재활법에 따른 중증장애인으로서 1개월 이상 실업상태에 있는 사람, 가족 부양의 책임이 있는 여성 실업자 중 국민기초생활 보장법에 따른 취업대상자 또는 한부모가족지원법에 따른 보호대상자에 해당하고 1개월 이상 실업상태에 있는 사람 등.

고용노동부장관은 다음 중 어느 하나에 해당하는 경우 근로자에게 임금피크제 지원금을 지급한다(시행령 제28조): 사업주가 근로자 대표의 동의를 받아 정년을 60세 이상으로 연장하거나 정년을 56세 이상 60세 미만으로 연장하면서 55세 이후부터 일정나이, 근속시점 또는 임금액을 기준으로 임금을 줄이는 제도를 시행하는 경우, 사업주가 이 제도를 시행하거나 재고용하면서 주당 소정근로시간을 15시간 이상 30시간 이하로 단축하는 경우[11], 정년을 55세 이상으로 정한 사업주가 정년에 이른 사람을 재고용하면서 정년퇴직 이후부터 임금을 줄이는 경우.

고용노동부장관은 다음 중 어느 하나에 해당하는 사업주에게 출산육아기 고용안정장려금을 지급한다(시행령 제 29조): 근로계약기간이 1년 이하이거나 파견근로자에 해당하는 피보험자인 여성 근로자의 근로계약기간이나 파견계약기간이 근로기준법에 따른 보호휴가기간이나 임신기간 중에 끝나는 경우 그 근로계약기간이나 파견계약기간이 끝난 즉시 또는 출산 후 1년 이내에 그 근로자와 근로계약기간을 1년 이상으로 하는 근로계약을 체결하는 사업주, 피보험자인 근로자에게 육아휴직 등을 30일 이상 허용하고 육아휴직 등이 끝난 후 30일 이상 그 근로자를 피보험자로 계속 고용하는 사업주, 육아휴직 등을 30일 이상 허용하고 대체인력을 고용한 경우이고 일정 요건을 갖춘 사업주.

2) 직업능력개발사업

직업능력개발사업이란 취업한 근로자를 대상으로 지속적인 직무향상교육훈련을 실시하여 직무수행능력, 지식, 기능 등을 향상시킴으로써 기업의 생산성을 높이고 근로자가 새롭게 변화하는 환경에 대응할 수 있도록 지원하는 사업이다.

(1) 사업주에 대한 직업능력개발 훈련의 지원

고용노동부장관은 피보험자 등의 직업능력을 개발·향상시키기 위하여 직업능력개발 훈련을 실시하는 사업주에게 훈련과정의 인정을 받은 훈련과정으로서 이에 따라 그 훈련에 필요한 비용을 지원할 수 있다(법 제27조 및 동법 시행령 제41조).

(2) 피보험자 등에 대한 직업능력개발 지원

고용노동부장관은 피보험자 등이 직업능력개발 훈련을 받거나 그 밖에 직업능력 개발·향상을 위하여 노력하는 경우에는 필요한 비용을 지원할 수 있다. 또한 취업을 촉진하기 위한 직업능력개발훈련을 실시할 수 있고 이 경우 생계비를 대부할 수 있다(법 제29조).

(3) 기타

고용노동부장관은 피보험자 등의 직업능력 개발·향상을 위하여 필요하다고 인정하면

11) 이 경우에 한해서 사용주에게도 지원금을 지급한다.

직업능력개발 훈련 시설에 대한 지원 및 직업능력개발의 촉진을 위해 사업을 위탁할 수 있고, 건설근로자 등을 위해 별도로 직업능력개발을 지원하는 근거를 마련하고 있다(법 제30조~32조).

4) 육아휴직급여 등

(1) 육아휴직 급여

고용노동부장관은 남녀고용평등과일·가정양립지원에관한법률에 따른 육아휴직을 30일 이상 부여받은 피보험자 중 ① 육아휴직을 시작한 날 이전에 제41조에 따른 피보험 단위기간이 통산하여 180일 이상일 것 ② 같은 자녀에 대하여 피보험자인 배우자가 30일 이상의 육아휴직을 부여받지 아니하거나 남녀고용평등과일·가정양립지원에관한법률에 따른 육아기 근로시간 단축을 30일 이상 실시하지 아니하고 있을 것의 요건을 모두 갖춘 피보험자에게 육아휴직급여를 지급한다. 육아휴직급여를 지급받으려는 사람은 육아휴직을 시작한 날 이후 1개월부터 육아휴직이 끝난 날 이후 12개월 이내에 신청하여야 한다(법 제70조). 육아휴직급여는 월 통상임금의 40%에 해당하는 금액을 월별 지급액으로 하되 상한액은 월 100만원이고, 하한액은 월 50만원이다. 지급 가능 기간이 1개월 미만이면 일할 계산한다(시행령 제95조).

피보험자가 육아휴직 급여 기간 중에 이직 또는 새로 취업하거나 사업주로부터 금품을 지급받은 경우에는 그 사실을 직업안정기관의 장에게 신고하여야 한다. 직업안정기관의 장은 필요하다고 인정하면 육아휴직 급여 기간 중의 이직, 취업 여부 등에 대하여 조사할 수 있다(법 제72조).

피보험자가 ① 육아휴직 급여 기간 중에 이직하거나 새로 취업한 경우, ② 사업주로부터 육아휴직을 이유로 금품을 지급받은 경우(이때는 감액 지급 가능), ③ 거짓이나 그 밖의 부정한 방법으로 육아휴직 급여를 받았거나 받으려 한 자에게는 그 급여를 받은 날 또는 받으려 한 날부터의 육아휴직 급여를 지급하지 않는다(법 제73조).

(2) 육아기 근로시간 단축급여

고용노동부장관은 육아기 근로시간 단축을 30일 이상 실시한 피보험자 중 다음의 요건을 모두 갖춘 피보험자에게 육아기 근로시간 단축급여를 지급한다(법 제73조의2): 육아기 근로시간 단축을 시작한 날 이전에 피보험 단위기간이 통산하여 180일 이상일 것, 같은 자녀에 대하여 피보험자인 배우자가 30일 이상의 육아휴직을 부여받지 아니하거나 육아기 근로시간 단축을 30일 이상 실시하지 아니하고 있을 것. 육아기 근로시간 단축 급여를 지급받으려는 사람은 육아기 근로시간 단축을 시작한 날 이후 1개월부터 끝난 날 이후 12개월 이내에 신청하여야 한다.

(3) 출산전후 휴가급여 등

근로기준법 74조에 의하면 사용자는 임신 중의 여성에게 출산 전과 출산 후를 통하여 90일(한 번에 둘 이상 자녀를 임신한 경우에는 120일)의 출산전후휴가를 주어야 한다. 이 경우 휴가 기간의 배정은 출산 후에 45일(한 번에 둘 이상 자녀를 임신한 경우에는 60일) 이상이 되어야 한다. 고용보험법에서는 이러한 근로기준법 규정을 보다 구체화하여 급여로서 지급하고 있다.

출산전후 휴가급여 등을 받기 위해서는 다음과 같은 요건들을 모두 충족하여야 한다(법 제75조): 휴가가 끝난 날 이전에 피보험 단위기간이 통산하여 180일 이상일 것, 휴가를 시작한 날 이후 1개월부터 휴가가 끝난 날 이후 12개월 이내에 신청할 것.

출산전후휴가 급여 등은 휴가 기간에 대하여 근로기준법의 통상임금에 해당하는 금액을 지급한다(법 제76조).

5. 고용보험기금

고용노동부장관은 보험사업에 필요한 재원에 충당하기 위하여 고용보험기금을 설치하고, 기금은 보험료와 고용보험 징수금·적립금·기금운용 수익금과 그 밖의 수입으로 조성한다(법 제78조).

기금은 다음의 용도로 사용되어야 한다(법 제80조): 고용안정·직업능력개발 사업에 필요한 경비, 실업급여의 지급, 육아휴직 급여 및 출산전후휴가 급여 등의 지급, 보험료의 반환, 일시 차입금의 상환금과 이자 등.

고용노동부장관은 대량 실업의 발생이나 그 밖의 고용상태 불안에 대비한 준비금으로 여유자금을 적립하여야 하며, 여유자금의 적정규모는 다음과 같다(법 제 84조): 1. 고용안정·직업능력개발 사업 계정의 연말 적립금: 해당 연도 지출액의 1배 이상 1.5배 미만. 2. 실업급여 계정의 연말 적립금: 해당 연도 지출액의 1.5배 이상 2배 미만.

6. 관리운영체계

고용보험은 고용노동부장관이 관장한다(법 제3조). 고용보험제도 및 운영에 관한 주요 사항의 결정이나 기획에 관한 업무는 고용노동부의 본부에 의해 이루어지고 있으며, 집행 업무는 지방노동관서에 의해 이루어진다.

이 법 및 보험료징수법의 시행에 관한 주요 사항을 심의하기 위하여 고용노동부에 고용보험위원회를 두고 고용보험위원회는 다음의 사항을 심의한다(법 제7조): 보험제도 및 보험사업의 개선에 관한 사항, 보험료징수법에 따른 보험료율의 결정에 관한 사항, 보험사업의 평가에 관한 사항, 기금운용 계획의 수립 및 기금의 운용 결과에 관한 사항 등.

고용보험위원회는 위원장 1명을 포함한 20명 이내의 위원으로 구성하고, 위원장은 고용노동부차관이 되고, 위원은 근로자를 대표하는 사람, 사용자를 대표하는 사람, 공익을 대표하는 사람, 정부를 대표하는 사람 중에서 각각 동수로 고용노동부장관이 임명하거나 위촉하는 사람이 된다. 위원회는 심의 사항을 사전에 검토·조정하기 위하여 위원회에 전문위원회를 둘 수 있다.

7. 권리구제

고용보험과 관련한 각종 처분 등으로 인해 권리와 이익을 침해당한 피보험자를 보호하기 위해 고용보험법은 심사와 재심사 제도를 두고 있다.

피보험자격의 취득·상실에 대한 확인, 실업급여 및 육아휴직 급여와 출산전후휴가 급여등에 관한 처분에 이의가 있는 자는 심사관에게 심사를 청구할 수 있고, 그 결정에 이의가 있는 자는 심사위원회에 재심사를 청구할 수 있다(법 제87조).

고용보험법의 심사청구는 확인 또는 처분이 있음을 안 날부터 90일 이내에 제기하여야 하며, 심사를 행하게 하기 위하여 고용보험심사관을 둔다. 고용보험심사관은 심사청구를 받으면 30일 이내에 그 심사청구에 대한 결정을 하여야 한다. 다만, 부득이한 사정으로 그 기간에 결정할 수 없을 때에는 1차에 한하여 10일을 넘지 아니하는 범위에서 그 기간을 연장할 수 있다.

고용보험법의 재심사 청구는 심사청구에 대한 결정이 있음을 안 날부터 90일 이내에 각각 제기하여야 하며, 재심사를 하기 위하여 고용노동부에 고용보험심사위원회를 둔다.

심사위원회는 재심사의 청구를 받으면 50일 이내에 재결(裁決)을 하여야 한다.

8. 과제와 전망

고용보험은 실업자에 대한 사회안전망의 역할을 수행하여야 하는데 현재의 고용보험법의 내용으로는 부족한 면이 있다 할 수 있다. 우선, 실업급여의 지급요건에 대한 재검토가 필요하다. 직장을 잃은 사람 가운데 고용보험 자격을 획득하는 경우가 매우 낮아서 실제 고용보험이 실직자와 그 가족에 대한 소득보장 기능이 제한되어 있다는 지적이 계속되어 왔다. 고용보험법의 목적을 달성하기 위해서는 이에 대한 조정이 필요한 시점이다.

급여 수준이나 지급기간에 대한 부분에 대해서도 개선이 필요하다. 실업급여의 경우 실직한 근로자와 가족의 생활을 유지시켜 주어야 하는데 현재 상한이 너무 낮아서 실제 소득유지가 어려운 수준이다. 육아휴직급여의 경우도 급여 수준이 너무 낮아서 실제 육아휴직을 원함에도 불구하고 이를 활용하지 못하는 경우가 흔히 발생하고 있다.

제 5 절 노인장기요양보험법

1. 일반사항

1) 의의 및 목적

우리나라는 현재 빠른 속도로 인구고령화가 진행되고 있으며, 더불어 출산율의 급격한 저하는 고령화 문제를 더욱 심화시킬 것으로 전망된다. 고령화 사회의 진전에 따라 발생하는 심각한 노인문제중 하나는 치매·중풍 등 요양보호 노인이 크게 증가하는 것이다. 그러나 핵가족화 및 여성의 사회활동 증가 등으로 가족의 노인부양기능은 지속적으로 약화되어 가고 있으며 이러한 추세는 노인의 요양보호 문제가 현재는 물론, 앞으로 우리 국민들 노후의 가장 큰 불안요인으로서 심각한 사회적 위험으로 작용할 것을 시사하고 있다. 결론적으로 말해 현재는 물론이고 향후 지속적으로 증가할 노인의 보건·의료·요양·복지 등 복합적인 욕구에 효과적으로 대응하기 위해 고령화 사회 초기에 공적노인요양보장체계를 확립하여 국민의 노후 불안해소 및 노인 가정의 부담경감 등의 필요성이 크게 제기되고 있으며 이에 대응하여 국가와 사회가 함께 책임지는 공적노인요양보장제도인 '노인장기요양보험법'을 2008년 도입하였다. 이 법은 고령이나 노인성 질병 등의 사유로 일상생활을 혼자서 수행하기 어려운 노인등에게 제공하는 신체활동 또는 가사활동 지원 등의 장기요양급여에 관한 사항을 규정하여 노후의 건강증진 및 생활안정을 도모하고 그 가족의 부담을 덜어줌으로써 국민의 삶의 질을 향상하도록 함을 목적으로 한다(법 제1조).

2) 주요 연혁

2001년 노인수발보험제도의 도입이 논의되기 시작하였고, 2002년에는 노인보건복지종합대책에서 공적노인수발보호체제의 구축 및 시행을 제시한 것이 노인장기요양보험제도 도입의 시작이라 할 수 있다. 시범사업 및 여론조사 등의 실시 이후 2008년 노인장기요양법이 시행되기에 이르렀는데 이로써 우리나라는 5대 사회보험제도를 갖추게 되었다고 볼 수 있다. 2009년에는 일정지역(도서, 벽지, 농어촌 등)에 거주하는 자에 대하여 본인일부부담금의 50%를 감경할 수 있는 법적 근거를 마련하였고 2014년에는 치매특별등급을 신설하여 경증 치매노인이 있는 가족 구성원들의 부양부담을 줄일 수 있는 근거를 마련하였다.

3) 용어의 정의

(1) "노인 등"이란 65세 이상의 노인 또는 65세 미만의 자로서 치매·뇌혈관성질환 등의 노인성 질병[12]을 가진 자를 말한다.
(2) "장기요양급여"란 6개월 이상 동안 혼자서 일상생활을 수행하기 어렵다고 인정되는 자에게 신체활동·가사활동의 지원 또는 간병 등의 서비스 등을 말한다.
(3) "장기요양기관"이란 제31조에 따라 지정을 받은 기관 또는 제32조에 따라 지정된 재가 장기요양기관으로서 장기요양급여를 제공하는 기관을 말한다.
(4) "장기요양요원"이란 장기요양기관에 소속되어 노인의 신체활동 또는 가사활동 지원 등의 업무를 수행하는 자를 말한다.

12) 노인성 질병은 「통계법」 제22조에 따라 고시된 한국표준질병사인분류에 따르며 그 종류는 치매, 알츠하이머병, 지주막하출혈, 뇌내출혈, 두개내출혈, 뇌경색증, 뇌졸중, 뇌혈관질환 및 뇌혈관질환의 후유증, 파킨슨병, 퇴행성 질환, 중풍후유증 등으로 규정한다(시행령 별표 1).

4) 장기요양급여 제공의 기본원칙

장기요양급여는 노인의 심신상태·생활환경과 노인 및 그 가족의 욕구·선택을 종합적으로 고려하여 필요한 범위 안에서 이를 적정하게 제공하여야 하며, 이를 통해 노인의 심신 상태나 건강 등이 악화되지 아니하도록 의료서비스와 연계하여야 한다. 또한 노인이 가족과 함께 생활하면서 가정에서 장기요양을 받는 재가급여를 우선적으로 제공하여야 한다(법 제3조).

5) 장기요양위원회

보건복지부장관 소속으로 장기요양위원회를 둔다. 장기요양위원회에서는 장기요양보험료율, 가족요양비, 특례요양비 및 요양병원간병비의 지급기준, 재가 및 시설 급여비용 등의 주요 사항을 심의한다(법 제45조).

2. 적용대상

노인장기요양보험의 가입자는 건강보험의 가입자와 동일하다(법 제7조).

3. 보험료(재정)

1) 보험료

장기요양보험료는 건강보험료에 장기요양보험료율을 곱하여 산정한 금액으로 하지만(법 제9조), 장애인 등에 대해서는 장기요양보험료의 전부 또는 일부를 감면할 수 있다(법 제10조). 현재 장기요양보험료율은 건강보험료의 6.55%이다(시행령 제4조).

장기요양보험료는 건강보험료와 통합하여 징수하나, 공단은 장기요양보험료와 건강보험료를 구분하여 고지하여야 하며 통합 징수한 장기요양보험료와 건강보험료를 각각의 독립회계로 관리하여야 한다(법 제8조).

2) 국고지원

국가는 매년 예산의 범위 안에서 당해 연도 장기요양보험료 예상수입액의 100분의 20에 상당하는 금액을 공단에 지원한다. 국가와 지방자치단체는 의료급여수급권자의 장기요양급여비용, 의사소견서 발급비용, 방문간호지시서 발급비용 중 공단이 부담하여야 할 비용 및 관리운영비의 전액을 부담한다(법 제58조).

4. 장기요양인정

1) 장기요양인정의 신청/조사

장기요양인정을 신청할 수 있는 자는 노인 등으로서 장기요양보험가입자 또는 그 피부양자이거나 「의료급여법」에 따른 수급권자여야 한다(법 제12조). 장기요양급여를 받기 위해서 이에 대한 인정을 신청하는 자격을 장기요양가입자 뿐 아니라 의료급여 대상자까지 포괄하여 결과적으로 노인장기요양보험이 사회보험의 범위를 넘어서 보편적인 제도로 운영되고 있다고 볼 수 있다.

장기요양인정 신청자는 공단에 장기요양인정신청서에 의사 또는 한의사가 발급하는 소견서를 첨부하여 제출하여야 한다. 다만, 의사소견서는 공단이 등급판정위원회에 자료를 제출하기 전까지 제출하여야 한다. 그러나 거동이 현저하게 불편하거나 도서·벽지 지역에 거주하여 의료기관을 방문하기 어려운 자 등은 의사소견서를 제출하지 않을 수 있다(법 제13조).

공단은 신청서를 접수하면 소속 직원으로 하여금 신청인의 심신상태, 신청인에게 필요한 장기요양급여의 종류 및 내용, 그 밖에 장기요양에 관하여 필요한 사항을 조사하게 한다. 다만, 지리적 사정 등으로 직접 조사하기 어려운 경우 또는 조사에 필요하다고 인정하는 경우 시·군·구에 대하여 조사를 의뢰하거나 공동으로 조사할 것을 요청할 수 있다. 조사를 의뢰받은 시·군·구는 조사를 완료한 때 조사결과서를 작성하여 공단에 이를 송부하여야 한다(법 제14조).

2) 등급판정

공단은 조사가 완료된 때 조사결과서, 신청서, 의사소견서, 그 밖에 심의에 필요한 자료를 장기요양등급판정위원회에 제출하여야 하며, 등급판정위원회는 신청인이 신청자격요건을 충족하고 6개월 이상 동안 혼자서 일상생활을 수행하기 어렵다고 인정하는 경우 심신상태 및 장기요양이 필요한 정도 등 등급판정기준에 따라 장기요양급여를 받을 자로 판정한다. 등급판정위원회가 심의·판정을 할 때 신청인과 그 가족, 의사소견서를 발급한 의사 등 관계인의 의견을 들을 수 있다(법 제15조). 5급 이내의 등급을 판정받아야 노인

장기요양보험으로부터 서비스를 받을 수 있게 되며, 등급에 따라서 제공받을 수 있는 서비스의 양이 달라지게 된다.

〈장기요양등급〉 (시행령 제 7조)

1. 장기요양 1등급 : 심신의 기능상태 장애로 일상생활에서 전적으로 다른 사람의 도움이 필요한 자로서 장기요양인정 점수가 95점 이상인 자
2. 장기요양 2등급 : 심신의 기능상태 장애로 일상생활에서 상당 부분 다른 사람의 도움이 필요한 자로서 장기요양인정 점수가 75점 이상 95점 미만인 자
3. 장기요양 3등급 : 심신의 기능상태 장애로 일상생활에서 부분적으로 다른 사람의 도움이 필요한 자로서 장기요양인정 점수가 60점 이상 75점 미만인 자
4. 장기요양 4등급 : 심신의 기능상태 장애로 일상생활에서 일정부분 다른 사람의 도움이 필요한 자로서 장기요양인정 점수가 51점 이상 60점 미만인 자
5. 장기요양 5등급 : 치매환자로서 장기요양인정 점수가 45점 이상 51점 미만인 자

등급판정위원회는 신청인이 신청서를 제출한 날부터 30일 이내에 장기요양등급판정을 완료하여야 한다. 다만, 신청인에 대한 정밀조사가 필요한 경우 등 기간 이내에 등급판정을 완료할 수 없는 부득이한 사유가 있는 경우 30일 이내의 범위에서 이를 연장할 수 있다(법 제16조).

3) 장기요양인정서

공단은 등급판정위원회가 장기요양인정 및 등급판정의 심의를 완료한 경우 지체 없이 장기요양등급, 장기요양급여의 종류 및 내용 등이 포함된 장기요양인정서를 작성하여 수급자에게 송부하여야 한다(법 제17조).

공단이 장기요양인정서를 작성하여 장기요양급여의 종류 및 내용을 정할 때에는 수급자의 장기요양등급 및 생활환경, 수급자와 그 가족의 욕구 및 선택, 시설급여를 제공하는 경우에는 장기요양기관이 운영하는 시설 현황을 고려하여 정하여야 한다(법 제18조).

장기요양인정의 유효기간은 최소 1년 이상으로 정하고 유효기간의 산정방법과 그 밖에 필요한 사항은 별도로 정한다(법 제19조). 장기요양인정의 유효기간은 1등급의 경우 3년, 2등급부터 5등급까지의 경우 2년으로 규정하고 있고 유효기간은 6개월의 범위에서 늘리거나 줄일 수 있으나 이 경우에도 유효기간을 1년 미만으로 할 수는 없다.

수급자는 장기요양인정의 유효기간이 만료된 후 장기요양급여를 계속하여 받고자 하는 경우 유효기간이 만료되기 전 30일까지 공단에 장기요양인정의 갱신을 신청하여야 한다(법 제20조). 장기요양급여를 받고 있는 수급자는 장기요양등급, 장기요양급여의 종류 또

는 내용을 변경하고자 하는 경우 공단에 변경신청을 하여야 한다(법 제21조).

5. 급여

1) 장기요양급여의 종류

(1) 재가급여(법 제23조 1항 1호)

① 방문요양 : 장기요양요원이 수급자의 가정 등을 방문하여 신체활동 및 가사활동 등을 지원하는 장기요양급여

② 방문목욕 : 장기요양요원이 목욕설비를 갖춘 장비를 이용하여 수급자의 가정 등을 방문하여 목욕을 제공하는 장기요양급여

③ 방문간호 : 장기요양요원인 간호사 등이 의사, 한의사 또는 치과의사의 방문간호지시서에 따라 수급자의 가정 등을 방문하여 간호, 진료의 보조, 요양에 관한 상담 또는 구강위생 등을 제공하는 장기요양급여

④ 주·야간보호 : 수급자를 하루 중 일정한 시간 동안 장기요양기관에 보호하여 신체활동 지원 및 심신기능의 유지·향상을 위한 교육·훈련 등을 제공하는 장기요양급여

⑤ 단기보호 : 수급자를 일정 기간 동안 장기요양기관에 보호하여 신체활동 지원 및 심신기능의 유지·향상을 위한 교육·훈련 등을 제공하는 장기요양급여

⑥ 기타재가급여 : 수급자의 일상생활·신체활동 지원에 필요한 용구를 제공하거나 가정을 방문하여 재활에 관한 지원을 제공하는 장기요양급여

(2) 시설급여(법 제 23조 1항 2호)

시설급여란 장기요양기관이 운영하는 노인의료복지시설(노인요양시설, 노인요양공동생활가정) 등에 장기간 동안 입소하여 신체활동 지원 및 심신기능의 유지·향상을 위한 교육·훈련 등을 제공하는 장기요양급여를 일컫는다.

(3) 특별현금급여

① 가족요양비 : 장기요양기관이 부족한 지역에 거주하거나 천재지변이나 그 밖에 이와 유사한 사유로 인하여 장기요양기관이 제공하는 장기요양급여를 이용하기가 어렵다고 인정하는 자, 마지막으로 신체·정신 또는 성격 등의 사유를 가진 수급자가 가족 등으로부터 방문요양에 상당한 장기요양급여를 받은 때 당해 수급자에게 가족

요양비를 지급할 수 있다(법 제24조).

② 특례요양비 : 수급자가 장기요양기관이 아닌 노인요양시설 등의 기관 또는 시설에서 재가급여 또는 시설급여에 상당한 장기요양급여를 받은 경우 당해 장기요양급여비용의 일부를 당해 수급자에게 특례요양비로 지급할 수 있다(법 제25조).

③ 요양병원 간병비 : 공단은 수급자가 요양병원에 입원한 때 장기요양에 사용되는 비용의 일부를 요양병원간병비로 지급할 수 있다(법 제26조).

(4) 장기요양급여의 월 한도액

장기요양급여는 월 한도액 범위 안에서 제공한다. 이 경우 월 한도액은 장기요양등급 및 장기요양급여의 종류 등을 고려하여 산정한다(법 제28조). 장기요양등급에 따라 월 한도액을 차등화 하여 실제 이용할 수 있는 장기요양급여의 양을 다르게 설정하고 있다.

(5) 본인일부부담금

재가급여는 장기요양급여비용의 100분의 15, 시설급여는 장기요양급여비용의 100분의 20을 수급자가 부담한다. 다만, 수급자 중 「국민기초생활 보장법」 수급권자는 본인부담금이 없다. 또한 「국민기초생활 보장법」 수급권자를 제외한 의료급여수급권자와 소득・재산 등이 일정 금액 이하인 자, 천재지변 등의 사유로 인해 생계가 곤란한 자는 본인부담금의 100분의 50을 감경한다(법 제40조). 월 한도액을 넘는 금액에 대해서는 모든 비용을 수급자가 부담하여야 한다.

(6) 가족 등의 장기요양에 대한 보상

장기요양급여를 받은 금액의 총액이 보건복지부장관이 정하여 고시하는 금액 이하에 해당하는 수급자가 가족 등으로부터 방문요양에 상당한 장기요양을 받은 경우 본인일부부담금의 일부를 감면하거나 이에 갈음하는 조치를 할 수 있다(법 제41조).

(7) 장기요양급여의 제한

공단은 장기요양급여를 받고 있거나 받을 수 있는 자가 거짓이나 그 밖의 부정한 방법으로 장기요양인정을 받은 경우, 고의로 사고를 발생하도록 하거나 본인의 위법행위에 기인하여 장기요양인정을 받은 경우 중 하나에 해당하는 경우 장기요양급여를 중단하거나 제공하지 아니하게 하여야 한다. 또한 공단은 장기요양급여를 받고 있는 자가 정당한 사유 없이 자료의 제출 등의 요구에 응하지 아니하거나 답변을 거절한 경우 장기요양급여의 전부 또는 일부를 제공하지 아니하게 할 수 있다(법 제29조).

6. 장기요양기관

1) 장기요양기관의 설치 운영

장기요양기관을 설치·운영하고자 하는 자는 소재지를 관할 구역으로 하는 기초단체장으로부터 지정을 받아야 하며 장기요양에 필요한 시설 및 인력을 갖추어야 한다(법 제31조).

재가급여 중 하나 이상의 장기요양급여를 제공하고자 하는 자는 시설 및 인력을 갖추어 재가장기요양기관을 설치하고 기초단체장에게 이를 신고하여야 하고 신고를 받은 기초단체장은 신고 명세를 공단에 통보하여야 한다. 설치의 신고를 한 재가장기요양기관은 장기요양기관으로 본다. 만약 의료기관이 아닌 자가 설치·운영하는 재가장기요양기관은 방문간호를 제공하는 경우 방문간호의 관리책임자로서 간호사를 둔다(법 제32조).

2) 장기요양기관의 의무

장기요양기관은 입소정원에 여유가 없는 경우 등의 정당한 사유가 있는 경우를 제외하고 장기요양급여의 제공을 거부하여서는 안 되며, 장기요양급여를 제공한 수급자에게 장기요양급여비용에 대한 명세서를 교부하여야 한다. 그리고 장기요양기관은 면제받거나 감경받는 금액 외에 영리를 목적으로 수급자가 부담하는 재가 및 시설 급여비용을 면제하거나 감경하는 행위를 해서는 안 되고, 누구든지 영리를 목적으로 금전, 물품, 노무, 향응, 그 밖의 이익을 제공하거나 제공할 것을 약속하는 방법으로 수급자를 장기요양기관에 소개, 알선 또는 유인하는 행위 및 이를 조장하는 행위를 해서는 안 된다(법 제35조).

3) 장기요양기관의 폐업 등 신고

장기요양기관은 폐업하거나 휴업하고자 하는 경우 폐업이나 휴업 예정일 전 30일까지 시장·군수·구청장에게 신고하여야 한다. 신고를 받은 기초단체장은 지체 없이 신고 명세를 공단에 통보하여야 한다. 기초단체장은 폐업 또는 휴업신고를 접수한 경우 인근지역에 대체 장기요양기관이 없는 경우 등 장기요양급여에 중대한 차질이 우려되는 때 장기요양기관의 폐업 또는 휴업 철회를 권고하거나 그 밖의 다른 조치를 강구하여야 한다(법 제36조).

4) 장기요양기관 지정의 취소

기초지자체장은 장기요양기관이 다음 중 어느 하나에 해당하는 경우 그 지정을 취소하거나 6개월의 범위에서 업무정지를 명할 수 있다: 지정기준에 적합하지 아니한 경우, 정당한 사유 없이 장기요양급여의 제공을 거부한 경우, 영리를 목적으로 본인일부부담금을 면제하거나 감경하는 행위를 한 경우, 수급자를 소개, 알선 또는 유인하는 행위 및 이를 조장하는 행위를 한 경우, 거짓이나 그 밖의 부정한 방법으로 재가 및 시설 급여비용을 청구한 경우, 자료제출 명령에 따르지 아니하거나 거짓으로 자료제출을 한 경우나 질문 또는 검사를 거부 · 방해 또는 기피하거나 거짓으로 답변한 경우, 장기요양기관의 종사자 등이 수급자의 신체에 폭행을 가하거나 상해를 입히거나 수급자에게 성적 수치심을 주는 성폭행, 성희롱 등의 행위를 하거나 자신의 보호 · 감독을 받는 수급자를 유기하거나 의식주를 포함한 기본적 보호 및 치료를 소홀히 하는 방임행위를 한 경우. 그리고 장기요양기관이 다음 중 어느 하나에 해당하는 경우 그 지정을 취소하여야 한다: 거짓이나 부정한 방법으로 지정을 받은 경우, 결격사유가 있는 자가 장기요양기관 지정을 받은 경우, 업무정지기간 중에 장기요양급여를 제공한 경우(법 제37조 1항).

기초지자체장은 재가장기요양기관이 다음 중 하나에 해당하는 경우 시설을 폐쇄할 것을 명하거나 6개월의 범위에서 업무정지를 명할 수 있다: 시설 및 인력을 적절히 갖추지 아니한 경우, 정당한 사유 없이 장기요양급여의 제공을 거부한 경우, 영리를 목적으로 본인일부부담금을 면제하거나 감경하는 행위를 한 경우, 수급자를 소개, 알선 또는 유인하는 행위 및 이를 조장하는 행위를 한 경우, 거짓이나 그 밖의 부정한 방법으로 재가 및 시설 급여비용을 청구한 경우, 자료제출 명령에 따르지 아니하거나 거짓으로 자료제출을 한 경우나 질문 또는 검사를 거부 · 방해 또는 기피하거나 거짓으로 답변한 경우, 장기요양기관의 종사자 등이 수급자의 신체에 폭행을 가하거나 상해를 입히거나 수급자에게 성적 수치심을 주는 성폭행, 성희롱 등의 행위를 하거나 자신의 보호 · 감독을 받는 수급자를 유기하거나 의식주를 포함한 기본적 보호 및 치료를 소홀히 하는 방임행위를 한 경우, 거짓이나 그 밖의 부정한 방법으로 재가급여비용을 청구한 경우, 시정명령을 이행하지 아니하거나 회계부정 행위가 있는 경우. 그리고 재가장기요양기관이 다음 중 어느 하나에 해당하는 경우 시설을 폐쇄하여야 한다: 거짓이나 그 밖의 부정한 방법으로 신고한 경우, 결격사유가 있는 자가 장기요양기관 지정을 받은 경우, 업무정지기간 중에 장기요양급여를 제공한 경우(법 제37조 3항).

5) 과징금의 부과

기초단체장은 거짓이나 그 밖의 부정한 방법으로 재가급여 혹은 시설 급여비용을 청구한 경우를 제외한 이유로 업무정지명령을 해야 하는 경우 그 업무정지가 해당 장기요양기관을 이용하는 수급자에게 심한 불편을 줄 우려가 있는 등 특별한 사유가 있다고 인정되는 경우에는 업무정지명령을 갈음하여 5천만원 이하의 과징금을 부과할 수 있으며, 거짓이나 그 밖의 부정한 방법으로 재가급여 혹은 시설 급여비용을 청구한 경우를 이유로 업무정지명령을 해야 하는 경우 청구한 금액의 5배 이하의 금액을 과징금으로 부과할 수 있다(법 제37조의 2).

7. 관리운영체계

노인장기요양사업은 보건복지부장관이 관장하며 장기요양보험사업의 보험자는 국민건강보험공단이다(법 제7조). 공단은 '노인장기요양보험법'이 정한 바에 따라 장기요양사업을 관리 및 운영하며(법 제48조) 건강보험사업과 구분하여 독립된 장기요양사업의 수행조직을 두어야 한다(법 제49조).

1) 공단의 업무

건강보험공단은 노인장기요양보험과 관련하여 다음의 업무를 관장한다: (법 제48조) 장기요양보험가입자 및 그 피부양자와 의료급여수급권자의 자격관리, 장기요양보험료의 부과・징수, 신청인에 대한 조사, 등급판정위원회의 운영 및 장기요양등급 판정, 장기요양인정서의 작성 및 표준장기요양이용계획서의 제공, 장기요양급여의 관리 및 평가, 수급자에 대한 정보제공・안내・상담 등 장기요양급여 관련 이용지원에 관한 사항, 재가 및 시설 급여비용의 심사 및 지급과 특별현금급여의 지급, 장기요양급여 제공내용 확인, 장기요양사업에 관한 조사・연구 및 홍보, 노인성질환예방사업, 이 법에 따른 부당이득금의 부과・징수 등

공단은 장기요양사업 중 장기요양보험료를 재원으로 하는 사업과 국가・지방자치단체의 부담금을 재원으로 하는 사업의 재정을 구분하여 독립적으로 운영하여야 한다. 다만, 관리운영에 필요한 재정은 구분하여 운영하지 않을 수 있다(법 제50조).

공단은 장기요양기관이 제공하는 장기요양급여 내용을 지속적으로 관리・평가하여 장

기요양급여의 수준이 향상되도록 노력하여야 한다(법 제54조 제1항).

2) 등급판정위원회

장기요양인정 및 장기요양등급판정 등을 심의하기 위하여 공단에 장기요양등급판정위원회를 시·군·구 단위로 설치한다. 등급판정위원회는 위원장 1인을 포함하여 15인의 위원으로 구성하고, 등급판정위원회 위원은 의료인, 사회복지사, 기초지자체 소속 공무원, 그 밖에 법학 또는 장기요양에 관한 학식과 경험이 풍부한 자중에서 공단 이사장이 위촉한다(법 제52조).

8. 권리구제

장기요양인정, 장기요양등급, 장기요양급여, 부당이득, 장기요양급여비용 또는 장기요양보험료 등에 관한 공단의 처분에 이의가 있는 자는 처분이 있은 날부터 90일 이내에 문서로써 공단에 이의 신청을 할 수 있다. 이에 따라 공단은 장기요양심사위원회를 구성하여 이의신청과 관련한 사건을 의무적으로 심의하게 하여야 한다(법 제55조).

이의신청에 대한 결정에 불복하는 자는 결정처분을 받은 날부터 90일 이내에 장기요양심판위원회에 심사청구를 할 수 있다(법 제56조 제1항).

9. 과제와 전망

노인장기요양보험법은 크게 2가지 측면에서 과제를 가지고 있다. 우선, 다른 제도와의 관계에 대한 것으로서, 노인장기요양보험법이 지자체에서 경증 노인들을 위해 제공하는 돌봄서비스 및 장애인들을 위한 활동지원제도와 명확한 관계를 설정할 필요가 있다. 지자체의 돌봄서비스는 장기요양보험법 제정 이전에 지자체의 사업들이 아직까지 남아 있는 것으로서 장기요양법의 대상 확대에 따라서 조정이 필요하다. 활동지원제도의 경우, 장애인을 위한 돌봄을 노인장기요양보험법이 포괄해야 하는지 아닌지에 대한 논쟁 후에 별도의 제도로 남아 있는 것인데, 이 역시 전달체계 등에 있어서 장기요양보험과의 조정이 필요한 부분이다.

다음으로, 돌봄과 의료의 경계에 대한 과제이다. 노인장기요양보험법의 대상은 의료의 영역이 아니라 돌봄의 영역이지만, 돌봄이 필요한 노인 가운데 상당수는 의료적인 문제를 가지고 있다는 점에서 경제적 능력이 충분한 노인들은 장기요양기관보다 요양병원 등을 선호하는 실정이다. 노인장기요양보험법이 성공적으로 안착되기 위해서는 이러한 노인들의 욕구를 어느 정도 반영할 수 있을지에 대한 대안 마련이 필요하다.

제 3 장

공공부조법

제 1 절 공공부조법의 이해

1. 공공부조법의 정의

공공부조법은 공공부조제도의 실시와 관련되는 사항을 규정하고 있는 법을 말한다. 사회보장기본법에 따르면, 공공부조라 함은 "국가와 지방자치단체의 책임 하에 생활유지능력이 없거나 생활이 어려운 국민의 최저생활을 보장하고 자립을 지원하는 제도"를 말한다.

2. 공공부조법의 목적

1) 최저생활보호

공공부조법은 생활이 어려운 자에게 최저한도의 생활보장을 목적으로 한다(최저생활보장의 원리). 국민기초생활보장법에 의하여 실시되는 급여는 건강하고 문화적인 최저생활을 유지할 수 있는 수준이어야 한다. 이러한 최저한도의 생활보장을 해야 할 책임은 국가와 지방자치단체에 있다(공공책임의 원리).

공공부조의 대상자를 확인하기 위해서는 최저한도의 생활을 유지하는지를 확인하는 자산조사를 실시한다. 자산조사의 유무가 공공부조와 사회보험의 차이 중 하나이다. 공공부조 급여는 최저보장수준과 대상자의 생활수준의 차이를 보충하는 수준이다(보충성의 원리).

2) 무갹출 보호

공공부조법의 대상이 되는 자는 최저한도의 생활을 유지할 수 없는 자이기 때문에 비용부담의 능력이 없다고 본다. 공공부조제도가 사회보험제도와 다른 점 중 하나는 기여의 여부인데, 공공부조의 수급을 받기 위해서 기여할 필요는 없다. 국민기초생활보장법상의 급여는 무차별 평등하게 행하여져야 하며, 생활 빈곤의 주관적 원인을 묻지 않고 생활유지가 어려운 상태라는 객관적 요건만 있으면 급여를 받을 수 있다(무차별 평등 원리). 하지만, 국민기초생활보장법에 따르면, 급여는 수급자가 자신의 생활의 유지·향상을 위하여 그 소득·재산·근로능력 등을 활용하여 최대한 노력하는 것을 전제로 이를 보충하고 발전시키는 것을 기본원칙(자립조장의 원리)으로 한다고 규정하고 있다.

3) 세대단위보호

보호의 단위는 개인이 아니라 세대이다. 현실 생활의 기준은 개인이 아니라 1인 가구를 포함한 세대를 단위로 영위되기 때문이다. 국민기초생활보장법에 따르면, 급여의 실시는 개별가구단위로 행하되 특히 필요하다고 인정하는 경우에는 개인단위로 할 수 있다고 규정하고 있다.

본 3장은 공공부조법 중 국민기초생활보장법, 의료급여법, 긴급복지지원법의 주요 내용을 분석하고자 한다.

제 2 절 국민기초생활보장법

1. 일반사항

2000년 10월 1일에 시행된 국민기초생활보장법은 1961년에 도입되어 약 40년간 존속했던 생활보호법을 대체한 우리나라의 대표적 공공부조법이다. 이 법은 헌법 제43조 제1항의 '모든 국민의 인간다운 생활을 할 권리'와 제5항의 '생활능력이 없는 자에 대한 국가의 보호책임에 대한 국민의 권리'를 구현하는 공공부조법이다.

국민기초생활보장법은 기존의 생활보호법이 가지고 있던 65세 이상, 18세 미만이라는 인구학적 기준을 폐지하고 근로능력 여부와 상관없이 빈곤여부만으로 대상자를 선정하고 급여를 제공한다. 즉, 국민기초생활보장법은 모든 국민의 소득수준을 최저보장 수준으로 보장함으로써 헌법이 명시하고 있는 모든 국민의 인간다운 생활을 할 권리와 생존권적 기본권을 보장하는 것을 목적으로 한다.

국민기초생활보장법은 가입자의 사회보험료에 의해 재정이 충당되는 사회보험제도와는 다르게 기여 없이 국가와 지방자치단체의 책임 하에 수급자에게 제공되는 급여를 규정하는 공공부조법이다. 따라서 국민기초생활보장법에서 핵심사항은 누구를 수급자로 규정하는가와 수급자에게 어떠한 급여가 제공되는가, 그리고 전달체계와 재정 측면에서 누가 급여제공의 책임 주체인가에 대한 규정이라고 할 수 있다.

국민기초생활보장법의 구성을 살펴보면, 제1장 총칙, 제2장 급여의 종류와 방법, 제3장 보장기관, 제4장 급여의 실시, 제5장 보장시설, 제6장 수급자의 권리와 의무, 제7장 이의신청, 제8장 보장비용, 제9장 벌칙 등 총 9개의 장이 존재한다.

본 절에서는 국민기초생활보장법의 제정·개정 이유와 목적, 그리고 용어의 정의, 법의 주요 내용(수급자, 급여, 전달체계, 재정), 그리고 과제 및 전망을 중심으로 서술한다.

2. 국민기초생활보장법의 제정·개정 이유와 목적

1) 제정이유

1997년 말 국가부도사태(IMF사태)를 거치면서 저소득 국민, 영세 도시빈민, 실업자 등을 지원하여 빈곤문제에 대한 사회안전망의 기초를 튼튼히 해야 할 필요성이 제기되었다. 국민기초생활보장법은 빈곤가구별로 자활지원계획을 수립하고 그에 맞는 자활급여를 실시함으로써 빈곤의 장기화를 방지하려는 목적으로 제정되었다.

국민기초생활보장법은 빈곤선 이하의 저소득 국민에게 국가가 생계·교육·의료·주거·자활 등에 필요한 경비를 주어 최소한의 기초생활을 제도적으로 보장해 줄 목적으로 제정된 법으로, 헌법 제34조에 근거하여 생활보호법을 폐지하고 새로 제정하였다.

2) 개정이유

2000년 10월 종합적인 빈곤대책으로 「국민기초생활 보장법」이 시행된 이후, 생활이 어려운 사람에게 최저생계를 보장함으로써 빈곤을 완화하고 자립을 지원해 왔으나, 소득인정액이 최저생계비[1] 이하인 경우에는 각종 급여가 지급되는 반면, 탈수급의 경우 지원이 전무한 상황이 발생하는 등 현행 제도의 한계로 인하여 다양한 복지욕구에 대응하지 못하여 사각지대가 발생하고 탈수급을 저해하는 문제가 발생하였다. 따라서 기초생활보장제도를 다양한 복지욕구에 대응하는 효과적이고 효율적인 맞춤형 빈곤정책으로 전환하여 지원 대상을 확대하고 일할수록 유리한 급여체계를 마련함으로써 탈수급 유인을 촉진하고 빈곤예방기능을 강화하는 한편, 제도의 운영상 나타난 미비점을 전반적으로 개선·보완하려는 것이 이 법의 2014년 개정 이유이다.

3) 목적

이 법은 생활이 어려운 사람에게 필요한 급여를 실시하여 이들의 최저생활을 보장하고 자활을 돕는 것을 목적으로 한다(법 제1조). 즉 일상생활이 어려운 국민의 생존권을 보장하는 것은 국가의 책무이므로 국민기초생활보장법의 실시를 국가 혹은 공공책임으로 간주한다는 공공책임의 원칙이 명확히 제시되어 있다.

4) 용어의 정의(제2조)

(1) "수급권자"란 이 법에 따른 급여를 받을 수 있는 자격을 가진 사람을 말한다.

(2) "수급자"란 이 법에 따른 급여를 받는 사람을 말한다. 즉 수급자는 수급신청을 하고 본인의 기준과, 부양의무자 기준을 모두 통과하여 정부로부터 급여를 받는 사람이다.

(3) "보장기관"이란 이 법에 따른 급여를 실시하는 국가 또는 지방자치단체를 말한다.

(4) "부양의무자"란 수급권자를 부양할 책임이 있는 사람으로서 수급권자의 1촌의 직계혈족 및 그 배우자를 말한다. 다만, 사망한 1촌의 직계혈족의 배우자는 제외한다.

(5) "최저보장수준"이란 국민의 소득·지출 수준과 수급권자의 가구 유형 등 생활실태, 물가상승률 등을 고려하여 급여의 종류별로 공표하는 금액이나 보장수준을 말한다.

(6) "최저생계비"란 국민이 건강하고 문화적인 생활을 유지하기 위하여 필요한 최소한의 비용으로서 보건복지부장관이 계측하는 금액을 말한다.

---

1) "최저생계비"란 국민이 건강하고 문화적인 생활을 유지하기 위하여 필요한 최소한의 비용으로서 보건복지부장관이 계측하는 금액을 말한다. 보건복지부장관은 수급권자, 수급자 및 차상위계층 등의 규모·생활실태 파악, 최저생계비 계측 등을 위하여 3년마다 실태조사를 실시·공표하여야 한다(제20조의 2, 4항).

(7) "소득인정액"이란 보장기관이 급여의 결정 및 실시 등에 사용하기 위하여 산출한 개별가구의 소득평가액과 재산의 소득환산액을 합산한 금액을 말한다.
(8) "차상위계층"이란 수급권자에 해당하지 아니하는 계층으로서 소득인정액이 대통령령으로 정하는 기준 이하인 계층을 말한다.
(9) "기준 중위소득"이란 보건복지부장관이 급여의 기준 등에 활용하기 위하여 중앙생활보장위원회의 심의·의결을 거쳐 고시하는 국민 가구소득의 중위값을 말한다.

3. 주요 내용

이 법은 총칙, 급여의 종류와 방법, 보장기관, 급여의 실시, 보장시설, 수급자의 권리와 의무, 이의신청, 보장비용, 벌칙 등 9장으로 나뉘어져 있으며, 전문 51조와 부칙으로 구성되어 있다. 이 법의 주요내용은 첫째, 맞춤형 급여체계 개편을 위하여 최저보장수준과 기준 중위소득을 정의하고, 둘째, 급여의 종류별로 보건복지부장관 또는 소관 중앙행정기관의 장이 급여의 기준을 정하도록 하며, 셋째, 급여체계 개편에 따라 수급권자의 범위는 급여의 종류별로 별도로 규정하게 되므로 수급권자의 범위는 삭제하되, 수급권자의 범위에 대한 특례 규정은 별도로 규정한다. 넷째, 보건복지부장관 또는 소관 중앙행정기관의 장은 급여의 종류별 수급자 선정기준 및 최저보장수준을 결정하도록 하고, 다섯째, 기준 중위소득과 소득인정액의 산정 방식을 법률에 명시한다.

1) 수급권자

국민기초생활보장법의 수급권자는 이 법에 따른 급여를 받을 수 있는 자격을 가진 사람을 말한다. 2014년 법 개정을 통해 통합급여에서 개별급여(맞춤형 급여)로 급여형태가 전환되었으므로, 급여 종류별로 수급자 선정기준이 필요하다. 보건복지부장관 또는 소관 중앙행정기관의 장은 급여의 종류별 수급자 선정기준 및 최저보장수준을 결정하여야 한다(제6조). 수급자 선정 기준이 되는 기준 중위소득의 산정(제6조의2)은 다음과 같다. ① 기준 중위소득은 통계청이 공표하는 통계자료의 가구 경상소득(근로소득, 사업소득, 재산소득, 이전소득을 합산한 소득을 말한다)의 중간값에 최근 가구소득 평균 증가율, 가구규모에 따른 소득수준의 차이 등을 반영하여 가구규모별로 산정한다. ② 그 밖에 가구규모별 소득수준 반영 방법 등 기준 중위소득의 산정에 필요한 사항은 중앙생활보장위원회에서 정한다.

또한 보장기관이 급여의 결정 및 실시 등에 사용하기 위하여 산출한 개별가구의 소득평가액과 재산의 소득환산액을 합산한 금액인 소득인정액은 다음과 같이 산정한다(제6조의3). ① 개별가구의 소득평가액은 보장기관이 급여의 결정 및 실시 등에 사용하기 위하여 산출한 금액으로 근로소득, 사업소득, 재산소득, 이전소득을 합한 개별가구의 실제소득에서 장애·질병·양육 등 가구 특성에 따른 지출요인, 근로를 유인하기 위한 요인, 그 밖에 추가적인 지출요인에 해당하는 금액을 감하여 산정한다. ② 재산의 소득환산액은 개별가구의 재산가액에서 기본재산액(기초생활의 유지에 필요하다고 보건복지부장관이 정하여 고시하는 재산액) 및 부채를 공제한 금액에 소득환산율을 곱하여 산정한다. 이 경우 소득으로 환산하는 재산의 범위는 일반재산, 금융재산, 그리고 자동차를 포함한다.

수급권자의 범위는 급여의 종류별로 기준 중위소득을 기준으로 따로 규정되므로 급여와 관련하여 구체적으로 고찰하기로 한다. 한편 급여를 받는 자에 대해서는 매년 1회 이상 소득 및 재산, 부양의무자 등의 사항을 조사하여 소득·재산이 늘었거나 부양을 받게 되어 더 이상 요건에 적합하지 않으면 보호 대상에서 제외한다. 수급자의 권리와 의무는 법 제34조에서 제37조까지 규정되어 있는데, 급여 변경의 금지,[2] 압류금지,[3] 양도금지,[4] 그리고 신고의 의무[5]가 주된 항목이다.

2) 급여의 기본원칙과 급여의 종류

급여의 기본원칙은 법 제3조에서 규정되는데, 이 법에 따른 급여는 수급자가 자신의 생활의 유지·향상을 위하여 그의 소득, 재산, 근로능력 등을 활용하여 최대한 노력하는 것을 전제로 이를 보충·발전시키는 것과 부양의무자의 부양과 다른 법령에 따른 보호는 이 법에 따른 급여에 우선하여 행하여지는 것을 기본원칙으로 한다. 급여의 기준을 보다 상세히 살펴보면 다음과 같다.

첫째, 이 법에 따른 급여는 건강하고 문화적인 최저생활을 유지할 수 있는 것이어야 한다(최저생활보장의 원칙). 둘째, 급여수준을 기초생활보장 급여액과 수급자의 소득인정액을 포함한 총금액이 급여 선정 기준 이상이 되도록 지원한다(보충급여의 원칙). 셋째, 근로능력이 있는 수급자에게는 자활사업에 참여할 것을 조건으로 급여를 지급한다(자립

2) 수급자에 대한 급여는 정당한 사유 없이 수급자에게 불리하게 변경할 수 없다.
3) 수급자에게 지급된 수급품과 이를 받을 권리는 압류할 수 없으며, 또한 지정된 급여수급계좌의 예금에 관한 채권은 압류할 수 없다.
4) 수급자는 급여를 받을 권리를 타인에게 양도할 수 없다.
5) 수급자는 거주지역이나 세대의 구성이 변동되거나 급여의 결정 및 실시에 필요한 사항(제22조제1항)이 현저하게 변동되었을 때에는 지체 없이 관할 보장기관에 신고하여야 한다.

지원의 원칙). 넷째, 급여수준을 정함에 있어서 수급권자의 개별적 특수 상황을 최대한 반영한다(개별성의 원칙). 다섯째, 급여 신청자가 부양의무자에 의하여 부양될 수 있는 경우에는 기초생활보장급여에 우선하여 부양의무자에 의한 보호가 먼저 행해져야 한다(가족부양 우선의 원칙). 여섯째, 급여 신청자가 다른 법령에 의하여 보호를 받을 수 있는 경우에는 기초생활보장급여에 우선하여 다른 법령에 의한 보호가 먼저 행해져야 한다(타급여 우선의 원칙). 일곱째, 국민기초생활보장법에 규정된 요건을 충족시키는 국민에 대하여는 성별·직업·연령·교육수준·소득원, 기타의 이유로 수급권을 박탈하지 아니한다(보편성의 원칙).

급여의 종류는 생계급여, 주거급여, 의료급여, 교육급여, 해산급여(解産給與), 장제급여(葬祭給與), 그리고 자활급여 등 7가지이다. 이 중 의료급여는 의료급여법에 의해서 규정된다. 수급권자에 대한 급여는 수급자의 필요에 따라 일곱 가지 급여의 전부 또는 일부를 실시하는 것으로 한다. 차상위계층에 속하는 사람("차상위자")[6]에 대한 급여는 보장기관이 차상위자의 가구별 생활여건을 고려하여 예산의 범위에서 정한다. 급여절차는 수급권자의 신청에 의해 시작되어(신청주의) 조사를 거쳐 보장기관에 의해 결정된다.

(1) 생계급여

생계급여는 수급자에게 의복, 음식물 및 연료비와 그 밖에 일상생활에 기본적으로 필요한 금품을 지급하여 그 생계를 유지하게 하는 것으로 한다(법 제8조). 생계급여 수급권자는 부양의무자가 없거나, 부양의무자가 있어도 부양능력이 없거나 부양을 받을 수 없는 사람으로서 그 소득인정액이 중앙생활보장위원회의 심의·의결을 거쳐 결정하는 금액(생계급여 선정기준) 이하인 사람으로 한다.

첫째, 이 법에서 부양의무자는 수급권자를 부양할 책임이 있는 자로서 수급권자의 1촌의 직계혈족 및 그 배우자를 말한다.[7] 그리고 부양의무자가 다음 어느 하나에 해당하는 경우에는 부양능력이 없는 것으로 본다(법 제8조의 2).

① 기준 중위소득 수준을 고려하여 대통령령으로 정하는 소득·재산 기준 미만인 경우
② 직계존속 또는「장애인연금법」의 중증장애인인 직계비속을 자신의 주거에서 부양하는 경우로서 보건복지부장관이 정하여 고시하는 경우
③ 그 밖에 질병, 교육, 가구 특성 등으로 부양능력이 없다고 보건복지부장관이 정하는

---

6) 빈곤 정책 대상의 확대 및 예방적 지원을 강화하기 위해 차상위계층의 범위를 최저생계비의 100분의 120 이하에서 기준 중위소득의 100분의 50 이하로 확대함(시행령 제3조).
7) 다만, 사망한 1촌의 직계혈족의 배우자는 제외한다.

경우

둘째, 생계급여 선정기준은 기준 중위소득의 100분의 30으로 한다. 생계급여 최저보장수준은 생계급여와 소득인정액을 포함하여 생계급여 선정기준 이상이 되도록 하여야 한다.

한편 생계급여는 매월 정기적으로 금전을 지급하되 수급자의 소득인정액 등을 고려하여 차등지급할 수 있다(법 제9조). 그리고 자활급여 수급자에게는 자활에 필요한 사업에 참가할 것을 조건으로 하여 생계급여를 실시할 수 있다. 생계급여는 가구규모에 따라 다르게 책정된다.

(2) 주거급여

주거급여는 수급자에게 주거 안정에 필요한 임차료, 수선유지비, 그 밖의 수급품을 지급하는 것으로 한다(법 제11조). 주거급여 선정기준은 기준 중위소득의 100분의 43 이상이다. 즉 소득인정액이 중위소득의 43퍼센트 이하이면서 부양의무자 기준을 충족하는 가구가 주거급여 지원대상이다. 주거급여는 국토교통부로 급여의 운영주체가 변경됨에 따라 급여 운영에 필요한 사항을 주거급여법에서 규정한다. 주거급여의 지급기준은 국토교통부장관이 수급자의 가구규모, 소득인정액, 거주형태, 임차료 부담수준 및 지역별 기준임대료, 수선유지비 소요액, 주택의 노후도 등을 고려하여 정한다.

(3) 교육급여

교육급여는 수급자에게 입학금, 수업료, 학용품비, 그 밖의 수급품을 지급하는 것으로 한다(법 제12조). 교육급여는 교육부장관의 소관으로 하고, 교육급여 수급권자는 부양의무자가 없거나, 부양의무자가 있어도 부양능력이 없거나 부양을 받을 수 없는 사람으로서 그 소득인정액이 중앙생활보장위원회 심의·의결을 거쳐 결정하는 금액 이하인 사람으로 하되, 교육급여 선정기준을 기준 중위소득의 100분의 50 이상으로 한다(제12조). 한편 교육급여 수급권자를 선정하는 경우, 교육급여와 교육비 지원과 연계·통합을 위하여 부양의무자 기준을 삭제한다(제12조의2).

(4) 의료급여

의료급여 수급권자는 부양의무자가 없거나, 부양의무자가 있어도 부양능력이 없거나 부양을 받을 수 없는 사람으로서 그 소득인정액이 중앙생활보장위원회 심의·의결을 거쳐 결정하는 금액 이하인 사람으로 하되, 의료급여 선정기준을 기준 중위소득의 100분의 40 이상으로 한다(제12조의3).

(5) 해산급여

해산급여는 생계급여, 주거급여, 의료급여 중 하나 이상의 급여를 받는 수급자에게 조산(助産), 분만 전과 분만 후에 필요한 조치를 실시하는 것으로 한다. 해산급여는 보장기관이 지정하는 의료기관에 위탁하여 실시할 수 있다(제13조).

(6) 장제급여

장제급여는 생계급여, 주거급여, 의료급여 중 하나 이상의 급여를 받는 수급자가 사망한 경우 사체의 검안(檢案)·운반·화장 또는 매장, 그 밖의 장제조치를 하는 것으로 한다. 장제급여는 실제로 장제를 실시하는 사람에게 장제에 필요한 비용을 지급하는 것으로 한다(제14조).

(7) 자활급여

근로능력이 있는 사람에게는 고용안정센터를 통해 직업훈련·취업알선·자활공동체사업·공공근로사업·창업지원·자원봉사 등의 고용서비스를 제공하며, 취업이 어려운 사람에게는 자활후견기관의 자활공동체사업이나 자활공공근로사업 등을 통해 자활능력을 키울 수 있도록 지원한다. 자활급여는 수급자의 자활을 돕기 위하여 자활에 필요한 금품의 지급 또는 대여, 자활에 필요한 근로능력의 향상 및 기능습득의 지원, 취업알선 등 정보의 제공, 자활을 위한 근로기회의 제공, 자활에 필요한 시설 및 장비의 대여, 창업교육, 기능훈련 및 기술·경영지도 등 창업지원, 자활에 필요한 자산형성 지원, 그리고 그 밖에 자활을 위한 각종 지원 등을 실시하는 것으로 한다(제15조). 자활급여는 관련 공공기관·비영리법인·시설과 그 밖에 대통령령으로 정하는 기관에 위탁하여 실시할 수 있다. 이 경우 그에 드는 비용은 보장기관이 부담한다.

한편 이 법은 급여의 특례 조항(제14조의2) 하에서 개별 급여 수급권자에 해당하지 아니하여도 생활이 어려운 사람으로서 일정 기간 동안 이 법에서 정하는 급여의 전부 또는 일부가 필요하다고 보건복지부장관 또는 소관 중앙행정기관의 장이 정하는 사람은 수급권자로 본다.

3) 전달체계

국민기초생활보장법의 전달체계는 수급자 및 차상위자의 자활지원을 위한 전달체계, 수급권자 또는 수급자의 거주지를 관할하는 보장기관, 사회복지시설로서 보장시설, 그리고 생활보장사업을 심의 의결하기 위한 생활보장위원회 등으로 구성된다.

(1) 자활지원(제2장의 2)

자활지원을 위한 전달체계는 중앙자활센터 및 광역자활센터·지역자활센터, 자활기관협의체(제17조), 그리고 자활기업(제18조)으로 구성되며, 이 법에서는 수급자의 고용촉진(제18조의 2), 자활기금의 적립(제18조의 3), 자산형성지원(제18조의 4), 자활의 교육(제18조의 5)을 규정하고 있다.

① 중앙자활센터

수급자 및 차상위자의 자활촉진에 필요한 사업을 수행하기 위하여 중앙자활센터를 둘 수 있다(제15조의 2). 중앙자활센터는 법인으로 하며, 정부는 중앙자활센터의 설치 및 운영에 필요한 경비의 전부 또는 일부를 보조할 수 있다. 중앙자활센터는 자활 지원을 위한 조사·연구·교육 및 홍보 사업, 자활 지원을 위한 사업의 개발 및 평가, 광역자활센터, 지역자활센터 및 자활기업의 기술·경영지도 및 평가, 자활 관련 기관 간의 협력체계 및 정보네트워크 구축·운영, 취업·창업을 위한 자활촉진 프로그램 개발 및 지원, 고용지원서비스 및 사회복지서비스의 대상자 관리, 그 밖에 자활촉진에 필요한 사업으로서 보건복지부장관이 정하는 사업 등을 수행한다.

② 광역자활센터

보장기관은 수급자 및 차상위자의 자활촉진에 필요한 각종 사업을 수행하게 하기 위하여 사회복지법인, 사회적 협동조합 등 비영리법인과 단체("법인 등")를 법인 등의 신청을 받아 특별시·광역시·특별자치시·도·특별자치도(이하 "시·도"라 한다) 단위의 광역자활센터로 지정할 수 있다(제15조의 3). 광역자활센터는 시·도 단위의 자활기업 창업지원, 시·도 단위의 수급자 및 차상위자에 대한 취업·창업 지원 및 알선, 지역자활센터 종사자 및 참여자에 대한 교육훈련 및 지원, 지역특화형 자활프로그램 개발·보급 및 사업개발 지원, 지역자활센터 및 자활기업에 대한 기술·경영지도, 그 밖에 자활촉진에 필요한 사업으로서 보건복지부장관이 정하는 사업 등을 수행한다. 보장기관은 광역자활센터의 설치 및 운영에 필요한 경비의 전부 또는 일부를 보조할 수 있으며, 정기적으로 광역자활센터의 사업실적 및 운영 실태를 평가하고 수급자의 자활촉진을 달성하지 못하는 광역자활센터에 대하여는 그 지정을 취소할 수 있다.

③ 지역자활센터(제16조)

보장기관은 수급자 및 차상위자의 자활 촉진에 필요한 각종 사업을 수행하게 하기 위하여 사회복지법인, 사회적 협동조합 등 비영리법인과 단체의 신청을 받아 지역자활센터로 지정할 수 있다. 지역자활센터는 자활의욕 고취를 위한 교육, 자활을 위한 정보제공, 상담, 직업교육 및 취업알선, 생업을 위한 자금융자 알선, 자영창업 지원 및 기술·경영지도, 자활기업의 설립·운영 지원, 그 밖에 자활을 위한 각종 사업 등을 수행한다. 보장기관은 지역자활센터에 대하여 지역자활센터의 설립·운영비용 또는 사업수행 비용의 전부 또는 일부, 국유·공유 재산의 무상임대, 보장기관이 실시하는 사업의 우선 위탁 등 지원을 할 수 있다. 그리고 보장기관은 지역자활센터에 대하여 정기적으로 사업실적 및 운영실태를 평가하고 수급자의 자활촉진을 달성하지 못하는 지역자활센터에 대하여는 그 지정을 취소할 수 있다. 한편 지역자활센터는 수급자 및 차상위자에 대한 효과적인 자활 지원과 지역자활센터의 발전을 공동으로 도모하기 위하여 지역자활센터협회를 설립할 수 있다.

④ 자활기관협의체(제17조)

기초자치단체장은 자활지원사업의 효율적인 추진을 위하여 지역자활센터, 직업안정기관(직업안정법 제2조의2 제1호), 사회복지시설(사회복지사업법 제2조 제4호)의 장 등과 상시적인 협의체계인 자활기관협의체를 구축하여야 한다.

⑤ 자활기업(제18조)

수급자 및 차상위자는 상호 협력하여 자활기업을 설립·운영할 수 있다. 자활기업은 조합 또는 「부가가치세법」상의 사업자로 한다. 보장기관은 자활기업에게 직접 또는 중앙자활센터, 광역자활센터 및 지역자활센터를 통하여 자활을 위한 사업자금 융자, 국유지·공유지 우선 임대, 국가나 지방자치단체가 실시하는 사업의 우선 위탁, 국가나 지방자치단체의 조달구매 시 자활기업 생산품의 우선 구매, 그 밖에 수급자의 자활촉진을 위한 각종 사업 등의 지원을 할 수 있다.

⑥ 고용촉진(제18조의 2)

보장기관은 수급자 및 차상위자의 고용을 촉진하기 위하여 상시근로자의 일정비율 이상을 수급자 및 차상위자로 채용하는 기업에 대하여는 대통령령으로 정하는 바에 따라 지원을 할 수 있다. 시장·군수·구청장은 수급자 및 차상위자에게 가구별 특성을 감안하여 관련 기관의 고용지원서비스를 연계할 수 있다. 또한 시장·군수·구청장은 수급자 및 차상위자의 취업활동으로 인하여 지원이 필요하게 된 해당 가구의 아동·노인 등에게 사회복지서비스를 지원할 수 있다.

⑦ 자활기금의 적립(제18조의 3)

보장기관은 자활지원사업의 원활한 추진을 위하여 일정한 금액과 연한을 정하여 자활기금을 적립할 수 있다. 보장기관은 자활지원사업의 효율적 추진을 위하여 필요하다고 인정하는 경우에는 자활기금의 관리·운영을 중앙자활센터 또는 자활지원사업을 수행하는 비영리법인에 위탁할 수 있다. 이 경우 그에 드는 비용은 보장기관이 부담한다.

⑧ 자산형성지원(제18조의 4)

보장기관은 수급자 및 차상위자가 자활에 필요한 자산을 형성할 수 있도록 재정적인 지원을 할 수 있다. 보장기관은 수급자 및 차상위자가 자활에 필요한 자산을 형성하는 데 필요한 교육을 실시할 수 있다. 그리고 보장기관의 지원으로 형성된 자산은 보건복지부령으로 정하는 바에 따라 수급자의 재산의 소득환산액 산정 시 이를 포함하지 아니한다.

⑨ 자활의 교육(제18조의 5)

보건복지부장관, 광역자치단체장, 그리고 기초자치단체장은 수급자 및 차상위자의 자활촉진을 위하여 교육을 실시할 수 있다. 보건복지부장관은 교육을 위하여 교육기관을 설치·운영하거나, 운영의 전부 또는 일부를 법인·단체 등에 위탁할 수 있다. 보건복지부장관은 교육기관의 운영을 위탁받은 법인·단체 등에 대하여 그 운영에 필요한 비용을 지원할 수 있다.

(2) 보장기관(제19조)

보장기관은 이 법에 따른 급여를 실시하는 국가 또는 지방자치단체를 말한다. 이 법에 따른 급여는 수급권자 또는 수급자의 거주지를 관할하는 시·도지사와 시장·군수·구청장(교육급여인 경우에는 특별시·광역시·특별자치시·도·특별자치도의 교육감)이 실시한다. 보장기관은 수급권자·수급자·차상위계층에 대한 조사와 수급자 결정 및 급여의 실시 등 이 법에 따른 보장업무를 수행하게 하기 위하여 사회복지 전담공무원(사회복지사업법 제14조)을 배치하여야 한다. 자활급여 업무를 수행하는 사회복지전담공무원은 따로 배치하여야 한다. 사회복지 전담공무원은 이 법에 따른 급여를 필요로 하는 사람이 누락되지 아니하도록 하기 위하여 관할지역에 거주하는 수급권자에 대한 급여를 직권으로 신청할 수 있다(제21조 2항). 특별자치도지사·시장·군수·구청장은 급여신청이 있는 경우에는 사회복지 전담공무원으로 하여금 급여의 결정 및 실시 등에 필요한 부양의무자의 유무 및 부양능력 등 부양의무자와 관련된 사항, 수급권자 및 부양의무자의 소득·재산에 관한 사항, 수급권자의 근로능력, 취업상태, 자활욕구 등 자활지원계획 수립에 필요한 사항, 그 밖에 수급권자의 건강상태, 가구 특성 등 생활실태에 관한 사항을 조사하게 하거나 수급권자에게 보장기관이 지정하는 의료기관에서 검진을 받게 할 수 있다(제22조 1항).

한편 이 법은 기초생활보장 계획의 수립 및 평가(제20조의 2)를 규정한다. 소관 중앙행정기관의 장은 수급자의 최저생활을 보장하기 위하여 3년마다 소관별로 기초생활보장 기본계획을 수립하여 보건복지부장관에게 제출하여야 한다. 보건복지부장관 및 소관 중앙행정기관의 장은 실태조사 결과를 고려하여 급여기준의 적정성 등에 대한 평가를 실시할 수 있으며, 이와 관련하여 전문적인 조사·연구 등을 공공기관 또는 민간 법인·단체 등에 위탁할 수 있다. 보건복지부장관은 기초생활보장 기본계획 및 평가결과를 종합하여 기초생활보장 종합계획을 수립하여 중앙생활보장위원회의 심의를 받아야 한다.

또한 기초자치단체장은 수급자의 자활을 체계적으로 지원하기 위하여 보건복지부장관이 정하는 바에 따라 조사 결과를 고려하여 수급자 가구별로 자활지원계획을 수립하고 그에 따라 이 법에 따른 급여를 실시하여야 한다(제28조).

(3) 보장시설

이 법에서 "보장시설"이란 법 제7조에 규정된 급여를 실시하는 「사회복지사업법」에 따른 사회복지시설로서 보건복지부령으로 정하는 시설을 말한다(제32조). 여기서 말하는 사회복지시설에는 장애인 거주시설, 노인주거복지시설 및 노인의료복지시설, 아동복지시설 및 통합시설, 정신질환자사회복귀시설 및 정신요양시설, 노숙인 재활시설 및 노숙인 요양시설, 가정폭력피해자 보호시설, 성매매피해자 등을 위한 지원시설, 성폭력피해자보호시설, 한부모가족 복지시설, 사회복지시설 중 결핵 및 한센병 요양시설, 그 밖에 보건복지부령으로 정하는 시설을 의미한다.

보장시설의 장은 보장기관으로부터 수급자에 대한 급여를 위탁받은 경우에는 정당한 사유 없이 이를 거부하여서는 아니 되며, 위탁받은 수급자에게 보건복지부장관 및 소관 중앙행정기관의 장이 정하는 최저기준 이상의 급여를 실시하여야 한다. 급여를 실시할 때 성별·신앙 또는 사회적 신분 등을 이유로 차별대우를 하여서는 아니 된다. 또한 급여를 실시할 때 수급자의 자유로운 생활을 보장 및 종교상의 행위를 강제하여서는 아니된다(제33조).

(4) 생활보장위원회

이 법에 따른 생활보장사업의 기획·조사·실시 등에 관한 사항을 심의·의결하기 위하여 보건복지부와 시·도 및 시·군·구(자치구)에 각각 생활보장위원회를 둔다. 다만,

시 · 도 및 시 · 군 · 구에 두는 생활보장위원회는 그 기능을 담당하기에 적합한 다른 위원회가 있고 그 위원회의 위원이 자격을 갖춘 경우에는 시 · 도 또는 시 · 군 · 구의 조례로 정하는 바에 따라 그 위원회가 생활보장위원회의 기능을 대신할 수 있다(제20조 제1항).

보건복지부에 두는 생활보장위원회("중앙생활보장위원회")는 기초생활보장 종합계획의 수립, 소득인정액 산정방식과 기준 중위소득의 결정, 급여의 종류별 수급자 선정기준과 최저보장수준의 결정, 급여기준의 적정성 등 평가 및 실태조사에 관한 사항, 급여의 종류별 누락 · 중복, 차상위계층의 지원사업 등에 대한 조정, 자활기금의 적립 · 관리 및 사용에 관한 지침의 수립, 그 밖에 위원장이 회의에 부치는 사항을 심의 · 의결한다(제20조 제2항).

4) 재정(비용)

최저한도의 생활보장을 해야 할 책임은 국가와 지방자치단체에 있다(공공책임의 원리). 따라서 국민기초생활보장법에 따른 재정은 국가와 지방자체단체의 책임이다. 이 법에서 "보장비용"이란 보장업무에 드는 인건비와 사무비, 생활보장위원회의 운영에 드는 비용, 급여 실시 비용, 그 밖에 이 법에 따른 보장업무에 드는 비용이다(법 제42조).

보장비용의 부담은 다음 구분에 따른다(법 제43조제1항).

첫째, 국가 또는 시 · 도가 직접 수행하는 보장업무에 드는 비용은 국가 또는 해당 시 · 도가 부담한다.

둘째, 보건복지부장관과 시 · 도지사는 수급자를 각각 국가 또는 해당 지방자치단체가 경영하는 보장시설에 입소하게 하거나 다른 보장시설에 위탁하여 급여를 실시할 수 있는데, 이 경우 급여의 실시 비용은 국가 또는 해당 시 · 도가 부담한다.

셋째, 시 · 군 · 구가 수행하는 보장업무에 드는 비용 중 보장업무에 소요되는 인건비와 사무비 및 생활보장위원회의 운영에 드는 비용은 해당 시 · 군 · 구가 부담한다.

넷째, 시 · 군 · 구가 수행하는 보장업무에 드는 비용 중 시 · 군 · 구 보장비용은 시 · 군 · 구의 재정여건, 사회보장비 지출 등을 고려하여 국가, 시 · 도 및 시 · 군 · 구가 차등하여 분담한다. 국가는 시 · 군 · 구 보장비용의 총액 중 100분의 40 이상 100분의 90 이하를 부담한다(국가부담금). 시 · 도는 시 · 군 · 구 보장비용의 총액에서 국가부담분을 뺀 금액 중 100분의 30 이상 100분의 70 이하를 부담하고, 시 · 군 · 구는 시 · 군 · 구 보장비용의 총액 중에서 국가와 시 · 도가 부담하는 금액을 뺀 금액을 부담한다. 다만, 특별자치시와 특별자치도는 시 · 군 · 구 보장비용의 총액 중에서 국가가 부담하는 금액을 뺀 금액을 부담한다.

한편 지방자치단체의 조례에 따라 이 법에 따른 급여 범위 및 수준을 초과하여 급여를 실시하는 경우(제4조 제4항), 그 초과 보장비용은 해당 지방자치단체가 부담한다. 그리고 시·도교육감이 수행하는 보장업무에 드는 교육급여 비용은 다음과 같이 차등하여 분담한다.

① 소득인정액이 기준 중위소득의 100분의 40 이상인 수급자에 대한 입학금 및 수업료의 지원은 초·중등교육법(제60조의 4)에 따른다.

② 소득인정액이 기준 중위소득의 100분의 40 이상인 수급자에 대한 학용품비와 그 밖의 수급품은 국가, 시·도, 시·군·구가 부담하며, 구체적인 부담비율은 시·군·구의 재정여건, 사회보장비 지출 등을 고려하여 국가, 시·도 및 시·군·구가 차등하여 분담한다.

③ 소득인정액이 기준 중위소득의 100분의 40 미만인 수급자에 대한 보장비용은 국가, 시·도, 시·군·구가 차등 부담하되, 추가적으로 적용되는 기준에 따른 수급자에 대한 입학금 및 수업료의 지원은 초·중등교육법(제60조의 4)에 따른다.

5) 권리구제: 이의신청

수급자나 급여 또는 급여 변경을 신청한 사람은 시장·군수·구청장(교육급여인 경우에는 시·도교육감)의 처분에 대하여 이의가 있는 경우에는 그 결정의 통지를 받은 날부터 60일 이내에 해당 보장기관을 거쳐 시·도지사(특별자치시장·특별자치도지사 및 시·도교육감의 처분에 이의가 있는 경우에는 해당 특별자치시장·특별자치도지사 및 시·도교육감)에게 서면 또는 구두로 이의를 신청할 수 있다. 이 경우 구두로 이의신청을 접수한 보장기관의 공무원은 이의신청서를 작성할 수 있도록 협조하여야 한다. 이의신청을 받은 시장·군수·구청장은 10일 이내에 의견서와 관계 서류를 첨부하여 시·도지사에게 보내야 한다.

시·도지사가 시장·군수·구청장으로부터 이의신청서를 받았을 때(특별자치시장·특별자치도지사 및 시·도교육감의 경우에는 직접 이의신청을 받았을 때를 말한다)에는 30일 이내에 필요한 심사를 하고 이의신청을 각하 또는 기각하거나 해당 처분을 변경 또는 취소하거나 그 밖에 필요한 급여를 명하여야 한다. 시·도지사는 처분 등을 하였을 때에는 지체 없이 신청인과 해당 시장·군수·구청장에게 각각 서면으로 통지하여야 한다.

만약 수급자가 시·도지사의 이의신청 처분에 대해서 이의가 있는 경우 보건복지부 장관(주거급여와 교육급여인 경우에는 소관 중앙행정기관의 장)에게 이의신청을 할 수 있다. 이 경우 소관 중앙행정기관의 장은 이의신청에 대해 심사하고 서면으로 결정 내용을 통지하여야 한다.

4. 과제와 전망

국민기초생활보장법의 제정 취지는 최저생활비 이하의 저소득층에게 필요한 급여를 제공하여 최저생활을 제도적으로 보장하고 스스로 자립·자활을 촉진할 수 있도록 지원하는 생산적 복지를 실현하기 위한 것이다. 2014년 법 개정에 따른 국민기초생활보장제도의 변화는 욕구별 급여체계의 구축을 통해 생계급여, 주거급여, 의료급여, 교육급여 등을 분리하고, 재산기준 및 부양의무자 기준을 완화하여 빈곤층 복지 사각지대를 줄이는 것을 목적으로 한다. 2015년 7월 통합급여체계에서 맞춤형급여체계로 전환된 국민기초생활보장제도의 변화는 복지 사각지대의 문제 완화와 적정한 급여 측면에서 바람직하다고 볼 수 있지만, 기초생활보장 사각지대가 축소되었다고 평가하기에는 이르다. 재산이 일정 정도 이상이거나 부양의무자 기준 때문에 탁락한 비수급 빈곤층을 위해서는 국민기초생활보장제도의 수급권자 선정 기준, 특히 부양의무자 관련 조항을 개선할 필요는 여전히 제기된다. 한편 근로능력자를 대상으로 하고 있는 자활사업은 국민기초생활보장수급자에게 취업 또는 자활 프로그램에 참여할 수 있는 기회를 제공하여 자립할 수 있도록 돕는 근로연계복지제도라 할 수 있는데, 탈수급률이 저조하여 수급자의 자립 성공률이 낮다는 평가를 받고 있다(노대명 외, 2007). 따라서 자활지원사업의 내실화가 필요하다고 할 수 있다.

제 3 절 의료급여법

1. 일반사항

의료급여법은 빈곤계층에게 의료보장을 제공하는 법이며, 국민기초생활보장법과 함께 공공부조법의 양대 기둥이라고 할 수 있다. 의료급여법은 총 37조로 구성되어 있으며, 목적 및 정의, 수급권자에 대한 규정, 급여, 전달체계 및 위원회, 재정, 권리구제, 벌칙 등으로 구성되어 있다. 의료급여법에서 중요한 사항은 첫째, 수급권자가 1종 수급권자와 2종

수급권자로 구분되며 의료급여기관 역시 1차, 2차, 3차로 구분된다는 점, 둘째, 급여비용의 본인부담이 존재한다는 점이다. 본 절에서는 의료급여법의 제정 이유와 목적, 의료급여법의 주요 내용에 대해서 서술한다.

2. 법의 제정 이유와 목적

1) 법의 제정 이유

의료급여법은 빈곤층에게 의료보장을 제공하는 공공부조제도이다. 1961년에 생활보호법이 제정되고, 의료보호에 관한 규정을 두었으나, 수혜대상이 무능력자로 한정되어 있으며 진료제공기관 역시 국한되어 있어, 의료보장차원에서 그 내용이 부실하여 실효성을 거둘 수 없었다. 따라서 1977년에 생활보호법과 분리된 의료보호법이 제정되어, 공공부조제도로서 의료보호사업이 첫 기틀을 마련하게 되었다.

이 법은 2001년 의료보호법을 전면개정하고 의료보호법에서 현재의 의료급여법으로 명칭을 변경하였으며, 의료급여 수급기간의 제한을 폐지하고, 예방·재활 등에 대하여도 의료급여를 실시하였다. 이후 여러 차례 개정되었고, 2011년에는 의료급여 수급권자에 대한 사례관리와 시도 및 시군구에 의료급여 관리사를 두고 의료급여 사업단을 설치·운영하는 등의 개정을 실시하였으며. 2013년 개정을 통해서는 의료급여 수급권자의 인정 절차가 마련되었다. 2014년에는 국민기초생활보장법의 개정에 따라 의료급여법의 일부 개정이 있었다.

2) 법의 목적

이 법은 생활이 어려운 사람에게 의료급여를 함으로써 국민보건의 향상과 사회복지의 증진에 이바지함을 목적으로 한다(제1조). 의료급여제도는 의료부조제도로서 공공부조제도의 일환으로 실시된다. 이는 건강보험과 더불어 국민의 건강한 생활을 보장하기 위한 의료보장제도로서 저소득층의 의료복지를 위한 중요한 수단이다.

3. 주요 내용

의료급여법은 적용대상에 대한 규정, 즉 수급권자와 비수급권자의 구분 및 배제, 수급권자의 선정과 책정 등과 의료급여의 내용 및 적용기준 및 방법을 포함한다. 그리고 의료급여의 전달체계는 그 기능에 따라 보장기관, 의료급여심의위원회, 의료급여기관으로 구분할 수 있다. 재정부분은 급여비용의 부담 및 의료급여기금, 본인부담을 규정하고 있다.

1) 수급권자

의료급여법에 따른 수급권자는 「국민기초생활보장법」에 따른 의료급여 수급자가 주된 수급자이다. 그 외 의료급여법에 의해 규정된 수급권자는 「재해구호법」에 따른 이재민, 「의사상자 등 예우 및 지원에 관한 법률」에 따라 의료급여를 받는 사람, 「입양특례법」에 따라 국내에 입양된 18세 미만의 아동, 「독립유공자예우에 관한 법률」, 「국가유공자 등 예우 및 지원에 관한 법률」 및 「보훈보상대상자 지원에 관한 법률」의 적용을 받고 있는 사람과 그 가족, 「문화재 보전 및 진흥에 관한 법률」에 따라 지정된 중요무형문화재의 보유자(명예보유자를 포함한다)와 그 가족, 「북한이탈주민의 보호 및 정착지원에 관한 법률」의 적용을 받고 있는 사람과 그 가족, 「5·18민주화운동 관련자 보상 등에 관한 법률」 제8조에 따라 보상금 등을 받은 사람과 그 가족, 「노숙인 등의 복지 및 자립지원에 관한 법률」에 따른 노숙인 등으로서 보건복지부장관이 의료급여가 필요하다고 인정한 사람, 그 밖에 생활유지 능력이 없거나 생활이 어려운 사람으로서 대통령령으로 정하는 사람이다. 그리고 「난민법」에 따른 난민인정자로서 「국민기초생활 보장법」 제5조의 수급권자의 범위에 해당하는 사람 역시 수급권자로 본다(법 제3조).[8]

수급권자의 인정 기준 등에 관한 사항은 보건복지부장관이 정하는 바에 따르며, 수급권자에 대한 의료급여의 내용과 기준은 대통령령으로 정하는 바에 따라 구분하여 달리 정할 수 있다. 의료급여 수급권자는 1종 수급권자와 2종 수급권자로 구분된다(시행령 제3조).

1종 수급권자는 국민기초생활보장법 수급권자 중 (1) 18세 미만인 자, (2) 65세 이상인 자, (3) 중증장애인, (4) 질병·부상 또는 그 후유증으로 치료나 요양이 필요한 자 중에서 근로능력평가를 통하여 시장·군수·구청장이 근로능력이 없다고 판정한 자, (5) 임신 중에 있거나 분만 후 6개월 미만의 여자, (6) 「병역법」에 의한 병역의무를 이행중인 자, (7) 보장시설에서 급여를 받고 있는 자, (8) 보건복지부 장관이 정하여 고시하는 희귀난치성 질환을 가진 자가 속한 세대의 구성원이 대상이 된다. 그 외에 위에서 규정한 타법에 의한 수급권자가 1종 수급권자에 해당된다. 2종 수급권자는 국민기초생활보장법

8) 일부 차상위계층도 '차상위 본인부담경감대상자'규정을 통해 본인부담액을 경감 받을 수 있다. 지원대상자는 '희귀난치성질환자, 만성질환자, 18세 미만인 자 중 소득 및 재산을 더하여 계산한 가액이 최저생계비의 100분의 120 이하이고, 1촌의 직계혈족 및 그 배우자가 없거나 부양의무자가 있어도 부양능력이 없거나 부양을 받을 수 없는 사람으로서 진료비의 본인부담액을 경감받는 자'이다. 지원대상자는 건강보험의 요양급여를 받고, 의료급여와 유사한 수준의 본인부담금만 부담한다.

수급자 중에서 1종 수급권자에 해당하지 않는 자와 그 밖에 보건복지부 장관이 2종 의료급여가 필요하다고 인정한 자로 구성된다. 한편 의료급여를 받을 권리는 양도하거나 압류할 수 없다(제18조).

수급권자가 되려는 사람은 보건복지부령으로 정하는 바에 따라 특별자치시장·특별자치도지사·시장(특별자치도의 행정시장은 제외한다)·군수·구청장(구청장은 자치구의 구청장을 말하며, 이하 "시장·군수·구청장"이라 한다)에게 수급권자 인정 신청을 하여야 한다. 시장·군수·구청장은 인정 신청을 한 사람 중에서 수급권자의 인정 기준에 따라 수급권자를 정하여야 한다.

2) 급여

이 법에 따른 의료급여 수급권자에게 제공되는 질병·부상·출산 등에 대한 급여는 진찰·검사, 약제(藥劑)·치료 재료의 지급, 처치·수술과 그 밖의 치료, 예방·재활, 입원, 간호, 이송과 그 밖의 의료목적 달성을 위한 조치 등이다. 이러한 의료급여의 방법·절차·범위·한도 등 의료급여의 기준에 관하여는 보건복지부령으로 정하고, 의료수가기준과 그 계산방법 등에 관하여는 보건복지부장관이 정한다(법 제7조).

3) 전달체계

의료급여상의 전달체계는 보장기관, 급여를 제공을 실시하는 의료급여기관, 그리고 의료급여사업의 실시에 관한 사항을 심의하기 위해 설치된 의료급여심의위원회로 구성된다.

첫째, 보장기관에 대한 규정을 보면, 의료급여에 관한 업무는 수급권자의 거주지를 관할하는 특별시장·광역시장·도지사와 시장·군수·구청장이 한다고 정하고 있다(법 제5조). 이러한 보장기관은 수급권자의 건강 유지 및 증진을 위하여 필요한 사업을 실시하여야 한다. 또한 보건복지부장관, 특별시장·광역시장·도지사 및 시장·군수·구청장은 수급권자의 건강관리 능력 향상 및 합리적 의료이용 유도 등을 위하여 사례관리를 실시할 수 있다(제5조의 2).

둘째, 의료급여기관은 「의료법」에 따라 개설된 의료기관, 「지역보건법」에 따라 설치된 보건소·보건의료원 및 보건지소, 「농어촌 등 보건의료를 위한 특별조치법」에 따라 설치된 보건진료소, 「약사법」에 따라 개설 등록된 약국 및 같은 법 제91조에 따라 설립된 한국희귀의약품 센터로 구분할 수 있다.[9] 보건복지부장관은 공익 상 또는 국가시책 상 의

9) 의료급여기관 중 의료법에 따라 개설신고를 한 의료기관과 위에서 서술한 의료급여기관으로 구분된 기관은 제1차 의료급여기관이며, 의료법에 따라 시도지사가 개설 허가를 한 의료기관은 제2차 의료급

료급여기관으로 적합하지 아니하다고 인정할 때에는 대통령령으로 정하는 바에 따라 의료급여기관에서 제외할 수 있다(법 제9조). 의료급여기관은 의료급여기금에서 부담하는 급여비용의 지급을 시장, 군수, 구청장에게 청구할 수 있다.

셋째, 의료급여심의위원회는 의료급여사업의 실시에 관한 사항을 심의하기 위하여 보건복지부, 시・도 및 시・군・구에 각각 설치된다. 보건복지부에 두는 중앙의료급여심의위원회는 의료급여사업의 기본방향 및 대책 수립에 관한 사항, 의료급여의 기준 및 수가에 관한 사항, 그리고 그 밖에 보건복지부장관 또는 위원장이 부의하는 사항을 심의한다(법 제6조).

4) 재정

급여비용은 대통령령으로 정하는 바에 따라 그 전부 또는 일부를 법 제25조에 따른 의료급여기금[10]에서 부담한다. 국가와 지방자치단체는 기금운영에 필요한 충분한 예산을 확보하여야 한다. 의료급여기금에서 비용의 일부를 부담하는 경우 그 나머지 비용은 본인이 부담한다고 규정하고 있다(법 제10조).[11] 급여대상 본인부담금에서 1종 수급권자의 경우 매 30일간 5만원, 2종 수급권자의 경우 매 6개월간 60만원을 초과한 경우에는 그 초과금액을 기금에서 부담한다(시행령 제13조). 의료급여에서 본인부담금의 수준은 건강보험보다는 낮게 설정되어 있다. 한편 시장・군수・구청장은 제3자의 행위로 인하여 수급권자에게 의료급여를 한 경우에는 그 급여비용의 범위에서 제3자에게 손해배상을 청구할 권리(구상권)를 얻는다(제19조).

5) 이의신청(제30조)

수급권자의 자격, 의료급여 및 급여비용에 대한 시장・군수・구청장의 처분에 이의가 있는 자는 시장・군수・구청장에게 이의신청을 할 수 있다. 급여비용의 심사・조정에 관한 급여비용심사기관의 처분에 이의가 있는 의료급여기관은 급여비용심사기관에 이의신청을 할 수 있다. 이의신청은 처분이 있음을 안 날부터 90일 이내에 문서(전자문서를 포함한다)로 하여야 하며, 처분이 있은 날부터 180일이 지나면 제기하지 못한다. 다만, 정당한 사유에 따라 그 기간에 이의신청을 할 수 없었음을 소명한 경우에는 그러하지 아니하

여기관이고, 제2차 의료급여기관 중에서 보건복지부장관이 지정하는 의료기관은 제3차 의료기관이다.

10) 의료급여기금은 국고보조금, 지방자치단체의 출연금, 제21조에 따라 상환 받은 대지급금, 제23조에 따라 징수한 부당이득금, 제29조에 따라 징수한 과징금, 기금의 결산상 잉여금 및 그 밖의 수입금으로 재원으로 조성한다.

11) 본인 부담금의 경우 본인부담금 보상제도와 상한제도를 통해 본인부담금 일부를 보상하고 있다.

다. 한편 의료급여기관이 급여비용심사기관의 확인에 대하여 이의신청을 하려면 통보받은 날부터 30일 이내에 하여야 한다.

4. 과제와 전망

의료급여법에서 주된 쟁점은 저소득 취약계층의 의료보장 범위와 비용 중 본인부담에 대한 것이다. 건강상태가 열악한 저소득 취약계층의 경우 빈곤과 건강 악화의 이중고에 시달릴 가능성이 존재하기 때문에 이들에게는 건강보장범위를 보다 확대할 필요성과 본인부담을 더욱 완화시킬 필요성이 제기되기도 한다.

첫째, 현재 의료급여제도의 급여범위는 "건강보험요양기준에 관한 규칙"의 해당 규정을 준용하도록 되어 있다. 즉, 급여범위가 건강보험과 거의 같다. 의료급여제도가 최저생계비 이하의 극빈층에게 의료보장을 담보하는 공공부조의 일환으로 운영되고 있는 제도임을 고려할 때 급여범위를 건강보험과 연계하여 일치시키는 것이 타당한 것인가에 대해서는 논란이 존재한다. 둘째, 의료급여의 경우 본인부담금 상한제가 존재하고 있지만, 외래진료 시 본인부담금이 존재하기 때문에 저소득계층의 경제적 부담능력을 충분히 고려하는가 하는 쟁점이 존재한다. 의료급여법이 저소득 취약계층의 의료보장을 규정하는 법이기에 의료보장 범위의 확대와 본인부담제도의 개선이 필요하다.

제 4 절 긴급복지지원법

1. 일반사항

긴급복지지원제도는 갑작스럽고 일시적인 위기상황에 처한 사람들을 재정적으로 지원하기 위해 2006년 3월에 도입된 제도이다. 긴급복지지원법의 위기상황이란 가구의 주요 소득자의 사망, 가출, 가구구성원의 질병, 학대, 폭력, 그리고 화재 등으로 갑자기 생계를 유지하기 곤란해졌을 때를 의미하며, 이 경우 1개월 간 정부의 도움을 받을 수 있도록 하였다. 긴급복지지원법은 생계곤란 등의 위기상황에 처하여 도움이 필요한 자를 신속하게 지원함으로써 이들이 위기상황에서 벗어나 건강하고 인간다운 생활을 하게 함을 목적으로 한다. 또한 경제양극화 및 이혼 증가 등 사회변화 속에서 소득상실, 질병과 같이 갑

작스러운 위기상황이 발생한 경우 누구든지 손쉽게 도움을 청하고 필요한 지원을 받을 수 있는 제도를 마련하기 위하여 지역사회의 각종 복지자원을 활용하여 위기상황에 처한 자를 조기에 찾을 수 있는 체계를 갖추고 이들에게 필요한 지원을 신속하게 실시하며 기존의 공공부조제도나 사회복지서비스와 연계되도록 하려는 것이다. 긴급복지지원법은 총 19조로 구성되어 있으며, 목적, 긴급지원대상자, 긴급지원기관, 현장 확인 및 지원, 긴급지원의 종류 및 내용, 예산분담이 중요내용이다.

2. 법의 제정 이유와 목적

1) 법의 제정 이유 및 개정

2004년 대구 불로동사건[12]이 발생한 이후, 국민기초생활보장법에 긴급급여 조항이 있음에도 불구하고, 이 조항이 대상자와 사회적 자원에서의 연결고리의 역할상실 및 위기상황에 대하여 적기에 능동적이고 유연하게 대응할 수 있는 장치로 작동할 수 없다는 인식이 확산되었다. 이에 기존의 사회보험, 공공부조 및 사회서비스로 해소되지 못하는 사각지대를 보호하기 위한 '제3의 사회안전망'이 구축되어야 한다는 주장에 힘이 실리게 되었다. 그 결과 2005년 2월 대통령자문 빈부격차·차별시정위원회를 중심으로 이른바 사회복지전달체계 개선대책이 발표되고 이와 동시에 보건복지부내에 긴급지원제도 개선 T/F를 구성, 공청회 및 사회복지전담공무원 워크샵을 통해 각계의 의견을 수렴하여 정부안을 마련, 긴급복지지원법이 태동하기에 이르렀다.

이 법은 원래 시행일로부터 5년간 효력을 갖는 한시법이었으나, 2009년 5월 개정을 통해 한시법 조항이 삭제되었다. 2012년 10월 이 법의 개정(2013년 1월 시행)에서는 위기상황에 대한 정의에서 최저생계비 이하 소득기준을 규정하고 있는 조항을 삭제하였고(생계지원 소득 기준 완화), 주거지원 기간의 상한을 6개월에서 12개월로 연장하였으며, 긴급지원 관련 민간단체가 참여하는 긴급지원협의회를 폐지하였다. 2014년 12월 개정에서는 국가 및 지방자치단체의 책무 규정을 개정하여 국가 및 지방자치단체는 위기상황에 처한 사람을 찾아내어 최대한 신속하게 필요한 지원을 하도록 노력하여야 하며, 긴급지원

12) 2004년 12월 16일 대구불로동에서 한 사망 사건이 발생하였다. 사건발생이전부터 희귀난치성 질환인 '선천성 척수성근위축증'의 질환을 앓고 있던 한 아동이 영양실조로 사망한 채로 발견된 것이다. 이 가정은 2004년 3월 3일부터 보육료 감면대상자 차상위계층으로 선정되어 월 78,600원을 지원받고 있었고 사망 며칠 전에도 어린이집이전을 위한 장애인 등록 관계 때문에 동사무소를 방문하여 상담한 바 있고, 의료비 과중부담에 따른 의료급여지원가능성에 대해서도 안내를 받은 바 있었다.

의 지원대상 및 소득 또는 재산 기준, 지원 종류·내용·절차와 그 밖에 필요한 사항 등 긴급지원사업에 관하여 적극적으로 안내하여야 한다고 새롭게 규정하였다.

2) 목적

이 법은 생계곤란 등의 위기상황에 처하여 도움이 필요한 사람을 신속하게 지원함으로써 이들이 위기상황에서 벗어나 건강하고 인간다운 생활을 하게 함을 목적으로 한다(제1조). 그리고 이 법에 따른 지원은 위기상황에 처한 사람에게 일시적으로 신속하게 지원하는 것을 기본원칙으로 한다.

3) 기본원칙

이 법에 따른 지원은 위기상황에 처한 사람에게 일시적으로 신속하게 지원하는 것을 기본원칙으로 한다. 「재해구호법」, 「국민기초생활 보장법」, 「의료급여법」, 「사회복지사업법」, 「가정폭력방지 및 피해자보호 등에 관한 법률」, 「성폭력방지 및 피해자보호 등에 관한 법률」등 다른 법률에 따라 이 법에 따른 지원 내용과 동일한 내용의 구호·보호 또는 지원을 받고 있는 경우에는 이 법에 따른 지원을 하지 아니한다.

3. 주요 내용

이 법은 총 19조로 나뉘어져 있으며, 목적과 정의, 기본원칙, 국가 및 지방자치단체의 책무, 긴급지원대상자, 긴급지원기관, 현장 확인 및 지원, 긴급지원의 종류 및 내용, 긴급지원의 기간, 사후조사, 긴급지원의 적정성 심사 등으로 구성되어 있다.

1) 수급권자

이 법에 따른 지원대상자는 위기상황에 처한 사람으로서 이 법에 따른 지원이 긴급하게 필요한 사람("긴급지원대상자")으로 한다(제5조). 기존의 사회보험, 공공부조 및 사회서비스로 해소되지 못하는 사각지대를 보호하기 위한 긴급복지지원법의 특성 상, 국민기초생활보장제도 수급자는 긴급지원대상자에서 제외된다.

이 법에서 "위기상황"이란 본인 또는 본인과 생계 및 주거를 같이 하고 있는 가구구성원이 다음 어느 하나에 해당하는 사유로 인하여 생계유지 등이 어렵게 된 것을 말한다(제2조).

① 주소득자(主所得者)가 사망, 가출, 행방불명, 구금시설에 수용되는 등의 사유로 소득을 상실한 경우
② 중한 질병 또는 부상을 당한 경우
③ 가구구성원으로부터 방임(放任) 또는 유기(遺棄)되거나 학대 등을 당한 경우
④ 가정폭력을 당하여 가구구성원과 함께 원만한 가정생활을 하기 곤란하거나 가구구성원으로부터 성폭력을 당한 경우
⑤ 화재 등으로 인하여 거주하는 주택 또는 건물에서 생활하기 곤란하게 된 경우
⑥ 그 밖에 보건복지부장관이 정하여 고시하는 사유가 발생한 경우

긴급지원대상자와 친족, 그 밖의 관계인은 구술 또는 서면 등으로 관할 시장·군수·구청장에게 이 법에 따른 지원을 요청할 수 있다. 누구든지 긴급지원대상자를 발견한 경우에는 관할 시장·군수·구청장에게 신고하여야 한다. 그리고 「의료법」에 따른 의료기관의 종사자, 「유아교육법」, 「초·중등교육법」 및 「고등교육법」에 따른 교원, 「사회복지사업법」에 따른 사회복지시설의 종사자 및 복지위원, 「국가공무원법」및 「지방공무원법」에 따른 공무원, 「장애인활동 지원에 관한 법률」에 따른 활동지원기관의 장 및 그 종사자와 활동지원인력, 그 밖에 긴급지원대상자를 발견할 수 있는 자로서 보건복지부령으로 정하는 자는 진료·상담 등 직무수행 과정에서 긴급지원대상자가 있음을 알게 된 경우에는 관할 시장·군수·구청장에게 이를 신고하고, 긴급지원대상자가 신속하게 지원을 받을 수 있도록 노력하여야 한다(제7조).

2) 급여(제9조)

긴급복지지원법의 급여는 금전 또는 현물 등의 직접지원과 민간기관 혹은 단체와의 연계를 통한 지원 등으로 구분되며, 생계지원 및 주거지원의 경우 최저생계비를 한도로 규정하고 있다. 급여내용을 구체적으로 살펴보면 다음과 같다.

(1) 금전 또는 현물(現物) 등의 직접지원

① 생계지원: 식료품비·의복비 등 생계유지에 필요한 비용 또는 현물 지원
② 의료지원: 각종 검사 및 치료 등 의료서비스 지원
③ 주거지원: 임시거소(臨時居所) 제공 또는 이에 해당하는 비용 지원
④ 사회복지시설 이용 지원: 「사회복지사업법」에 따른 사회복지시설 입소(入所) 또는 이용 서비스 제공이나 이에 필요한 비용 지원

⑤ 교육지원: 초·중·고등학생의 수업료, 입학금, 학교운영지원비 및 학용품비 등 필요한 비용 지원

⑥ 그 밖의 지원: 연료비나 그 밖에 위기상황의 극복에 필요한 비용 또는 현물 지원

(2) 민간기관·단체와의 연계 등의 지원

① 「대한적십자사 조직법」에 따른 대한적십자사, 「사회복지공동모금회법」에 따른 사회복지공동모금회 등의 사회복지기관·단체와의 연계 지원

② 상담·정보제공, 그 밖의 지원

이 법의 구체적인 지원기준·방법 및 절차 등에 관하여 필요한 사항은 대통령령으로 정한다.[13] 긴급지원제도는 지원요청 또는 신고를 받거나 위기상황에 처한 사람을 찾아낸 경우에는 지체 없이 긴급지원 담당공무원의 현장 확인을 거쳐 지원받을 수 있다. 생계·주거·사회복지시설이용, 그 밖의 지원은 1월, 의료지원은 1회가 원칙이다. 다만, 시장·군수·구청장의 판단에 생계·주거 등의 지원은 1개월씩 2번 연장이 가능하다. 그러나 이와 같은 지원으로도 위기상황이 해소되지 않는 경우는 긴급지원심의위원회의 심의를 거쳐 지원을 연장할 수 있다. 이 경우 생계지원, 사회복지시설 이용 지원, 그 밖의 지원은 지원기간을 합하여 총 6개월을 초과하여서는 아니되고, 주거 지원은 총 12개월을 초과하여서는 아니되며, 의료 지원은 총 두 번, 교육 지원은 총 네 번을 초과하여서는 아니된다.

한편 이 법에 따라 긴급지원대상자에게 지급되는 금전 또는 현물은 압류할 수 없으며, 긴급지원수급계좌의 긴급지원금과 이에 관한 채권은 압류할 수 없다. 긴급지원대상자는 이 법에 따라 지급되는 금전 또는 현물을 생계유지 등의 목적 외의 다른 용도로 사용하기 위하여 양도하거나 담보로 제공할 수 없다(제18조).

3) 전달체계

이 법에서는 국가 및 지방자치단체의 책무를 4조에서 규정하고 있다. 국가 및 지방자치단체는 위기상황에 처한 사람을 찾아내어 최대한 신속하게 필요한 지원을 하도록 노력하여야 하며,[14] 긴급지원의 지원대상 및 소득 또는 재산 기준, 지원 종류·내용·절차와

---

13) 이 경우 제1항 제1호 가목 및 다목의 지원은 「국민기초생활 보장법」 제6조에 따라 해마다 공표되는 최저생계비를 한도로 한다. 시장·군수·구청장은 제1항 제1호 라목에 따른 사회복지시설 이용 지원을 하는 경우 관할 사회복지시설의 장에게 지원을 요청할 수 있다(제9조).

14) 국가 및 지방자치단체는 위기상황에 처한 사람에 대한 발굴조사를 연 1회 이상 정기적으로 실시하여야 한다. 국가 및 지방자치단체는 정기 발굴조사 또는 수시 발굴조사를 위하여 필요한 경우 관계

그 밖에 필요한 사항 등 긴급지원사업에 관하여 적극적으로 안내하여야 한다. 국가 및 지방자치단체는 이 법에 따른 지원 후에도 위기상황이 해소되지 아니하여 계속 지원이 필요한 것으로 판단되는 사람에게는 다른 법률에 따른 구호·보호 또는 지원을 받을 수 있도록 노력하여야 한다. 국가 및 지방자치단체는 구호·보호 또는 지원이 어렵다고 판단되는 경우에는 민간기관·단체와의 연계를 통하여 구호·보호 또는 지원을 받을 수 있도록 노력하여야 한다. 긴급복지지원의 전달체계는 대상자의 거주지를 관할하는 시·군·구가 지원기관으로서 그 역할을 하며, 담당공무원이 대상자의 거주지 방문 등 위기상황을 확인하고 지원을 돕는 역할을 한다.

(1) 긴급지원기관(제6조)

긴급지원기관은 긴급지원대상자의 거주지를 관할하는 시장이다. 다만, 긴급지원대상자의 거주지가 분명하지 아니한 경우에는 지원요청 또는 신고를 받은 시장·군수·구청장이 한다. 시장·군수·구청장은 이 법에 따른 긴급지원사업을 수행할 담당공무원("긴급지원담당공무원")을 지정하여야 한다.

(2) 현장 확인 및 지원(제8조)

시장·군수·구청장은 지원요청 또는 신고를 받거나 위기상황에 처한 사람을 찾아낸 경우에는 지체 없이 긴급지원담당공무원으로 하여금 긴급지원대상자의 거주지 등을 방문하여 위기상황을 확인하여야 한다. 또한 시장·군수·구청장은 위기상황을 확인하기 위하여 필요한 경우에는 관할 경찰관서, 소방관서 등 관계 행정기관의 장에게 협조를 요청할 수 있다. 시장·군수·구청장은 현장 확인 결과 위기상황의 발생이 확인된 사람에 대하여는 지체 없이 지원의 종류 및 내용을 결정하여 지원을 하여야 한다.

(3) 담당기구 설치 등(제11조)

보건복지부장관은 위기상황에 처한 사람에게 상담·정보제공 및 관련 기관·단체 등과의 연계서비스를 제공하기 위하여 담당기구를 설치·운영할 수 있다. 시장·군수·구청장은 긴급지원사업을 원활하게 수행하기 위하여 「사회복지사업법」에서 규정한 지역사회복지협의체를 통하여 사회복지·보건의료 관련 기관·단체 간의 연계·협력을 강화하여

기관·법인·단체 등의 장에게 자료의 제출, 위기상황에 처한 사람의 거주지 등 현장조사 시 소속 직원의 동행 등 협조를 요청할 수 있다. 이 경우 관계 기관·법인·단체 등의 장은 정당한 사유가 없으면 이에 따라야 한다. 국가 및 지방자치단체는 위기상황에 처한 사람에 대한 발굴체계의 운영 실태를 정기적으로 점검하고 개선방안을 수립하여야 한다(제7조의2).

야 한다.

(4) 긴급지원심의위원회(제12조)

긴급지원심의위원회는 시군구에 설치되며, 이 위원회는 긴급지원연장 결정, 긴급지원의 적정성 심사, 긴급지원의 중단 또는 지원비용의 환수 결정, 그 밖에 긴급지원심의위원회의 위원장이 회의에 부치는 사항을 심의하고 의결한다.

(5) 사후조사 및 적정성 심사(제13조~제14조)

시장 · 군수 · 구청장은 지원을 받았거나 받고 있는 긴급지원대상자에 대하여 소득 또는 재산 등 대통령령으로 정하는 기준에 따라 긴급지원이 적정한지를 조사하여야 한다. 시장 · 군수 · 구청장은 지원을 받았거나 받고 있는 긴급지원대상자에 대하여 소득 또는 재산 등 대통령령으로 정하는 기준에 따라 긴급지원이 적정한지를 조사하여야 한다.

4) 재정(제17조)

국가 및 지방자치단체는 긴급지원 업무를 수행하기 위하여 필요한 비용을 분담하여야 한다.

5) 권리구제: 이의신청(제16조)

시장 · 군수 · 구청장의 지원결정이나 거짓이나 부정한 방법으로 지원을 받은 경우 내려지는 반환명령에 이의가 있는 사람은 그 처분을 고지받은 날부터 30일 이내에 해당 시장 · 군수 · 구청장을 거쳐 특별시장 · 광역시장 · 도지사 · 특별자치도지사에게 서면으로 이의신청할 수 있다. 이 경우 시장 · 군수 · 구청장은 이의신청을 받은 날부터 10일 이내에 의견서와 관련 서류를 첨부하여 시 · 도지사에게 송부하여야 한다. 시 · 도지사는 송부를 받은 날부터 15일 이내에 이를 검토하고 처분이 위법·부당하다고 인정되는 때는 시정, 그 밖에 필요한 조치를 하여야 한다.

4. 과제와 전망

긴급복지지원제도는 기존 공공부조제도와 다른 차별성을 지니고 있다. 첫째, 국민기초생활보장제도와 비교하여 긴급지원제도는 부양의무자의 유무가 수급결정의 기준이 되지 않는다. 둘째, 긴급한 위기상황에 신속하게 대응하기 위해서 대상자의 소득과 재산에 대한 조사를 긴급지원 이후에 실시하도록 규정하고 있다(사후조사). 긴급복지지원제도의 중요한 원칙 중 하나가 바로 이러한 선지원 후처리원칙이다.

긴급복지지원법은 위기상황에 처한 국민들의 긴급한 욕구에 대응하는 기능을 수행하고 있다고 긍정적으로 평가할 수 있지만, 현행 법 상에서 위기상황에 대한 해석은 논란이 된다. 긴급복지지원법에서는 위기상황을 열거하는 방식으로 지원대상자를 정의하고 있지만, 복잡한 현대사회에서는 위기상황에 대해 보다 융통성 있는 해석이 필요한 경우가 많다. 따라서 일부에서는 가능하다면 법 개정을 통해 위기상황에 대해 보다 포괄적으로 정의할 필요가 있으며 이 경우 '사고'와 '파산'이라는 용어는 명시될 필요성이 있다는 주장이 제기되었다(정원오 외, 2008).

제 3 편

사회복지서비스 관련법

사회복지서비스는 우리나라에서 매우 독특한 위상을 갖는다. 한국전쟁 이후 국가의 복지제도가 전무한 상태에서 폭발적으로 증가하는 복지욕구를 일부라도 해소할 수 있었던 것은 외원 기관들의 사회사업에 의한 것이었으며, 1970년대까지 한국의 복지는 거의 사회복지서비스만으로 구성되어 있었던 것이 사실이다. 그러나 이후 여러 사회보장제도 및 공공부조 제도의 확대와 함께 사회복지서비스의 비중은 점점 낮아지고 있다. 그럼에도 불구하고, 공공부조제도를 보완하는 기능으로서 사회복지서비스는 나름의 위치를 가지고 있다. 사회복지서비스는 공공부조에 비하여 명확한 개념정의가 어려우며, 국가 및 학자에 따라 천차만별의 상이한 견해를 제시하고 있다. 그 이유는 사회복지서비스는 그 영역이 매우 넓고 지속적으로 변화되고 있으며 아직 독자적인 학문적·제도적 영역을 가지고 있지 못하기 때문이다.

사회복지서비스법은 사회복지서비스의 제공과 연관되는 법적 규정을 지칭한다. 사회복지서비스는 사회생활상의 곤란 또는 장애를 받고 있는 자, 즉 장애인, 노인, 아동 등의 요보호자에 대한 보호, 육성, 지도, 치료, 재활 등의 서비스 시책이라 할 수 있다. 다시 말해서, 사회복지서비스는 경제적 사정을 제외한 특수한 선천적 또는 후천적 사정으로 인하여 다른 일반인에 비하여 열악하고 불리한 위치에 있는 특정계층에 대하여 사회복지기관에서 각종 지원을 하여 이들이 일반인과 동등한 생활을 영위할 수 있도록 하는 제도로 정의되고 있다.

사회복지서비스법은 사회보험법이나 공공부조법과는 몇 가지 측면에서 다르다(현외성, 2011). 첫째, 급여 내용과 형태면에서, 사회보험이나 공공부조는 소득이나 물질적인 급여가 주류를 이룬다면, 사회복지서비스는 비물질적·심리사회적 서비스를 주된 내용으로 하고 있다. 따라서 사회복지서비스법은 비물질적·비화폐적 급여를 법적장치에 규정하는 일이기 때문에 매우 어려울 수밖에 없다.

둘째, 급여의 특성상 개인적 욕구의 특수성에 따라 개별적 처우를 제공해야 하는 점이 사회보험과 공공부조에 비해서 상대적으로 어렵다. 법은 표준적인데 반해 사회복지서비스는 시간과 대상에 따라 역동적이어서 법적 규정 설정 자체가 적절하지 않을 때가 많을 수밖에 없다.

사회복지서비스법의 설정이 어렵다 하더라도 사회복지 대상에 대한 보호를 규정한다는 점에서 매우 중요할 수밖에 없다. 그러나 우리나라 사회복지서비스법의 보호조치는 사회복지법의 제도적 요청과는 거리가 멀게 형성되어 있다(전광석, 2007). 첫째, 현행 각종 사회복지서비스와 관련된 법률들은 사회복지법에 포섭하기 어려울 정도로 사회복지법적 의미에서의 급여에 인색하다. 즉, 보호대상자의 사회적 문제를 해결하기 위해서 필요한 직접적인 급여가 불충분하다. 사회복지서비스법들은 오히려 일반적인 보호조치를 열거하고 있는 정도에 그치고 있다. 아동복지법상의 금지행위에 관한 규정이 좋은 예이다. 이러한 조치들은 특히 보호대상자로 인하여 발생하는 가족의 부담을 경감하여 가족을 보호하는 헌법적인 요청에 충실하지 못하다. 둘째, 현행 사회복지서비스와 관련된 급여들은 대부분 재량급여이며, 따라서 사회복지서비스법이 개인의 권리를 도출하는 근거로서 기능할 수 없게 되어 있다. 셋째, 현행 사회복지서비스법이 부분적으로 직접급여를 하는 경우에도 이들 현물 혹은 현금급여의 경우 공공부조를 보충하는 정도에 머무르고 있으며, 공공부조법과 구분되는 독자적인 입법내용을 가지고 있지 못하다. 아래에서 설명하는 장애수당 등이 특히 그러하다. 이상적으로는 아동·노인 및 장애인 등에 대한 국민기초생활보장법상의 보호는 최저생활을 보장하고, 사회복지서비스법들은 소득 및 재산상황과는 독립하여 아동·노인·장애인 등이 정상적인 사회생활에 편입할 수 있도록 개선하여야 한다.

제 1 장

사회복지사업법

1. 일반 사항

사회복지사업법은 다양한 사회복지서비스와 관련된 법률을 포괄하는 기본법적 · 일반법적 지위를 지닌다. 따라서 법 적용의 일반 원칙에 따를 때 사회복지서비스와 관련한 각종 개별 법률들은 동 법에 우선하여 적용하되, 개별 법률에서 규정하지 않는 사항에 대해서는 사회복지사업법을 따르도록 한다.

동 법은 1966년부터 입법이 추진되어 1970년부터 시행되어 온 이후 사회의 변화하는 욕구에 따라 법의 개정이 이루어졌다. 1993년과 1998년에는 전부개정이 시행되었는데 1993년 전부 개정 시에는 모자복지법, 영유아보육법 등을 하위 법으로 추가하고 재가복지 및 정신질환자의 사회복귀에 관한 사업을 규정하여 사회복지사업의 범위를 확대하였으며 사회복지전문요원의 법적 근거가 마련되었다. 그 이후 1998년 전부개정은 사회복지시설의 개선을 위한 법 개정이 중심이 되었다. 구체적으로는 사회복지시설의 인권침해를 방지 및 재정의 투명성 강화 및 사회복지사업의 전문성 강화라는 방향을 토대로 개정이 이루어졌다. 그 이후에도 사회 환경의 변화에 따라 몇 차례 개정을 거듭하였고, 2003년과 지방자치단체의 사회복지계획과 실행을 강조한 내용이 추가되었고 지역사회복지협의체 설치가 이루어졌는데 이는 사회복지의 지방화를 실현할 수 있는 기반이 되었다 할 수 있다. 2009년 공공부문과 민간부문 간의 정보공유를 통한 사회복지서비스의 공정성과 효율성 제고를 위해 통합전산망이 구축되었다.

2014년에 제정된 「사회보장급여의 이용 · 제공 및 수급권자 발굴에 관한 법률」(사회보장급여법)이 공공 사회복지전달체계를 규정하게 되면서, 사회복지사업법은 민간 사회복지

전달체계를 규정하는 법률로 그 성격이 변화하게 되었다. 그럼에도, 사회복지사업법이 여전히 사회복지전담공무원 규정 등 공공 사회복지전달체계와 관련된 부분까지 포괄하고 있는 등 역할 정립이 명확하지 않으며, 사회복지사업법이라는 명칭 등에 대해서 개정이 요구되고 있는 실정이다.

2. 목적 및 의의

사회복지사업법은 사회복지사업에 관한 기본적 사항을 규정하여 사회복지를 필요로 하는 사람에 대하여 인간의 존엄성과 인간다운 생활을 할 권리를 보장하고 사회복지의 전문성을 높이며, 사회복지사업의 공정·투명·적정을 도모하고, 지역사회복지의 체계를 구축함으로써 사회복지의 증진에 이바지함을 목적으로 한다(법 제1조). 사회복지사업법의 목적은 헌법 34조에서 규정한 모든 국민의 인간다운 생활을 할 권리를 보장하고 국가의 사회복지 의무를 시행하기 위함과 맥을 같이한다.

사회복지를 필요로 하는 사람은 누구든지 자신의 의사에 따라 서비스를 신청하고 제공받을 수 있고, 사회복지법인 및 사회복지시설은 공공성을 가지며 사회복지사업을 시행하는 데 있어서 공공성을 확보하여야 하며 사회복지를 제공하는 자는 사회복지를 필요로 하는 사람의 인권을 보장하여야 하는 것을 사회복지사업법의 기본 이념으로 하고 있다(법 제 1조의2).

사회복지사업법은 사회복지사업에 관한 기본법으로 사회복지사업법에 해당하는 법의 경우에는 사회복지사업의 내용 및 절차 등에 관해 특별한 규정이 있는 경우를 제외하고는 이 법이 정하는 바에 따른다. 각종 사회복지사업의 근거법률을 개정하는 때에는 이 법에 부합하도록 한다(법 제3조).

3. 주요 내용

1) 정의 및 기본 사항

(1) 용어 정의

'사회복지사업'이란 동 법에서 제시된 법률[1]에 따른 보호, 선도 또는 복지에 관한 사업

1) 「국민기초생활 보장법」「아동복지법」「노인복지법」「장애인복지법」「한부모가족지원법」「영유아보육법」「성매매방지 및 피해자보호 등에 관한 법률」「정신보건법」「성폭력방지 및 피해자보호 등에 관

과 사회복지상담, 직업지원, 무료 숙박, 지역사회복지, 의료복지, 재가복지(在家福祉), 사회복지관 운영, 정신질환자 및 한센병력자의 사회복귀에 관한 사업 등 각종 복지사업과 이와 관련된 자원봉사활동 및 복지시설의 운영 또는 지원을 목적으로 하는 사업을 말한다. 사업의 종류에 대해 제시한 방법을 예시적 성격으로 볼지 열거적 성격으로 볼 지에 따라 법에 명문으로 규정되어 있지 않은 프로그램이 사회복지사업법에 근거를 두는지가 달라진다. 예시적 성격으로 보는 경우에는 이 법에 제시되지 않은 법률이라도 사회복지사업법을 기본법으로 할 수 있으나 열거적 성격으로 볼 경우에는 이 법에 제시된 사업만 해당된다. 한편 '사회복지서비스'란 국가·지방자치단체 및 민간부문의 도움을 필요로 하는 모든 국민에게 상담, 재활, 직업 소개 및 지도, 사회복지시설의 이용 등을 제공하여 정상적인 사회생활이 가능하도록 제도적으로 지원하는 것을 말하고, '보건의료서비스'란 국민의 건강을 보호·증진하기 위하여 보건의료인이 하는 모든 활동을 말한다(법 제2조).

(2) 복지와 인권 증진의 책임 주체

국가와 지방자치단체는 사회복지서비스를 증진하고, 서비스를 이용하는 사람에 대하여 인권침해를 예방하고 차별을 금지하며 인권을 옹호할 책임을 진다. 또한 국가와 지방자치단체는 사회복지서비스와 보건의료서비스를 함께 필요로 하는 사람에게 이들 서비스가 연계되어 제공되도록 노력하여야 한다. 그리고 국가와 지방자치단체, 그 밖에 사회복지사업을 하는 자는 사회복지를 필요로 하는 사람에 대하여 그 사업과 관련한 상담, 작업치료(作業治療), 직업훈련 등을 실시하고 필요한 경우에는 주민의 복지 욕구를 조사할 수 있다. 이는 국가 및 지방자치단체가 소극적 역할에서 나아가 적극적인 개입을 할 수 있도록 명시한 것이다. 한편 국가와 지방자치단체는 도움을 필요로 하는 국민이 본인의 선호와 필요에 따라 적절한 사회복지서비스를 제공받을 수 있도록 사회복지서비스 수요자 등을 고려하여 사회복지시설이 균형 있게 설치되도록 노력하여야 하고, 민간부문의 사회복지 증진활동이 활성화되고 국가 및 지방자치단체의 사회복지사업과 민간부문의 사회복지 증진활동이 원활하게 연계될 수 있도록 노력하여야 한다. 최근 인권에 대한 관심 증가로 인해 인권침해와 관련한 조항이 새롭게 신설되어 사회복지를 필요로 하는 사람의 인권이

한 법률」「입양특례법」「일제하 일본군위안부 피해자에 대한 생활안정지원 및 기념사업 등에 관한 법률」「사회복지공동모금회법」「장애인·노인·임산부 등의 편의증진 보장에 관한 법률」「가정폭력방지 및 피해자보호 등에 관한 법률」「농어촌주민의 보건복지증진을 위한 특별법」「식품기부 활성화에 관한 법률」「의료급여법」「기초연금법」「긴급복지지원법」「다문화가족지원법」「장애인연금법」「장애인활동 지원에 관한 법률」「노숙인 등의 복지 및 자립지원에 관한 법률」「보호관찰 등에 관한 법률」「장애아동 복지지원법」「발달장애인 권리보장 및 지원에 관한 법률」

충분히 존중되는 방식으로 사회복지서비스를 제공하고 사회복지와 관련된 인권교육을 강화하여야 하는 의무를 명시하였고, 나아가 사회복지서비스를 이용하는 사람이 긴급한 인권침해 상황에 놓인 경우 신속히 대응할 체계를 갖추어야 한다. 또한 시설 거주자 또는 보호자의 희망을 반영하여 지역사회보호체계에서 서비스가 제공될 수 있도록 노력하고 사회복지서비스를 필요로 하는 사람들에게 사회복지서비스의 실시에 대한 정보를 제공하여야 하는 의무를 지닌다(법 제4조).

(3) 인권존중 및 최대 봉사의 원칙

이 법에 따라 복지업무에 종사하는 사람은 그 업무를 수행할 때에 사회복지를 필요로 하는 사람을 위하여 인권을 존중하고 차별 없이 최대로 봉사하여야 한다(법 제5조). 사회복지 업무에 종사하는 사람은 다른 직종과 달리 사회적 약자를 위해 일하는 사람으로 특별히 규정된 조항이라 할 수 있다.

(4) 시설 설치의 방해 금지

누구든지 정당한 이유 없이 사회복지시설의 설치를 방해하여서는 안 되고(법 제6조), 시장, 군수 및 구청장은 정당한 이유 없이 사회복지시설의 설치를 지연시키거나 제한하는 조치를 하여서는 안 된다.

(5) 사회복지의 날

국가는 국민의 사회복지에 대한 이해를 증진하고 사회복지사업 종사자의 활동을 장려하기 위하여 매년 9월 7일을 사회복지의 날로 하고, 사회복지의 날부터 1주간을 사회복지주간으로 한다. 국가와 지방자치단체는 사회복지의 날의 취지에 적합한 행사 등 사업을 하도록 노력하여야 한다(법 제15조의 2).

2) 대상

동법의 대상자는 법 제1조 및 33조의 2에 의해 사회복지서비스를 필요로 하는 사람(보호대상자)이다. 구체적으로는 법 제2조에 제시된 서비스를 받는 사람이 된다고 볼 수 있으나, 법 적용 대상자의 요건과 범위가 불명확한 문제점을 가진다고 볼 수 있다.

3) 급여 및 서비스

(1) 서비스 제공

사회복지서비스를 필요로 하는 사람과 그 친족, 그 밖의 관계인은 동 법에 의하여 관할 시장 · 군수 · 구청장에게 보호대상자에 대한 사회복지서비스의 제공을 신청할 수 있다(법 제33조의 2). 시 · 군 · 구 복지담당공무원은 이 법에 따른 보호대상자가 누락되지 아니하도록 하기 위하여 관할지역에 거주하는 보호대상자의 서비스 제공을 직권으로 신청할 수 있다. 이 경우 보호대상자의 동의를 받아야 하며, 동의를 받은 경우에는 보호대상자가 신청한 것으로 본다.

또한 시장 · 군수 · 구청장은 서비스 제공 신청을 받으면 복지담당공무원에게 신청인의 복지 요구와 관련된 사항이나 그 밖에 신청인에게 필요하다고 인정되는 사회복지서비스 및 보건의료서비스에 관한 사항, 보호대상자 및 그 부양의무자의 소득 · 재산 · 근로능력 및 취업 상태에 관한 사항, 보호대상자 및 그 부양 의무자에 대하여 실시되는 급여, 사회복지서비스 및 보건의료서비스 중 수혜 이력에 관한 사항 등을 조사하게 한다(법 제33조의 3). 이때 보호대상자는 의견을 진술할 기회를 가진다.

그 후 시장 · 군수 · 구청장은 조사를 하였을 때에는 반드시 서비스 제공의 실시 여부와 그 유형을 결정하여야 하고 필요한 경우 지역사회복지협의체의 의견을 들어 서비스의 유형, 방법, 수량 및 제공기간, 서비스 제공 단체 등이 포함된 대상자별 서비스 제공 계획을 작성하여야 한다(법 제33조의 4). 이 경우 보호대상자 또는 그 친족의 의견을 고려하여야 한다. 보호대상자에 대한 서비스 제공은 현물제공을 원칙으로 하되, 국가 및 지방자치단체 외의 자가 서비스를 제공하는 경우 보호대상자에게 사회복지 서비스 이용권을 지급하여 서비스를 받게 할 수 있다(법 제33조의 7). 이러한 이용권은 사회복지시설간의 서비스 경쟁을 유도하여 시장의 질을 전반적으로 향상시키기 위한 것이다.

(2) 재가복지서비스

국가나 지방자치단체는 보호대상자가 가정봉사서비스나 주간, 단기보호 서비스의 재가복지서비스[2]를 제공받도록 할 수 있다(법 제41조의 2). 시장 · 군수 · 구청장은 보호대상자별 서비스 제공 계획에 따라 보호대상자에게 사회복지서비스를 제공하는 경우 시설 입소에 우선하여 재가복지서비스를 제공하도록 하여야 한다. 또한 서비스 제공이 결정된 보호대상자를 자신의 가정에서 돌보는 사람에 대하여 그 보호자의 부담을 줄이기 위한 상담을 실시하거나 금전적 지원 등을 할 수 있다.

또한 동법에 의해 국가나 지방자치단체는 재가복지서비스를 필요로 하는 가정 또는 시

2) 1. 가정봉사서비스: 가사 및 개인활동을 지원하거나 정서활동을 지원하는 서비스
2. 주간 · 단기 보호서비스: 주간 · 단기 보호시설에서 급식 및 치료 등 일상생활의 편의를 낮 동안 또는 단기간 동안 제공하거나 가족에 대한 교육 및 상담을 지원하는 서비스

설에서 보호대상자가 일상생활을 하기 위하여 필요한 각종 편의를 제공하는 가정봉사원을 양성하도록 노력하여야 한다.

4) 사회복지 전달체계

이 법에서 규정하고 있는 사회복지 전달체계는 주로 민간 영역에 대한 것이지만, 공공영역에 대한 부분도 일부 규정하고 있다. 사회보장급여법의 제정 이후, 공공 복지전달체계 관련 규정의 일부는 사회보장급여법으로 이전되었으나 아직까지 사회복지사업법에도 남아 있는 것이다. 본 절에서는 사회복지위원회 및 지역사회복지협의체를 중심으로 설명하고 사회복지인력을 함께 살펴보도록 한다.[3)]

(1) 사회복지위원회

사회복지사업에 관한 중요 사항과 사회보장급여법에 따른 지역사회보장계획을 심의하거나 건의하기 위하여 광역자치단체에 사회복지위원회를 둔다(법 제7조 1항). 사회복지위원회의 조직·운영에 필요한 사항은 해당 시·도의 조례로 정한다(법 제7조 4항). 사회복지위원회는 위원장 1명을 포함한 15명 이상 30명 이하의 위원으로 구성된다.

(2) 지역사회복지협의체

관할지역의 사회복지사업에 관한 중요 사항과 사회보장급여법에 따른 지역사회보장계획을 심의하거나 건의하고, 사회복지·보건의료 관련 기관·단체가 제공하는 사회복지서비스 및 보건의료서비스의 연계·협력을 강화하기 위하여 기초자치단체에 지역사회복지협의체를 둔다. 지역사회복지협의체의 업무를 효율적으로 수행하기 위하여 지역사회복지협의체에 실무협의체를 둔다. 지역사회복지협의체 및 실무협의체의 조직·운영에 필요한 사항은 시·군·구의 조례로 정한다(법 제7조의2). 지역사회복지협의체의 업무를 효율적으로 수행하기 위하여 실무협의체를 두고 실무협의체는 위원장 1명을 포함한 10명이상 30명 이하의 위원으로 구성한다.

(3) 복지위원

시장·군수·구청장은 읍·면·동의 사회복지사업을 원활하게 수행하기 위하여 읍·면·동 단위로 복지위원을 위촉하여야 한다. 이는 당위적 성격을 가지므로 반드시 위촉하여야만 하고, 복지위원은 명예직으로 하되, 예산의 범위에서 수당을 지급할 수 있다. 수당

---

3) 민간의 사회복지 전달계인 사회복지시설을 설치 운영하는 주체인 사회복지법인은 별도의 절에서 설명하도록 한다.

지급은 위촉과 달리 임의적 사항이다. 복지위원의 자격, 직무, 위촉절차 등에 관하여 필요한 사항은 시·군·구의 조례로 정한다(법 제8조). 복지위원의 임기는 3년으로 하고, 복지위원의 정수는 읍·면·동별로 각 2명 이상으로 하며 관할지역 안의 저소득 주민·아동·노인·장애인·모자가족·부자가족·요보호자 등 사회복지사업에 의한 도움을 필요로 하는 자에 대한 선도 및 상담과 사회복지대상자의 권익을 보호하기 위하여 필요한 사항의 직무를 행하게 된다(시행규칙 제2조 2항~4항).

(4) 사회복지 자원봉사활동의 지원 및 육성

국가와 지방자치단체는 사회복지 자원봉사활동을 지원·육성하기 위하여 자원봉사활동의 홍보 및 교육, 자원봉사활동 프로그램의 개발·보급, 자원봉사활동 중의 재해에 대비한 시책의 개발, 그 밖에 자원봉사활동의 지원에 필요한 사항을 실시하여야 하고 이를 효율적으로 수행하기 위하여 사회복지법인이나 그 밖의 비영리법인·단체에 이를 위탁할 수 있다(법 제9조).

(5) 사회복지사

사회복지인력은 사회복지와 관련한 전문가로 주변에 대한 깊은 관심과 열의를 가진 사람이어야 한다. 이러한 자격을 전문화하기 위해 우리나라에서는 사회복지사업법에 근거하여 사회복지사 자격증 제도를 운영하고 있다.

① 사회복지사 자격증의 발급 등

보건복지부장관은 사회복지에 관한 전문지식과 기술을 가진 사람에게 사회복지사 자격증을 발급할 수 있다. 사회복지사의 등급은 1급·2급·3급으로 하고 사회복지사의 자격증을 발급받으려는 사람은 사회복지사자격증 발급 신청서를 보건복지부장관에게 제출하여야 한다(법 제11조). 보건복지부 장관은 사회복지사 자격증의 교부업무를 한국사회복지사협회에 위탁한다(동법 시행령 제25조). 국가시험은 보건복지부장관이 시행하되, 시험의 관리는 시험 관리능력이 있다고 인정되는 관계 전문기관에 위탁할 수 있고 시험의 관리를 위탁받은 기관은 보건복지부장관의 승인을 받아 정한 금액을 응시수수료로 받을 수 있다(법 제12조). 한편, 사회복지사 1급 자격증을 받으려는 사람은 국가시험에 합격하여야 한다.

또한 동법은 사회복지사의 결격사유를 규정하고 있는데, 금치산자 또는 한정치산자, 금고 이상의 형을 선고받고 그 집행이 끝나지 아니하였거나 그 집행을 받지 아니하기로 확정되지 아니한 사람, 법원의 판결에 따라 자격이 상실되거나 정지된 사람 등은 사회복지사가 될 수 없다(법 11조의2). 그리고, 다음 중 하나에 해당되는 사람은 사회복지사 자격을 취소하거나 1년의 범위에서 정지시킬 수 있다: 거짓이나 그 밖의 부정한 방법으로 자격을 취득한 경우, 자격증을 대여·양도 또는 위조·변조한 경우, 사회복지사의 업무수행 중 그 자격과 관련하여 고의나 중대한 과실로 다른 사람에게 손해를 입힌 경우, 자격정지 처분을 3회 이상 받았거나, 정지 기간 종료 후 3년 이내에 다시 자격정지 처분에 해당하는 행위를 한 경우 등(법 제11조의3).

② 사회복지사의 채용 등

사회복지법인 및 사회복지시설을 설치·운영하는 자는 사회복지프로그램의 개발 및 운영업무, 시설거주자의 생활지도업무, 사회복지를 필요로 하는 사람에 대한 상담업무에 해당하는 업무를 위해 사회복지사를 그 종사자로 채용하여야 한다. 물론, 개별 사회복지법에서 사회복지사 업무를 규정하는 경우에는 이를 따른다. 다만, 노인여가복지시설(노인복지관은 제외), 점자도서관과 점자도서 및 음성도서 출판시설, 어린이집, 성매매피해자등을 위한 지원시설 및 성매매피해상담소, 정신질환자사회복귀시설 및 정신요양시설, 성폭력피해상담소에 해당하는 사회복지시설은 사회복지사의 의무채용에서 제외된다(법 제13조 1항, 시행령 6조).

보건복지부장관은 사회복지사의 자질 향상을 위하여 필요하다고 인정하면 사회복지사에게 교육을 받도록 명할 수 있다. 다만, 사회복지법인 또는 사회복지시설에 종사하는 사회복지사는 정기적으로 인권에 관한 내용이 포함된 보수교육을 받아야 한다. 사회복지법인 또는 사회복지시설을 운영하는 자는 그 법인 또는 시설에 종사하는 사회복지사에 대하여 인권이 포함된 보수교육을 이유로 불리한 처분을 하여서는 아니 된다(법 제13조 2항).

③ 사회복지사협회

사회복지사는 사회복지에 관한 전문지식과 기술을 개발·보급하고, 사회복지사의 자질 향상을 위한 교육훈련을 실시하며, 사회복지사의 복지증진을 도모하기 위하여 한국사회복지사협회를 설립한다(법 제46조). 한국사회복지사협회는 다음의 업무를 행한다(시행령 제22조): 사회복지사에 대한 전문지식 및 기술의 개발·보급, 사회복지사의 전문성 향상을 위한 교육훈련, 사회복지사제도에 대한 조사연구·학술대회개최 및 홍보·출판사업, 국제사회복지사단체와의 교류·협력, 보건복지부장관이 위탁하는 사회복지사업에 관한 업무 등.

(6) 사회복지 전담공무원 및 복지사무 전담기구의 설치

① 사회복지 전담공무원

사회복지사업에 관한 업무를 담당하게 하기 위하여 광역 및 기초자치단체 또는 복지사무 전담기구에 사회복지 전담공무원을 둘 수 있다. 사회복지전담공무원은 사회복지사 자격을 가진 사람 중에서 정한다. 복지전담공무원은 그 관할지역에서 사회복지를 필요로 하는 사람 등에 대하여 항상 그 생활 실태 및 가정환경 등을 파악하고, 사회복지에 관하여 필요한 상담과 지도를 하고, 관계 행정기관과 사회복지시설을 설치·운영하는 자는 복지전담공무원의 업무 수행에 협조하여야 한다. 국가는 복지전담공무원의 보수 등에 드는 비용의 전부 또는 일부를 보조할 수 있다(법 제14조).

② 복지사무 전담기구의 설치

사회복지사업에 관한 업무를 효율적으로 운영하기 위하여 필요한 경우 기초자치단체에 복지사무를 전담하는 기구를 따로 설치할 수 있다. 복지사무 전담 기구의 설치는 의무사항이 아닌 지역사회의 재량사항으로 규정되어 있다. 복지사무 전담기구의 사무 범위 및 조직과 그 밖에 필요한 사항은 해당 지자체의 조례로 정한다(법 제15조).

5) 사회복지법인

(1) 의의 및 성격

사회복지법인이란 사회복지사업을 행할 목적으로 설립된 법인을 말한다(법 제2조 제3호). 동 법의 사회복지법인의 성격은 민법상 재단법인이나 사단법인과 비교하여 공익적 목적이 강하다 할 수 있다.

(2) 법인의 설립허가 및 취소

사회복지법인을 설립하려는 자는 시·도지사의 허가를 받아야 하고, 허가를 받은 자는 법인의 주된 사무소의 소재지에서 설립등기를 하여야 한다(법 제16조). 법인격의 취득시기는 주무관청의 설립허가를 받은 시기라 할 수 있다. 시·도지사는 법인이 다음 중 어느 하나에 해당할 때 기간을 정하여 시정명령을 하거나 설립허가를 취소할 수 있다: 거짓이나 그 밖의 부정한 방법으로 설립허가를 받았을 때, 설립허가 조건을 위반하였을 때, 목적 달성이 불가능하게 되었을 때, 목적사업 외의 사업을 하였을 때, 정당한 사유 없이 설립허가를 받은 날부터 6개월 이내에 목적사업을 시작하지 아니하거나 1년 이상 사업실적이 없을 때, 법인이 운영하는 시설에서 반복적 또는 집단적 성폭력범죄가 발생한 때, 법인 설립 후 기본재산을 출연하지 아니한 때 등. 이 중 거짓이나 부정한 방법으로 설립허가를 받았을 경우나 설립 후 기본재산을 출연하지 않은 때는 반드시 설립허가를 취소하여야 한다.

(3) 정관, 임원 및 재산 등

사회복지법인의 정관에는 다음 사항이 포함된다(법 제17조): 목적, 명칭, 주된 사무소의 소재지, 사업의 종류, 자산 및 회계에 관한 사항, 임원의 임면 등에 관한 사항, 회의에 관한 사항, 수익을 목적으로 하는 사업이 있는 경우 그에 관한 사항, 정관의 변경에 관한 사항, 존립시기와 해산 사유를 정한 경우에는 그 시기와 사유 및 남은 재산의 처리방법, 공고 및 공고방법에 관한 사항 등. 법인이 정관을 변경하려는 경우에는 시·도지사의 인가를 받아야 한다.

한편, 법인은 대표이사를 포함한 이사 7명 이상과 감사 2명 이상을 두어야 한다. 이사회의 구성에 있어서 특별한 관계에 있는 사람이 이사 현원의 5분의 1을 초과할 수 없다. 이사의 임기는 3년으로 하고 감사의 임기는 2년으로 하며, 각각 연임할 수 있으며 외국인인 이사는 이사 현원의 2분의 1 미만이어야 한다. 또한 감사는 이사와 특별한 관계에 있는 사람이 아니어야 하며, 감사 중 1명은 법률 또는 회계에 관한 지식이 있는 사람 중에서 선임하여야 한다(법 제18조).

법인은 사회복지사업의 운영에 필요한 재산을 소유하여야 한다. 그리고 법인이 매수·기부채납, 후원 등의 방법으로 재산을 취득하였을 때에는 지체 없이 이를 법인의 재산으로 편입 조치하여야 한다. 이 경우 법인은 그 취득 사유, 취득재산의 종류·수량 및 가액을 매년 시·도지사에게 보고하여야 한다. 또한 법인의 재산은 기본재산과 보통재산으로 구분하며, 기본재산은 그 목록과 가액을 정관에 적어야 한다(법 제23, 24조). 해산한 법인의 남은 재산은 정관으로 정하는 바에 따라 국가 또는 지방자치단체에 귀속되고 국가 또는 지방자치단체에 귀속된 재산은 사회복지사업에 사용하거나 유사한 목적을 가진 법인에 무상으로 대여하거나 무상으로 사용·수익하게 할 수 있다(법 제27조). 한편 법인은 목적사업의 경비에 충당하기 위하여 필요할 때에는 법인의 설립 목적 수행에 지장이 없는 범위에서 수익사업을 할 수 있는데, 수익사업에 관한 회계는 법인의 다른 회계와 구분하여 회계처리를 하여야 하고 수익사업에서 생긴 수익을 법인 또는 법인이 설치한 사회복지시설의 운영 외의 목적에 사용할 수 없다(법 제28조).

(4) 합병

법인은 시·도지사의 허가를 받아 이 법에 따른 다른 법인과 합병할 수 있다. 다만, 주된 사무소가 서로 다른 시·도에 소재한 법인 간의 합병의 경우에는 보건복지부장관의 허가를 받아야 한다. 법인이 합병하는 경우 합병 후 존속하는 법인이나 합병으로 설립된 법인은 합병으로 소멸된 법인의 지위를 승계한다(법 제30조).

(5) 사회복지협의회

사회복지에 관한 다음 중 어느 하나에 해당하는 업무를 수행하기 위하여 전국 단위의 한국사회복지협의회와 시·도 단위의 시·도 사회복지협의회를 두며, 필요한 경우에는 시·군·구 단위의 시·군·구 사회복지협의회를 둘 수 있다(법 제33조): 사회복지에 관한 조사·연구 및 정책 건의, 사회복지 관련 기관·단체 간의 연계·협력·조정, 사회복지 소외계층 발굴 및 민간사회복지자원과의 연계·협력 등.

6) 사회복지시설

(1) 의의

사회복지시설이란 사회복지사업을 행할 목적으로 설치된 시설을 말한다(법 제2조 4호). 사회복지시설은 국민의 생존권과 관련된 것으로 국가의 책임을 구체적으로 실현하는 수단이라 할 수 있다. 사회복지사업법은 국가와 지방자치단체가 사회복지시설의 설립 및 운영을 하거나 지원, 지도 감독시의 사항에 대하여 규정하고 있다.

(2) 시설의 설치

국가나 지방자치단체는 사회복지시설을 설치·운영할 수 있고 필요한 경우 사회복지법인이나 비영리법인에 위탁하여 운영하게 할 수 있다. 국가 또는 지방자치단체 외의 자가 시설을 설치·운영하려는 경우에는 시장·군수·구청장에게 신고하여야 한다. 다만, 폐쇄명령을 받고 3년이 지나지 아니한 자는 시설의 설치·운영 신고를 할 수 없다. 한편 시설을 설치·운영하는 자는 재무·회계에 관한 기준에 따라 시설을 투명하게 운영하여야 한다(법 제34조).

또한 지역특성과 시설분포의 실태를 고려하여 시설을 통합하여 하나의 시설로 설치·운영하거나 하나의 시설에서 둘 이상의 사회복지사업을 통합하여 수행할 수 있다. 이 경우 국가 또는 지방자치단체 외의 자는 통합하여 설치·운영하려는 각각의 시설이나 사회복지사업에 관하여 신고하거나 허가 등을 받아야 한다(법 제34조의 2).

사회복지관은 지역사회의 특성과 지역주민의 복지욕구를 고려하여 서비스 제공 등 지역복지증진을 위한 사업을 실시할 수 있다(법 제34조의5). 사회복지관은 모든 지역주민을 대상으로 사회복지서비스를 실시하되, 다음 지역주민에게 우선제공하도록 한다: 기초생활보장제도 수급자 및 차상위계층, 장애인·노인·한부모가족 및 다문화가족, 직업 및 취업 알선이 필요한 사람, 보호와 교육이 필요한 유아 · 아동 및 청소년 등.

(3) 시설의 운영

① 시설의 장

시설장은 상근하여야 한다. 미성년자 등 결격사유가 있는 사람과 해임명령에 따라 해임된 날부터 5년이 지나지 아니한 사람, 사회복지분야의 6급 이상 공무원으로 재직하다 퇴직한 지 2년이 경과하지 아니한 사람 중에서 퇴직 전 3년 동안 소속하였던 기초자치단체가 관할하는 시설의 장이 되고자 하는 사람은 시설의 장이 될 수 없다(법 제35조).

② 종사자

사회복지법인과 사회복지시설을 설치 · 운영하는 자는 시설에 근무할 종사자를 채용할 수 있다. 다만 결격사유가 있는 사람이나 종사자로 재직하는 동안 시설이용자를 대상으로 성폭력범죄 및 아동 · 청소년대상 성범죄를 저질러 금고 이상의 형 또는 치료감호를 선고받고 그 형이 확정된 사람은 사회복지법인 또는 사회복지시설의 종사자가 될 수 없다(법 제35조의 2).

③ 운영위원회

시설의 장은 시설의 운영에 관한 다음 제시된 사항을 심의하기 위하여 시설에 운영위원회를 두어야 한다: 시설운영계획의 수립 · 평가에 관한 사항, 사회복지 프로그램의 개발·평가에 관한 사항, 시설 종사자의 근무환경 개선에 관한 사항, 시설 거주자의 생활환경 개선 및 고충 처리 등에 관한 사항, 시설 종사자와 거주자의 인권보호 및 권익증진에 관한 사항, 시설과 지역사회의 협력에 관한 사항 등. 이는 재량사항이 아닌 의무적 사항으로 법에 규정되어 있다. 운영위원회의 위원은 관할 시장, 군수, 구청장이 임명하거나 위촉하며 시설의 장은 시설의 회계 및 예산 · 결산에 관한 사항, 후원금 조성 및 집행에 관한 사항, 그 밖에 시설운영과 관련된 사건 · 사고에 관한 사항을 운영위원회에 보고하여야 한다(법 제36조).

④ 보험가입의무

시설의 운영자는 화재로 인한 손해배상책임을 이행하기 위하여 손해보험회사의 책임보험에 가입하거나 「사회복지사 등의 처우 및 지위 향상을 위한 법률」 제4조에 따른 한국사회복지공제회의 책임공제에 가입하여야 한다. 보험가입의무 조항에 의하여 화재뿐 아니라 화재 외의 안전사고로 인하여 생명 · 신체에 피해를 입은 보호대상자에 대한 손해배상책임을 이행하기 위하여도 책임공제에 가입하여야 한다. 이때 국가나 지방자치단체는 예산의 범위에서 책임보험 또는 책임공제의 가입에 드는 비용의 전부 또는 일부를 보조할 수 있다(법 제34조의 3).

⑤ 시설의 안전점검 등

시설의 장은 시설에 대하여 정기 및 수시 안전점검을 실시하여야 하고 정기 또는 수시 안전점검을 한 후 그 결과를 시장·군수·구청장에게 제출하여야 한다. 그 후 시장·군수·구청장은 필요한 경우에는 시설의 운영자에게 시설의 보완 또는 개수·보수를 요구할 수 있으며, 이 경우 시설의 운영자는 요구에 따라야 한다. 국가나 지방자치단체는 예산의 범위에서 안전점검, 시설의 보완 및 개수·보수에 드는 비용의 전부 또는 일부를 보조할 수 있다(법 제34조의 4).

(4) 시설의 휴지, 재개, 폐지신고 등

시설의 설치 및 운영을 신고한 자는 지체 없이 시설의 운영을 시작하여야 하고 그 운영을 일정 기간 중단하거나 다시 시작하거나 시설을 폐지하려는 경우에는 정하는 바에 따라 시장·군수·구청장에게 신고하여야 한다. 이때 시장, 군수, 구청장은 시설 운영이 중단되거나 시설이 폐지되는 경우에는 시설 거주자의 권익을 보호하기 위하여 시설 거주사가 나른 시설을 선택할 수 있도록 하고 그 이행을 확인하는 조치, 시설 거주자가 이용료·사용료 등의 비용을 부담하는 경우 납부한 비용 중 사용하지 아니한 금액을 반환하게 하고 그 이행을 확인하는 조치, 보조금·후원금 등의 사용 실태 확인과 이를 재원으로 조성한 재산 중 남은 재산의 회수조치, 그 밖에 시설 거주자의 권익 보호를 위하여 필요하다고 인정되는 조치를 하여야 한다. 또한 그 이후 시설 운영을 재개하려고 하는 경우에는 운영 중단 사유의 해소, 향후 안정적 운영계획의 수립, 그 밖에 시설 거주자의 권익 보호를 위하여 보건복지부장관이 필요하다고 인정하는 조치를 하여야 한다(법 제38조).

(5) 재정

① 보조금

국가나 지방자치단체는 사회복지사업을 하는 자 중 요건을 충족하는 자에게 운영비 등 필요한 비용의 전부 또는 일부를 보조할 수 있다. 이러한 보조금은 목적 이외의 용도에 사용할 수 없으며 거짓이나 그 밖의 부정한 방법으로 보조금을 받았을 때, 사업 목적 외의 용도에 보조금을 사용하였을 때, 이 법 또는 이 법에 따른 명령을 위반하였을 때 이미 지급한 보조금의 전부 또는 일부의 반환을 명할 수 있다(법 제42조).

② 지원금

보건복지부장관은 광역단체장 및 기초단체장에게 사회복지사업의 수행에 필요한 비용을 지원할 수 있으며, 보건복지부장관은 사회보장급여법에 따른 평가결과를 반영하여 지원을 할 수 있다(법 제42조의3).

③ 후원금

보조금, 지원금과 더불어 아무런 대가 없이 무상으로 받은 금품이나 그 밖의 자산인 후원금도 사회복지시설의 재정을 구성한다. 사회복지사업을 수행하는 자는 법에 근거하여 후원금을 받을 수 있다(법 제45조).

④ 비용의 징수

이 법에 따른 복지조치에 필요한 비용을 부담한 지방자치단체의 장이나 그 밖에 시설을 운영하는 자는 그 혜택을 받은 본인 또는 그 부양의무자로부터 그가 부담한 비용의 전부 또는 일부를 징수할 수 있다(법 제44조).

(6) 기타 사항

시설의 장은 후원금품대장 등의 서류를 시설에 갖추어 두어야 하는 의무를 지닌다(법 제45조). 또한 각 시설의 수용인원은 노인주거복지시설 중 양로시설과 노인복지주택과 노인의료복지시설 중 노인요양시설을 제외하고는 300명을 초과할 수 없다(법 제41조).

한편 보건복지부장관은 시설에서 제공하는 서비스의 최저기준을 마련하여야 하고 시설운영자는 서비스 최저기준 이상으로 서비스 수준을 유지하여야 한다(법 제43조). 시설의 평가와 관련하여 보건복지부장관과 시·도지사는 시설을 정기적으로 평가하고, 그 결과를 공표하거나 시설의 감독·지원 등에 반영할 수 있으며 시설 거주자를 다른 시설로 보내는 등의 조치를 할 수 있다.

4. 과제와 전망

최근까지 사회복지사업법은 개별 사회복지서비스법들의 기본법으로서, 사회보장기본법과 개별 사회복지서비스법을 매개하는 역할을 수행하였다. 그런데, 최근 사회보장급여법이 사회보장기본법을 보다 구체화하는 개별 사회복지법의 상위법으로 도입되고 그 법이 공공 사회복지전달체계를 규정하게 되면서 기존의 사회복지사업법의 내용들 가운데 상당 부분이 - 지역사회복지협의체, 사회복지업무전자화, 복지사무전담기구, 복지위원, 지역사회복지계획수립 등 - 사회보장급여법으로 이관되었다. 이에 기존의 사회복지사업법의 위상은 크게 변화하게 되었다. 다시 말해서, 사회복지사업법이 전체 사회복지서비스들을 총괄하던 법에서 사회복지서비스를 제공하는 민간단체 및 시설에 대한 관리·감독에 대한 법규로 축소되었다. 이에 사회복지사업법을 법의 명칭부터 세부사항까지 전면개정하자는 목소리가 나타나고 있다.

우선, 법의 명칭을 시대에 맞게 바꾸자는 주장이 나타나고 있다. 현재의 사회복지사업법은 거시적인 의미의 사회복지와 미시적인 의미의 사회사업을 조합하여 만든 명칭이다. 이는 과거 사회복지에 대한 법률이 일천한 시기에는 타당성이 있었지만, 현재 사회복지사업법은 사회복지서비스, 그 중에서도 민간 사회복지서비스에 관련된 규정을 제시하는 법이다. 따라서, 법의 성격과 기능에 맞게 사회복지서비스법과 같은 명칭으로 변경할 필요가 있다.

다음으로, 법의 내용에 있어서는 이 법이 민간 사회복지부문에 대한 총괄적인 내용을 규정하고, 민간 사회복지의 발전을 위한 사회복지서비스 기본법으로서 법률적 위상을 정립할 필요가 있다. 또, 사회복지체계에서의 민간부문 역할을 강화하고 민·관 협력적 사회복지전달체계 구축을 위한 발전방향을 모색해야 하기 때문에, 개정된 법에서는 특히 민·관 협력을 통한 민간 사회복지서비스 강화 방안이 담겨져야 할 것이다. 그리고, 지속적으로 문제점이 드러나고 있는 위탁 관련 부분에 대한 관리·감독 역시 강화될 필요가 있을 것이다. 결과적으로는 사회복지사업법은 변화된 위상에 걸맞게 민간 사회복지 영역의 활성화를 꾀하는 방식으로 개정될 필요가 있다.

제 2 장

노인복지관련법

이 장에서는 노인복지관련 사회서비스 법을 다룬다. 사회보장기본법에 따르면, 사회서비스라 함은 국가·지방자치단체 및 민간부문의 도움을 필요로 하는 모든 국민에게 복지·보건의료, 교육, 고용, 주거, 문화, 환경 등의 모든 분야에서 인간다운 생활을 보장하고 상담·재활·돌봄·정보제공 관련 시설의 이용, 역량개발, 사회참여 지원 등을 통하여 국민의 삶의 질이 향상되도록 지원하는 제도를 말한다. 따라서 노인을 대상으로 하는 사회서비스 법은 모든 노인에게 복지·보건의료, 교육, 고용, 주거, 문화, 환경 등의 모든 분야에서 인간다운 생활을 보장하는 법을 지칭한다.

이 장에서는 노인복지법, 기초연금법, 고용상 연령차별금지 및 고령자 고용촉진에 관한 법률, 그리고 저출산·고령사회기본법을 다룬다. 노인복지법은 노인복지관련 대표적인 법률이고, 기초연금법은 65세 이상 노인들의 경제적 생활안정에 기여하고자 제정한 법이며, 고용상 연령차별금지 및 고령자 고용촉진에 관한 법률은 60세 정년 연장 등 고령자 고용에 관한 법이다. 그리고 저출산·고령사회기본법은 고령사회에 대비하는 기본법적 성격을 가진다.

제 1 절 노인복지법

1. 노인복지법의 제 · 개정이유와 목적, 그리고 주요 용어

노인복지법은 사회서비스법의 한 영역으로서 노인들이 가진 욕구 중 비경제적 욕구에 속하는 심리사회적 욕구에 대응하는 서비스 급여에 관한 내용을 핵심적 내용으로 한다.

1) 법의 제 · 개정이유

1960년대에 들어와 국가발전을 위한 경제개발계획이 본격적으로 시행되기 시작하였다. 산업발달, 가족구조의 변화, 노인인구 증가, 부양의식 감퇴 등의 급격한 사회변화는 노인문제에 대한 심각성을 대두시켰다. 전통적 사회에서 노인보호는 가족이라는 테두리 안에서 담당해 왔으나 산업발전과 생활수준의 향상으로 인해 평균수명이 연장되고 핵가족화로 인한 노인보호 대책이라는 시대적 요청에 부응하기 위해서 1981년 6월 5일에 법률 제3453호로 노인복지법을 제정하였다. 의약기술의 발달, 문화생활의 향상과 평균수명의 연장으로 노인인구의 절대수가 크게 증가하고 산업화 · 도시화 · 핵가족화의 진전에 따라 노인문제가 점차 큰 사회문제로 대두되고 있음에 대처하여 우리 사회의 전통적 가족제도에 연유하고 있는 경로효친의 미풍양속을 유지·발전시켜 나가는 한편 노인을 위한 건강보호와 시설의 제공 등 노인복지시책을 통해 노인의 안락한 생활을 북돋우어 주며 나아가 사회복지에 기여하려는 것으로 제정되었다. 2007년에 노인복지법의 일부 개정이 있었는데, 이 개정을 통해 노인장기요양보험에 대비하여 노인복지시설의 무료 · 실비 및 유료 구분을 없애고, 요양보호사 자격제를 도입하는 한편, 홀로 사는 노인에게 지원을 할 수 있도록 하였다. 또한 2015년 일부 개정을 통해 노인복지주택 입소자의 범위를 확대하고 노인학대신고에 대한 효과적인 대응이 이루어지도록 하였다. 또한 2016년 일부개정을 통해 노인학대행위 유형 중에서 정서적 학대행위가 가장 높은 비중을 차지하고 있음에도 현행법상 노인에 대한 금지행위 규정에는 정서적 학대행위가 포함되어 있지 아니하여 이 금지행위 규정에 정서적 학대행위를 추가하였다. 그리고 노인에 대한 금지행위의 객체가 되는 노인의 연령기준이 없어 이에 대한 처벌이 불명확해지는 문제가 있으므로 노인의 연령기준을 65세 이상으로 명시하며, 또한 현재 일정범위 직군 종사자에 대한 노인학대신고의무 조항에도 노인학대의 객체가 되는 노인의 연령기준이 없으므로 노인의 연령기준을 명시하였다.

2) 노인복지법의 목적 및 기본이념

이 법은 노인의 질환을 사전예방 또는 조기발견하고 질환상태에 따른 적절한 치료·요양으로 심신의 건강을 유지하고, 노후의 생활안정을 위하여 필요한 조치를 강구함으로써 노인의 보건복지증진에 기여함을 목적으로 한다(법 제1조).

또한 노인복지법의 기본이념은 다음과 같다(법 제2조). 첫째, 노인은 후손의 양육과 국가 및 사회의 발전에 기여하여 온 자로서 존경받으며 건전하고 안정된 생활을 보장받는다(노후생활보장). 둘째, 노인은 그 능력에 따라 적당한 일에 종사하고 사회적 활동에 참여할 기회를 보장받는다(사회참여의 기회보장). 셋째, 노인은 노령에 따르는 심신의 변화를 자각하여 항상 심신의 건강을 유지하고 그 지식과 경험을 활용하여 사회의 발전에 기여하도록 노력하여야 한다(사회발전에 기여).

3) 주요 용어

(1) "부양의무자"라 함은 배우자(사실상의 혼인관계에 있는 자를 포함한다)와 직계비속 및 그 배우자(사실상의 혼인관계에 있는 자를 포함한다)를 말한다.
(2) "보호자"라 함은 부양의무자 또는 업무·고용 등의 관계로 사실상 노인을 보호하는 자를 말한다.
(3) "치매"란 「치매관리법」에 따른 치매를 말한다.
(4) "노인학대"라 함은 노인에 대하여 신체적·정신적·정서적·성적 폭력 및 경제적 착취 또는 가혹행위를 하거나 유기 또는 방임을 하는 것을 말한다.

2. 주요 내용

노인복지법은 총 7장으로 구성되어 있다(2장 기초노령연금법 삭제). 제1장 총칙에서는 목적과 정의, 기본이념, 가족제도의 유지·발전, 보건복지증진의 책임, 노인실태조사, 노인의 날, 노인복지상담원, 노인전용주거시설을 규정하며, 제3장 보건·복지조치는 노인사회참여 지원, 노인일자리 전담기관의 설치·운영 등, 지역봉사지원도원 위촉 및 업무, 생업지원, 경로우대, 건강진단 등, 홀로 사는 노인에 대한 지원, 상담·입소 등의 조치, 노인재활요양사업으로 구성되어 있다. 제4장 노인복지시설의 설치·운영에서는 시설의 종류와 설치 및 자격, 각 시설의 의무 등으로 구성되어 있으며, 제5장에서는 비용, 제6장에서는 보칙, 제7장에서는 벌칙으로 구성되어 있다. 노인복지법의 핵심은 보건·복지조치와 노인복지시설에 대한 규정이라고 할 수 있다.

1) 대상

현행법상 노인을 통일적으로 정의하여 규정하고 있는 법은 따로 없으며, 각 개별 법률의 목적과 그 보장취지에 따라 연령을 기준으로 고령자의 범주를 달리 규정하고 있다. 노인복지법에서는 노인복지를 위한 상담 대상 및 노인복지시설 입소 대상을 65세 이상의 자(65세 미만의 자도 특별히 보호를 필요로 할 때에는 입소대상이 될 수 있음)로 하고 있다(법 제28조).

2) 국가의 책무: 보건복지증진의 책임

국가와 지방자치단체는 노인의 보건 및 복지증진의 책임이 있으며, 이를 위한 시책을 강구하여 추진하여야 한다(법 제4조). 보건복지부장관은 노인의 보건 및 복지에 관한 실태조사를 3년마다 실시하고 그 결과를 공표하여야 한다(법 제5조). 또한 노인의 복지를 담당하게 하기 위하여 특별자치도와 시·군·구에 노인복지상담원을 둔다(법 제7조). 그리고 국가 또는 지방자치단체는 노인의 주거에 적합한 기능 및 설비를 갖춘 주거용 시설의 공급을 조장하여야 하며, 그 주거용 시설의 공급자에 대하여 적절한 지원을 할 수 있다(법 제8조).

3) 보건·복지조치

(1) 노인사회참여 지원

국가 또는 지방자치단체는 노인의 사회참여 확대를 위하여 노인의 지역봉사 활동기회를 넓히고 노인에게 적합한 직종의 개발과 그 보급을 위한 시책을 강구하며 근로능력 있는 노인에게 일할 기회를 우선적으로 제공하도록 노력하여야 한다. 그리고 국가 또는 지방자치단체는 노인의 지역봉사 활동 및 취업의 활성화를 기하기 위하여 노인지역봉사기관, 노인취업알선기관 등 노인복지관계기관에 대하여 필요한 지원을 할 수 있다(법 제23조).

(2) 노인일자리 전담기관의 설치 운영

노인일자리 전담기관은 노인의 능력과 적성에 맞는 일자리 지원사업을 전문적·체계적으로 수행하기 위한 전담기관(노인 일자리 전담기관)이며, 노인인력개발기관, 노인일자리 지원기관, 노인취업알선기관으로 볼 수 있다(법 제23조의2).

① 노인인력개발기관 : 노인일자리 개발·보급사업, 조사사업, 교육·홍보 및 협력사업, 프로그램인증·평가사업 등을 지원하는 기관이다.

② 노인일자리 지원기관 : 지역사회 등에서 노인일자리의 개발·지원, 창업·육성 및 노인에 의한 재화의 생산·판매 등을 직접 담당하는 기관이다.

③ 노인취업알선기관 : 노인에게 취업 상담 및 정보를 제공하거나 노인일자리를 알선하는 기관이다.

(3) 지역봉사지도원 위촉 및 업무

국가 또는 지방자치단체는 사회적 신망과 경험이 있는 노인으로서 지역봉사를 희망하는 경우에는 이를 지역봉사지도원으로 위촉할 수 있다. 지역봉사지도원의 업무는 다음과 같다(법 제24조).

① 국가 또는 지방자치단체가 행하는 업무 중 민원인에 대한 상담 및 조언

② 도로의 교통정리, 주·정차단속의 보조, 자연보호 및 환경침해 행위단속의 보조와 청소년 선도

③ 충효사상, 전통의례 등 전통문화의 전수교육

④ 문화재의 보호 및 안내

⑤ 노인에 대한 교통안전 및 교통사고예방 교육

⑥ 기타 대통령령이 정하는 업무

(4) 생업지원

국가 또는 지방자치단체, 기타 공공단체가 설치·운영하는 공공시설 안에 식료품·사무용품·신문 등 일상생활용품의 판매를 위한 매점이나 자동판매기의 설치를 허가 또는 위탁할 때에는 65세 이상의 자의 신청이 있는 경우 이를 우선적으로 반영하여야 한다(법 제25조).

(5) 경로우대

국가 또는 지방자치단체는 65세 이상의 자에 대하여 대통령령이 정하는 바에 의하여 국가 또는 지방자치단체의 수송시설 및 고궁·능원·박물관·공원 등의 공공시설을 무료로 또는 그 이용요금을 할인하여 이용하게 할 수 있다. 그리고 국가 또는 지방자치단체는 노인의 일상생활에 관련된 사업을 경영하는 자에게 65세 이상의 자에 대하여 그 이용요

금을 할인하여 주도록 권유할 수 있다. 또 국가 또는 지방자치단체는 노인에게 이용요금을 할인하여 주는 자에 대하여 적절한 지원을 할 수 있다(법 제26조).

(6) 건강진단 등

국가 또는 지방자치단체는 65세 이상의 자에 대하여 건강진단과 보건교육을 실시할 수 있다. 이 경우 보건복지부령으로 정하는 바에 따라 성별 다빈도질환 등을 반영하여야 한다. 국가 또는 지방자치단체는 건강진단 결과 필요하다고 인정한 때에는 그 건강진단을 받은 자에 대하여 필요한 지도를 하여야 한다(법 제27조).

(7) 홀로 사는 노인에 대한 지원

국가 또는 지방자치단체는 홀로 사는 노인에 대하여 방문요양서비스 등의 서비스와 안전 확인 등의 보호조치를 취하여야 한다. 서비스 및 보호조치의 구체적인 내용 등에 관하여는 보건복지부장관이 정한다(법 제27조의2).

(8) 상담 · 입소 등의 조치

보건복지부장관, 특별시장 · 광역시장 · 도지사 · 특별자치도지사, 시장 · 군수 · 구청장은 노인에 대한 복지를 도모하기 위하여 필요하다고 인정한 때에는 다음의 조치를 하여야 한다(법 제28조).

① 65세 이상의 자 또는 그를 보호하고 있는 자를 관계공무원 또는 노인복지상담원으로 하여금 상담 · 지도하게 하는 것

② 65세 이상의 자로서 신체적 · 정신적 · 경제적 이유 또는 환경상의 이유로 거택에서 보호받기가 곤란한 자를 노인주거복지시설 또는 재가노인복지시설에 입소시키거나 입소를 위탁하는 것

③ 65세 이상의 자로서 신체 또는 정신상의 현저한 결함으로 인하여 항상 보호를 필요로 하고 경제적 이유로 거택에서 보호받기가 곤란한 자를 노인의료복지시설에 입소시키거나 입소를 위탁하는 것

그리고 보건복지부장관, 시 · 도지사 또는 시장 · 군수 · 구청장(이하 복지실시기관)은 65세 미만의 자에 대하여도 그 노쇠현상이 현저하여 특별히 보호할 필요가 있다고 인정할 때에는 위의 조치를 할 수 있다. 복지실시기관은 입소 조치된 자가 사망한 경우에 그 자에 대한 장례를 행할 자가 없을 때에는 그 장례를 행하거나 당해 시설의 장으로 하여금 그 장례를 행하게 할 수 있다.

(9) 노인재활요양사업

국가 또는 지방자치단체는 신체적·정신적으로 재활요양을 필요로 하는 노인을 위한 재활요양사업을 실시할 수 있다. 노인재활요양사업의 내용 및 기타 필요한 사항은 보건복지부령으로 정한다(법 제30조).

4) 노인복지시설

노인복지시설의 종류는 노인주거복지시설, 노인의료복지시설, 노인여가복지시설, 재가노인복지시설, 노인보호전문기관, 노인일자리지원기관으로 구성되어 있다(법 제31조).

〈표 Ⅲ-1〉 노인복지시설 종류

노인주거 복지시설	노인의료 복지시설	노인여가 복지시설	재가노인 복지시설	노인보호 전문기관	노인일자리 지원기관
·양로시설 ·노인공동 생활가정 ·노인복지 주택	·노인요양 시설 ·노인요양 공동생활 가정	·노인복지관 ·경로당 ·노인교실	·방문요양 서비스 ·주·야간보호 서비스 ·단기보호 서비스 ·방문목욕 서비스 ·그 밖의 서비스	·중앙노인 보호전문 기관 ·지역노인 보호전문 기관	·노인일자리 지원기관

(1) 노인주거복지시설

노인주거복지시설은 양로시설, 노인공동생활가정, 노인복지주택이 있다. 국가 또는 지방자치단체는 노인주거복지시설을 설치할 수 있다. 노인주거복지시설의 입소대상·입소절차·입소비용 및 분양·임대 등에 관하여 필요한 사항은 보건복지부령으로 정한다(법 제32조).

① 양로시설: 노인을 입소시켜 급식과 그 밖에 일상생활에 필요한 편의를 제공함을 목적으로 하는 시설

② 노인공동생활가정: 노인들에게 가정과 같은 주거여건과 급식, 그 밖에 일상생활에 필요한 편의를 제공함을 목적으로 하는 시설

③ 노인복지주택[1] : 노인에게 주거시설을 분양 또는 임대하여 주거의 편의·생활지

1) 노인복지주택에 입소할 수 있는 자는 60세 이상의 노인("입소자격자")으로 한다(법 제33조의 2).

도·상담 및 안전관리 등 일상생활에 필요한 편의를 제공함을 목적으로 하는 시설

(2) 노인의료복지시설

노인의료복지시설은 노인요양시설과 노인요양공동생활가정이 있다. 국가 또는 지방자치단체는 노인의료복지시설을 설치할 수 있다(법 제35조). 노인의료복지시설의 입소대상·입소비용 및 입소절차와 설치·운영자의 준수사항 등에 관하여 필요한 사항은 보건복지부령으로 정한다(법 제34조).

① 노인요양시설 : 치매·중풍 등 노인성질환 등으로 심신에 상당한 장애가 발생하여 도움을 필요로 하는 노인을 입소시켜 급식·요양과 그 밖에 일상생활에 필요한 편의를 제공함을 목적으로 하는 시설

② 노인요양공동생활가정 : 치매·중풍 등 노인성질환 등으로 심신에 상당한 장애가 발생하여 도움을 필요로 하는 노인에게 가정과 같은 주거여건과 급식·요양, 그 밖에 일상생활에 필요한 편의를 제공함을 목적으로 하는 시설

(3) 노인여가복지시설

노인여가복지시설은 노인복지관, 경로당, 노인교실이 있다. 국가 또는 지방자치단체는 노인여가복지시설을 설치할 수 있다(법 제37조). 노인여가복지시설의 이용대상 및 이용절차 등에 관하여 필요한 사항은 보건복지부령으로 정한다(법 제36조).

① 노인복지관 : 노인의 교양·취미생활 및 사회참여활동 등에 대한 각종 정보와 서비스를 제공하고, 건강증진 및 질병예방과 소득보장·재가복지, 그 밖에 노인의 복지증진에 필요한 서비스를 제공함을 목적으로 하는 시설

② 경로당 : 지역노인들이 자율적으로 친목도모·취미활동·공동작업장 운영 및 각종 정보교환과 기타 여가활동을 할 수 있도록 하는 장소를 제공함을 목적으로 하는 시설로, 경로당에 대한 양곡구입비 등의 보조(법 제37조의2) 및 공과금 감면(법 제37조의3)도 법적 조항에 포함되어 있다.

③ 노인교실 : 노인들에 대하여 사회활동 참여욕구를 충족시키기 위하여 건전한 취미생활·노인건강유지·소득보장 기타 일상생활과 관련한 학습프로그램을 제공함을 목적으로 하는 시설

(4) 재가노인복지시설

재가노인복지시설은 방문요양서비스, 주·야간보호서비스, 단기보호서비스, 방문목욕서

비스, 그 밖의 서비스를 제공한다. 국가 또는 지방자치단체는 재가노인복지시설을 설치할 수 있다(법 제39조). 재가노인복지시설의 이용대상·비용부담 및 이용절차 등에 관하여 필요한 사항은 보건복지부령으로 정한다(법 제38조).

① 방문요양서비스 : 가정에서 일상생활을 영위하고 있는 노인(재가노인)으로서 신체적·정신적 장애로 어려움을 겪고 있는 노인에게 필요한 각종 편의를 제공하여 지역사회 안에서 건전하고 안정된 노후를 영위하도록 하는 서비스이다.

② 주·야간보호서비스 : 부득이한 사유로 가족의 보호를 받을 수 없는 심신이 허약한 노인과 장애노인을 주간 또는 야간 동안 보호시설에 입소시켜 필요한 각종 편의를 제공하여 이들의 생활안정과 심신기능의 유지·향상을 도모하고, 그 가족의 신체적·정신적 부담을 덜어주기 위한 서비스이다.

③ 단기보호서비스 : 부득이한 사유로 가족의 보호를 받을 수 없어 일시적으로 보호가 필요한 심신이 허약한 노인과 장애노인을 보호시설에 단기간 입소시켜 보호함으로써 노인 및 노인가정의 복지증진을 도모하기 위한 서비스이다.

④ 방문목욕서비스 : 목욕 장비를 갖추고 재가노인을 방문하여 목욕을 제공하는 서비스이다.

⑤ 그 밖의 서비스 : 그 밖에 재가노인에게 제공하는 서비스로서 보건복지부령이 정하는 서비스로 구분한다. 그 밖의 서비스는 재가노인지원서비스가 대표적인데, 재가노인에게 노인생활 및 신상에 관한 상담을 제공하고, 재가노인 및 가족 등 보호자를 교육하며 각종 편의를 제공하여 지역사회 안에서 건전하고 안정된 노후생활을 영위하도록 하는 서비스를 말한다(동법 시행규칙 제26조의2).

(5) 노인보호전문기관

노인보호는 학대받는 노인과 실종노인을 대상으로 하는 서비스이다. 노인보호전문기관은 지역 간의 연계체계를 구축하고 노인학대를 예방하기 위하여 설치된 기관으로서 중앙노인보호전문기관과 지역노인보호전문기관이 설치 및 운영되고 있다(법 제39조의5). 보건복지부장관 및 시·도지사는 노인학대 예방사업을 목적으로 하는 비영리법인을 지정하여 중앙노인보호전문기관과 지역노인보호전문기관의 운영을 위탁할 수 있다. 중앙노인보호전문기관과 지역노인보호전문기관의 설치기준과 운영, 상담원의 자격과 배치기준 및 위탁기관의 지정 등에 필요한 사항은 대통령령으로 정한다.

중앙노인보호전문기관의 업무는 다음과 같다.

① 노인인권보호 관련 정책제안
② 노인인권보호를 위한 연구 및 프로그램의 개발
③ 노인학대 예방의 홍보, 교육 자료의 제작 및 보급
④ 노인보호전문사업 관련 실적 취합, 관리 및 대외자료 제공
⑤ 지역노인보호전문기관의 관리 및 업무지원
⑥ 지역노인보호전문기관 상담원의 심화교육
⑦ 관련 기관 협력체계의 구축 및 교류
⑧ 그 밖에 노인의 보호를 위하여 대통령령으로 정하는 사항

학대받는 노인의 발견·보호·치료 등을 신속히 처리하고 노인학대를 예방하기 위하여 다음의 업무를 담당하는 지역노인보호전문기관을 특별시·광역시·도·특별자치도에 둔다.
① 노인학대 신고전화의 운영 및 사례접수
② 노인학대 의심사례에 대한 현장조사
③ 피해노인 및 노인학대자에 대한 상담
④ 피해노인 가족 관련자와 관련 기관에 대한 상담
⑤ 상담 및 서비스제공에 따른 기록과 보관
⑥ 일반인을 대상으로 한 노인학대 예방교육
⑦ 노인학대 행위자를 대상으로 한 재발방지 교육
⑧ 그 밖에 노인의 보호를 위하여 보건복지부령으로 정하는 사항

노인학대 신고의무와 절차에 관련된 규정은 다음과 같다(법 제39조의6). 누구든지 노인학대를 알게 된 때에는 노인보호전문기관 또는 수사기관에 신고할 수 있다. 의료인, 노인복지시설의 장과 그 종사자, 노인복지상담원 등 전문가들은 그 직무상 노인학대를 알게 된 때에는 즉시 노인보호전문기관 또는 수사기관에 신고하여야 한다. 물론 신고인의 신분은 보장되어야 하며 그 의사에 반하여 신분이 노출되어서는 아니된다.

그리고 노인학대신고를 접수한 노인보호전문기관의 직원이나 사법경찰관리는 지체 없이 노인학대의 현장에 출동하여야 한다(법 제39조의7). 이 경우 노인보호전문기관의 장이나 수사기관의 장은 서로 동행하여 줄 것을 요청할 수 있고, 그 요청을 받은 때에는 정당한 사유가 없으면 소속 직원이나 사법경찰관리를 현장에 동행하도록 하여야 한다. 현장에 출동한 자는 학대받은 노인을 노인학대행위자로부터 분리하거나 치료가 필요하다고

인정할 때에는 노인보호전문기관 또는 의료기관에 인도하여야 한다. 노인학대 행위자 등 노인학대 행위와 관련되어 있는 자는 노인학대 현장에 출동한 자에 대하여 현장조사를 거부하거나 업무를 방해하여서는 아니 된다.

학대받은 노인의 법정대리인, 직계친족, 형제자매, 노인보호전문기관의 상담원 또는 변호사는 노인학대사건의 심리에서 보조인이 될 수 있다(법 제39조의8). 다만, 변호사가 아닌 경우에는 법원의 허가를 받아야 한다. 법원은 학대받은 노인을 증인으로 신문하는 경우 본인·검사 또는 노인보호전문기관의 신청이 있는 때에는 본인과 신뢰관계에 있는 자의 동석을 허가할 수 있다.

(6) 노인일자리지원기관(법 제23조의 2)

노인의 능력과 적성에 맞는 일자리 지원사업을 전문적·체계적으로 수행하기 위한 전담기관("노인일자리 전담기관") 중 노인일자리 지원기관은 지역사회 등에서 노인일자리의 개발·지원, 창업·육성 및 노인에 의한 재화의 생산·판매 등을 직접 담당하는 기관을 의미한다. 노인일자리 지원기관의 시설 및 인력에 관한 기준 등은 보건복지부령으로 정한다.

5) 요양보호사(법 제39조의 2와 법 제39조의 3)

노인복지시설의 설치·운영자는 보건복지부령으로 정하는 바에 따라 노인 등의 신체활동 또는 가사활동 지원 등의 업무를 전문적으로 수행하는 요양보호사를 두어야 한다. 요양보호사가 되려는 사람은 요양보호사를 교육하는 기관("요양보호사교육기관")에서 교육과정을 마치고 시·도지사가 실시하는 요양보호사 자격시험에 합격하여야 한다. 시·도지사는 요양보호사의 양성을 위하여 보건복지부령으로 정하는 지정기준에 적합한 시설을 요양보호사교육기관으로 지정·운영하여야 한다.

6) 재정

(1) 비용의 부담

다음의 어느 하나에 해당하는 비용은 대통령령이 정하는 바에 따라 국가 또는 지방자치단체가 부담한다(법 제45조).

① 노인일자리전담기관의 설치·운영 또는 위탁에 소요되는 비용

② 건강진단 등과 상담·입소 등의 조치에 소요되는 비용

③ 노인복지시설의 설치·운영에 소요되는 비용

(2) 비용의 수납 및 청구

복지조치에 필요한 비용을 부담한 복지실시기관은 당해 노인 또는 그 부양의무자로부터 대통령령이 정하는 바에 의하여 그 부담한 비용의 전부 또는 일부를 수납하거나 청구할 수 있다. 부양의무가 없는 자가 복지조치에 준하는 보호를 행하는 경우 즉시 그 사실을 부양의무자 및 복지실시기관에 알려야 하며, 이러한 보호를 행한 자는 부양의무자에게 보호비용의 전부 또는 일부를 청구할 수 있다. 부담비용의 청구 등에 관하여 필요한 사항은 보건복지부령으로 정한다.

그리고 양로시설, 노인공동생활가정 및 노인복지주택, 노인요양시설 및 노인요양공동생활가정을 설치한 자는 그 시설에 입소하거나 그 시설을 이용하는 기초수급권자외의 자로부터 그에 소요되는 비용을 수납하고자 할 때에는 시장·군수·구청장에게 신고하여야 한다. 다만, 보건복지부령이 정한 비용수납 한도액의 범위 안에서 수납할 때에는 그러하지 아니하다.

또한 노인여가복지시설 또는 재가노인복지시설을 설치한 자, 편의를 제공하는 자가 그 시설을 이용하는 자로부터 그에 소요되는 비용을 수납하고자 할 때에는 미리 시장·군수·구청장에게 신고하여야 한다.

(3) 비용의 보조

국가 또는 지방자치단체는 대통령령이 정하는 바에 의하여 노인복지시설의 설치·운영에 필요한 비용을 보조할 수 있다(법 제47조).

(4) 조세감면

노인복지시설에서 노인을 위하여 사용하는 건물·토지 등에 대하여는 조세감면규제법 등 관계법령이 정하는 바에 의하여 조세 기타 공과금을 감면할 수 있다(법 제49조).

3. 노인복지법의 과제

고령화속도가 세계에서 가장 빠른 한국에서 노인복지법은 노인복지에 대한 포괄적인 구상을 담아내는 법으로서의 위상을 요청받고 있다. 하지만 노인장기요양보험법이 별도로 생기면서 노인에 대한 복지 서비스를 총괄적으로 규정해야 하는 노인복지법이 시설 규정과 학대 규정 정도에 한정되고 보건·복지조치는 실효성 없는 내용에 그친다는 비판도 존재한다. 노인복지법이 명칭으로는 노인복지에 대한 핵심적인 법임을 전제할 때, 기초(노령)연금법의 제정으로 인해 제2장이 삭제되어 있는 현 노인복지법은 고령화 사회인 한국사회에서 노인복지에 대한 장기적이고 실효성 있는 구상을 담아내고 있지 못하다고 할 수 있다.

4. 과제와 전망

노인에게 소득과 질병은 큰 비중을 차지하는 문제로 노인장기요양보험제도의 도입 이전에는 소득은 연금제도로, 질병은 건강보험을 통해 보장받았다. 하지만 고령화 사회로 인해 노인의 요양비용 부담이 증가하면서 돌봄 영역의 보장에 대해 논의가 진행되었다. 한국은 건강보험에서 돌봄 서비스를 제공하지 않는다. '장기 요양'이라는 새로운 사회적 위험이 등장하면서 2008년 노인장기요양보험제도가 도입되었다. 특히 한국은 제도 도입을 위해 빠르게 인력을 양성하여 인프라 구축이 미흡한 상황이다. 이와 관련하여 노인복지 관련 영역에서는 요양보호사, 탈시설화 측면에서 과제를 제시할 수 있다.

1) 요양보호사 측면

요양보호사의 전문적이고 양질의 돌봄 서비스를 받기 위해 노인요양시설을 이용하려는 가정이 많다. 노인요양시설은 정부가 산정한 수가를 받아 운영한다. 제도 운영주체와 서비스 제공주체 간의 갈등이 보험수가를 둘러싸고 첨예하게 대치되고 있다. 숙련된 인력들의 현장 이탈 증가로 서비스의 질 하락을 우려해 수가 인상을 통해 인력 이탈을 막아야 한다는 의견이 있다.

2) 탈시설화 측면

선진국은 복지 황금기 때 클라이언트의 욕구를 반영하여 사회복지시설을 늘렸다. 요양시설을 이용하는 사람들에 대한 낙인이 발생하여 시설 서비스에서 재가 서비스로 탈시설화 과정을 진행하였다. 그러나 한국은 치료와 돌봄을 분리하지 않고 의료시설과 장기요양시설을 함께 운영하고 있다. 즉, 한국에서는 노인복지시설과 노인장기요양시설의 구분이 명확하지 않으며 시설의 부족으로 탈시설화로의 변화가 어렵다.

한국은 매우 빠른 고령화 속도로 노인인구가 점차 늘어나고 있다. 예측 가능한 사회적 위험으로서 '장기 요양'에 관한 제도 정착과, 노인복지시설과 노인장기요양시설의 명확한 구분을 통해 시설에 대한 대비와 정책적 활용이 하루 빨리 이루어져야 할 것이다.

제 2 절 기초연금법

1. 일반사항

기초연금제도란 국가가 노인에게 매월 일정액의 연금을 지급해 삶의 질을 높여주는 제도로, 2014년에 기초노령연금법을 폐지하고 기초연금법을 제정하여 시행하고 있다. 기초연금제도는 기초노령연금에 비해 급여가 상승했으며, 국민연금 기여기간을 고려해 급여 산정이 이루어졌다는 점에서 기초노령연금과 차이가 있다.

이 법은 생활이 어려운 노인의 생활안정을 지원하고 복지를 증진하기 위한 목적으로 시행되고 있다. 기초연금을 받을 수 있는 수급권자는 65세 이상인 사람으로서 소득과 재산을 환산한 소득인정액이 보건복지부장관이 정하여 고시하는 금액 이하인 사람으로 하되, 기초연금을 받는 사람이 전체 65세 이상인 사람 중 100분의 70 수준이 되도록 하였다. 연금 수급자는 연금을 신청한 날의 달부터 수급권이 소멸하는 달까지 매월 정기적으로 연금을 지급받는다. 국가 및 지방자치단체는 노인의 생활안정을 지원하고 복지를 증진하는데 필요한 수준의 기초연금 재원을 조성하되, 「국민연금법」에 따른 국민연금기금은 사용할 수 없도록 하고, 국가는 지방자치단체의 노인인구 비율 및 재정여건을 고려하여 기초연금 지급에 소요되는 비용의 100분의 40 이상 100분의 90 이하의 범위에서 일정 비율을 부담하도록 하였다.

2. 법의 제정이유와 목적, 그리고 주요 용어

1) 법의 제 · 개정이유

기초연금법은 2014년 5월에 제정되었으며 그 해 7월부터 시행하고 있다. 이 법의 제정 이유는 국가재정의 지속가능성을 확보하면서 노인세대를 위한 안정적인 공적연금제도를 마련하여 65세 이상의 노인 중 소득기반이 취약한 70퍼센트의 노인에게 기초연금을 지급함으로써 노인 빈곤 문제를 해소하고 노인의 생활안정과 복지 증진에 기여하려는 것이다.

2016년 지방세의 징수 및 체납처분 분야를 기초연금법에서 분리하여 「지방세징수법」을 제정함에 따라 관련 조문을 정비하는 한편, 지방자치단체의 장의 권한 위탁 근거를 마련하기 위해 일부 개정되었다(법 제6조). 즉 지방자치단체의 장이 이 법 또는 지방세관계법에 규정된 권한의 일부를 중앙행정기관의 장 등에게 위탁할 수 있도록 하고, 권한을 위탁받은 중앙행정기관의 장 등은 그 권한의 일부를 소속 공무원에게 재위임할 수 있도록 하였다.

2) 목적 및 기본시책

이 법은 노인에게 기초연금을 지급하여 안정적인 소득기반을 제공함으로써 노인의 생활안정을 지원하고 복지를 증진함을 목적으로 한다(법 제1조). 국가 및 지방자치단체의 책무는 다음과 같다. 첫째, 국가 및 지방자치단체는 기초연금이 노인의 생활안정을 지원하고 복지를 증진하는데 필요한 수준이 되도록 최대한 노력하여야 한다. 둘째, 국가 및 지방자치단체는 필요한 비용을 부담할 수 있도록 재원을 조성하여야 한다. 이 경우 국민연금기금은 기초연금 지급을 위한 재원으로 사용할 수 없다. 셋째, 국가 및 지방자치단체는 연금의 지급에 따라 계층 간 소득역전현상이 발생하지 아니하고 근로의욕 및 저축유인이 저하되지 아니하도록 최대한 노력하여야 한다.

3) 주요 용어

(1) "기초연금 수급권(受給權)"이란 이 법에 따른 기초연금을 받을 권리를 말한다.
(2) "기초연금 수급권자"란 기초연금 수급권을 가진 사람을 말한다.
(3) "기초연금 수급자"란 이 법에 따라 기초연금을 지급받고 있는 사람을 말한다.
(4) "소득인정액"이란 본인 및 배우자의 소득평가액과 재산의 소득환산액을 합산한 금액을 말한다. 이 경우 소득평가액과 재산의 소득환산액을 산정하는 소득 및 재산의 범위는 대통령령으로 정하고, 소득평가액과 재산의 소득환산액의 구체적인 산정방법은 보건복지부령으로 정한다.

3. 주요 내용

기초연금법은 총 23조로 구성되어 있으며, 그 중 기초연금법의 수급권자와 연금액, 재정, 전달체계를 주축으로 내용을 살펴보고자 한다.

1) 기초연금 수급권자의 범위

기초연금을 받을 수 있는 수급권자는 65세 이상인 사람으로서 소득과 재산을 환산한 소득인정액이 보건복지부장관이 정하여 고시하는 금액 이하인 사람으로 하되, 기초연금을 받는 사람이 전체 65세 이상인 사람 중 100분의 70 수준이 되도록 한다. 공무원연금, 군인연금, 사립학교교직원연금, 별정우체국 직원 연금 등 개별 법률에 따른 직역연금 등을 받고 있는 사람 등에 대해서는 기초연금 수급권자에서 제외하되, 소득인정액이 기초연금 수급권자 선정 대상에 해당하고 2014년 7월 현재 65세 이상인 사람에 대하여는 보건복지부장관이 고시하는 기준연금액의 50퍼센트를 지급할 수 있도록 한다. 한편, 기초연금 수급권은 양도하거나 담보로 제공할 수 없고 압류 대상으로 할 수 없으며, 기초연금으로 지급받은 금품은 압류할 수 없다(법 제21조).

2) 급여

(1) 기초연금액의 산정(제5조)

기초연금 수급권자에 대한 기초연금의 금액("기초연금액")은 기준연금액과 국민연금 급여액 등을 고려하여 산정한다. 이 법의 시행 당시인 2014년 기초연금액의 기준이 되는 기준연금액은 20만원으로 하고, 그 이후 기준연금액은 매년 전국소비자물가상승률을 반영하여 보건복지부장관이 고시하도록 한다.

국민연금 가입자에 대하여는 기준연금액에서 본인이 받는 국민연금 급여 중 소득재분배 성격의 급여(소득재분배급여금액)의 일부(3분의 2)를 기초로 산정하는 금액을 감액하고 여기에 기준연금액의 2분의 1에 해당하는 부가연금을 더하여 지급하도록 한다. 이 경우 기초연금액이 기준연금액을 초과하는 경우 기준연금액을 기초연금액으로 본다(법 제7조).한편 국민연금 미가입자, 국민연금 지급이 정지된 사람, 장애인연금 수급권자 및 국민기초생활 수급권자 등에 대하여는 기준연금액을 기초연금으로 지급하도록 한다.

하지만, 본인과 그 배우자가 모두 기초연금 수급권자인 경우에는 각각의 기초연금액에서 기초연금액의 100분의 20에 해당하는 금액을 감액한다(법 제8조). 또한 국민연금 급여액 등에 따른 기초연금액 산정의 특례조항을 두어(법 제6조), 국민연금 급여액이 기준연금액의 100분의 150 이하인 사람에게 지급하는 기초연금액은 기준연금액으로 한다고 규정하고 있다.

(2) 기초연금액의 적정성 평가 및 조정(법 제9조)

보건복지부장관은 5년마다 기초연금 수급권자의 생활수준 및 그동안의 전국소비자물가 상승률 등을 고려하여 기초연금액의 적정성을 평가하고, 노인빈곤 실태 조사 및 장기적인 재정 소요에 대한 전망을 하도록 하며, 기초연금액의 적정성 평가 결과를 반영하여 기준연금액을 조정하도록 한다.

3) 재정: 재원의 조성 및 부담(법 제4조 및 법 제25조)

국가 및 지방자치단체는 노인의 생활안정을 지원하고 복지를 증진하는데 필요한 수준의 기초연금 재원을 조성하되, 「국민연금법」에 따른 국민연금기금은 사용할 수 없도록 한다. 국가는 지방자치단체의 노인인구 비율 및 재정여건을 고려하여 기초연금 지급에 소요되는 비용의 100분의 40 이상 100분의 90 이하의 범위에서 일정 비율을 부담하도록 한다. 이처럼 국가 및 지방자치단체의 기초연금 재원 조성의 책임과 기초연금 지급에 국민연금기금을 사용하지 아니한다는 점을 명확히 하여 국민연금기금 사용에 관한 국민의 우려를 해소할 수 있을 것으로 판단된다.

4) 전달체계(법 제4조, 법 제10조, 법 제11조, 법 제13조 및 법 제14조)

국가와 지방자치단체는 기초연금이 노인의 생활안정을 지원하고 복지를 증진하는데 필요한 수준이 되도록 최대한 노력하여야 한다. 또한 국가와 지방자치단체는 기초연금의 지급에 따라 계층 간 소득역전 현상이 발생하지 아니하고 근로의욕 및 저축유인이 저하되지 아니하도록 최대한 노력하여야 한다. 연금을 지급받고자 하는 자(연금수급희망자) 또는 대리인은 특별자치시장·특별자치도지사·시장·군수·구청장에게 급여를 신청할 수 있다. 보건복지부장관 또는 특별자치시장·특별자치도지사·시장·군수·구청장은 기초연금 수급권의 발생·변경·상실 등을 확인하기 위하여 기초연금을 신청한 기초연금 수급희망자, 기초연금 수급권자, 기초연금 수급자와 그 각각의 배우자 및 고용주에게 필요한 서류나 그 밖에 소득·재산 등에 관한 자료의 제출을 요구할 수 있으며, 소속 공무원으로 하여금 기초연금 수급권자 등의 집이나 그 밖의 필요한 장소에 방문하여 서류 등을 조사하게 하거나 관계인에게 필요한 질문을 하게 할 수 있다. 특별자치시장·특별자치도지사·시장·군수·구청장은 조사를 한 후 기초연금 수급권의 발생·변경·상실 등을 결정한다. 특별자치시장·특별자치도지사·시장·군수·구청장은 기초연금 수급권자로 결정한 사람에 대하여 기초연금의 지급을 신청한 날이 속하는 달부터 기초연금 수급권을 상실한 날이 속하는 달까지 매월 정기적으로 기초연금을 지급한다.

4. 과제와 전망

2014년에 시행된 기초연금은 65세 이상 소득 하위 70% 노인에게 최고 월 20만원(2015년부터는 매년 전국소비자물가상승률을 반영하여 기초연금액 인상함)을 지급하고 있다. 기초연금에서 쟁점이 되는 부분은 국민연금과의 연계부분이다. 소득 하위 70% 노인들 중 국민연금 수급액이 30만원이 넘는 국민연금 수급자의 경우 감액된 기초연금을 수령하고 있다. 따라서 국민연금 수급자와 비수급자 간 기초연금 수급에서의 형평성 문제가 제기되고 있으며, 장기적으로 보면 국민연금제도와 기초연금과의 관계설정이 한국의 정합적 노후소득보장체계의 구축에서 과제로 남아 있다고 하겠다.

제 3 절 고용상 연령차별금지 및 고령자 고용촉진법

1. 일반사항

1991년 12월 고령자고용촉진법이 제정되고, 2008년 3월 고용상 연령차별금지 및 고령자 고용촉진에 관한 법률로 법명이 변경되었다. 고용상 연령차별금지 및 고령자 고용촉진에 관한 법률은 제1장 총칙, 제2장 정부의 고령자 취업지원, 제3장 고령자의 고용촉진 및 고용안정, 제4장 정년, 제5장 보칙으로 이루어져 있다. 60세 정년 보장을 골자로 하는 정년연장 법안은 2013년 4월 30일 국회 본회의를 통과하여 5월 22일 고용상 연령차별금지 및 고령자고용촉진에 관한 법률이 개정되었다.

이에 따라 우리나라에서 60세 정년이 2016년부터 단계적으로 의무화되었다. 주요 내용은 우선 강제력이 없던 기존의 60세 정년 권고조항을 "사업주는 근로자의 정년을 60세 이상으로 정하여야 한다."는 의무조항으로 대체하고(고용상 연령차별금지 및 고령자 고용촉진법 제19조 제1항), 벌칙 등의 이행강제규정 대신 "정년을 60세 미만으로 정한 경우에는 정년을 60세로 정한 것으로 본다."는 의제규정을 두고(법 제19조 제2항) 60세 정년의 실효성이 보장되도록 하였다. 이는 사업주가 60세 미만의 연령을 정년으로 설정하고 그에 근거해 근로자를 해직시킨다면 근로기준법상 부당해고로 간주될 수 있음을 의미한다. 공공기관, 지방공사, 지방공단, 300인 이상 사업장은 2016년부터, 국가 및 지자체, 300인 미만 사업장은 2017년부터 이 법의 적용을 받게 된다.

한편 정년연장 시 고용기간이 연장되는 근로자의 임금조정이 함께 이루어질 수 있도록 정년을 연장하는 사업체는 노사 간에 임금체계 개편 등 필요한 조치를 취해야 한다고 명시하고 아울러 이러한 조치를 취하거나 취하려는 사업체에 대해서는 고용지원금, 임금체계 개편 컨설팅 등 필요한 지원을 할 수 있도록 하였다(법 제19조의2).

또한 고용노동부장관이 고령자의 고용촉진에 관한 기본계획을 5년마다 관계 중앙기관의 장과 협의하여 고용정책심의회의 심의를 거쳐 수립하도록 하고 있는 바, 기본계획을 새롭게 수립할 경우 지난 계획에 대한 평가를 수행하고, 기본계획 수립 시 국회에 보고하도록 2016년 일부 개정되었다.

2. 법의 목적 및 주요 용어

1) 법의 목적

이 법은 합리적인 이유 없이 연령을 이유로 하는 고용차별을 금지하고, 고령자가 그 능력에 맞는 직업을 가질 수 있도록 지원하고 촉진함으로써, 고령자의 고용안정과 국민경제의 발전에 이바지하는 것을 목적으로 한다(법 제1조).

2) 주요 용어

이 법에서 사용하는 용어의 뜻은 다음과 같다.

(1) "고령자"란 인구와 취업자의 구성 등을 고려하여 대통령령으로 정하는 연령 이상인 자를 말한다.

(2) "준고령자"란 대통령령으로 정하는 연령 이상인 자로서 고령자가 아닌 자를 말한다.

(3) "사업주"란 근로자를 사용하여 사업을 하는 자를 말한다.

(4) "근로자"란 「근로기준법」에 따른 근로자를 말한다.

(5) "기준고용률"이란 사업장에서 상시 사용하는 근로자를 기준으로 하여 사업주가 고령자의 고용촉진을 위하여 고용하여야 할 고령자의 비율로서 고령자의 현황과 고용 실태 등을 고려하여 사업의 종류별로 대통령령으로 정하는 비율을 말한다.

3. 주요 내용

1) 정부와 사업주의 책무

정부는 고용에서 연령을 이유로 차별하는 관행을 해소하기 위하여 연령차별금지정책을 수립·시행하며, 고령자의 고용에 관하여 사업주와 국민 일반의 이해를 높이고, 고령자의 고용촉진과 직업안정을 꾀하기 위하여 고령자 고용촉진 대책의 수립·시행, 직업능력개발 훈련 등 필요한 시책을 종합적이고 효과적으로 추진하여야 한다(법 제3조).

사업주는 연령을 이유로 하는 고용차별을 해소하고, 고령자의 직업능력개발·향상과 작업시설·업무 등의 개선을 통하여 고령자에게 그 능력에 맞는 고용 기회를 제공함과 아울러 정년연장 등의 방법으로 고령자의 고용이 확대되도록 노력하여야 한다(법 제4조).

2) 고령자 고용촉진 기본계획의 수립

고용노동부장관은 고령자의 고용촉진에 관한 기본계획(이하 "기본계획"이라 한다)을 관계 중앙기관의 장과 협의하여 5년마다 수립하여야 한다. 기본계획에는 다음과 같은 사항이 포함되어야 한다.

① 직전 기본계획에 대한 평가
② 고령자의 현황과 전망
③ 고령자의 직업능력개발
④ 고령자의 취업알선, 재취업 및 전직 지원 등 취업 가능성의 개선방안
⑤ 그 밖에 고령자의 고용촉진에 관한 주요시책

고용노동부장관은 기본계획을 수립할 때에는 「고용정책 기본법」 제10조에 따른 고용정책심의회(이하 "고용정책심의회"라 한다)의 심의를 거쳐야 한다. 한편 고용노동부장관이 기본계획을 수립한 때에는 지체 없이 국회 소관 상임위원회에 보고하여야 한다. 또한 필요하다고 인정하면 관계 행정기관 또는 공공기관의 장에게 기본계획의 수립에 필요한 자료의 제출을 요청할 수 있다(법 제4조의3).

3) 고용상 연령차별금지: 모집·채용 등에서의 연령차별 금지

사업주는 다음과 같은 분야에서 합리적인 이유 없이 연령을 이유로 근로자 또는 근로

자가 되려는 자를 차별하여서는 아니 된다.

① 모집 · 채용

② 임금, 임금 외의 금품 지급 및 복리후생

③ 교육 · 훈련

④ 배치 · 전보 · 승진

⑤ 퇴직 · 해고

합리적인 이유 없이 연령 외의 기준을 적용하여 특정 연령집단에 특히 불리한 결과를 초래하는 경우에는 연령차별로 본다(법 제4조의4).[2)]

4) 정부의 고령자 취업지원

(1) 구인 · 구직 정보수집

고용노동부장관 및 특별시장 · 광역시장 · 도지사 · 특별자치도지사는 고령자의 고용을 촉진하기 위하여 고령자와 관련된 구인(求人) · 구직(求職) 정보를 수집하고 구인 · 구직의 개척에 노력하여야 하며 관련 정보를 구직자 · 사업주 및 관련 단체 등에 제공하여야 한다(법 제5조).

(2) 고령자에 대한 직업능력 개발훈련

고용노동부장관 등은 고령자의 고용을 촉진하고 직업능력의 개발 · 향상을 위하여 고령자를 대상으로 대통령령으로 정하는 바에 따라 직업능력 개발훈련을 실시하여야 한다. 고용노동부장관 등은 고령자가 작업환경에 쉽게 적응할 수 있도록 하기 위하여 필요하다고 인정하면 취업 전에 안전 · 보건에 관한 내용을 포함하여 고용노동부령으로 정하는 적응훈련을 실시하도록 조치하여야 한다. 고령자의 직업능력 개발훈련과 해당 훈련생의 보호에 관한 사항은 「근로자직업능력 개발법」을 준용하되 고령자의 신체적 · 정신적 조건 등을 고려하여 특별한 배려를 하여야 한다(법 제6조).

(3) 사업주에 대한 고용지도

고용노동부장관은 필요하다고 인정하면 고령자를 고용하고 있거나 고용하려는 사업주

---

2) 차별금지의 예외사항으로는 첫째, 직무의 성격에 비추어 특정 연령기준이 불가피하게 요구되는 경우, 둘째, 근속기간의 차이를 고려하여 임금이나 임금 외의 금품과 복리후생에서 합리적인 차등을 두는 경우, 셋째, 이 법이나 다른 법률에 따라 근로계약, 취업규칙, 단체협약 등에서 정년을 설정하는 경우, 넷째, 이 법이나 다른 법률에 따라 특정 연령집단의 고용유지 · 촉진을 위한 지원조치를 하는 경우이다(제4조의5).

에게 채용, 배치, 작업시설, 작업환경 등 고령자의 고용 관리에 관한 기술적 사항에 대하여 상담, 자문, 그 밖에 필요한 지원을 하여야 한다. 고용노동부장관은 고령자를 고용하고 있거나, 고용하려는 사업주에 대하여 고령자의 신체적·정신적 조건, 직업능력 등에 관한 정보와 그 밖의 자료를 제공하여야 한다(법 제7조).

(4) 사업주의 고령자 교육·훈련 및 작업환경 개선에 대한 지원

고용노동부장관은 사업주가 고령자의 고용촉진을 위하여 필요한 교육이나 직업훈련 등을 실시할 경우 그 비용의 전부 또는 일부를 지원할 수 있다. 고용노동부장관은 사업주가 고령자의 취업에 적합하도록 시설을 개선할 경우 그 비용의 전부 또는 일부를 지원할 수 있다(법 제8조).

(5) 고령자의 취업알선 기능 강화

정부는 고령자가 그 능력에 맞는 직업에 취업할 수 있도록 고령자에 대한 직업상담, 직업적성검사 등 적절한 직업지도와 취업알선 등을 하여야 한다. 또한 정부는 고령자에 대한 직업지도와 취업알선 등을 위하여 관련 행정기구와 시설을 정비하도록 노력하여야 한다. 고용노동부장관 등은 고령자의 직업지도와 취업알선 등을 담당하게 하기 위하여 소속 공무원 중에서 직업지도관을 지명한다(법 제9조).

(6) 고령자 고용정보센터의 운영

고용노동부장관 등은 고령자의 직업지도와 취업알선 등의 업무를 효율적으로 수행하기 위하여 필요한 지역에 고령자 고용정보센터를 운영할 수 있다. 고령자 고용정보센터는 다음의 업무를 수행한다(법 제10조).

① 고령자에 대한 구인·구직 등록, 직업지도 및 취업알선
② 고령자에 대한 직장 적응훈련 및 교육
③ 정년연장과 고령자 고용에 관한 인사·노무관리와 작업환경 개선 등에 관한 기술적 상담·교육 및 지도
④ 고령자 고용촉진을 위한 홍보
⑤ 그 밖에 고령자 고용촉진을 위하여 필요한 업무

(7) 고령자인재은행의 지정

고용노동부장관은 다음의 단체 또는 기관 중 고령자의 직업지도와 취업알선 또는 직업능력개발훈련 등에 필요한 전문 인력과 시설을 갖춘 단체 또는 기관을 고령자인재은행으

로 지정할 수 있다(법 제11조).

① 「직업안정법」에 따라 무료직업소개사업을 하는 비영리법인이나 공익단체

② 「근로자직업능력 개발법」에 따라 직업능력 개발훈련을 위탁받을 수 있는 대상이 되는 기관

고령자인재은행의 사업범위는 고령자에 대한 구인·구직 등록, 직업지도 및 취업알선, 취업희망 고령자에 대한 직업상담 및 정년퇴직자의 재취업 상담, 고령자의 직업능력개발훈련, 그리고 그 밖에 고령자 고용촉진을 위하여 필요하다고 인정하여 고용노동부장관이 정하는 사업이다. 고용노동부장관은 고령자인재은행에 대하여 직업안정 업무를 하는 행정기관이 수집한 구인·구직 정보, 지역 내의 노동력 수급상황, 그 밖에 필요한 자료를 제공할 수 있다. 고용노동부장관은 고령자인재은행에 대하여 예산의 범위에서 소요 경비의 전부 또는 일부를 지원할 수 있다.

(8) 중견전문인력 고용지원센터의 지정

고용노동부장관은 퇴직한 고령자로서 경력 등을 고려하여 고용노동부령으로 정하는 자("중견전문인력")의 직업지도와 취업알선 등을 전문적으로 지원하는 중견전문인력 고용지원센터("중견전문인력 고용지원센터")를 지정할 수 있다. 중견전문인력 고용지원센터는 「직업안정법」 제18조에 따라 무료직업소개사업을 하는 비영리법인 또는 공익단체로서 필요한 전문인력과 시설을 갖춘 단체 중에서 지정한다(법 제11조의2). 중견전문인력 고용지원센터는 다음의 사업을 한다.

① 중견전문인력의 구인·구직 등록, 직업상담 및 취업알선

② 중견전문인력의 중소기업에 대한 경영자문 및 자원봉사활동 등의 지원

③ 그 밖에 중견전문인력의 취업에 필요한 사업으로서 대통령령으로 정하는 사업

(9) 고령자 고용촉진을 위한 사업

고용노동부장관은 고령자의 고용촉진을 위하여 다음의 사업을 할 수 있다(법 제11조의4).

① 고령자에게 적합한 사회적 일자리의 창출

② 고령자의 자영업 창업 지원

③ 고령자를 대상으로 하는 취업박람회의 지원

④ 고령자 고용촉진과 고용안정에 관한 정책의 수립과 제도개선에 필요한 조사와 연구

⑤ 고령자인재은행, 중견전문인력 고용지원센터 등 관련 기관의 종사자에 대한 교육이

나 필요한 인력의 양성
⑥ 고령자 고용 강조기간의 설정과 추진
⑦ 고령자 고용 우수기업의 선정과 지원
⑧ 그 밖에 고령자 고용촉진을 위하여 필요한 사업

5) 고령자의 고용촉진 및 고용안정

(1) 사업주의 고령자 고용 노력의무

대통령령으로 정하는 수 이상의 근로자를 사용하는 사업주는 기준고용률 이상의 고령자를 고용하도록 노력하여야 한다(법 제12조). 기준고용률은 사업장에서 상시 사용하는 근로자를 기준으로 하여 사업주가 고령자의 고용촉진을 위하여 고용하여야 할 고령자의 비율로서 고령자의 현황과 고용 실태 등을 고려하여 사업의 종류별로 대통령령으로 정하는 비율을 말한다. 사업주는 고용노동부령으로 정하는 바에 따라 매년 고령자 고용현황을 고용노동부장관에게 제출하여야 한다(법 제13조). 고용노동부장관은 동법 제12조에 따른 사업주로서 상시 고용하는 고령자의 비율이 기준고용률에 미달하는 사업주에 대하여 고령자의 고용촉진 및 안정을 위하여 필요한 조치의 시행을 권고할 수 있다.

(2) 고령자 고용촉진을 위한 세제지원 등

사업주가 기준고용률을 초과하여 고령자를 추가로 고용하는 경우에는 「조세특례제한법」으로 정하는 바에 따라 조세를 감면한다. 그리고 고용노동부장관은 예산의 범위에서 다음 구분에 따른 고용지원금을 지급할 수 있다(법 제14조).

① 고령자를 새로 고용하거나 다수의 고령자를 고용한 사업주 또는 고령자의 고용안정을 위하여 필요한 조치를 취한 사업주에게 일정 기간 지급하는 고용지원금
② 사업주가 근로자 대표의 동의를 받아 일정 연령 이상까지 고용을 보장하는 조건으로 일정 연령, 근속시점 또는 임금액을 기준으로 임금을 감액하는 제도를 시행하는 경우에 그 제도의 적용을 받는 근로자에게 일정 기간 지급하는 고용지원금
③ 고령자와 준고령자의 고용안정 및 취업의 촉진 등을 목적으로 임금체계 개편, 직무 재설계[3] 등에 관하여 전문기관의 진단을 받는 사업주에게 지원하는 고용지원금

3) 고령자나 준고령자에게 적합한 직무를 개발하고 설계하는 것을 말한다.

(3) 우선고용직종의 선정 등

고용노동부장관은 고용정책심의회의 심의를 거쳐 고령자와 준고령자를 고용하기에 적합한 직종을 선정하고, 선정된 우선고용직종을 고시하여야 한다. 고용노동부장관은 우선고용직종의 개발 등 고령자와 준고령자의 고용촉진에 필요한 사항에 대하여 조사·연구하고 관련 자료를 정리·배포하여야 한다(법 제15조).

(4) 우선고용직종의 고용

국가 및 지방자치단체, 「공공기관의 운영에 관한 법률」 제4조에 따라 공공기관으로 지정받은 기관의 장은 그 기관의 우선고용직종에 대통령령으로 정하는 바에 따라서 고령자와 준고령자를 우선적으로 고용하여야 한다. 그리고 사업주는 우선고용직종에 고령자와 준고령자를 우선적으로 고용하도록 노력하여야 한다(법 제16조).

6) 정년

(1) 정년제도

사업주는 근로자의 정년을 60세 이상으로 정하여야 한다. 사업주가 근로자의 정년을 60세 미만으로 정한 경우에는 정년을 60세로 정한 것으로 본다(법 제19조). 고용노동부장관은 정년 연장에 따른 사업체의 인사와 임금 등에 대하여 상담, 자문, 그 밖에 필요한 협조와 지원을 하여야 한다(법 제22조).

(2) 정년연장에 따른 임금체계 개편

정년을 연장하는 사업 또는 사업장의 사업주와 근로자의 과반수로 조직된 노동조합은 그 사업 또는 사업장의 여건에 따라 임금체계 개편 등 필요한 조치를 하여야 한다. 고용노동부장관은 필요한 조치를 한 사업 또는 사업장의 사업주나 근로자에게 대통령령으로 정하는 바에 따라 고용지원금 등 필요한 지원을 할 수 있다. 그리고 고용노동부장관은 정년을 60세 이상으로 연장하는 사업 또는 사업장의 사업주 또는 근로자에게 대통령령으로 정하는 바에 따라 임금체계 개편 등을 위한 컨설팅 등 필요한 지원을 할 수 있다(법 제19조의2).

(3) 정년퇴직자의 재고용

사업주는 정년에 도달한 자가 그 사업장에 다시 취업하기를 희망할 때 그 직무수행 능력에 맞는 직종에 재고용하도록 노력하여야 한다. 사업주는 고령자인 정년퇴직자를 재고용할 때 당사자 간의 합의에 의하여 「근로기준법」 제34조에 따른 퇴직금과 같은 법 제60조에 따른 연차유급(年次有給) 휴가일수 계산을 위한 계속근로기간을 산정할 때 종전의 근로기간을 제외할 수 있으며 임금의 결정을 종전과 달리할 수 있다. 한편 고용노동부장관은 정년퇴직자를 재고용하거나 그 밖에 정년퇴직자의 고용안정에 필요한 조치를 하는 사업주에게 장려금 지급 등 필요한 지원을 할 수 있다(법 제21조).

4. 과제와 전망

고용상 연령차별금지 및 고령자 고용촉진에 관한 법률의 핵심쟁점은 정년연장이다. 고용노동부가 2011년 2,599개 공공기관 및 민간 기업을 대상으로 조사한 결과 공공기관의 평균정년은 58.0세인 반면, 민간기업(단일정년제실시 사업장 기준)은 57.3세였다. 정년연장이 2016년부터 단계적으로 실시되면서 적용대상의 형평성이 논란이 되고 있다. 정년연장이 시행되기 전 3년간(2013~2015년) 일터에서 물러날 세대는 총 222 만여 명으로 추산되었는데, 이들은 전체 베이비부머(1955~1963년 출생자) 743만 명의 30%에 달하지만 정년연장의 혜택을 받지 못하였다. 그리고 2008년 국가공무원법 개정으로 공무원들은 별도 규정이 있는 기능직 등의 경우 2013년부터, 나머지는 2009년 1월부터 이미 정년 60세가 국가공무원법으로 보장되었기 때문에, 정년연장이 시행되기 전 은퇴할 일부 베이비부머들과 이미 '정년 60세'가 의무화된 공무원들과의 형평성도 지적되었다. 한편 이 법을 통해 실질적으로 60세 정년이 보장되는가 하는 실효성에 관한 쟁점도 존재한다.

제 4 절 저출산 · 고령사회기본법

1. 일반사항

자녀의 출산 및 양육이 원활하게 이루어지고 노인이 중요한 사회적 행위자로서 건강하고 활력있는 사회생활을 할 수 있도록 국가의 책임을 정하고, 저출산 · 고령사회정책의 기본방향과 그 수립 및 추진체계에 관한 사항 등을 규정함으로써 국민의 삶의 질 향상과 국가의 지속적인 발전에 이바지하려는 것이다. 저출산 · 고령사회기본법은 2005년에 제정되었으며, 수차례 개정을 거쳤다. 사람의 건강상의 특성 및 건강 위험요인은 연령별로 다르게 나타나기도 하지만 성별에 따라서도 다양하게 나타나기도 하므로 국가 및 지방자치단체가 국민의 건강증진을 위한 시책을 강구하는데 있어 성별에 따른 특성도 반영하도록 함으로써 국민 모두가 건강하고 안정된 삶을 영위할 수 있도록 2014년 일부 개정되었다. 이 법은 제1장 총칙, 제2장 저출산 고령사회정책의 기본방향, 제3장 저출산 고령사회정책의 수립 및 추진체계, 제4장 보칙으로 구성되어 있다.

2. 법의 목적과 주요 용어

1) 법의 목적과 기본이념

이 법은 저출산 및 인구의 고령화에 따른 변화에 대응하는 저출산·고령사회정책의 기본방향과 그 수립 및 추진체계에 관한 사항을 규정함으로써 국가의 경쟁력을 높이고 국민의 삶의 질 향상과 국가의 지속적인 발전에 이바지함을 목적으로 한다(법 제1조). 그리고 이 법은 국가의 지속적인 발전을 위한 인구 구성의 균형과 질적 향상을 실현하고, 국민이 건강하고 안정된 노후생활을 할 수 있도록 하는 것을 기본이념으로 한다(법 제2조).

2) 주요 용어

(1) "인구의 고령화"라 함은 전체인구에서 노인의 인구비율이 증가하는 현상을 말한다.
(2) "저출산·고령사회정책"이라 함은 저출산 및 인구의 고령화에 따른 변화에 대응하기 위하여 수립·시행하는 정책을 말한다.

3. 고령사회 관련 주요 내용

1) 고령사회정책 수립

(1) 국가 및 지방자치단체의 책무

국가는 종합적인 저출산·고령사회정책을 수립·시행하고, 지방자치단체는 국가의 저출산·고령사회정책에 맞추어 지역의 사회·경제적 실정에 부합하는 저출산·고령사회정책을 수립·시행하여야 한다. 국가 및 지방자치단체는 다른 법률의 규정에 의하여 중·장기계획 및 연도별 시행계획 등 주요 정책을 수립하는 경우 제20조의 규정에 의한 저출산·

고령사회기본계획을 고려하여야 한다(법 제4조).

(2) 국민의 책무

국민은 출산 및 육아의 사회적 중요성과 인구의 고령화에 따른 변화를 인식하고 국가 및 지방자치단체가 시행하는 저출산·고령사회정책에 적극 참여하고 협력하여야 한다. 국민은 가정 및 지역사회의 일원으로 상호연대를 강화하고 각자의 노후생활을 건강하고 충실하게 영위할 수 있도록 노력하여야 한다(법 제5조).

2) 국가와 지방자치단체의 역할

(1) 고용과 소득보장

국가 및 지방자치단체는 일할 의욕과 능력이 있는 고령자가 최대한 일할 수 있는 환경을 조성하여야 한다. 국가 및 지방자치단체는 연금제도 등 노후소득보장체계를 구축하고 노인에게 적합한 일자리를 창출하는 등 국민이 경제적으로 안정된 노후생활을 할 수 있도록 필요한 조치를 강구하여야 한다(법 제11조).

(2) 건강증진과 의료제공

국가 및 지방자치단체는 성별·연령별 건강상의 특성과 주요 건강위험요인을 고려하여 국민의 건강증진을 위한 시책을 강구하여야 한다. 국가 및 지방자치단체는 노인을 위한 의료·요양 제도 등을 확립·발전시키고 필요한 시설과 인력을 확충하기 위하여 노력하여야 한다(법 제12조).

(3) 생활환경과 안전보장

국가 및 지방자치단체는 노후생활에 필요한 기능과 설비를 갖춘 주거와 이용시설을 마련하고 노인이 안전하고 편리하게 이동할 수 있는 환경을 조성하는 등 쾌적한 노후생활환경을 조성하고 재해와 범죄 등 각종 위험으로부터 노인을 보호하기 위하여 필요한 시책을 강구하여야 한다(법 제13조).

(4) 여가·문화 및 사회활동의 장려

국가 및 지방자치단체는 노후의 여가와 문화 활동을 장려하고 이를 위한 기반을 조성하여야 한다. 국가 및 지방자치단체는 자원봉사 등 노인의 사회활동 참여를 촉진하는 사회적 기반을 조성하여야 한다(법 제14조).

(5) 평생교육과 정보화, 그리고 노후설계

국가 및 지방자치단체는 모든 세대가 평생에 걸쳐 학습하고 능력과 적성에 따라 교육을 받을 수 있도록 교육의 기회를 제공하고, 이를 위한 교육시설의 설치·인력의 양성 및 프로그램의 개발 등 필요한 시책을 강구하여야 한다. 국가 및 지방자치단체는 세대 간 정보의 격차를 해소하기 위하여 정보화 교육, 프로그램 개발 및 장비 보급 등 필요한 시책을 강구하여야 한다. 그리고 국가 및 지방자치단체는 국민이 행복하고 활기찬 노후생활을 설계하기 위하여 재무, 건강, 여가, 사회참여 등 각 분야에서 적절한 상담과 교육을 받을 수 있도록 필요한 시책을 강구하여야 한다(법 제15조).

(6) 취약계층노인 등에 대한 정책

국가 및 지방자치단체는 저출산·고령사회정책을 수립·시행함에 있어서 여성노인·장애노인 등 취약계층의 노인에 대하여 특별한 배려를 하고 도시·농어촌 지역 간 격차 등 지역의 특수한 상황을 반영하여야 한다(법 제16조).

(7) 가족관계와 세대 간 이해증진

국가 및 지방자치단체는 효행을 장려함으로써 노인이 가정과 사회에서 공경받을 수 있도록 하고 세대 간 교류의 활성화와 세대 간 이해를 증진함으로써 민주적이고 평등한 가족관계가 형성되도록 필요한 사회 환경을 조성하여야 한다(법 제17조).

(8) 경제와 산업정책

국가 및 지방자치단체는 인구의 고령화에 따른 경제·산업구조 및 노동환경의 변화에 부응하는 시책을 수립·시행하여야 한다(법 제18조).

(9) 고령 친화적 산업의 육성

국가 및 지방자치단체는 인구의 고령화에 따른 상품 및 서비스 수요의 변화에 대비한 새로운 산업을 육성하기 위한 기반을 구축하여야 한다. 국가 및 지방자치단체는 노인에게 필요한 용구와 용품 등의 연구개발·생산 및 보급의 활성화를 위하여 필요한 시책을 강구하여야 한다(법 제19조).

3) 저출산 · 고령사회정책의 수립 및 추진체계

(1) 저출산 · 고령사회기본계획

정부는 저출산·고령사회 중·장기 정책목표 및 방향을 설정하고, 이에 따른 저출산·고령사회기본계획을 수립·추진하여야 한다. 보건복지부장관은 관계 중앙행정기관의 장과 협의하여 5년마다 기본계획안을 작성하고, 저출산·고령사회위원회 및 국무회의의 심의를 거친 후 대통령의 승인을 얻어 이를 확정한다. 기본계획의 수립절차 등에 관하여 필요한 사항은 대통령령으로 정한다. 기본계획에는 다음의 사항이 포함되어야 한다(법 제20조).

① 저출산·고령사회정책의 기본목표와 추진방향

② 기간별 주요 추진과제와 그 추진방법

③ 필요한 재원의 규모와 조달방안

④ 그 밖에 저출산·고령사회정책으로 필요하다고 인정되는 사항

(2) 연도별 시행계획

중앙행정기관의 장은 기본계획에 따라 소관별로 연도별 시행계획을 수립·시행하고, 지방자치단체의 장은 기본계획 및 중앙행정기관의 시행계획에 따라 당해 지방자치단체의 시행계획을 수립·시행하여야 한다. 중앙행정기관의 장은 지방자치단체의 시행계획이 기본계획 및 중앙행정기관의 시행계획에 위반되는 경우에는 당해 지방자치단체의 장에게 이를 변경하도록 요구하고, 지방자치단체의 시행계획의 이행상황을 기본계획에 따라 점검할 수 있다. 관계 중앙행정기관의 장 및 지방자치단체의 장은 다음 해의 시행계획 및 지난해의 추진실적을 보건복지부장관에게 제출하고, 보건복지부장관은 이를 종합하여 저출산·고령사회위원회의 심의를 받아야 한다. 국가 및 지방자치단체는 매년 시행계획에 따른 추진실적을 평가하고 그 결과를 저출산·고령사회정책에 반영하여야 한다. 시행계획의 수립·시행 및 평가 그 밖의 필요한 사항은 대통령령으로 정한다(법 제21조).

(3) 저출산 · 고령사회 위원회

저출산·고령사회정책에 관한 중요사항을 심의하기 위하여 대통령 소속하에 저출산·고령사회위원회를 둔다. 위원회는 다음 사항을 심의한다(법 제23조).

① 저출산 및 인구의 고령화에 대비한 중·장기 인구구조의 분석과 사회경제적 변화전망에 관한 사항

② 저출산·고령사회정책의 중·장기 정책목표와 추진방향에 관한 사항

③ 기본계획에 관한 사항
④ 시행계획에 관한 사항
⑤ 저출산·고령사회정책의 조정 및 평가에 관한 사항
⑥ 그 밖에 저출산·고령사회정책에 관한 중요사항으로서 제5항의 간사위원이 부의하는 사항

4. 과제와 전망

한국의 저출산과 고령화의 문제는 인구구조의 변화를 초래하며, 경제활동인구의 변화를 가져오는 중요한 사회문제이다. 한편 이 문제는 국민연금제도를 비롯한 사회복지제도 전반에 재정적 차원에서 영향을 미칠 수 있는 중대 사안이므로, 실효성 있는 저출산·고령사회정책의 수립은 한국 사회복지의 현재와 미래를 위해 필수적이라 할 수 있다.

제 3 장

장애인복지 관련법

장애인에 대한 사회적 태도는 장애인의 격리와 보호, 자립을 위한 재활, 그리고 자기결정권에 기초한 사회적 편입의 단계를 거치면서 발전하여 왔다(전광석, 2011). 우리나라의 경우 장애인 관련 법제는 1981년 「심신장애자복지법」을 제정하면서 시작되었다고 볼 수 있는데, 이 법은 1989년 「장애인복지법」으로 개칭되면서 장애의 예방, 장애인의 자립·자활을 조성하는 과제를 강조하였다. 1990년에는 장애인의 고용촉진과 직업재활 및 직업안정을 도모하여 장애인에게 인간다운 생활을 보장하는 것을 목표로 하는 「장애인 고용촉진 등에 관한 법률」이 별도로 제정되었다. 2000년 이 법률은 「장애인 고용촉진 및 직업재활법」으로 개칭되어 적극적인 직업재활조치를 강조하게 되었다.

1990년 후반 이후 적극적인 장애인운동, 장애에 대한 의식의 변화 및 발전, 그리고 장애에 대한 사회적 모델을 적용하는 새로운 이론에 기초하여 입법 작업이 이루어졌다. 기존 「장애인복지법」이 장애인 개인을 보호하고 사회에 편입될 수 있는 능력을 향상시키는데 주요한 목적이 있는 반면, 새로운 이념은 장애인이 생활에서의 편의를 증진하도록 하는 목적을 가졌다. 이미 1977년에 제정된 「특수교육진흥법」이 이러한 유형에 속하며, 이 법은 2007년 「장애인 등에 대한 특수교육법」으로 개칭·개정되었다. 이러한 유형에 속하는 법은 1997년에 도입된 「장애인·노인·임산부 등의 편의증진 보장에 관한 법률」, 2005년에 도입된 「교통약자의 이동편의 증진법」이 있다.

2007년 「장애인차별금지 및 권리구제 등에 관한 법률」 제정은 「장애인복지법」 중심으로 실현되어 오던 한국의 장애인 정책의 전환을 의미한다. 「장애인복지법」에도 장애인평등의 이념이 어느 정도 선언되어 있음에도 불구하고, 이를 보충할 헌법적 및 정책적 필요성이 요구되어져 왔으며 이것이 「장애인차별금지 및 권리구제 등에 관한 법률」로 구체화된 것이다.

현재 시행되고 있는 장애인복지 관련법은 가나다순으로 보면 다음과 같다. 「교통약자의 이동편의 증진법」, 「발달장애인 권리보장 및 지원에 관한 법률」, 「어린이 · 노인 및 장애인 보호구역의 지정 및 관리에 관한 규칙」, 「장애아동 복지지원법」, 「장애인 건강권 및 의료접근성 보장에 관한 법률」, 「장애인·고령자 등 주거약자 지원에 관한 법률」, 「장애인 고용촉진 및 직업재활법」, 「장애인기업활동 촉진법」, 「장애인 · 노인 등을 위한 보조기기 지원 및 활용촉진에 관한 법률」, 「장애인 · 노인 · 임산부 등의 편의증진 보장에 관한 법률」, 「장애인 등에 대한 특수교육법」, 「장애인복지법」, 「장애인연금법」, 「장애인차별금지 및 권리구제 등에 관한 법률」, 「장애인활동 지원에 관한 법률」, 「중증장애인생산품 우선구매 특별법」.

이처럼 장애인복지 관련법은 매우 다양하다. 이 장에서는 「장애인복지법」과 「사회복지사업법」상 '사회복지사업'의 법적 근거범위에는 포함되지 않지만 장애인복지의 핵심법이라고 할 수 있는 「장애인차별금지 및 권리구제 등에 관한 법률」과 「장애인고용촉진 및 직업재활법」을 중점적으로 다루고자 한다. 전부 개정된 「정신보건법」인 「정신건강증진 및 정신질환자 복지서비스 지원에 관한 법률」은 직접적인 장애인 복지 관련법으로 간주되지 않는 경우도 있지만 넓은 의미에서 장애인 관련 법률이라 할 수 있으므로 이 장에서는 이를 포괄하여 다루도록 한다.

제 1 절 장애인복지법, 장애인연금법 및 장애인활동 지원에 관한 법률

1. 일반사항

「장애인복지법」은 우리나라에서 장애인 관련 최초의 법률로서 중요한 의미를 가진다. UN은 1971년 '정신지체인의 권리선언'에 이어 1975년 '장애인 권리선언'을 발표하였다. 그리고 1981년을 '세계장애인의 해'로 정하고 모든 국가에 대하여 장애인을 위한 복지사업과 기념행사를 추진하도록 권고하였다. UN은 1983년부터 1992년까지 10년 동안을 세계장애인 10년으로 선포하였다. 이러한 국제적인 추세의 영향으로 우리나라 정부는 1981년 5월 「심신장애자복지법」을 정부안으로 국회에 제출하였으며, 1981년 6월 동법이 제정 · 시행되었다. 1987년 장애인등록 시범사업을 시작하였으며 다음해 전국으로 확대하였으며, 1988년 서울에서 '제8회 서울장애인 올림픽대회'가 개최되는 등 1980년대 이후 장애인복지에 대한 관심이 증대되기 시작하였다.

「장애인복지법」과는 분리되어 있지만 「장애인연금법」과 「장애인활동 지원에 관한 법률」(이하 「장애인활동법」)은 장애인들의 가장 기본적 욕구인 소득보장과 자립생활을 지원하는 법적 근거가 되기 때문에 함께 다룰 필요가 있다고 판단되어 급여 중심으로 이 절에서 같이 다루고자 한다. 이 세 법은 모두 「사회복지사업법」상 사회복지사업을 하는 법적 근거가 된다.

「장애인연금법」은 기존에 저소득 장애인에게 지급되던 장애수당을 중증장애인을 위해서 별도의 제도로 확대한 것으로 지난 2010년 7월 도입되었다. 초기의 계획은 최저임금의 25%를 제공하는 것을 목표로 했지만, 기초노령연금 급여에 일부 부가급여를 더하는 수준으로 축소되어 시행되었다.

「장애인활동법」은 장애인을 위한 장기요양제도로서 도입된 것으로, 신체적 · 정신적 장애 등의 사유로 혼자서 일상생활과 사회활동을 수행하기 어려운 장애인에게 제공하는 활동지원급여에 관한 사항을 규정하여 장애인의 자립생활을 지원하고 그 가족의 부담을 경감하여 장애인의 삶의 질 향상을 목적으로 하여 2011년 1월 제정되었다.

2. 법의 제정이유와 목적

1) 법의 제정 · 개정이유

1970년도에는 산업화와 도시화 추세로 인하여 생활환경이 빠르게 변화되었다. 장애인의 수는 갈수록 증가하였고 이들의 복지욕구도 크게 증대되었다. 장애발생 예방과 장애인들의 의료 · 직업재활 및 생활보호 등 복지시책을 추진하고 장애인의 재활 · 자립과 그 가족의 정상적인 경제 · 사회활동을 돕기 위하여 「심신장애자복지법」이 제정되었다.

1989년 12월 이 법을 전면개정하면서 "심신장애자"라는 용어를 "장애인"으로 변경하고 이 법의 제명을 "장애인복지법"으로 하였다. 개정된 「장애인복지법」은 장애인들의 자립자활을 더 강조하고자 하였다. 이후 2015년 3월 타법개정에 의해 이 법이 일부개정되기까지 1999년 2월과 2007년 4월 두 차례에 걸쳐 전부개정이 이루어졌다.

1999년 전부개정된 법의 주요내용은 다음과 같다.

① 장애인복지종합정책을 수립하고 관계부처간의 의견을 조정하며 그 정책의 이행을

감독하고 평가하기 위하여 국무총리소속하에 장애인복지조정위원회를 둠

② 국가와 지방자치단체는 장애인의 정보접근을 위하여 전기통신, 방송시설의 개선과 방송, 국가적인 주요행사, 민간 주최의 주요행사에 수화통역, 폐쇄자막 방송 등을 실시하도록 하고 음성도서의 보급을 추진하도록 함

③ 국가와 지방자치단체는 공동주택을 건설할 때에 장애인에게 우선 분양 또는 임대하도록 하고 주택의 구입, 임차 자금과 개·보수를 위한 비용의 지원 등을 하도록 규정함

④ 장애인 보조견의 육성·보급지원을 위한 시책의 강구와 장애인 보조견표지 발급, 장애인보조견을 동반한 장애인의 대중교통수단 이용거부, 숙박업소, 식품접객업소 이용거부를 금지함

2007년 전부개정된 법에는 장애인의 권익 신장, 여성장애인의 자립생활 지원, 장애인의 정보접근성 제고, 장애인에 대한 사회적 인식개선, 중증장애인의 자립생활을 실현하기 위한 제도 도입 등의 내용이 포함되었다. 이후 2017년 2월까지 서비스의 품질향상을 통한 장애인복지 증진, 장애인에 대한 보호 강화와 장애인의 인권 신장 등을 중심으로 총 11번의 일부개정이 이루어졌다.

「장애인복지법」은 장애인의 인간다운 삶과 권리보장을 위한 국가와 지방자치단체 등의 책임을 명백히 하고, 장애발생 예방과 장애인의 의료·교육·직업재활·생활환경개선 등에 관한 사업을 정하여 장애인복지대책을 종합적으로 추진하며, 장애인의 자립생활·보호 및 수당지급 등에 관하여 필요한 사항을 정하여 장애인의 생활안정에 기여하는 등 장애인의 복지와 사회활동 참여증진을 통하여 사회통합에 이바지함을 목적으로 한다(법 제1조). 「장애인복지법」은 기본적으로는 절대적 목표의 성격을 갖는다.[1] 즉 장애로 인하여 발생하는 특별한 수요를 충실히 보호하여야 한다. 그 결과로 장애인이 비장애인과 평등한 상황에 처하게 되는지 여부는 장애인복지의 우선적인 관심이 아니다. 절대적인 목표를 실현함에 있어서 어떠한 장애의 종류와 내용에 대해서, 어떠한 종류와 내용 및 수준의 급여를 제공하여 보호할 것인가는 정책적 판단의 대상이다.

장애인복지의 기본이념은 장애인의 완전한 사회 참여와 평등을 통하여 사회통합을 이루는 데에 있다(법 제3조).

1) 「장애인차별금지법」은 상대적 목표를 가지는데 반해, 「장애인복지법」은 불평등보다는 결핍의 차원에서 접근하고 있다.

〈표 Ⅲ-2〉 장애인복지법의 발달 주요내용

제·개정	주요내용
1981.06	「심신장애인복지법」 제정
1989.12	「장애인복지법」 전면 개정 -"심신장애자"라는 용어를 "장애인"으로 변경하면서 법의 제명을 「장애인복지법」으로 개정
1999.02	「장애인복지법」 전부 개정 - 장애인복지조정위원회를 국모총리소속하에 둠 - 국가와 지방자치단체는 장애인의 정보접근을 위한 전기통신, 방송시설의 개선과 방송, 국가적인 주요행사, 수화 통역, 폐쇄 자막 방송 등을 실시하고, 음성도서 보급을 추진하도록 함 - 국가와 지방자치단체는 공동주택의 건설시 장애인에게 우선 분양 또는 임대를 하도록 하고 구입, 임차 자금, 개·보수를 위한 비용을 지원하도록 규정함 - 장애인 보조견의 육성·보급지원을 위한 시책의 강구와 보조견표지 발급, 장애인보조견을 동반한 장애인 대중교통수단 이용거부, 숙박업소, 식품접객업소 이용거부를 금지함
2007.04	「장애인복지법」 전부 개정 - 장애인 권익신장, 여성장애인 자립생활 지원, 장애인의 정보접근성 제고, 장애인에 대한 사회적 인식개선, 중증장애인의 자립생활 지원을 위한 제도 도입 등에 관한 내용
2017.02	「장애인복지법」 일부 개정 - 서비스의 품질 향상을 통한 장애인복지 증진, 장애인에 대한 보호 강화와 장애인 인권신장 등을 관한 내용

주1: 위의 제·개정 년도 이외에도 2003년, 2010년, 2011년 3월, 2011년 8월, 2012년, 2013년을 포함하여 총 11번의 일부개정이 이루어짐.

3. 주요 내용

「장애인복지법」은 제1장 총칙, 제2장 기본정책의 강구, 제3장 복지 조치, 제4장 자립생활의 지원, 제5장 복지시설과 단체, 제6장 장애인보조기구, 제7장 장애인복지 전문인력, 제8장 보칙, 제9장 벌칙 등 총 9장 90조의 본문과 부칙으로 구성되어 있다.

장애인의 소득보장과 요양에 대한 내용은 앞서 언급했듯이 「장애인연금법」과 「장애인활동 지원에 관한 법률」에서 별도로 다루고 있으나 본 절에서 같이 다루고자 한다.

1) 대상

장애는 그 종류가 매우 다양하기 때문에 정의하기 어렵고 가변적일 수 있어서 법률에는 기본적인 사항만 규정하고, 세부적인 장애의 기준이나 등급은 시행령 및 시행규칙에서 규정하고 있다.

(1) 정의

"장애인"이란 신체적·정신적 장애로 오랫동안 일상생활이나 사회생활에서 상당한 제약을 받는 자를 말한다(법 제2조제1항). 이 법을 적용받는 장애인은 제1항에 따른 장애인 중 다음의 어느 하나에 해당하는 장애가 있는 자로서 대통령령으로 정하는 장애의 종류 및 기준에 해당하는 자를 말한다(법 제2조제2항)[2).

① "신체적 장애"란 주요 외부 신체 기능의 장애, 내부기관의 장애 등을 말한다.

② "정신적 장애"란 발달장애 또는 정신 질환으로 발생하는 장애를 말한다.

③ "장애인학대"란 장애인에 대하여 신체적·정신적·정서적·언어적·성적폭력이나 가혹행위, 경제적 착취, 유기 또는 방임을 하는 것을 말한다.

동법 제2조에 이 법에 따른 장애인 중 「정신보건법」「정신건강증진 및 정신질환자 복지서비스 지원에 관한 법률」과 「국가유공자 등 예우 및 지원에 관한 법률」 등 대통령령으로 정하는 다른 법률을 적용 받는 장애인에 대하여는 대통령령으로 정하는 바에 따라 이 법의 적용을 제한할 수 있다(법 제15조).

(2) 장애인의 종류(시행령 제2조 [별표 1] 장애인의 종류 및 기준)

장애인의 종류는 2014년 6월 개정된 내용을 기준으로 총 15종으로 구분되며 각 유형별로 1등급부터 6등급까지 구분된다.

① 지체장애인(肢體障碍人): 한 팔, 한 다리 또는 몸통의 기능에 영속적인 장애가 있는 사람, 한 손의 엄지손가락을 지골(指骨: 손가락 뼈) 관절 이상의 부위에서 잃은 사람 또는 한 손의 둘째손가락을 포함한 두 개 이상의 손가락을 모두 제1지골 관절 이상의 부위에서 잃은 사람, 한 다리를 리스프랑(Lisfranc: 발등뼈와 발목을 이어주는) 관절 이상의 부위에서 잃은 사람, 두 발의 발가락을 모두 잃은 사람, 한 손의 엄지손가락 기능을 잃은 사람 또는 한 손의 둘째손가락을 포함한 손가락 두 개 이상의 기능을 잃은 사람, 왜소증으로 키가 심하게 작거나 척추에 현저한 변형

2) 법의 내용을 구체적으로 보면, 장애인의 정의는 1999년 법의 틀을 유지하여 이원화된 정의를 하고 있다. 하나는 장애인을 일반적으로 정의한 것으로 '장애인'을 "신체적·정신적 장애로 인하여 장기간에 걸쳐 일상생활 또는 사회생활에 상당한 제약을 받는 자"로 규정하고 있다. 또 하나는 '이 법의 적용을 받는 장애인'으로 장애인복지법의 수혜자격을 제한하기 위하여 만든 정의이다. 이와 같이 장애인의 개념을 이원화한 이유는, 기존의 법률에서도 의료적 개념과 사회적 개념의 장애를 포괄하면서도 실제에 있어서는 의료적 개념만 사용하는 관례를 바로잡기 위한 것으로, 원래 장애의 정의는 의료적 개념과 사회적 개념이 통합되어야 함을 나타내기 위함이었다. 그러나 이 법 또한 시행의 편의를 위해 의료적 개념의 장애만 채택하도록 또 하나의 장애인 정의를 하였는데, 그것이 바로 '이 법의 적용을 받는 장애인'이다.

또는 기형이 있는 사람, 지체(肢體)에 위의 내용 중 어느 하나에 해당하는 장애정도 이상의 장애가 있다고 인정되는 사람

② 뇌병변장애인(腦病變障碍人): 뇌성마비, 외상성 뇌손상, 뇌졸중(腦卒中) 등 뇌의 기질적 병변으로 인하여 발생한 신체적 장애로 보행이나 일상생활의 동작 등에 상당한 제약을 받는 사람

③ 시각장애인(視覺障碍人): 나쁜 눈의 시력(만국식시력표에 따라 측정된 교정시력)이 0.02 이하인 사람, 좋은 눈의 시력이 0.2 이하인 사람, 두 눈의 시야가 각각 주시점에서 10도 이하로 남은 사람, 두 눈의 시야 2분의 1 이상을 잃은 사람

④ 청각장애인(聽覺障碍人): 두 귀의 청력 손실이 각각 60데시벨(dB) 이상인 사람, 한 귀의 청력 손실이 80데시벨 이상, 다른 귀의 청력 손실이 40데시벨 이상인 사람, 두 귀에 들리는 보통 말소리의 명료도가 50퍼센트 이하인 사람, 평형 기능에 상당한 장애가 있는 사람

⑤ 언어장애인(言語障碍人): 음성 기능이나 언어 기능에 영속적으로 상당한 장애가 있는 사람

⑥ 지적장애인(知的障碍人): 정신 발육이 항구적으로 지체되어 지적 능력의 발달이 불충분하거나 불완전하고 자신의 일을 처리하는 것과 사회생활에 적응하는 것이 상당히 곤란한 사람

⑦ 자폐성장애인(自閉性障碍人): 소아기 자폐증, 비전형적 자폐증에 따른 언어·신체표현·자기조절·사회적응 기능 및 능력의 장애로 인하여 일상생활이나 사회생활에 상당한 제약을 받아 다른 사람의 도움이 필요한 사람

⑧ 정신장애인(精神障碍人): 지속적인 정신분열병, 분열형 정동장애(情動障碍: 여러 현실 상황에서 부적절한 정서 반응을 보이는 장애), 양극성 정동장애 및 반복성 우울장애에 따른 감정조절·행동·사고 기능 및 능력의 장애로 인하여 일상생활이나 사회생활에 상당한 제약을 받아 다른 사람의 도움이 필요한 사람

⑨ 신장장애인(腎臟障碍人): 신장의 기능부전(機能不全)으로 인하여 혈액투석이나 복막투석을 지속적으로 받아야 하거나 신장기능의 영속적인 장애로 인하여 일상생활에 상당한 제약을 받는 사람

⑩ 심장장애인(心臟障碍人): 심장의 기능부전으로 인한 호흡곤란 등의 장애로 일상생활에 상당한 제약을 받는 사람

⑪ 호흡기장애인(呼吸器障碍人): 폐나 기관지 등 호흡기관의 만성적 기능부전으로 인

한 호흡기능의 장애로 일상생활에 상당한 제약을 받는 사람

⑫ 간장애인(肝障碍人): 간의 만성적 기능부전과 그에 따른 합병증 등으로 인한 간 기능의 장애로 일상생활에 상당한 제약을 받는 사람

⑬ 안면장애인(顔面障碍人): 안면 부위의 변형이나 기형으로 사회생활에 상당한 제약을 받는 사람

⑭ 장루·요루장애인(腸瘻·尿瘻障碍人): 배변기능이나 배뇨기능의 장애로 인하여 장루(腸瘻) 또는 요루(尿瘻)를 시술하여 일상생활에 상당한 제약을 받는 사람

⑮ 뇌전증장애인(腦電症障碍人): 뇌전증에 의한 뇌신경세포의 장애로 인하여 일상생활이나 사회생활에 상당한 제약을 받아 다른 사람의 도움이 필요한 사람

(3) 장애인 등록 및 취소

장애인, 그 법정대리인 또는 대통령령이 정하는 보호자는 장애 상태와 그 밖에 보건복지부령이 정하는 사항을 특별자치시장·특별자치도지사·시장·군수·구청장에게 등록하여야 하며, 특별자치시장·특별자치도지사·시장·군수·구청장은 등록을 신청한 장애인이 동법 제2조에 따른 기준에 맞으면 장애인등록증을 내주어야 한다(법 제32조제1항). 장애인등록제도는 1988년부터 실시하고 있다. 장애인을 등록하게 하는 것은 정부가 장애인의 수 및 장애인의 복지욕구 등에 대한 정확한 실태를 파악하여 장애인복지 정책 입안의 기초자료로 삼기 위한 것이다. 또한 장애인복지 대상을 미리 확정함으로써 서비스 내용과 예산을 미리 수립할 수 있다. 동법에 의거하여 장애인으로 등록하여야만 각종 복지시책의 수혜자가 될 수 있다.

장애인의 장애 인정과 등급 사정(査定)에 관한 업무를 담당하게 하기 위하여 보건복지부에 장애판정위원회를 둘 수 있다(법 제32조제4항).

재외동포 및 외국인 중 일정 요건을 충족하는 사람은 장애인 등록을 할 수 있다(법 제32조의2). 이는 2012년 법 개정을 통해서 국내 거주 재외동포 및 외국인의 증가와 외국인장애인 등의 복지 욕구 확대 등을 대처하기 위해서 도입되었다.

특별자치시장·특별자치도지사·시장·군수·구청장은 장애인이 사망하였거나, 동법 제2조의 기준에 맞지 않거나, 추가 장애 진단 명령 등 필요한 조치를 정당한 사유 없이 따르지 않았거나 장애인 등록 취소를 신청하는 경우 장애인 등록을 취소하여야 한다(법 제32조의3제1항). 특별자치시장·특별자치도지사·시장·군수·구청장 부정한 방법으로 등록증을 취득한 사람 등에게서는 등록증의 반환을 명하여야 한다(법 제32조의3제2항).

(4) 장애인의 권리

장애인은 인간으로서 존엄과 가치를 존중받으며, 그에 걸맞은 대우를 받는다. 장애인은 국가·사회의 구성원으로서 정치·경제·사회·문화, 그 밖의 모든 분야의 활동에 참여할 권리를 가진다. 장애인은 장애인 관련 정책결정과정에 우선적으로 참여할 권리가 있다(법 제4조).

(5) 장애인의 의견수렴 및 참여

국가 및 지방자치단체는 장애인 정책의 결정과 그 실시에 있어서 장애인 및 장애인의 부모, 배우자, 그 밖에 장애인을 보호하는 자의 의견을 수렴하여야 한다. 이 경우 당사자의 의견수렴을 위한 참여를 보장하여야 한다(법 제5조).

(6) 보호

국가와 지방자치단체는 장애 정도가 심하여 자립하기가 매우 곤란한 장애인(중증장애인)이 필요한 보호 등을 평생 받을 수 있도록 알맞은 정책을 강구하여야 한다(법 제6조). 국가와 지방자치단체는 여성장애인의 권익을 보호하고 사회참여를 확대하기 위하여 기초학습과 직업교육 등 필요한 시책을 강구하여야 한다(법 제7조).

(7) 차별금지

누구든지 장애를 이유로 정치·경제·사회·문화생활의 모든 영역에서 차별을 받지 아니하고, 누구든지 장애를 이유로 정치·경제·사회·문화생활의 모든 영역에서 장애인을 차별하여서는 아니 된다. 누구든지 장애인을 비하·모욕하거나 장애인을 이용하여 부당한 영리행위를 하여서는 아니 되며, 장애인의 장애를 이해하기 위하여 노력하여야 한다(법 제8조).

2) 주체

국가와 지방자치단체는 장애 발생을 예방하고, 장애의 조기 발견에 대한 국민의 관심을 높이며, 장애인의 자립을 지원하고, 보호가 필요한 장애인을 보호하여 장애인의 복지를 향상시킬 책임을 진다. 국가와 지방자치단체는 여성 장애인의 권익을 보호하기 위하여 정책을 강구하여야 한다. 국가와 지방자치단체는 장애인복지정책을 장애인과 그 보호자에게 적극적으로 홍보하여야 하며, 국민이 장애인을 올바르게 이해하도록 하는 데에 필요한 정책을 강구하여야 한다(법 제9조). 장애인에 대한 국민의 이해를 깊게 하고 장애인의 재활의욕을 높이기 위하여 매년 4월 20일을 장애인의 날로 하며, 장애인의 날부터 1주간을 장애인 주간으로 한다. 국가와 지방자치단체는 장애인의 날의 취지에 맞는 행사 등 사업을 하도록 노력하여야 한다(법 제14조).

모든 국민은 장애 발생의 예방과 장애의 조기 발견을 위하여 노력하여야 하며, 장애인의 인격을 존중하고 사회통합의 이념에 기초하여 장애인의 복지향상에 협력하여야 한다(법 제10조).

3) 급여

(1) 기본정책

「장애인복지법」 제2장은 국가와 지방자치단체가 기본정책을 강구하는 내용으로 구성되어 있으나 선언적인 이야기 수준으로 구체성은 결여되어 있다. 실제 구체적으로 행해지는 사업이나 조치들은 「장애인연금법」, 「장애인고용촉진 및 직업재활법」, 「장애인활동 지원에 관한 법률」 등 개별법을 통해 시행되고 있다.

국가와 지방자치단체가 강구해야 하는 주요 내용으로는 장애발생 예방(법 제17조), 의료와 재활치료(법 제18조), 사회적응 훈련(법 제19조), 교육(법 제20조), 직업(법 제21조), 정보에의 접근(법 제22조), 편의시설(법 제23조), 안전대책(법 제24조), 사회적 인식개선(법 제25조), 선거권 행사를 위한 편의제공(법 제26조), 주택 보급(법 제27조), 문화환경 정비(법 제28조), 복지 연구 등의 진흥(법 제29조), 경제적 부담의 경감(법 제30조) 그리고 장애인 가족 지원(법 제30조의2)이 있다.

보건복지부장관은 장애인의 권익과 복지 증진을 위하여 관계 중앙행정기관의 장과 협의하여 5년마다 장애인정책종합계획을 수립·시행하고 국회 소관 상임위원회에 보고하여야 한다(법 제10조의2와3). 종합계획에는 다음의 사항들이 포함되어야 한다. 즉 장애인의 복지에 관한 사항, 장애인의 교육문화에 관한 사항, 장애인의 경제활동에 관한 사항, 장애인의 사회참여에 관한 사항, 그 밖에 장애인의 권익과 복지 증진을 위하여 필요한 사항이다. 관계 중앙행정기관의 장은 장애인의 권익과 복지 증진을 위하여 관련 업무에 대한 사업계획을 매년 수립·시행하여야 하고, 그 사업계획과 전년도의 사업계획 추진실적을 매년 보건복지부장관에게 제출하여야 한다.

(2) 복지조치 및 자립생활 지원

동법 제3장 복지 조치와 제4장 자립생활 지원에서는 장애인복지의 핵심적 급여들을 규정하고 있다.

① 실태 조사

보건복지부장관은 장애인 복지정책의 수립에 필요한 기초 자료로 활용하기 위하여 3년마다 장애실태조사를 실시하여야 한다(법 제31조제1항). 장애실태조사는 전수조사 또는 표본조사로 실시하되, 전수조사는 보건복지부장관이 정하는 바에 따라 특별시장·광역시장·도지사·특별자치도지사가 실시하고, 표본조사는 보건복지부장관이 전문연구기관에 의뢰하여 실시한다(시행령 제18조제1항).

② 복지서비스에 관한 장애인 지원 사업

국가와 지방자치단체는 복지서비스가 적시에 제공될 수 있도록 복지서비스에 관한 상담 및 정보 제공, 복지서비스 신청 대행, 장애인 개인별 욕구조사 및 복지서비스 제공 계획 수립 지원, 장애인과 복지서비스 제공 기관·법인·단체·시설과의 연계, 복지서비스 등 복지자원의 발굴 및 데이터베이스 구축과 그 밖에 복지서비스 제공에 필요한 사업을 실시한다(법 제32조의4).

③ 재활상담 및 입소 등의 조치

보건복지부장관, 특별시장·광역시장·도지사·특별자치시장·도지사·특별자치도지사 또는 시장·군수·구청장(이하 "장애인복지실시기관")은 장애인에 대한 검진 및 재활상담을 하고, 필요하다고 인정되면 다음의 조치를 하여야 한다. 즉, 국·공립병원, 보건소, 보건지소, 그 밖의 의료기관(이하 "의료기관"이라 한다)에 의뢰하여 의료와 보건지도를 받게 하는 것, 국가 또는 지방자치단체가 설치한 장애인복지시설에서 주거편의·상담·치료·훈련 등의 필요한 서비스를 받도록 하는 것, 동법 제59조에 따라 설치된 장애인복지시설에 위탁하여 그 시설에서 주거편의·상담·치료·훈련 등의 필요한 서비스를 받도록 하는 것, 공공직업능력개발훈련시설이나 사업장 내 직업훈련시설에서 하는 직업훈련 또는 취업알선을 필요로 하는 자를 관련 시설이나 직업안정업무기관에 소개하는 것이다(법 제34조제1항).

장애인복지실시기관은 제1항의 재활 상담을 하는 데에 필요하다고 인정되면 동법 제33조에 따른 장애인복지상담원을 해당 장애인의 가정 또는 장애인이 주거편의·상담·치료·훈련 등의 서비스를 받는 시설이나 의료기관을 방문하여 상담하게 하거나 필요한 지도를 하게 할 수 있다(법 제34조제2항).

④ 재정적 지원

장애인은 경제활동 참가율과 고용률에서 현저히 열악하며, 생활비용이 추가로 필요하다는 점에서 장애인을 위한 소득보장 제도가 필요하다. 이를 위해서 가장 중요한 제도는 국민연금제도에서의 장애급여와 산재보험제도에서의 장해급여이지만, 현실적으로 추가적인 소득보장수단이 필요하다. 장애인을 위한 대표적인 현금지원은 「장애인연금법」에 근거하여 지급되는 장애연금과 동법에 근거하여 지급되는 장애수당(법 제49조), 장애아동수당, 보호수당(법 제50조), 자녀교육비(법 제50조의 2)가 있다. 그러나 이 급여들은 모두 보편적인 연금이나 수당은 아니며 실제로는 공공부조를 보충하는 급여의 성격을 가진다. 특별자치시장·특별자치도지사·시장·군수·구청장은 자녀교육비 및 장애수당 등을 수급자 명의의 지정된 계좌로 입금하여야 한다(법 제50조의4)

가) 장애인연금: 2014년 7월 1일부터 일부 개정된 「장애인연금법」이 시행되면서 장애인연금 수급권자의 범위는 해당 장애인의 소득 및 재산을 환산한 소득인정액이 보건복지부장관이 정하여 고시하는 금액 이하인 장애인으로 하되, 장애인연금을 받는 사람이 18세 이상 중증장애인 전체의 70퍼센트 수준이 되도록 하였다. 또한 공무원연금, 군인연금, 사립학교교직원연금, 별정우체국 직원 연금 등 개별 법률에 따른 직역연금 수급권자 등은 장애인연금 수급권자에서 제외하되, 그 직역연금 수급권자 등이 법 시행 당시 18세 이상이고 이 법 시행 전부터 장애인연금을 받아오던 사람인 경우 등 일정한 요건을 갖춘 경우에는 장애인연금 중 기초급여의 50퍼센트를 지급하도록 하였다.

장애인연금의 급여는 두 가지로 나누어진다. 첫째, 기초급여는 근로능력의 상실 또는 현저한 감소로 인하여 줄어드는 소득을 보전(補塡)하여 주기 위하여 지급하는 급여이다(「장애인연금법」 제5조제1항). 기초급여액은 보건복지부장관이 그 전년도 기초급여액에 전국소비자물가변동률을 반영하여 매년 고시한다(「장애인연금법」 제6조제1항).[3] 다만, 수급권자와 그 배우자가 모두 기초급여를 받는 경우에는 각각의 기초급여액에 대하여 100분의 20을 감액하여 지급한다(「장애인연금법」 제6조제1항). 수급권자 중 기초연금 수급권자에게는 기초급여를 지급하지 아니 한다(「장애인연금법」 제6조제5항).[4]

둘째, 부가급여는 장애로 인하여 추가로 드는 비용의 전부 또는 일부를 보전하여 주기 위하여 지급하는 급여이다(「장애인연금법」 제5조제2항). 부가급여액은 월정액으로 하며, 수급권자와 그 배우자의 소득 수준 및 장애로 인한 추가비용 등을 고려하여 대통령령으로 정한다(「장애인연금법」 제7조).

---

3) 2014년 5월 20일 개정된 장애인연금법이 2014년 7월 1일 시행되면서 최초 지급한 기초급여액은 20만원이었다.

4) 2014년 7월~2015년 3월까지 지급되는 1인 기초급여지급액은 2만원 단위로 최소 20,000원에서 최대 200,000원이다.

〈표 Ⅲ-3〉 2017년 장애인연금 월 급여 현황

<table>
<tr><th>자 격</th><th></th><th colspan="6">급 여</th></tr>
<tr><td rowspan="3">장애인연금대상자
(기초급여)</td><td rowspan="3">부가급여대상자</td><td rowspan="3">연령</td><td colspan="4">기초급여</td><td rowspan="3">부가급여</td></tr>
<tr><td rowspan="2">단독</td><td colspan="2">부부인 경우</td><td rowspan="2">초과분 감액 여부</td></tr>
<tr><td>1인 수급</td><td>2인 모두 수급시</td></tr>
<tr><td rowspan="2">장애인연금</td><td rowspan="2">기초
(일반재가)</td><td>18~64</td><td colspan="2">204,010원</td><td>163,200원</td><td>X</td><td>8만원</td></tr>
<tr><td>65이상1)</td><td colspan="2">-</td><td></td><td></td><td>284,010원1)</td></tr>
<tr><td rowspan="2">장애인연금</td><td>기초(보장시설수급자)</td><td>18~64</td><td colspan="2">204,010원</td><td>163,200원</td><td>X</td><td></td></tr>
<tr><td>기초(보장시설수급자 급여특례자)2)</td><td>65이상</td><td colspan="2">-</td><td>-</td><td>-</td><td>일반: 미지급
특례: 7만원</td></tr>
<tr><td rowspan="2">장애인연금</td><td>차상위
(일반)</td><td>18~64</td><td colspan="2">최고
204,010원</td><td>최고
163,200원</td><td>O</td><td>7만원</td></tr>
<tr><td>차상위
(차상위계층 급여특례자)3)</td><td>65이상</td><td colspan="2">-</td><td>-</td><td>-</td><td>일반: 7만원
특례: 14만원</td></tr>
<tr><td rowspan="2">장애인연금</td><td rowspan="2">차상위 초과</td><td>18~64</td><td colspan="2">최고
204,010원</td><td>최고
163,200원</td><td>O</td><td>2만원</td></tr>
<tr><td>65이상</td><td colspan="2">-</td><td>-</td><td>-</td><td>4만원</td></tr>
</table>

1) 65세 이상 국민기초생활보장 수급자의 경우, 기초연금 수령액이 생계급여에서 차감됨에 따른 전체 수급액 감소분을 장애인연금 부가급여에서 보전하여 지급(일반재가/생계, 의료수급자가 해당됨)
* 2016. 4월~2017. 3월: 204,010원
* 2017. 4월~2018. 3월: 206,050원(잠정)

2) 보장시설수급자 급여특례: 2010년 7월 1일 당시 만65세 이상인 자(1945년 6월 30일 이전 출생)이고 종전 장애수당(기초생활수급자)로서 그 당시 보장시설수급자(급여특례/생계, 의료수급자가 해당됨)

3) 차상위계층 급여특례: 2010년 7월 1일 당시 차상위 계층이고, 종전 장애수당(차상위계층) 수급자로서 현재 65세 이상인 자(65세 연령 도래자 포함)(급여특례/주거, 교육수급자는 포함되고 생계 또는 의료급여수급자는 제외)

자료: 보건복지부. 2017. 2017 장애인연금 사업안내: 15.

나) 장애수당(법 제49조): 장애수당은 18세 이상으로 등록장애인 중 「국민기초생활보장법」에 따른 수급자 또는 차상위계층으로서 장애로 인한 추가적 비용 보전(補塡)이 필요한 이에게 지급되며, 장애아동수당 지급자는 제외된다(시행령 제30조제1항).

〈표 Ⅲ-4〉 2017년 장애수당

구 분	생계 또는 의료급여 수급자	주거 또는 교육급여 수급자*	차상위계층	보장시설 수급자 (생계 또는 의료)
3~6급	월 4만원	월 4만원	월 4만원	월 2만원

자료: 보건복지부, 2017. 2017 장애인연금 사업안내: 181

다) 장애아동수당(법 제50조제1항): 장애아동수당은 18세 미만 또는 학교에 재학 중인 경우 20세 이하 등록장애인 중 「국민기초생활 보장법」에 따른 수급자 또는 차상위계층으로서 장애로 인한 추가적 비용 보전이 필요한 이에게 지급된다(시행령 제30조제2항).

라) 장애보호수당(법 제50조제2항): 장애보호수당은 중증 장애로 다른 사람의 도움이 없이는 일상생활을 영위하기 어려운 18세 이상의 장애인을 보호하거나 부양하는 기초생활수급자에게 지급된다(시행령 제30조제3항).

마) 자녀교육비 지급(법 제38조): 장애인복지실시기관은 경제적 부담능력 등을 고려하여 장애인이 부양하는 자녀 또는 장애인인 자녀의 교육비를 지급할 수 있다.

〈표 Ⅲ-5〉 장애인 재정적 지원

구 분	내 용
장애인연금 (장애인연금법)	- 「장애인연금법」이 시행되면서 장애인의 소득인정액이 보건복지부장관이 정한 고시 금액 이하인 경우 연금 수급권을 얻도록 함 - 공무원연금, 군인연금, 사립학교교직원연금, 별정우체국 직원 연금 등 개별 법률에 따른 직역연금 수급권자 등은 장애인연금 수급권자에서 제외 - 장애인 연금은 다음 두 가지로 나누어짐 ① 기초급여: 근로능력상실 또는 현저한 감소로 인해 줄어드는 소득을 보전하기 위해 지급하는 급여 ② 부가급여: 장애로 인하여 추가로 드는 비용의 전부 또는 일부를 보전해 주기 위해 지급하는 급여
장애수당 (법 제49조)	- 18세 이상 등록 장애인 중 국민기초생활수급권자 또는 차상위계층으로서 장애로 인한 추가적 비용 보전이 필요한 경우 지급
장애아동수당 (법 제50조제1항)	- 18세 미만 또는 학교에 재학 중인 경우 20세 이하 등록장애인 중 국민기초생활수급권자 또는 차상위계층으로서 장애로 인한 추가적 비용 보전이 필요한 경우 지급
장애보호수당 (법 제50조제2항)	- 중증장애로 다른 사람의 도움 없이는 일상생활이 어려운 18세 이상 장애인을 보호하거나 부양하는 기초생활수급자에게 지급

⑤ 자립생활지원

국가와 지방자치단체는 중증장애인의 자기결정에 의한 자립생활을 위하여 활동보조인의 파견 등 활동보조서비스 또는 장애인보조기구의 제공, 그 밖의 각종 편의 및 정보제공 등 필요한 시책을 강구하여야 한다(법 제53조).

가) 장애인복지법에 따른 자립생활지원서비스

국가와 지방자치단체는 중증장애인 자립생활지원센터를 선정하여 장애인을 대상으로 포괄적인 자립생활 정보제공, 권익옹호 활동, 동료상담, 자립생활기술훈련, 개인별 자립지원, 거주시설 장애인 탈시설 자립지원 등의 서비스를 통하여 장애인의 자립생활 역량강화와 지역사회에서의 다양한 사회참여 활동을 지원하며, 이 기관에 운영비 또는 사업비의 일부를 지원할 수 있다(법 제54조와 56조). 또한 국가와 지방자치단체는 중증장애인이 일상생활 또는 사회생활을 원활히 할 수 있도록 활동지원급여를 지원할 수 있다. 국가 및 지방자치단체는 임신 등으로 인하여 이동이 불편한 여성장애인에게 임신 및 출산과 관련한 진료 등을 위하여 경제적 부담능력 등을 감안하여 활동보조인의 파견 등 활동보조서비스를 지원할 수 있다(법 제55조).

나) 「장애인활동법」에 따른 자립생활지원서비스

활동지원급여를 신청할 수 있는 사람은 6세 이상~65세 미만의 1급~3급의 중증장애인으로, 활동지원 수급자였다가 65세 이후 「노인장기요양보험법」에 따른 장기요양급여를 신청하여 받지 못하게 된 사람으로서 장애특성상 활동지원급여가 적절하다고 판단되어 활동지원급여를 희망하거나, 65세 미만의 활동지원급여 수급자 또는 수급자였던 자가 노인장기요양 수급자가 되었음에도 불구하고 노인장기요양 인정등급을 포기한 경우 활동지원급여 신청이 가능하다(「장애인활동법」 제5조). 다만, 최초 활동지원 수급자 이력 이전에 노인장기요양급여 수급자 결정 이력이 존재한 경우에는 신청이 불가하다.

적용제외대상은 다음과 같다(「장애인활동법 시행령」 제4조). 노인장기요양보험급여를 받는 자 또는 수급자격이 있는 자, 「국민기초생활보장법」에 다른 보장시설, 「의료법」에 따른 의료기관에 30일을 초과하여 입원 중인 자, 교정시설 또는 치료감호시설에 수용 중인 자와 그 밖에 가사간병방문서비스, 장애아가족 양육지원서비스, 노인돌봄서비스 등 다른 법령이나 국가 예산에 따라 활동지원급여와 비슷한 급여를 받고 있거나 수급자격이 있는 자, 장애 등록한 재외동포 및 외국인(「장애인복지법」 제32조의2)과 상이등급판정을 받은 국가유공자 및 보훈대상자(「장애인복지법 시행령」 제13조제2항).

활동지원급여를 신청하는 사람은 관할 특별자치시장・특별자치도지사・시장・군수・구청장에게 활동지원급여 신청서를 제출하여야 한다(「장애인활동법」 제6조). 특별자치시장·특별자치도지사·시장·군수·구청장은 활동지원급여 신청을 조사하고 조사결과서를 작성하여야 한다(장애인활동법」 제7조). 활동지원급여의 수급자격 인정 및 활동지원등급 등을 심의하기 위하여 특별자치시·특별자치도·시·군·구에 장애인활동지원 수급자격심의위원회를 둘 수 있다(장애인활동법」 제8조).

활동지원급여의 종류는 다음과 같다(「장애인활동법」 제16조).

ㄱ. 활동보조: 활동보조인교육기관에서 교육과정을 수료하거나 일정 자격을 갖춘 활동보조인이 수급자의 가정 등을 방문하여 신체활동, 가사활동 및 이동보조 등을 지원하는 활동지원급여

ㄴ. 방문목욕: 활동지원인력이 목욕설비를 갖춘 장비를 이용하여 수급자의 가정 등을 방문하여 목욕을 제공하는 활동지원급여

ㄷ. 방문간호: 활동지원인력인 간호사 등이 의사, 한의사 또는 치과의사의 지시서(이하 "방문간호지시서"라 한다)에 따라 수급자의 가정 등을 방문하여 간호, 진료의 보조, 요양에 관한 상담 또는 구강위생 등을 제공하는 활동지원급여

활동지원급여는 월 한도액의 범위에서 제공한다. 이 경우 월 한도액은 활동지원등급 등을 고려하여 산정한다(「장애인활동법」 제18조제1항). 수급자는 해당 급여비용의 100분의 15 한도에서 대통령령으로 정하는 수급자와 그 부양의무자의 소득 및 재산 등 생활수준에 따라 그 비용의 일부(본인부담금)를 차등 부담한다(「장애인활동법」 제33조). 물론, 저소득층 등 본인부담금 부담에 대한 어려움이 있다고 인정되는 사람들에 대해서는 본인부담금을 경감하거나 면제하도록 하고 있다. 다만 급여의 범위 및 대상에 포함되지 아니하는 활동지원급여 및 활동지원급여의 월 한도액을 초과하는 활동지원급여에 대한 비용은 수급자 본인이 전부 부담해야 한다.

〈표 Ⅲ-6〉 장애인 활동지원 서비스

구 분	내 용
대상	-만 6세~만 64세의 1~3급 장애인 중 활동지원 인정조사표 방문조사결과 220점 이상인 자
급여내용	-활동보조(신체활동지원, 가사활동지원, 사회활동지원 등) -방문간호, 방문목욕, 긴급활동지원
월한도액	-기본급여: 등급별 월 43~106.3만원 -추가급여: 독거, 출산, 취업 및 취학 여부 등 생활환경에 따라 추가 급여 제공
본인부담금	-기초생활수급자: 면제 -차상위: 2만원 -가구별 소득 수준에 따라 기본급여의 6!15% + 추가급여의 2~5% 차등 부담

⑥ 기타 조치

국가와 지방자치단체는 장애인의 재활 및 자립서비스 제공(법 제35조), 산후조리도우미 지원(법 제37조), 장애인이 사용하는 자도차 등에 대한 지원(법 제39조), 장애인 보조견의 훈련·보급 지원(법 제40조), 사업자금대여(법 제41조), 자립훈련비 지급(법 제43조), 고용 촉진(법 제46조), 공공시설의 우선 이용(법 제47조), 국유·공유 재산의 우선매각이나 유상·무상 대여(법 제48조)의 지원을 할 수 있다. 한편 국가와 지방자치단체, 그 밖의 공공단체는 장애인의 생업지원을 위해 소관 공공시설 안에 매점이나 자동판매기를 설치하거나 위탁할 때 장애인의 신청을 우선적으로 반영하도록 하여야 하며(법 제42조), 장애인복지시설과 장애인복지단체에서 생산한 물품의 우선 구매에 필요한 조치를 마련해야 한다(법 제44조).

4) 전달체계 및 위원회

(1) 복지시설

장애인 거주시설이 대규모화되면서 시설 이용자들의 개별적 요구를 충족하지 못하고, 자율성 감소나 사생활 침해와 같은 부작용이 발생하였다. 또한 시설 이용자들이 전문적인 서비스를 제공받기 어려우며, 다양한 환경과 상호작용할 수 있는 기회를 제한하여 결과적으로 지역사회와 분리되는 결과를 초래하는 등 많은 문제들이 지속적으로 제기되어 왔다. 2011년 3월 더 이상 공급자 중심이 아닌 장애인복지시설 이용자 중심의 서비스체계를 구축하는 방향으로 법 개정이 이루어지면서 장애인 거주시설 정원을 30명을 초과할 수 없도록 하는 정원 제한규정이 처음으로 마련되었다. 동시에 동법 제57조에 장애인복지시설 이용에 관한 기본적 원칙이 다음과 같이 새로 제시되었다.

국가와 지방자치단체는 장애인이 장애인복지시설의 이용을 통하여 기능회복과 사회적 향상을 도모할 수 있도록 필요한 정책을 강구하고, 장애인복지시설을 이용하는 장애인의 인권을 보호하기 위하여 필요한 정책을 마련하고 관련 프로그램을 실시할 수 있는 기반을 조성하여야 한다. 장애인복지실시기관은 장애인의 선택권을 최대한 보장하고, 이를 위하여 장애인에게 시설의 선택에 필요한 정보를 충분히 제공하여야 한다. 장애인복지시설의 선택에 필요한 정보 제공과 서비스 제공 시에는 장애인의 성별·연령 및 장애의 유형과 정도를 고려하여야 한다.

① 종류(법 제58조)

장애인 복지시설의 종류는 다음과 같다.[5)]

가) 장애인 거주시설: 거주공간을 활용하여 일반가정에서 생활하기 어려운 장애인에게 일정 기간 동안 거주·요양·지원 등의 서비스를 제공하는 동시에 지역사회생활을 지원하는 시설

나) 장애인 지역사회재활시설: 장애인을 전문적으로 상담·치료·훈련하거나 장애인의 일상생활, 여가활동 및 사회참여활동 등을 지원하는 시설

다) 장애인 직업재활시설: 일반 작업환경에서는 일하기 어려운 장애인이 특별히 준비된 작업환경에서 직업훈련을 받거나 직업 생활을 할 수 있도록 하는 시설

라) 장애인 의료재활시설: 장애인을 입원 또는 통원하게 하여 상담, 진단·판정, 치료 등 의료재활서비스를 제공하는 시설

마) 그 밖에 대통령령으로 정하는 시설[6)]

② 설치(법 제59조~제59조의11)

국가와 지방자치단체는 장애인복지시설을 설치할 수 있다. 이외의 자가 장애인복지시설을 설치·운영하려면 해당 시설 소재지 관할 시장·군수·구청장에게 신고하여야 하며, 신고한 사항 중 보건복지부령으로 정하는 중요한 사항을 변경할 때에도 신고하여야 한다.

성범죄경력자는 10년 동안 장애인복지시설을 운영하거나 장애인복지시설에 취업 또는 노무를 제공할 수 없다(법 제59조의3). 누구든지 장애인학대 및 장애인 대상 성범죄를 알게 된 때에는 중앙장애인권익옹호기관 또는 지역장애인권익옹호기관이나 수사기관에 신고할 수 있다. 사회복지시설 장과 그 종사자, 사회복지 전담공무원, 장애인활동지원기관의 장과 종사자, 의료기관의 장, 의료기사, 응급구조사, 구급대 대원 등 장애인학대 및 장애인 대상 성범죄의 신고의무자를 대폭 확대하여 이들이 직무상 장애인학대 및 장애인 대상 성범죄를 알게 된 때에는 지체 없이 장애인권익옹호기관 또는 수사기관에 신고하여야 한다(법 제59조의4). 신고를 접수한 장애인권익옹호기관의 직원이나 사법경찰관리는 지체 없이 장애인학대현장에 출동하여 학대받은 장애인을 학대행위자로부터 분리하거나 치료가 필요하다고 인정할 때에는 장애인권익옹호기관 또는 의료기관에 인도하여야 한다(법 제59조의5). 학대받은 장애인의 법정대리인, 직계친족, 형제자매 또는 변호사는 장애인학대사건

5) 장애인 복지시설의 종류와 기능에 대한 세부사항은 시행규칙 제32조 별표3에 규정되어 있다.
6) 동법 제58조제1항제5호에서 "그 밖에 대통령령으로 정하는 시설"이란 장애인 생산품판매시설을 말한다(시행령 제36조).

의 심리에 있어서 보조인이 될 수 있다. 다만, 변호사가 아닌 경우에는 법원의 허가를 받아야 한다. 법원은 학대받은 장애인을 증인으로 신문하는 경우 본인 또는 검사의 신청이 있는 때에는 본인과 신뢰관계에 있는 사람의 동석을 허가할 수 있다(법 제59조의6).

장애인에 대한 금지행위 조항은 계속 개정되어 왔는데 누구든지 다음 중 어느 하나에 해당하는 행위를 하여서는 안 된다. 장애인에게 성적 수치심을 주는 성희롱·성폭력 등의 행위, 장애인의 신체에 폭행을 가하거나 상해를 입히는 행위, 장애인을 폭행, 협박, 감금, 그 밖에 정신상 또는 신체상의 자유를 부당하게 구속하는 수단으로써 장애인의 자유의사에 어긋나는 노동을 강요하는 행위, 자신의 보호·감독을 받는 장애인을 유기하거나 의식주를 포함한 기본적 보호 및 치료를 소홀히 하는 방임행위, 장애인에게 구걸을 하게 하거나 장애인을 이용하여 구걸하는 행위, 장애인을 체포 또는 감금하는 행위, 장애인을 위하여 증여 또는 급여된 금품을 그 목적 외의 용도에 사용하는 행위 그리고 공중의 오락 또는 흥행을 목적으로 장애인의 건강 또는 안전에 유해한 곡예를 시키는 행위(법 제59조의7).

국가와 지방자치단체는 장애인학대의 예방과 방지를 위하여 각종 정책 수립 및 시행, 연구·교육·홍보, 신고체계 구축·운영 등의 조치를 취하여야 한다(법 제59조의8). 또한 국가는 지역 간의 연계체계를 구축하고 장애인학대를 예방하기 위한 중앙장애인권익옹호기관을 설치·운영하도록 하고, 학대받은 장애인의 발견·보호·치료 등을 신속히 처리하기 위하여 특별시·광역시·도·특별자치시·특별자치도에 지역장애인권익옹호기관을 설치·운영하여야 한다(법 제59조의9). 장애인권익옹호기관의 장은 장애인학대가 종료된 후에도 사후관리를 위하여 가정방문, 시설방문, 전화상담 등을 통하여 장애인학대의 재발 여부를 확인하여야 한다(법 제59조의10).

특별시장·광역시장·도지사·특별자치시장·특별자치도지사는 피해 장애인의 임시 보호 및 사회복귀 지원을 위하여 장애인 쉼터를 설치·운영할 수 있다(법 제59조의11).

③ 시설 운영 및 이용(법 제60조~제60조의4)

장애인복지시설 설치를 신고한 자는 지체 없이 시설 운영을 시작하여야 한다. 시설 운영자가 시설 운영을 중단 또는 재개하거나 시설을 폐지하려는 때에는 보건복지부령이 정하는 바에 따라 미리 시장·군수·구청장에게 신고하여야 한다.

장애인 거주시설을 이용하려는 자와 그 친족, 그 밖의 관계인은 보건복지부령으로 정하는 서류를 갖추어 시장·군수·구청장에게 장애인의 시설 이용을 신청하여야 하며, 시설 이용을 신청 받은 시장·군수·구청장은 이용 신청자의 시설 이용 적격성 여부를 심사하여, 그 결과에 따라 시설 이용 여부를 결정하여야 한다(법 제60조의2). 이는 장애인 거주시설의 이용 신청 및 이용 중단 절차와 이에 관련하여 필요한 조치를 규정하여 이용 중단에 따른 어떤 불이익이나 차별을 받지 못하도록 하는 것이다.

보건복지부장관은 장애인 거주시설에서 제공하여야 하는 서비스의 최저기준을 마련하여야 하며, 장애인복지실시기관은 그 기준이 충족될 수 있도록 필요한 조치를 취하여야 한다. 시설 운영자는 서비스의 최저기준 이상으로 서비스의 수준을 유지하여야 한다(법 제60조의3).

시설 운영자는 시설 이용자의 인권을 보호하고, 인권이 침해된 경우에는 즉각적인 회복 조치를 취하여야 하며, 시설 이용자의 거주, 요양, 생활지원, 지역사회생활 지원 등을 위하여 필요한 서비스를 제공하여야 한다. 또한 시설 운영자는 시설 이용자의 사생활 및 자기결정권의 보장을 위하여 노력하고 이들의 인권을 보호하기 위하여 장애인 거주시설에 시설 이용 장애인 인권지킴이단을 두어야 한다(법 제60조의4).

④ 감독, 시설의 개선, 정지, 폐쇄 등(법 제61조, 법 제62조)

장애인복지실시기관은 장애인복지시설을 설치·운영하는 자의 소관업무 및 시설이용자의 인권실태 등을 지도·감독하며, 필요한 경우 그 시설에 관한 보고 또는 관련 서류 제출을 명하거나 소속 공무원에게 그 시설의 운영상황·장부, 그 밖의 서류를 조사·검사하거나 질문하게 할 수 있다.

장애인복지실시기관은 장애인복지시설이 다음의 어느 하나에 해당하는 때에는 그 시설의 개선, 사업의 정지, 시설의 장의 교체를 명하거나 해당 시설의 폐쇄를 명할 수 있다. 시설기준에 미치지 못한 때, 정당한 사유 없이 보고를 하지 아니하거나 거짓으로 보고한 때 또는 조사·검사 및 질문을 거부·방해하거나 기피한 때, 사회복지법인이나 비영리법인이 설치·운영하는 시설인 경우 그 사회복지법인이나 비영리법인의 설립 허가가 취소된 때, 시설의 회계 부정이나 시설이용자에 대한 인권침해 등 불법행위, 그 밖의 부당행위 등이 발견된 때, 설치 목적을 이루었거나 그 밖의 사유로 계속하여 운영할 필요가 없다고 인정되는 때, 이 법 또는 이 법에 따른 명령이나 처분을 위반한 경우 등.

(2) 인력

동법에 근거한 인력에는 장애인복지상담원과 의지·보조기 기사, 언어재활사, 장애인재활상담사, 한국수어 통역사, 점역(點譯)·교정사 등 장애인복지 전문인력이 포함된다.[7]

---

7) 장애인활동지원인력(활동보조인)은 「장애인활동법」에 근거한 자격을 갖춘 사람을 말한다.

① 장애인복지상담원(법 제33조)

장애인복지 향상을 위한 상담 및 지원 업무를 맡기기 위하여 시·군·구에 장애인복지상담원을 둔다. 장애인복지상담원은 다음의 어느 하나에 해당하는 자 중에서 시장·군수·구청장이 지방공무원으로 임용한다.

가) 「사회복지사업법」 제11조에 따른 사회복지사 자격증 소지자

나) 「초·중등교육법」 제21조에 따른 특수학교의 교사자격증 소지자

다) 국가나 지방자치단체에서 사회복지 관련 업무를 5년 이상 담당한 경력이 있는 자 또는 장애인 복지단체에서 5년 이상 장애인복지 업무에 종사한 자

라) 지방자치단체의 인력 운용상 부득이한 경우에는 소속 공무원 중 「사회복지사업법 시행령」 제7조에 따라 임용한 사회복지전담공무원에게 상담원의 직무를 수행하게 할 수 있다(시행령 제21조).

② 장애인복지 전문인력(법 제71조~제78조)

국가와 지방자치단체 그 밖의 공공단체는 의지·보조기 기사, 언어재활사, 장애인재활상담사, 한국수어 통역사, 점역(點譯)·교정사 등 장애인복지 전문인력, 그 밖에 장애인복지에 관한 업무에 종사하는 자를 양성·훈련하는 데에 노력해야 한다. 국가와 지방자치단체는 장애인복지 전문인력의 양성업무를 관계 전문기관 등에 위탁할 수 있으며 인력 양성에 소요되는 비용을 예산의 범위 안에서 보조할 수 있다. 의지·보조기 기사, 언어재활사 및 장애인재활상담사의 국가시험은 보건복지부장관이 실시하되 국가시험의 실시에 관한 업무를 대통령령으로 정하는 바에 따라 「한국보건의료인국가시험원법」에 따른 한국보건의료인국가시험원에 위탁할 수 있다.

(3) 장애인정책조정위원회(법 제11조~제13조)

장애인 종합정책을 수립하고 관계 부처 간의 의견을 조정하며 그 정책의 이행을 감독·평가하기 위하여 국무총리 소속하에 장애인정책조정위원회(이하 "위원회")를 둔다. 위원회는 다음 사항을 심의·조정한다. 장애인복지정책의 기본방향에 관한 사항, 장애인복지 향상을 위한 제도개선과 예산지원에 관한 사항, 중요한 특수교육정책의 조정에 관한 사항, 장애인 고용촉진정책의 중요한 조정에 관한 사항, 장애인 이동보장 정책조정에 관한 사항, 장애인정책 추진과 관련한 재원조달에 관한 사항, 장애인복지에 관한 관련 부처의 협조에 관한 사항, 그 밖에 장애인복지와 관련하여 대통령령으로 정하는 사항 등.

위원회는 심의·조정할 사항을 미리 검토하고 관계 기관 사이의 협조 사항을 정리하기

위하여 위원회에 장애인정책조정실무위원회를 둔다. 그리고 장애인복지 관련 사업의 기획·조사·실시 등을 하는 데에 필요한 사항을 심의하기 위하여 지방자치단체에 지방장애인복지위원회를 둔다.

(4) 장애인복지단체협의회(법 제64조)

장애인복지단체의 활동을 지원하고 장애인의 복지를 향상하기 위하여 사회복지법인이 장애인복지단체협의회를 설립할 수 있으며, 조직과 운영 등에 관한 사항은 정관으로 정한다.

5) 비용(법 제79조~제81조) 및 조세감면(법 제83조)

자녀교육비, 자립훈련비, 장애수당, 장애아동수당 및 보호수당, 활동지원급여와 장애인복지시설의 설치·운영에 드는 비용은 예산의 범위 안에서 대통령령으로 정하는 바에 따라 장애인복지실시기관이 부담하게 할 수 있다.

국가와 지방자치단체는 장애인이 장애인복지시설을 이용하는 데 드는 비용의 전부 또는 일부를 부담할 수 있으며, 시설 이용자의 자산과 소득을 고려하여 본인부담금을 부과할 수 있다.

이 법에 따라 지급되는 금품, 장애인복지시설 및 장애인복지단체에서 장애인이 제작한 물품에는 「조세특례제한법」과 「지방세특례제한법」, 그 밖의 조세 관계법령이 정하는 바에 따라 조세를 감면한다.

6) 권리보호

(1) 수급권 보호(법 제82조, 법 제84조)

장애인의 수급권을 보호하기 위해서는 압류금지와 심사청구 조항이 있다. 장애인에게 지급되는 금품은 압류할 수 없으며, 장애인이나 법정대리인등은 이 법에 따른 복지조치에 이의가 있으면 해당 장애인복지실시기관에 심사를 청구할 수 있다. 장애인복지실시기관은 심사청구를 받은 때에는 1개월 이내에 심사·결정하여 청구인에게 통보하여야 한다. 심사·결정에 이의가 있는 자는 「행정심판법」에 따라 행정심판을 제기할 수 있다.

(2) 벌칙(법 제86조~제88조)

벌칙의 정도는 위반한 행위에 따라 최소 500만원 이하의 벌금에서 최고 10년 이하의 징역 또는 1억원 이하의 벌금에 처한다.

(3) 양벌규정(법 제89조)

법인의 대표자나 법인 또는 개인의 대리인, 사용인, 그 밖의 종업원이 그 법인 또는 개인의 업무에 관하여 법 제86조부터 법 제88조까지의 어느 하나에 해당하는 위반행위를 하면 그 행위자를 벌하는 외에 그 법인 또는 개인에게도 해당 조문의 벌금형을 과(科)한다. 다만, 법인 또는 개인이 그 위반행위를 방지하기 위하여 해당 업무에 관하여 상당한 주의와 감독을 게을리 하지 아니한 경우에는 그러하지 아니한다.

(4) 과태료(법 제90조)

행정적 의무 이행 위반 정도에 따라 300만원 이하, 500만원 이하, 1천만원 이하의 과태료를 부과한다.

4. 과제와 전망

장애인복지 관련법은 다른 요보호대상자 관련법에 비해 최근 상당히 빠르게 발전해왔다. 그럼에도 불구하고 「장애인복지법」은 하나의 법률로서 장애인의 특별한 수요를 충실히 보호하는데 부족하다. 그 이유는 장애인복지 관련 개별법들이 각각 시대적 상황과 요구에 따라 제정되어 체계가 제대로 갖춰지지 못했기 때문이다.

현행 「장애인복지법」은 법체계상 기본법적 지위를 지니고 있으나 실제적인 내용은 이에 미치지 못하고 있다. 「장애인복지법」이 실질적으로 기본권을 보장하기 위해서는 법의 내용이 장애인의 기본권을 보장하는 구체적인 내용으로 채워져 있어야 한다. 그러나 「장애인복지법」 제2장의 기본시책은 다분히 선언적인 내용이 나열되어 있는 수준이며, 핵심적인 급여 제도는 다른 별도의 제도로 규정되어 있다. 또한 「장애인복지법」은 대부분 재량규정으로 형성되어 있으며, 이를 위반한 경우에 제재가 가해지는 경우도 제한적이다. 다시 말해서, 「장애인복지법」은 법률로서 내포하는 규범력 행사가 상당히 제한되어 있다.

장애인복지는 장애인의 완전한 사회 참여와 평등을 통하여 사회통합을 이루는 것을 기본이념으로 하며, 이들이 자립생활을 영위하는 것을 목적으로 한다. 이를 실현하기 위해서는 지난 30여 년간 장애인에게 서비스를 제공하는데 획일적 자격기준으로 활용된 장애등급제가 폐지되어야 한다는 논의가 2013년 이후 진행되었다. 정부는 2015년과 2016년에 이어 개인의 욕구, 장애특성, 사회·환경적 요인 등을 종합적으로 고려한 새로운 종합판정도구를 개발하여 2017년 4월부터 6개월간 장애등급제 개편 3차 시범사업을 수행한다.

그러나 장애등급제가 폐지된 이후 장애인에게 제공되는 소득과 고용보장, 다양한 감면·할인제도 등에 대한 자격기준을 어떻게 설정할 것인가에 대해서는 아직까지 정확한 대안이 마련되어 있지 않다. 한편으로 장애인 연금과 같은 부분은 장애인의 생존권과 밀접한 관계가 있다고 볼 수 있다. 장애인의 경우 고용불안정으로 인한 경제적 손실이 일반인에 비해 비교적 큰 편이다. 이에 장애인의 소득보존을 위한 연금과 같은 부분은 장애인 생존권과 더불어 삶의 질과 연결될 수 있기에 정책적인 영역이 중요하게 다뤄질 필요가 있다.

장애인이 우리 사회에서 비장애인과 함께 인간의 존엄과 가치를 가지며 행복을 추구할 권리를 보장받을 수 있기 위해서는 「장애인복지법」이 장애인 관련법의 모법으로서 기능을 수행할 수 있는 방향으로 다른 장애관련 주요 법률과의 관계 설정에 대해 보다 명확한 체계 확립이 요청된다.

제 2 절 장애인차별금지 및 권리구제 등에 관한 법률

1. 일반사항

2001년부터 장애인 관련 시민단체인 '열린네트워크'와 '장애우권익문제연구소'가 장애인차별금지법안 만들기 운동을 시작하면서 이에 대한 논의가 확산되기 시작했다. 2002년 제16대 대통령 선거기간 중 장애인계가 장애인차별금지법 제정을 대통령 공약사항으로 요청하기에 이르렀고, 당시 대통령 후보자였던 노무현 전 대통령이 장애차별을 포함한 사회적 차별금지법 제정과 장애인차별 시정을 위한 기구 설치를 선거공약으로 채택하였다. 그리고 당선 이후 사회적 차별금지법 제정이 10대 국정과제로 채택되었다.

2003년 4월 한국장애인단체총연맹(한국장총), 한국장애인단체총연합회(장총련), 여성장애인단체와 기타 크고 작은 장애인단체가 총 결집하여 '장애인차별금지법 제정추진연대'(장추련)가 장애계 단일창구로서 출범하였다. 장추련은 2003년 3월 장애인 당사자, 현장 활동가, 법률전문가 등으로 법제정위원회를 구성하여 법제정 활동을 시작하였다. 법 제정위원회는 형식적인 법안이 아닌 실질적으로 장애인 당사자의 목소리를 담아내기 위해 2003년 6월 25일부터 10월 1일까지 9차에 걸쳐 국가인권위원회에서 장애인차별금지법에 담겨야 할 내용을 각 영역별로 짚어 나갔으며, 그 가운데 각 영역별 장애인차별 현실과 차별금지의 내용, 기구나 집행절차에 대한 주요 골격 등에 대한 각계의 의견을 수렴해 나갔다.

2005년 4월 장추련은 장애인차별금지법안의 취지와 내용을 최대한 살려나갈 것을 약속한 민주노동당과의 공동 작업을 통해 2005년 9월 장애인차별금지법을 발의하였다. 이후 청와대 앞 천막농성, 국회 앞 1인 시위와 천막농성, 삭발식 등을 통해 정부와 정치권에 대한 압력을 행사하였다.

2006년 8월 대통령자문 빈부격차차별시정위원회의 주관으로 장추련과 정부부처의 민간합동기획단이 구성되어 12월까지 총 12회에 걸쳐 법안 조율과정을 거쳤다. 2006년 12월 18일 열린 우리당과 한나라당이 동시에 장애인차별금지법을 당론 발의하였다. 2007년 2월 장애인차별금지법이 국회 보건복지위원회에 상정되었다. 장추련 법제정위가 결성된 지 4년 만인 2007년 3월 6일 국회 본회의를 통과하여 2007년 4월 10일 「장애인차별금지 및 권리구제 등에 관한 법률」(이후 「장애인차별금지법」)이 제정되었다.

2. 법의 제정이유와 목적[8)]

1) 법의 제정이유

장애인 복지의 최대 목표는 장애인들이 현 사회에 평등한 인간으로서 완전한 참여를 이루는 사회적 통합에 있다. 이를 위해서는 장애인들에게도 헌법에서 보장된 시민적 기본권이 모두 실제적인 의미가 있는 형태로 구현되어야 한다. 교육권, 노동권, 참정권, 청구권, 환경권, 건강권 등 헌법에서 보장된 권리는 장애를 가진 사람이든 아니든 대한민국의 국민이라면 누구나 누려야 할 시민적 기본권인 것이다. 이러한 권리가 모두 보장될 때 장애인은 사회의 한 구성원으로서 의미 있는 참여를 할 수 있을 것이다.

1999년 「장애인복지법」 개정을 통해 장애인의 시민적 기본권을 보장하고자 노력하였음에도 불구하고, 현행 「장애인복지법」 체계로는 장애인들이 받는 심각한 차별을 방지하는 데 한계가 있었다. 「장애인복지법」은 말 그대로 장애인의 생존권과 관련된 복지조치를 구체화하고 확대해 나가야 하며, 「장애인차별금지법」은 장애를 이유로 발생할 수 있는 모든 영역의 차별적 처우들에 대해 장애인의 시민권을 구제할 수 있는 방법들로 구성되어야 한다. 앞서 언급했듯이, 「장애인차별금지법」은 일종의 절차법으로서 실체법인 「장애인복지법」과 독자적으로 존재하는 것이 타당하다.

8) 김용득 외(2007)의 내용을 정리하였다.

2) 법의 목적

「장애인차별금지법」은 모든 생활영역에서 장애를 이유로 한 차별을 금지하고 장애를 이유로 차별받은 사람의 권익을 효과적으로 구제함으로써 장애인의 완전한 사회참여와 평등권 실현을 통하여 인간으로서의 존엄과 가치를 구현함을 목적으로 한다(법 제1조).

3. 주요 내용

「장애인차별금지법」은 제1장 총칙, 제2장 차별금지, 제3장 장애여성 및 장애아동 등, 제4장 장애인차별시정기구 및 권리구제 등, 제5장 손해배상 및 입증책임 등, 제6장 벌칙의 순서로 총 6장 50조의 본문과 부칙으로 구성되어 있으며, 시행령은 있으나 시행규칙은 제정되지 않았다. 장애를 사유로 한 차별의 금지 및 권리구제에 관하여 이 법에서 규정한 것 외에는 「국가인권위원회법」으로 정하는 바에 따른다(법 제9조).

1) 대상과 주체

「장애인차별금지법」상 차별 행위의 사유가 되는 장애는 신체적·정신적 손상 또는 기능상실이 장기간에 걸쳐 개인의 일상 또는 사회생활에 상당한 제약을 초래하는 상태를 말한다. 장애인은 이러한 상태에 따른 장애가 있는 사람을 말한다(법 제2조). 이 정의는 애초에 장애계에서 요구했던 내용에서 상당히 후퇴한 내용이지만, 혼란을 방지하기 위해 기존의 장애관련 법률의 장애개념과 유사하게 정의되었다. 따라서 기존의 법률에 의해 장애라고 인정받는 사람들이 「장애인차별금지법」의 적용대상이 될 가능성이 높다.

장애인은 자신의 생활 전반에 관하여 자신의 의사에 따라 스스로 선택하고 결정할 권리를 가지며, 장애인 아닌 사람과 동등한 선택권을 보장받기 위하여 필요한 서비스와 정보를 제공받을 권리를 가진다(법 제7조).

장애인 및 장애인 관련자에 대한 모든 차별을 방지하고 차별받은 장애인 등의 권리를 구제할 책임의 일차적 주체는 국가와 지방자치단체이다. 국가 및 지방자치단체는 장애인 차별을 실질적으로 해소하기 위하여 이 법에서 규정한 차별 시정에 대하여 적극적인 조치를 하여야 하며, 장애인 등에게 정당한 편의가 제공될 수 있도록 필요한 기술적·행정적·재정적 지원을 하여야 한다(법 제8조).

2) 차별행위

이 법은 차별행위를 직접차별, 간접차별, 정당한 편의제공 거부, 광고를 통한 차별로 규정하고, 장애아동의 보호자 또는 후견인 기타 장애인을 돕기 위한 장애인 관련자와 보조견 또는 장애인보조기구 등의 정당한 사용을 방해하거나 이를 대상으로 불리한 대우를 조장하는 경우도 차별에 해당하는 것으로 규정하고 있다(법 제4조). 여기서 직접차별은 장애인에게 서비스를 제공하지 않거나 참여를 제한하는 경우가 될 것이며, 간접차별은 명시적으로 장애인을 차별하지는 않으나 해당 조치의 결과 장애인이 주로 불이익을 당하게 되는 경우를 말한다.

차별의 원인이 2가지 이상이고, 그 주된 원인이 장애라고 인정되는 경우 그 행위는 이 법에 따른 차별로 본다(법 제5조).

(1) 기본원칙(법 제4조제1항, 제2항)

이 법에서 금지하는 구체적인 차별행위는 다음의 어느 하나에 해당하는 경우를 말한다.

① 장애인을 장애를 사유로 정당한 사유 없이 제한·배제·분리·거부 등에 의하여 불리하게 대하는 경우

② 장애인에 대하여 형식상으로는 제한·배제·분리·거부 등에 의하여 불리하게 대하지 아니하지만 정당한 사유 없이 장애를 고려하지 아니하는 기준을 적용함으로써 장애인에게 불리한 결과를 초래하는 경우

③ 정당한 사유 없이 장애인에 대하여 정당한 편의 제공을 거부하는 경우

④ 정당한 사유 없이 장애인에 대한 제한·배제·분리·거부 등 불리한 대우를 표시·조장하는 광고를 직접 행하거나 그러한 광고를 허용·조장하는 경우. 이 경우 광고는 통상적으로 불리한 대우를 조장하는 광고효과가 있는 것으로 인정되는 행위를 포함한다.

⑤ 장애인을 돕기 위한 목적에서 장애인을 대리·동행하는 자(장애아동의 보호자 또는 후견인 그 밖에 장애인을 돕기 위한 자임이 통상적으로 인정되는 자를 포함한다. 이하 "장애인 관련자"라 한다)에 대하여 ①부터 ④까지의 행위를 하는 경우. 이 경우 장애인 관련자의 장애인에 대한 행위 또한 이 법에서 금지하는 차별행위 여부의 판단대상이 된다.

⑥ 보조견 또는 장애인보조기구 등의 정당한 사용을 방해하거나 보조견 및 장애인보조기구 등을 대상으로 ④에 따라 금지된 행위를 하는 경우

(2) 예외

상기 금지된 차별행위를 하지 않음으로써 과도한 부담이나 현저히 곤란한 사정 등이 있거나, 금지된 차별행위가 특정 직무나 사업 수행의 성질상 불가피한 경우 정당한 사유가 있는 것으로 보기 때문에 이를 차별로 보지 아니한다(법 제4조제3항).

장애인의 실질적 평등권을 실현하고 장애인에 대한 차별을 시정하기 위하여 이 법 또는 다른 법령 등에서 취하는 적극적 조치는 이 법에 따른 차별로 보지 아니한다(법 제4조제4항).

3) 차별금지

현재 명백한 장애를 가진 사람뿐만 아니라 과거에 장애가 있었거나 장애가 있다는 추측되는 사람들에 대해서도 차별을 해서는 안 된다(법 제6조). 법에 규정된 차별금지 영역은 다음과 같다. 고용, 교육, 재화와 용역의 제공 및 이용, 사법 · 행정절차 및 서비스와 참정권, 모 · 부성권, 성, 가족 · 가정 · 복지시설, 건강권.

(1) 고용

사용자는 모집 · 채용, 임금 및 복리후생, 교육 · 배치 · 승진 · 전보, 정년 · 퇴직 · 해고에 있어 장애인을 차별하여서는 아니 된다. 노동조합은 장애인 근로자의 조합 가입을 거부하거나 조합원의 권리 및 활동에 차별을 두어서는 아니 된다(법 제10조). 사용자는 장애인이 해당 직무를 수행함에 있어서 장애인 아닌 사람과 동등한 근로조건에서 일할 수 있도록 정당한 편의를 제공하여야 한다. 사용자는 정당한 사유 없이 장애를 이유로 장애인의 의사에 반하여 다른 직무에 배치하여서는 아니 된다(법 제11조).

(2) 교육

교육책임자는 장애인의 입학 지원 및 입학을 거부할 수 없고, 전학을 강요할 수 없으며, 어린이집, 각급학교는 장애인이 당해 교육기관으로 전학하는 것을 거절하여서는 아니 된다. 교육책임자는 특정 수업이나 실험 · 실습, 현장견학, 수학여행 등 학습을 포함한 모든 교내외 활동에서 장애를 이유로 장애인의 참여를 제한, 배제, 거부하여서는 아니 된다(법 13조).

(3) 재화와 용역의 제공 및 이용

재화 · 용역 등의 제공자는 장애인에 대하여 장애를 이유로 장애인 아닌 사람에게 제공하는 것과 실질적으로 동등하지 않은 수준의 편익을 가져다주는 물건, 서비스, 이익, 편의 등을 제공하여서는 아니 된다(법 제15조). 재화와 용역의 제공 및 이용에 관한 차별 금지에 대한 구체적인 사항은 이하 법률에서 언급하고 있다. 토지 및 건물의 매매·임대 등에 있어서의 차별금지(법 제16조), 금융상품 및 서비스 제공에 있어서의 차별금지(법 제17조), 시설물 접근·이용의 차별금지(법 제18조), 이동 및 교통수단 등에서의 차별금지(법 제19조), 정보접근에서의 차별금지(법 제20조), 정보통신·의사소통 등에서의 정당한 편의제공의무(법 제21조), 문화·예술 활동의 차별금지(법 제24조), 체육활동의 차별금지(법 제25조).

(4) 사법·행정절차 및 서비스와 참정권

공공기관 등은 장애인이 생명, 신체 또는 재산권 보호를 포함한 자신의 권리를 보호·보장받기 위하여 필요한 사법·행정절차 및 서비스 제공에 있어 장애인을 차별하여서는 아니 된다. 공공기관 및 그 소속원은 사법·행정절차 및 서비스를 장애인이 장애인 아닌 사람과 실질적으로 동등한 수준으로 이용할 수 있도록 제공하여야 하며, 이를 위하여 정당한 편의를 제공하여야 한다(법 제26조제1항, 제4항). 국가 및 지방자치단체와 공직선거후보자 및 정당은 장애인이 선거권, 피선거권, 청원권 등을 포함한 참정권을 행사함에 있어서 차별하여서는 아니 된다(법 제27조제1항).

(5) 모·부성권, 성 등

누구든지 장애인의 임신, 출산, 양육 등 모·부성권에 있어 장애를 이유로 제한·배제·분리·거부하여서는 아니 된다. 입양기관은 장애인이 입양하고자 할 때 장애를 이유로 입양할 수 있는 자격을 제한하여서는 아니 된다. 어린이집 및 그 보육교직원와 아동복지시설 및 그 종사자 등은 부모가 장애인이라는 이유로 그 자녀를 구분하거나 불이익을 주어서는 아니 된다(법 제28조 제1항~제3항).

모든 장애인의 성에 관한 권리는 존중되어야 하며, 장애인은 이를 주체적으로 표현하고 향유할 수 있는 성적 자기결정권을 가진다. 가족·가정 및 복지시설 등의 구성원은 장애인에 대하여 장애를 이유로 성생활을 향유할 공간 및 기타 도구의 사용을 제한하는 등 장애인이 성생활을 향유할 기회를 제한하거나 박탈하여서는 아니 된다(법 제29조제1항, 제2항).

(6) 가족 · 가정 · 복지시설, 건강권 등

가족·가정 및 복지시설 등의 구성원은 장애인의 의사에 반하여 과중한 역할을 강요하거나 장애를 이유로 정당한 사유 없이 의사결정과정에서 장애인을 배제하여서는 아니 되며, 장애를 이유로 장애인의 취학 또는 진학 등 교육을 받을 권리와 재산권 행사, 사회활동 참여, 이동 및 거주의 자유를 제한·박탈·구속하거나 권리 등의 행사로부터 배제하여서도 아니 된다(법 제30조제1항, 제3항).

의료기관 등 및 의료인 등은 장애인에 대한 의료행위에 있어서 장애인을 제한·배제·분리·거부하여서는 아니 된다. 의료기관 등 및 의료인 등은 장애인의 의료행위와 의학연구 등에 있어 장애인의 성별, 장애의 유형 및 정도, 특성 등을 적극적으로 고려하여야 하며, 의료행위에 있어서는 장애인의 성별 등에 적합한 의료 정보 등의 필요한 사항을 장애인 등에게 제공하여야 한다(법 제31조제1항, 제2항).

가족·가정 및 복지시설, 건강권 등의 차별금지 영역에는 장애인은 성별, 연령, 장애의 유형 및 정도, 특성 등에 상관없이 모든 폭력으로부터 자유로울 권리를 가진다는 내용을 비롯하여 장애인의 성적 자기결정권을 침해하거나 수치심을 자극하는 언어표현, 희롱, 장애 상태를 이용한 추행 및 강간 등을 해서는 안 된다는 괴롭힘 금지 조항이 포함되어 있다(법 제32조).

(7) 장애여성에 대한 차별금지

국가 및 지방자치단체는 장애를 가진 여성임을 이유로 모든 생활 영역에서 차별해서는 안 되며, 장애여성에 대한 차별요인이 제거될 수 있도록 인식개선 및 지원책 등 정책 및 제도를 마련하는 등 적극적 조치를 강구하여야 하고, 통계 및 조사연구 등에 있어서도 장애여성을 고려하여야 한다. 또한 국가 및 지방자치단체는 정책의 결정과 집행과정에 있어서 장애여성임을 이유로 참여의 기회를 제한하거나 배제하면 안 된다(법 제33조제1항, 제34조).

누구든지 장애여성에 대하여 임신·출산·양육·가사 등에 있어서 장애를 이유로 그 역할을 강제 또는 박탈해서는 안 된다. 사용자는 남성근로자 또는 장애인이 아닌 여성근로자에 비하여 장애여성 근로자를 불리하게 대우하여서는 아니 되며, 직장보육서비스 이용 등에 있어서 정당한 편의제공을 거부하면 안 된다(법 제33조제2항, 제3항).

(8) 장애아동에 대한 차별금지

누구든지 장애를 가진 아동임을 이유로 모든 생활 영역에서 차별을 해서는 안 된다. 장애아동에 대하여 교육, 훈련, 건강보호서비스, 재활서비스, 취업준비, 레크리에이션 등을 제공받을 기회를 박탈하거나 장애아동을 의무교육으로부터 배제해서는 아니 되며, 누구든지 장애를 이유로 장애아동에 대한 유기, 학대, 착취, 감금, 폭행 등의 부당한 대우를 하거나, 장애아동의 인권을 무시하고 강제로 시설 수용 및 무리한 재활 치료 또는 훈련을 시켜서는 안 된다(법 제35조).

국가 및 지방자치단체는 장애아동이 장애를 이유로 한 어떠한 종류의 차별도 없이 다른 아동과 동등한 권리와 자유를 누릴 수 있도록 필요한 조치를 다하여야 한다. 국가 및 지방자치단체는 장애아동의 성별, 장애의 유형 및 정도, 특성에 알맞은 서비스를 조기에 제공할 수 있도록 조치하여야 하고, 이를 위하여 장애아동을 보호하는 친권자 및 양육책임자에 대한 지원책을 마련하여야 한다(법 제36조).

(9) 정신적 장애를 가진 사람에 대한 차별금지

누구든지 정신적 장애를 가진 사람의 특정 정서나 인지적 장애 특성을 부당하게 이용하여 불이익을 주어서는 아니 된다. 국가와 지방자치단체는 정신적 장애를 가진 사람의 인권침해를 예방하기 위하여 교육, 홍보 등 필요한 법적·정책적 조치를 강구하여야 한다(법 제37조).

4) 권리구제 등

차별이 발생했을 때 재판을 통해 해결하려면 복잡하고 시간과 경비가 많이 소요된다. 그래서 필요한 것이 권리구제기구이다. 권리구제기구는 장애인이 차별받았다는 진정이 접수되면 신속하게 조사해서 차별로 인정되면 다양한 방법을 통해 침해된 권리를 구제해 준다.[9]

차별행위로 인하여 피해를 입은 사람 또는 그 사실을 알고 있는 사람이나 단체는 국가인권위원회(이하 "위원회")에 그 내용을 진정할 수 있다(법 제38조). 위원회는 제38조의 진정이 없는 경우에도 이 법에서 금지하는 차별행위가 있다고 믿을 만한 상당한 근거가 있고 그 내용이 중대하다고 인정할 때에는 이를 직권으로 조사할 수 있다(법 제39조).

9) 법 제정 당시 장애계에서는 국무총리 직속의 독립적인 장애인 차별금지위원회를 주장했으나, 국가인권위원회내에 소위원회를 구성하는 것으로 결론이 났다.

위원회는 이 법에서 금지하는 차별행위에 대한 조사와 구제업무를 전담하는 장애인차별시정소위원회를 둔다(법 제40조).

「장애인차별금지법」에 도입된 권리구제방법의 핵심 내용은 입증책임의 배분, 시정명령, 법원의 권리구제 등이다. 입증책임의 배분이란 차별받았다는 것을 장애인이 일정한 근거를 들어 입증하면 차별하지 않았다거나 차별에 합리적인 이유가 있었다는 것을 상대방이 입증해야 한다는 원칙이다(법 제47조). 소송에 있어 가장 중요한 승패의 갈림길 중의 하나가 '누가 입증할 것인가'이다. 일반적으로는 피해자가 가해자의 고의·과실이나 위법성 등을 입증해야 한다. 그러나 정보의 독점으로 인해 피해 당사자가 정보를 확보하기 어렵거나 당사자의 입증 능력이 현저히 떨어지는 경우 입증책임을 배분하거나 전환할 수 있도록 하고 있다. 장애인이 차별을 받았을 경우 차별에 관한 구체적인 정보를 얻기가 어려운 경우가 많고, 특히 지적 장애인의 경우 차별을 입증하기가 매우 곤란하다.

시정명령은 시정권고나 합의·조정이 받아들여지지 않았을 경우 시정명령을 내리고 시정명령을 따르지 않을 경우 이행 강제금이나 과태료를 부과하는 제도이다. 확정된 시정명령을 정당한 사유 없이 이행하지 아니한 자는 3천만원 이하의 과태료에 처한다(법 제50조). 권고에 비해 가해당사자에게 미치는 심리적인 영향력과 법적 구속력이 훨씬 강하다. 그리고 명령에 불복하면 가해자가 불복의 소송을 제기해야 하고, 불복의 소송을 제기하지 않으면 명령이 확정되고, 명령을 따르지 않으면 과태료가 부과된다. 시정권고가 받아들여지지 않으면 피해 장애인이 다시 소송을 제기해야 하지만, 시정명령에 불복하는 경우는 가해 당사자가 소송을 제기해야 한다. 현재의 사회여건상 장애인은 매우 열악한 위치에 있기 때문에 차별을 당한 장애인이 직접 자신의 비용으로 소송을 수행하는 것을 기대하기는 어렵다. 따라서 소송의 부담을 가해자 쪽으로 넘겨야 하며, 이렇게 될 경우에는 차별을 당한 피해자가 현실적으로 보호받을 수 있다.

이 법에서 금지한 차별행위를 행하고 그 행위가 악의적인 것으로 인정되는 경우 법원은 차별을 한 자에 대하여 3년 이하의 징역 또는 3천만원 이하의 벌금에 처할 수 있다(법 제49조). 다만, 차별행위를 한 자가 고의 또는 과실이 없음을 증명한 경우에는 그러하지 아니한다.

4. 과제와 전망

「장애인차별금지법」이 장애인 차별시정 및 인권 증진에 중요한 역할을 한 것은 사실이나 장애인에 대한 인권침해나 차별행위는 여전히 존재한다. 장애인의 평등권이 실현되고 비장애인과 함께 사회참여가 가능하기 위해서는 다음과 같은 방향으로 개정되어야 한다.

첫째, 장애인의 인권보장과 권리구제가 실질적으로 이루어져야 한다. 현재 가장 대표적인 시정기구인 국가인권위원회에는 한해 1천여 건이 넘는 장애차별 진정이 접수되고 있다. 그러나 사법절차에 의한 권리구제를 받기에는 아직 법원의 문턱이 매우 높다. 「장애인차별금지법」 제정 이후 법무부가 시정명령을 내린 사례가 거의 없을 정도로 법적 구제 방안으로는 역부족인 실정이다. 따라서 실제권리구제를 위한 조항의 개정이 절실하다.

둘째, 장애인차별금지교육 또는 장애인인권교육에 대한 의무화 등이 실현되어야 한다. 「장애인차별금지법」에 대한 내용을 아는 시설주와 고용주도 많지 않다. 따라서 각급학교, 고용주, 시설주, 학교책임자 등을 대상으로 인권교육과 장애차별금지에 대한 홍보와 교육을 적극적으로 실시하여야 한다.

셋째, 각 장애 유형별 정당한 편의 내용에 대한 구체적 규정이 미흡하기 때문에 이에 대한 보완이 이루어져야 한다.

제 3 절 장애인고용촉진 및 직업재활법

1. 일반사항

1970년대까지 우리나라의 장애인고용정책은 주로 전쟁 이후의 원호대상자와 1963년 제정된 「산업재해보상보험법」의 산재장해자 등의 특수장애인을 정책의 중심에 두고 있었다. 일부 장애인을 대상으로 민간의 봉사단체에 의해 직업교육이나 고용알선이 이루어지고, 일부 기업주가 자발적으로 장애인을 고용하기도 했으나 국가에 의한 체계적인 고용정책은 마련되지 않았다. 이와 같이 소극적이고 수동적이던 장애인에 대한 고용이 장애인정책을 통해 모든 장애인 중심으로 전환되기 시작한 것은 1980년대 들어서이다.

우리나라 최초의 장애인 관련 기본법이라고 할 수 있는 「심신장애자복지법」이 제정된 것은 1981년이었다. 그러나 법의 제정배경에는 국가의 장애인복지에 대한 의지보다는 국가차원에서 장애인복지를 확보해야 한다는 UN의 권고에 의한 정치적 상황이 크게 작용했기 때문에 장애인고용과 관련해서 국가적 책임과 그 정책수단이 구체화되지 못했다는 한계를 가지고 있었다.

1988년 우리나라에서 장애인올림픽이 개최되면서 장애인에 대한 사회적 관심은 크게 높아졌다. 그 결과 그동안 개별적인 사안으로 대처하던 장애인문제는 사회통합적인 차원에서 복지뿐만 아니라 노동, 교육 등 다양한 분야로 확대되었고, 이는 장애운동으로 구체화되었다. 이러한 사회의 장애인에 대한 인식전환과 장애운동에 따른 노력으로 1990년 장애인고용의 기본법이라고 할 수 있는 「장애인고용촉진 및 직업재활법」(이하 「장애인고용법」)이 제정되기에 이르렀다.

「장애인고용법」의 제정으로 우리나라 장애인고용정책의 기본적인 제도의 틀이 마련되었고, 의무고용제도의 도입에 따른 장애인고용 전략이 체계적으로 갖추어졌다. 이 법은 국가 및 지방자치단체와 사업주의 장애인고용에 대한 책임을 명시하였고, 상시근로자 300인 이상 사업주에 대해서는 일정 비율 이상의 장애인을 고용하도록 의무화하였다. 그리고 의무고용률에 미달하는 사업주에게는 장애인고용을 위한 이행수단으로 미고용 인원에 대한 부담금을 납부하도록 하였다. 또한 이 법에 의해 장애인고용을 전문적으로 담당할 한국장애인고용공단이 설립됨으로써 장애인고용에 필요한 실질적인 조직과 내용이 구체화되었다.

그러나 의무고용제도의 도입에도 불구하고 사업주가 장애인을 고용하기보다는 부담금을 납부하여 고용의무를 면제하려는 경향이 강해 실직적인 장애인 고용효과는 매우 낮았다. 장애인고용이 미진함에 따라 1995년 사업주의 장애인고용 증대를 위한 제도개선이 이루어졌다. 사업주 및 일반 국민의 장애인고용에 대한 이해를 높이기 위해 교육 및 홍보활동을 강화하고, 장애인고용에 모범이 되는 사업주는 우수 사업주로 선정하여 사업지원 등의 우대조치를 할 수 있도록 하였으며, 장애인 직업재활시설을 지원하는 사업주에 대해서는 부담금을 감면할 수 있도록 하는 연계고용제도 등을 도입하였다.

그러던 중 사회안전망이 미비한 상태에서 외환위기로 대량실업과 대량 빈곤층이 형성되자 김대중 정부는 인간개발 중심의 생산적 복지를 사회정책의 국정지표로 제시하였다. 이러한 복지이념의 전환은 새로운 장애인고용정책의 전환을 가져오는 계기를 마련해 주었다. 이러한 생산적 복지이념에 따라 장애인직업능력개발과 고용촉진대책의 추진을 위한 '제1차 장애인고용촉진 5개년 계획(1998～2002)'이 처음으로 수립되어 체계적으로 고용전략이 추진되기 시작하였다.

2000년에 개정된 「장애인고용법」은 생산적 복지이념을 배경으로 근로능력과 의욕이 있는 모든 장애인의 일자리 제공을 목표로 중증장애인에게 보다 초점을 맞춘 종합적인 장애인고용정책으로 전환하였다. 이를 위해 개정법은 직업재활 실시기관을 명문화하여 장애인에 대한 직업지도, 직업적응훈련, 직업능력개발훈련, 지원고용, 취업알선, 취업 후 적응지도 등 고용촉진 및 직업재활의 단계적인 사업내용과 지원근거를 마련하고, 당시 보건복지가족부 소관 직업재활기관에 대해서도 장애인고용촉진기금에 의한 지원을 허용하였다.

「장애인기업활동 촉진법」과 「중증장애인생산품 우선구매 특별법」은 장애인의 소득보장 영역에 포함시킬 수 있으나 본 절에서는 장애인고용과 직접적인 연관이 있는 「장애인고용법」만 다루기로 한다.

2. 법의 제정이유와 목적

1) 제정이유

「장애인고용법」이 제정된 1990년을 일반적으로 장애인고용정책이 본격적으로 추진된 시점으로 본다. 이전까지만 해도 장애인고용정책은 복지정책의 일환으로 직업재활이 중심이었지만, 장애인고용촉진법이 제정되면서 그 중심이 장애인의 고용으로 전환되었다.

「장애인고용법」은 그동안 여러 차례에 걸쳐 법 개정이 이루어지기도 했지만, 이 법에 의해 도입된 의무고용제도는 지금까지 우리나라 장애인고용정책의 핵심적인 축으로 작용하고 있다. 그러나 최근 장애범주의 확대, 급격한 장애인구의 증가 등으로 인한 정책수요의 다양화, 장애인차별금지법의 도입 등 여러 가지 환경변화에 직면하여 의무고용제도에 의존해 왔던 기존의 장애인고용정책은 다양한 장벽에 직면하고 있다. 특히, 의무고용제도의 가장 심각한 문제는 장애 인구의 급격한 증가에도 불구하고 장애인 일자리가 한계에 봉착해 있고, 그나마 의무고용 일자리는 경증장애인이 대부분 차지하고 있어 중증장애인이 일자리를 구할 가능성은 점점 작아지고 있다는 것이다.

이러한 문제를 해결하기 위해 의무고용 적용대상자 조정, 중증장애인 더블카운트제도 도입, 일반 기업은 물론 국가, 지방자치단체 및 공공기관의 장애인 의무고용률 상향조정 등 다양한 각도에서 제도개선이 이루어지기는 했지만, 의무고용제도가 안고 있는 문제를 근본적으로 해결하지 못하고 있다. 「장애인고용법」의 바람직한 대안을 찾기 위해서는 현행 의무고용제도의 틀 내에서 장애인의 일자리를 얼마나 더 만들어낼 것인가라는 단순한 고용정책의 차원을 넘어 진정한 장애인의 고용기회를 확대하기 위한 의무고용제도의 패러다임이 무엇인가를 진지하게 고민해야 할 것이다.

2) 법의 목적

「장애인고용법」은 장애인이 그 능력에 맞는 직업생활을 통하여 인간다운 생활을 할 수 있도록 장애인의 고용촉진 및 직업재활을 꾀하는 것을 목적으로 한다(법 제1조).

3. 주요 내용

현행 「장애인고용법」은 제1장 총칙, 제2장 장애인 고용촉진 및 직업재활, 제3장 장애인 고용의무 및 부담금, 제4장 한국장애인고용공단, 제5장 장애인고용촉진 및 직업재활기금, 제6장 보칙의 순서로 총 6장 87조로 구성되어 있다.

1) 대상과 주체

「장애인고용법」의 대상은 「장애인복지법 시행령」 제2조에 따른 장애인 기준에 해당하는 자와 「국가유공자법 시행령」 제14조제3항에 따른 상이등급 기준에 해당하는 자이다. 이 기준에 해당하는지 여부는 장애인등록증, 국가유공자증 또는 이에 해당함을 입증할 수 있는 장애유형별 해당 전문의가 발행한 장애진단서로 확인할 수 있다(시행령 제4조).

국가와 지방자치단체는 장애인의 고용촉진 및 직업재활에 관하여 사업주 및 국민 일반의 이해를 높이기 위하여 교육·홍보 및 장애인 고용촉진 운동을 지속적으로 추진하여야 한다. 국가와 지방자치단체는 사업주·장애인, 그 밖의 관계자에 대한 지원과 장애인의 특성을 고려한 직업재활 조치를 강구하여야 하고, 장애인의 고용촉진을 꾀하기 위하여 필요한 시책을 종합적이고 효과적으로 추진하여야 한다. 이 경우 중증장애인과 여성장애인에 대한 고용촉진 및 직업재활을 중시해야 한다(법 제3조). 사업주는 장애인의 고용에 관한 정부의 시책에 협조하여야 하고, 장애인이 가진 능력을 정당하게 평가하여 고용의 기회를 제공함과 동시에 적정한 고용관리를 할 의무를 가진다(법 제5조). 장애인은 직업인으로서의 자각을 가지고 스스로 능력 개발·향상을 도모하여 유능한 직업인으로 자립하도록 노력하여야 한다. 장애인의 가족 또는 장애인을 보호하고 있는 자는 장애인에 관한 정부의 시책에 협조하여야 하고, 장애인의 자립을 촉진하기 위하여 적극적으로 노력하여야 한다(법 제6조).

고용노동부장관은 관계 중앙행정기관의 장과 협의하여 장애인의 고용촉진 및 직업재활을 위한 기본계획을 5년마다 수립하여야 한다. 이 기본계획과 장애인의 고용촉진 및 직업재활에 관한 중요 사항은 고용노동부에 있는 고용정책심의회(「고용정책 기본법」 제10조)의 심의를 거쳐야 한다(법 제7조).

교육부장관은 「장애인 등에 대한 특수교육법」에 따른 특수교육 대상자의 취업을 촉진하기 위하여 필요하다고 인정하면 직업교육 내용 등에 대하여 고용노동부장관과 협의하여야 하며, 보건복지부장관은 직업재활 사업 등이 효율적으로 추진될 수 있도록 고용노동부장관과 긴밀히 협조하여야 한다(법 제8조).

2) 사업

(1) 장애인고용촉진사업

장애인 직업재활 실시 기관(이하 "재활실시기관")은 장애인에 대한 직업재활 사업을 다양하게 개발하여 장애인에게 직접 제공하여야 하고, 특히 중증장애인의 자립능력을 높이기 위한 직업재활 실시에 적극 노력하여야 한다. 재활실시기관에는 「장애인 등에 대한 특수교육법」에 따른 특수교육기관, 「장애인복지법」에 따른 장애인 지역사회재활시설, 장애인 직업재활시설, 장애인복지단체, 「근로자직업능력 개발법」에 따른 직업능력개발훈련시설과 그 밖에 고용노동부령으로 정하는 기관 등이 있다.

장애인고용을 촉진하기 위한 사업에는 직업지도, 직업적응훈련과 직업능력개발훈련이 있다.

① 직업지도

고용노동부장관과 보건복지부장관은 장애인이 그 능력에 맞는 직업에 취업할 수 있도록 하기 위하여 장애인에 대한 직업상담, 직업적성 검사 및 직업능력 평가 등을 실시하고, 고용정보를 제공하는 등 직업지도를 하여야 한다. 고용노동부장관과 보건복지부장관은 장애인이 그 능력에 맞는 직업생활을 할 수 있도록 하기 위하여 장애인에게 적합한 직종 개발에 노력하여야 한다(법 제10조제1항, 제2항).

② 직업적응훈련

고용노동부장관과 보건복지부장관은 장애인이 그 희망·적성·능력 등에 맞는 직업생활을 할 수 있도록 하기 위하여 필요하다고 인정하면 직업 환경에 적응시키기 위한 직업적응훈련을 실시할 수 있다(법 제11조제1항). 직업적응훈련에는 「근로자직업능력 개발법」에 따른 직업능력개발훈련 외의 훈련으로서 장애인이 쉽게 취업하도록 하기 위한 직업준비훈련과 그 밖에 직업능력을 향상시키기 위한 훈련이 포함되어야 한다(시행령 제16조제1항).

③ 직업능력개발훈련

고용노동부장관은 장애인이 그 희망·적성·능력 등에 맞는 직업생활을 할 수 있도록 하기 위하여 장애인에게 직업능력개발훈련을 실시하여야 하며(법 제12조제1항), 장애인의 고용촉진 및 직업재활을 위하여 필요하다고 인정하는 직종에서는 장애인에게 우선적으로 직업능력개발훈련을 실시할 수 있다(시행령 제17조제1항).

(2) 장애인직업자활을 위한 지원 사업

장애인직업자활을 위한 지원사업에는 중증장애인 지원고용, 장애인 보호고용, 장애인 취업알선, 자영업 장애인 지원, 취업 후 적응지도를 포함한 장애인 근로자 지원, 근로지원인 서비스 제공, 사업주에 대한 고용 지도, 장애인 고용 사업주에 대한 지원 등이 있다.

① 중증장애인 지원고용

고용노동부장관과 보건복지부장관은 중증장애인 중 사업주가 운영하는 사업장에서는 직무 수행이 어려운 장애인이 직무를 수행할 수 있도록 지원고용을 실시하고 필요한 지원을 하여야 한다(법 제13조제1항).

② 장애인 보호고용

국가와 지방자치단체는 장애인 중 정상적인 작업 조건에서 일하기 어려운 장애인을 위하여 특정한 근로 환경을 제공하고 그 근로 환경에서 일할 수 있도록 보호고용을 실시하여야 한다(법 제14조).

③ 장애인 취업알선

고용노동부장관은 고용정보를 바탕으로 장애인의 희망·적성·능력과 직종 등을 고려하여 장애인에게 적합한 직업을 알선하여야 한다. 고용노동부장관은 장애인이 직업생활을 통하여 자립할 수 있도록 장애인의 고용촉진을 위한 시책을 강구하여야 한다(법 제15조제1항, 제2항).

④ 자영업 장애인 지원

고용노동부장관은 자영업을 영위하려는 장애인에게 창업에 필요한 자금 등을 융자하거나 영업장소를 임대할 수 있다(법 제17조제1항).

⑤ 장애인 근로자 지원

고용노동부장관은 장애인 근로자의 안정적인 직업생활을 위하여 필요한 자금을 융자할 수 있다(법 제18조제1항). 고용노동부장관과 보건복지부장관은 장애인의 직업안정을 위하여 필요하다고 인정하면 사업장에 고용되어 있는 장애인에게 작업환경 적응에 필요한 지도를 실시하여야 한다(법 제19조제1항). 특히 중증장애인이 직업생활을 잘 할 수 있도록 고용노동부장관은 이들의 직업생활을 지원하는 근로지원인을 보낼 수 있다(법 제19조의2).

⑥ 사업주에 대한 고용지도

고용노동부장관은 장애인을 고용하거나 고용하려는 사업주에게 필요하다고 인정하면 채용, 배치, 작업 보조구, 작업 설비 또는 작업 환경, 그 밖에 장애인의 고용관리에 관하여 기술적 사항에 대한 지도를 실시하여야 한다(법 제20조).

⑦ 사업주에 대한 비용지원

고용노동부장관은 장애인을 고용하거나 고용하려는 사업주에게 장애인 고용에 드는 비용 또는 기기 등을 융자하거나 지원할 수 있다. 이 경우 중증장애인 및 여성장애인을 고용하거나 고용하려는 사업주를 우대하여야 한다(법 제21조제1항).

⑧ 장애인 표준사업장에 대한 지원

고용노동부장관은 장애인 표준사업장을 설립·운영하거나 설립하려는 사업주에게 그 설립·운영에 필요한 비용을 융자하거나 지원할 수 있다. 이때 고용노동부장관은 중증장애인과 여성장애인을 고용하거나 고용하려는 사업주나 지방자치단체로부터 지원을 받거나 비영리 법인 또는 다른 민간 기업으로부터 출자를 받는 등 지역 사회의 적극적 참여를 통하여 장애인 표준사업장을 설립·운영하거나 설립하려는 사업주를 우대하여야 한다(법 제22조제1항, 제2항).

(3) 장애인고용의무

고용의무 주체는 크게 국가·지방자치단체와 일반 사업주로 구분된다.

① 장애인고용의무

국가와 지방자치단체의 장은 2017년 1월 1일부터 2018년 12월 31일까지 1천분의 32를 2019년 이후부터는 1천분의 34 이상 고용하여야 한다(법 제27조제1항). 특히, 각 시험 실시 기관의 장은 신규채용시험을 실시할 때 신규채용 이원에 대하여 장애인이 위의 비율(장애인 공무원 수가 해당 연도 비율 미만이면 그 비율의 2배)이상 채용하도록 하여야 한다(법 제27조제2항). 공공기관과 지방공사·지방공단 등도 2017년 1월 1일부터 2018년 12월 31일까지는 1천분의 32를, 2019년 이후부터는 1천분의 34 이상 고용하여야 한다(법 제28조의2).

상시 50명 이상의 근로자를 고용하는 사업주는 그 근로자의 총수의 100분의 5의 범위에서 대통령령으로 정하는 비율 이상에 해당하는 장애인을 고용하여야 한다(법 제28조제1항). 장애인 고용인원을 산정하는 경우 중증장애인의 고용은 그 인원의 2배에 해당하는 장애인의 고용으로 보지만 1개월 동안의 소정근로시간이 60시간 미만의 중증장애인은 제외한다(법 제28조의3).

② 장애인고용장려금

고용노동부장관은 장애인의 고용촉진과 직업 안정을 위하여 장애인을 고용한 사업주에게 고용장려금을 지급할 수 있다. 고용장려금은 매월 상시 고용하고 있는 장애인 수에서 의무고용률에 따라 고용하여야 할 장애인 총수를 뺀 수에 지급단가를 곱한 금액으로 한다(법 제30조제1항, 제2항).

고용노동부장관은 잘못 지급된 고용장려금이 있는 경우 지급한 금액을 징수하여야 한다. 만일 거짓이나 그 밖의 부정한 방법으로 고용장려금을 받은 경우에는 지급한 금액의 5배의 범위에서 고용노동부령으로 정하는 금액을 추가로 징수하여야 한다(법 제31조제1항).

거짓이나 그 밖의 부정한 방법으로 고용장려금을 지급받은 자를 지방고용노동관서, 한국장애인고용공단 또는 수사기관에 신고하거나 고발한 자에게는 대통령령으로 정하는 바에 따라 포상금을 지급할 수 있다(법 제32조). 포상금은 고용노동부장관이 기준에 따라 지급하며, 1천만 원을 지급한도액으로 한다(시행령 제32조).[10] 의무고용률에 미치지 못하는 장애인 공무원을 고용한 기관의 장은 매년 고용노동부장관에게 장애인 고용부담금을 납부하여야 한다(법 제32조의2).

③ 장애인고용부담금

의무고용률에 못 미치는 장애인을 고용하는 사업주[11]는 대통령령으로 정하는 바에 따라 매년 고용노동부장관에게 장애인 고용부담금을 납부하여야 한다(법 제33조제1항).

(4) 기타

고용노동부장관은 장애인의 고용촉진 및 직업재활을 위하여 2년마다 장애인의 취업직종·근로형태·근속기간·임금수준 등 고용현황 및 장애인근로자의 산업재해 현황에 대하

---

10) 1. 거짓이나 그 밖의 부정한 방법으로 지급받은 고용장려금(이하 "부정수급액")이 1억 원 이상인 경우 : 600만원+(1억원 초과 부정수급액×3/100)
2. 부정수급액이 2천만원 이상 1억원 미만인 경우 : 200만원+(2천만원 초과 부정수급액×5/100)
3. 부정수급액이 2천만원 미만인 경우 : 부정수급액×10/100

11) 상시 50명 이상 100명 미만의 근로자를 고용하는 사업주는 제외한다(법 제33조제1항).

여 전국적인 실태조사를 실시하여야 한다(법 제26조).

3) 전달체계 및 인력

(1) 전달체계

고용노동부장관은 관계 중앙행정기관의 장과 협의하여 장애인의 고용촉진 및 직업재활을 위한 기본계획을 5년마다 세우고, 고용정책심의위원회는 기본계획과 장애인의 고용촉진 및 직업재활에 관한 중요 사항을 심의한다(법 제7조제1항과 제3항).

교육부장관은 특수교육대상자의 취업을 촉진하기 위하여 필요하다고 인정하면 직업교육 내용 등에 대하여 고용노동부장관과 협의하여야 한다(법 제8조제1항).

보건복지부장관은 직업재활 사업 등이 효율적으로 추진될 수 있도록 고용노동부장관과 긴밀히 협조하여야 한다(법 제8조제2항).

장애인 직업재활 실시 기관(이하 "재활실시기관"이라 한다)은 장애인에 대한 직업재활 사업을 다양하게 개발하여 장애인에게 직접 제공하여야 하고, 특히 중증장애인의 자립능력을 높이기 위한 직업재활 실시에 적극 노력하여야 한다(법 제9조제1항). 재활실시기관에는 ① 특수교육대상자에게 유치원·초등학교·중학교 또는 고등학교의 과정을 교육하는 특수학교 및 특수학급을 말하는 특수교육기관(「장애인 등에 대한 특수교육법」 제2조제10호), ② 장애인을 전문적으로 상담·치료·훈련하거나 장애인의 일상생활, 여가활동 및 사회참여활동 등을 지원하는 자애인 지역사회재활시설(「장애인복지법」 제58조제1항제2호), ③ 일반 작업환경에서는 일하기 어려운 장애인이 특별히 준비된 작업환경에서 직업훈련을 받거나 직업생활을 할 수 있도록 하는 장애인 직업재활시설(「장애인복지법」 제58조제1항제3호), ④ 국가와 지방자치단체가 장애인의 복지를 향상하고 자립을 돕기 위하여 보호·육성하는 장애인복지단체(「장애인복지법」 제63조), ⑤ 직업능력개발훈련시설로 공공단체가 직업능력개발훈련을 위하여 고용노동부장관과 협의하거나 고용노동부장관의 승인을 받아 설치한 공공직업훈련시설 또는 직업능력개발훈련을 위하여 설립·설치된 직업전문학교·실업전문학교 등의 시설로 고용노동부장관이 지정한 지정직업훈련시설(「근로자직업능력 개발법」 제2조제3호), ⑥ 장애인 고용촉진 및 직업재활 사업을 수행할 목적으로 고용노동부장관으로부터 법인 설립의 허가를 받은 법인이나 안마수련기관(「안마사에 관한 규칙」 제5조)가 포함된다.

한국장애인고용공단은 장애인이 직업생활을 통하여 자립할 수 있도록 지원하고, 사업주의 장애인 고용을 전문적으로 지원하도록 설립되었다(법 제43조제1항). 공단은 법인으로 하며 주된 사무소의 소재지에서 설립등기를 함으로써 성립된다(법 제44조와 제46조) 고용노동부장관은 공단의 업무를 지도·감독하며(법 제65조), 공단의 운영, 고용장려금의 지급 등 장애인의 고용촉진 및 직업재활을 위한 사업을 수행하기 위하여 장애인 고용촉진 및 직업재활 기금을 설치한다(법 제68조).

(2) 인력

고용노동부장관은 장애인의 직업지도, 직업적응훈련, 직업능력개발훈련, 취업 후 적응지도 등 장애인의 고용촉진 및 직업재활을 위한 업무를 담당하는 장애인 직업생활 상담원 등 전문요원을 양성하여야 한다(법 제75조). 전문요원의 종류는 다음과 같다. 전문요원에는 장애인 직업생활 상담원, 장애인 직업훈련 교사, 장애인 직업재활 전문요원, 장애인 직업능력 평가사가 있다(시행규칙 제22조).

상시 20명 이상의 장애인 근로자를 고용하는 사업주는 장애인 직업생활 상담원을 두어야 한다(법 제75조제2항, 시행령 제80조).

4. 과제와 전망

장애인정 기준의 변화, 빠르게 증가하는 장애인구, 장애인고용촉진 및 직업재활기금의 수지 악화, 「장애인차별금지법」 시행 등으로 인해 장애인복지정책 환경이 변화하고 있어 기존 제도에 대한 전반적인 재검토가 필요하다.

특히 장애인 고용의무제도를 통해 확보된 일자리 대부분이 경증장애인에게 집중되는 현상은 심화되고 있어, 2000년에 중증장애인을 우선하는 정책을 수립하였는데도 불구하고 중증장애인은 노동시장에서 소외되는 문제가 갈수록 심각해지고 있다. 이러한 현상은 중증장애인의 노동생산성과 시장의 요구조건 간에 차이가 크기 때문에 나타난다. 따라서 그 간격을 메우는 역할이 필요한데, 이를 위해 지금까지는 주로 장려금 가산지급처럼 비용지원을 더 해주거나 부담금을 감면하는 방식을 사용해왔다. 그러나 이러한 방식은 근본적인 해결책이 되기 어렵다. 장려금 지급대상의 경증비율이 계속 증가하고 있는 것이 이를 반증하고 있다. 따라서 장애인 출현율과 일할 의사가 있는 장애인의 비율 등을 감안한 합리적인 의무고용률을 산정할 필요가 있다.

「장애인고용법」에서도 자영업이나 보호고용을 규정하고 있다. 문제는 자영업지원이나 보호고용에 대해 적극적인 조치나 지원을 하지 않는다는 데 있다. 장애인 취업자의 40%는 자영업자이고 4만 명 이상의 장애인이 보호고용을 희망하고 있다. 따라서 일반 경쟁고용 시장이 흡수하지 못하는 장애인을 위해 별도의 예산을 마련해 대체노동시장을 조성할 필요가 있다. 또한 지난 20여 년간 고용촉진 또는 고용창출 위주의 정책을 펼쳐 왔다면 향후 20년은 취업 후 고용안정과 경력개발, 고용의 질을 중시하는 정책을 폄으로써 정책의 균형을 맞추어야 할 것이다.

제 4 절 정신건강증진 및 정신질환자 복지서비스 지원에 관한 법률

1. 일반사항

우리나라 「정신보건법」의 제정 역사는 다음과 같다. 1968년 '대한신경정신의학회'는 정신질환자를 위한 의료와 예방 그리고 국민건강증진이라는 취지로 법안을 마련하여 정부에 건의하였으나 정부의 인식부족과 예산부족의 이유로 받아들여지지 않았다. 그 후 1985년 9월 당시 보건사회부(現 보건복지부)는 1983년 사회문제가 되었던 '기도원 사건'을 계기로 정신보건법을 입법예고하였으나, 이 법안은 그 해 11월 국회에서 인권 문제를 중심으로 한 각계의 반대로 통과되지 못하고 폐기되었다. 이후 「정신보건법」이 제정된 것은 1992년의 일이다. 1992년 정신질환자의 사고(여의도 질주사건)가 사회적 관심을 집중하면서 법무부 장관이 사회 안전을 위한 「정신보건법」 제정을 건의하였다. 같은 해 9월 정신보건법 안이 입법 예고되어 11월 국회에 제출되었고, 1995년 12월 국회에서 통과되어 1997년 3월 1일 전면 시행되었다.

1997년 법 시행 이후, 주요 개정 현황은 다음과 같다. 1997년 12월 전문 개정되었고, 2000년 1월 정신보건시설 또는 정신보건인력의 위상 및 최소기준에 초점이 맞추어져 일부 개정되었다. 2004년 1월 일부 개정, 2008년 3월 일부 개정으로 지역사회정신보건사업 및 지역거버넌스의 기반 구축, 인권교육 의무화 등에 초점을 두고 개정되었다. 2013년에 이어 2015년 1월 일부 개정되었다. 2016년 5월 19일 「정신보건법」 전부개정안이 임시국회 본회의에서 의결되어 5월 29일 공포된 후 유예기간을 거쳐 2017년 5월 30일부터 시행될 예정이다. 전부 개정된 「정신보건법」의 명칭은 「정신건강증진 및 정신질환자 복지서비스 지원에 관한 법률」(이하 「정신건강복지법」)로 변경되었다.

2. 법의 제정 · 개정이유와 목적

1) 제정 · 개정이유

「정신보건법」은 1997년 3월 시행 당시부터 정신질환자의 입원과 퇴원 등에 대한 사항을 법에 규정하면서 '치료'라는 측면에서 의료적 행위를 명시하여 의료법적인 성격이 강하다는 평가를 받아왔다. 또한 정신질환자의 의사와 상관없이 입원을 시킬 수 있다는 강제입원의 근거를 제공하고 있다는 점에서 치안입법의 특징도 가지고 있었다. 반면 2000년 개정된 장애인복지법시행령에서 정신장애를 장애범주에 포함하였음에도 불구하고 「장애인복지법」 제15조에서 「정신보건법」적용대상이 되는 정신질환자는 「장애인복지법」적용을 배제하였다. 이로 인하여 「정신보건법」의 사회복지법 성격은 매우 제한적일 수밖에 없었으며 정신질환자가 지역사회통합의 맥락에서 지원하고자 설립된 정신보건센터는 그 역할을 제대로 수행하지 못하였다.

「정신보건법」이 시행된 지난 20여 년 동안 정신질환자의 권리는 보장되지 않았으며 오히려 이들을 격리하고 수용하는 데 치중하였다. 결국 가족에 의한 강제입원조항은 헌법재판소에 계류되어 2016년 9월 헌법이 보장하는 신체자유의 과도한 침해라는데 대한 재판관 전원일치의견으로 헌법불합치 결정이 내려졌다.

전부개정된 「정신건강복지법」은 그동안 지적된 미흡한 점을 개선 · 보완하여 정신질환자의 범위를 중증정신질환자로 축소 정의하고, 전 국민 대상의 정신건강증진의 장을 신설하며, 강제입원제도 개선을 통해 정신질환자의 인권보호 장치를 강화하고 이들에 대한 복지서비스 제공을 추가하는 등의 내용을 담았다.

2) 목적

「정신건강복지법」은 정신질환의 예방·치료, 정신질환자의 재활 · 복지 · 권리보장과 정신건강 친화적인 환경 조성에 필요한 사항을 규정함으로써 국민의 정신건강증진 및 정신질환자의 인간다운 삶을 영위하는데 이바지함을 목적으로 한다(법 제1조).

3. 주요 내용

「정신보건법」은 총 6장 59조로 구성되어 있었으나 전부 개정된 「정신건강복지법」은 제

1장 총칙, 제2장 정신건강증진 정책의 추진 등, 제3장 정신건강증진시설의 개설·설치 및 운영 등, 제4장 복지서비스의 제공, 제5장 보호 및 치료, 제6장 퇴원 등의 청구 및 심사 등, 제7장 권익보호 및 지원 등, 제8장 벌칙으로 총 8장 89조로 구성되어 있다. 그동안 제기되어 온 문제점을 개선하여 다양한 영역이 포함된 것이다.

1) 기본이념

모든 국민은 정신질환으로부터 보호받을 권리를 가진다. 모든 정신질환자는 인간으로서의 존엄과 가치를 보장받고 최적의 치료를 받을 권리를 가지며 정신질환이 있다는 이유로 부당한 차별대우를 받지 아니한다. 미성년자인 정신질환자는 특별히 치료, 보호 및 교육을 받을 권리를 가진다.

정신질환자는 지역 사회 중심의 치료가 우선적으로 고려되어야 하며 입원 또는 입소는 최소화하고, 정신건강증진시설에 입원 또는 입소할 경우 자신의 의지에 따르도록 권장되어야 한다. 입원이나 입소한 모든 정신질환자는 가능한 한 자유로운 환경을 누릴 권리와 다른 사람들과 자유로이 의견교환을 할 수 있는 권리를 가지며 자신의 신체와 재산에 관한 사항에 대하여 스스로 판단하는 자기결정권을 존중받는다. 또한 정신질환자는 자신에게 법률적·사실적 영향을 미치는 사안에 대하여 이해하고 자유로운 의사를 표현할 수 있도록 필요한 도움을 받을 권리를 가진다. 이들은 자신과 관련된 정책의 결정과정에 참여할 권리를 가진다(법 제2조).

2) 대상 및 주체

"정신질환자"란 망상, 환각, 사고(思考)나 기분의 장애 등으로 인하여 독립적으로 일상생활을 영위하는데 중대한 제약이 있는 사람을 말한다(법 제3조제1항).

국가와 지방자치단체는 국민의 정신건강을 증진시키고, 정신질환을 예방·치료하며, 정실질환자의 재활 및 장애극복과 사회적응 촉진을 위한 연구·조사와 지도·상담 등 필요한 조치를 하여야 한다. 이를 위하여 정신건강복지센터와 정신건강증진시설, 사회복지시설, 학교 및 사업장 등을 연계하는 정신건강서비스 전달체계를 확립하여야 한다(법 제4조).

3) 급여 및 사업

(1) 정신건강증진 정책의 추진

가. 정신건강증진 및 정신질환자 복지서비스 지원에 관한 국가의 기본계획 및 특별시·

광역시·도·특별자치시·특별자치도 단위의 정신건강증진 및 정신질환자 복지서비스 지원에 관한 계획

보건복지부장관은 5년마다 정신건강증진 및 정신질환자 복지서비스 지원에 관한 국가의 기본계획(이하 "국가계획"이라 한다)을 수립하여야 한다. 특별시장·광역시장·도지사·특별자치시장·특별자치도지사는 국가계획에 따라 각각 특별시·광역시·도·특별자치시·특별자치도 단위의 정신건강증진 및 정신질환자 복지서비스 지원에 관한 계획(이하 "지역계획"이라 한다)을 수립하여야 한다. 국가계획 및 지역계획을 수립할 때에는 장애인정책종합계획(「장애인복지법」 제10조의2)과 연계되도록 하여야 하며, 지역계획은 지역보건의료계획(「지역보건법」 제7조)과 연계되도록 하여야 한다(법 제7조제2항). 국가계획 또는 지역계획의 내용에는 다음의 내용이 포함되어야 한다. ① 정신질환의 예방, 상담, 조기발견, 치료 및 재활을 위한 활동과 각 활동 상호 간 연계, ② 영·유아, 아동, 청소년, 중·장년, 노인 등 생애주기 및 성별에 따른 정신건강증진사업, ③ 정신질환자의 조기퇴원 및 사회적응, ④ 적정한 정신건강증진시설의 확보 및 운영, ⑤ 정신질환에 대한 인식개선을 위한 교육·홍보, 정신질환자의 법적 권리보장 및 인권보호 방안, ⑥ 전문인력의 양성 및 관리, ⑦ 정신건강증진을 위한 교육, 주거, 근로환경 등의 개선 및 이와 관련된 부처 또는 기관과의 협력 방안, ⑧ 정신건강 관련 정보체계 구축 및 활용, ⑨ 정신질환자와 그 가족의 지원, ⑩ 정신질환자의 건강, 취업, 교육 및 주거 등 지역사회 재활과 사회참여, ⑪ 정신질환자에 대한 복지서비스의 연구·개발 및 평가에 관한 사항, ⑫ 정신질환자에 대한 복지서비스 제공에 필요한 재원의 조달 및 운용에 관한 사항, ⑬ 그 밖에 보건복지부장관 또는 시·도지사가 정신건강증진을 위하여 필요하다고 인정하는 사항(법 제7조제3항).

보건복지부장관과 시·도지사는 각각 국가계획과 지역계획에 따라 매년 시행계획을 수립·시행하여야 하고, 시장·군수·구청장은 매년 관할 시·도의 지역계획에 따리 시행계획을 수립·시행하여야 한다(법 제8조). 보건복지부장관은 국가계획의 수립과 정신건강증진 및 정신질환자 복지서비스 지원 체계와 제도의 발전에 대하여 국민건강증진정책심의위원회의 심의를 받아야 한다(법 제9조).

보건복지부장관, 시·도지사 및 시장·군수·구청장은 정신건강증진사업 등을 시행하는 경우에 정신건강복지센터, 정신건강증진시설, 사회복지시설, 학교 및 사업장의 관련 활동이 서로 연계되도록 하여야한다. 또한 보건복지부장관 소속으로 중앙정신건강복지사업지원단을 두고 시·도지사 소속으로는 지방정신건강복지사업지원단을 두어 정신건강증진사

업 등에 관하여 자문 · 지원하도록 한다(법 제12조).

나. 실태조사

보건복지부장관은 정신질환자의 인구학적 분포, 유병률 및 유병요인, 성별, 연령 등 인구학적 특성에 따른 정신질환의 치료 이력, 정신건강증진시설 이용 현황, 정신질환으로 인한 사회적 · 경제적 손실, 정신질환자의 취업 · 직업훈련 · 소득 · 주거 · 경제상태 및 정신질환자에 대한 복지서비스, 정신질환자 가족의 사회 · 경제적 상황, 그 밖에 정신건강증진에 필요한 사항으로서 보건복지부령으로 정하는 사항에 관하여 실태조사를 5년마다 실시하여야 하며 한다(법 제10조).

다. 정신건강의 날

매년 10월 10일을 정신건강의 날로 하고, 정신건강의 날이 포함된 주(週)를 정신건강 주간으로 하여 정신건강의 중요성을 환기하고 정신질환에 대한 편견을 해소하기 위하여 국가와 지방자치단체는 적합한 행사와 교육 · 홍보사업을 실시할 수 있다(법 제14조).

라. 정신건강복지센터

보건복지부장관은 정신건강복지센터를, 시 · 도지사는 광역정신건강복지센터를 그리고 시장 · 군수 · 구청장은 「지역보건법」에 따른 보건소에 기초정신건강복지센터를 소관 정신건강증진사업 등의 제공 및 연계 사업을 전문적으로 수행하기 위하여 설치 · 운영할 수 있다(법 제15조).

(2) 복지서비스의 제공

전부 개정된「정신건강복지법」 제4장 제33조에서 제38조까지 정신질환자를 위한 복지서비스의 개발, 고용 및 직업재활, 평생교육, 문화 · 예술 · 여가 · 체육활동 등과 지역사회 거주 · 치료 · 재활 등 통합 지원과 가족에 대한 정보제공과 교육에 관한 조항이 추가되었다.

(3) 보호 및 치료

「정신건강복지법」에서 제시하고 있는 입원의 종류는 자발적 입원인 자의입원, 동의입원, 보호의무자에 의한 입원, 특별자치시장·특별자치도지사, 시장 · 군수 · 구청장에 의한 입원 그리고 응급입원이 있다.

① 자의입원등(법 제41조)

정신질환자나 그 밖에 정신건강상 문제가 있는 사람은 정신의료기관등의 장에게 입원 등신청서를 제출하여 자의입원 등을 할 수 있으며, 본인이 원하는 경우 지체 없이 퇴원 등을 시켜야 한다. 정신의료기관등의 장은 입원 등을 한 날부터 2개월마다 퇴원 등을 할 의사가 있는지를 확인하여야 한다.

② 동의입원등(법 제42조)

정신질환자는 보호의무자의 동의를 받아 입원 등 신청서를 정신의료기관등의 장에게 제출함으로써 입원 등을 할 수 있으며, 이 정신질환자가 퇴원 등을 신청한 경우 지체 없이 퇴원 등을 시켜야 한다. 정신의료기관등의 장은 입원 등을 한 날부터 2개월마다 퇴원 등을 할 의사가 있는지를 확인하여야 한다. 동의 입원한 정신질환자가 보호의무자의 동의를 받지 아니하고 퇴원 등을 신청한 경우에는 정신건강의학과전문의 진단 결과 환자의 치료와 보호가 필요하다고 인정된 경우 72시간까지 퇴원 등을 거부할 수 있고, 이 기간 동안 보호의무자에 의한 입원 또는 특별자치시장·특별자치도지사, 시장 · 군수 · 구청장에 의한 입원으로 전환할 수 있다.

③ 보호의무자에 의한 입원(법 제43조)

정신질환자의 보호의무자는「민법」에 따른 후견인 또는 부양의무자로 피보호자인 정신질환자가 적절한 치료 및 요양과 사회적응 훈련을 받을 수 있도록 노력하여야 한다. 보호의무자는 정신질환자가 다른 사람을 해치지 아니하도록 유의하고 그의 재산상 이익 등 권리보호를 위하여 노력하여야 하며 정신질환자를 유기하여서는 아니 된다(법 제40조).

보호의무자에 의한 입원은 정신의료기관등의 장이 입원 등 신청서와 보호의무자임을 확인할 수 있는 서류를 보호의무자 2명 이상(보호의무자가 1인인 경우에는 1인의 동의)에게서 받고 정신건강의학과전문의가 입원 등이 필요하다고 진단한 경우에만 가능하다. 입원 등의 기간은 최초로 입원 등을 한 날부터 3개월 이내로 하며 이후 1차 연장은 3개월 이내, 이후 매 기간 연장 시마다 6개월 이내 연장할 수 있다. 정신의료기관등의 장은 입원 등을 한 사람 또는 보호의무자가 퇴원 등을 신청한 경우에는 지체 없이 그 사람을 퇴원 등을 시켜야 한다. 정신의료기관등의 장은 정신질환자가 입원치료 또는 요양을 받을 만한 정도 또는 성질의 정신질환을 앓고 있고 자신의 건강 또는 안전이나 다른 사람에게 해를 끼칠 위험이 있어 입원 등을 할 필요가 있는 경우에는 퇴원 등을 거부할 수 있다.

③ 특별자치시장 · 특별자치도지사 · 시장 · 군수 · 구청장에 의한 입원(법 제44조)

경찰관은 정신질환으로 자신의 건강 또는 안전이나 다른 사람에게 해를 끼칠 위험이 있다고 의심되는 사람을 발견한 경우 정신건강의학과전문의 또는 정신건강전문요원에게 그 사람에 대한 진단과 보호를 신청할 수 있다. 정신건강의학과전문의 또는 정신건강전문요원은 정신질환으로 자신의 건강 또는 안전이나 다른 사람에게 해를 끼칠 위험이 있다고 의심되는 사람을 발견하였을 때에는 특별자치시장 · 특별자치도지사, 시장 · 군수 · 구청장에게 그 사람에 대한 진단과 보호를 신청할 수 있으며, 특별자치시장 · 특별자치도지사, 시장 · 군수 · 구청장은 그 정신질환자로 의심되는 사람에 대한 진단을 정신건강의학과전문의에게 의뢰하여야 한다. 정확한 진단이 필요하다고 인정한 경우 특별자치시장 · 특별자치도지사, 시장 · 군수 · 구청장은 보건복지부장관이나 지방자치단체의 장이 지정한 정신의료기관에 2주 범위에서 기간을 정하여 입원하게 할 수 있으며, 이 때 그 사람의 보호의무자 또는 보호를 하고 있는 사람에게 지체 없이 입원 사유 · 기간 및 장소를 서면으로 통지하여야 한다.

보호의무자 및 특별자치시장·특별자치도지사, 시장 · 군수 · 구청장에 의한 입원 등에 대한 적합성 여부를 위하여 보건복지부장관은 국공립정신병원안에 입원적합성심사위원회를 설치하여 심사하여야 한다(법 제46조). 입원적합성심사위원회의 위원장은 최초로 입원 등을 한 날부터 1개월 이내에 정신의료기관등의 장에게 입원 등의 적합 또는 부적합 여부를 서면으로 통지하여야 하며, 부적합 통지를 받은 정신의료기관등의 장은 입원 등을 한 사람을 지체 없이 퇴원 등을 시켜야 한다(법 제47조).

④ 응급입원(법 제50조)

정신질환자로 추정되는 사람으로서 자신의 건강 또는 안전이나 다른 사람에게 해를 끼칠 위험이 큰 사람을 발견한 사람은 그 상황이 매우 급박하여 다른 입원 등을 시킬 시간적 여유가 없을 때에는 의사와 경찰관의 동의를 받아 정신의료기관에 그 사람에 대한 응급입원을 의뢰할 수 있다. 정신의료기관의 장은 응급입원이 의뢰된 사람을 3일(공휴일 제외) 이내의 기간 동안 응급입원을 시킬 수 있으며, 이 경우 지체 없이 정신건강의학과전문의에게 입원한 사람의 증상을 진단하게 하여야 한다. 진단 결과 입원할 필요가 있다고 인정된 경우에는 자의입원, 동의입원, 보호의무자에 의한 입원 또는 특별자치시장·특별자치도지사, 시장 · 군수 · 구청장에 의한 입원을 할 수 있도록 필요한 조치를 하고, 그 사람의 보호의무자 또는 보호를 하고 있는 사람에게 입원이 필요한 사유 · 기간 및 장소를 지체 없이 서면으로 통지하여야 한다. 입원할 필요가 없다고 인정된 경우에는 즉시 퇴원시켜야 한다.

〈표 Ⅲ-7〉 입원의 종류

구 분	내 용
자의입원 (법 제41조)	-정신질환자나 그 밖에 정신건강상의 문제가 있는 사람의 자발적인 입원
동의입원 (법 제42조)	-정신질환자는 보호의무자의 동의를 받아 입원 등 신청서를 정신의료기간 등의 장에게 제출함으로써 입원
보호의무자에 의한 입원 (법 제43조)	-정신질환자의 2명 이상의 보호의무자가 정신의료기관등의 장에게 서류를 제출할 경우 정신건강의학전문의의 입원이 필요하다고 진단된 경우 입원
시·군·구청장·특별자치시장·특별자치도지사에 의한 입원 (법 제 43조)	-경찰관은 정신질환으로 자·타해 위험이 의심되는 사람을 발견할 경우 정신건강의학과전문의 또는 정신건강전문요원에게 그 사람에 대한 진단과 보호를 신청할 수 있음 -정신건강전문의 또는 정신건강전문요원은 보호의무자 혹은 특별자치시장, 특별자치도지사, 시·군·구청장에 의한 입원등에 대한 적합성 여부를 위하여 입원적합성 심사위원회의 절차를 거쳐서 입원시킬 수 있음
응급입원 (법 제50조)	-정신질환자로 추정되는 사람으로서 자·타해 위험성이 큰 사람을 발견할 경우 그 상황이 매우 급박하여 다른 입원등을 시킬 여유가 없을 때 의사와 경찰관의 동의를 받아 72시간 동안 응급입원을 시킬 수 있음

⑤ 신상정보 확인 및 사실 통지

정신건강시설의 장은 정신건강증진시설에 입원 등을 하거나 시설을 이용하는 사람의 성명, 주소, 보호의무자 등의 신상정보를 확인하여야 하며, 확인되지 아니하는 경우에는 특별자치시장・특별자치도지사, 시장・군수・구청장에게 신상정보의 조회를 요청하여야 한다(법 제51조제1항).

정신보건시설의 장은 정신의료기관등에 입원 등을 한 사람이 퇴원 등을 할 때에는 본인의 동의를 받아 그 퇴원 등의 사실을 관할 정신건강복지센터의 장 또는 보건소의 장에게 통보하여야 한다(법 제52조제1항).

⑥ 퇴원의 청구, 심사, 재심사청구

시・도지사와 시장・군수・구청장은 정신건강에 관한 중요한 사항을 심의 또는 심사하기 위하여 시・도지사 소속으로 광역정신건강심의위원회를 두고, 시장・군수・구청장 소속으로 기초정신건강심의위원회를 둔다. 정신의료기관등이 없는 시・군・구에는 기초정신건강심의위원회를 두지 아니할 수 있다. 광역정신건강심의위원회는 정신건강증진시설에 대한 감독과 재심사 청구에 관한 사항과 보건복지부령으로 정하는 사항을 심의 또는 심사한다. 기초정신건강심의위원회는 입원 등 기간 연장의 심사청구, 퇴원 등 또는 처우개선의 심사청구, 입원 기간 연장의 심사, 외래치료 명령과 그 밖에 보건복지부령으로 정하는 사항을 심의 또는 심사한다(법 제53조).

정신의료기관등에 입원 등을 하고 있는 사람 또는 그 보호의무자는 관할 특별자치시장·특별자치도지사, 시장 · 군수 · 구청장에게 입원 등을 하고 있는 사람의 퇴원 등 또는 처우개선에 대한 심사를 청구할 수 있다(법 제55조). 특별자치시장 · 특별자치도지사, 시장 · 군수 · 구청장은 지체 없이 그 청구 내용을 소관 정신건강심의위원회 회의에 회부하여야 한다(법 제56조). 정신건강심사위원회에서는 이를 지체 없이 심사하여 특별자치시장 · 특별자치도지사, 시장 · 군수 · 구청장에게 보고하여야 한다(법 제57조). 특별자치시장·특별자치도지사, 시장 · 군수 · 구청장은 심사 청구를 접수한 날부터 15일 이내에 퇴원등 또는 임시 퇴원등 명령, 처우개선을 위하여 필요한 조치 명령, 3개월 이내 재심사 등의 명령 또는 결정을 하여 심사 청구를 한 사람, 해당 정신질환자 및 해당 정신의료기관등의 장에게 그 내용을 서면으로 통지하여야 한다(법 제59조).

정신질환자와 그 보호의무자는 심사 결과에 불복하거나 심사 기간 내에 심사를 받지 못한 경우, 외래치료 명령에 불복하는 경우 시 · 도지사에게 재심사를 청구할 수 있다(법 제60조).

(4) 권익보호 및 지원

전부 개정된 「정신건강복지법」제7장 제68조에서 제83조까지 정신질환자의 권익보호 및 지원에 대한 규정을 제시하고 있다. 개정법에는 정신건강의학과전문의의 진단의 유효기간은 진단서 발급 일부터 30일까지로 제한하였으며, 정신건강증진시설의 장과 종사자의 인권에 관한 교육, 통신과 면회의 자유 제한의 금지, 입원 등을 한 사람의 격리 등 신체적 제한 규정이 강화되었다.

4) 전달체계 및 인력

(1) 정신건강복지센터와 정신건강증진시설

"정신건강복지센터"란 정신건강증진시설, 「사회복지사업법」에 따른 사회복지시설, 학교 및 사업장과 연계체계를 구축하여 국가 또는 지방자치단체가 설치 · 운영하거나 국가 또는 지방자치단체로부터 위탁받아 지역사회에서의 정신건강증진사업 및 정신질환자 복지서비스 지원사업(법 제33조~제38조)을 하는 기관 또는 단체를 말한다(법 제3조제3호).

"정신건강증진시설"이란 정신의료기관, 정신요양시설 및 정신재활시설을 말한다(법 제3조제4호).

"정신의료기관"이란 「의료법」에 따라 설치된 병원 또는 의원 또는 병원급 의료기관에 설치된 정신건강의학과로서 동법 제19조제1항 후단에 따른 기준에 적합한 기관을 말한다(법 제3조제5호).

"정신요양시설"은 정신질환자를 입소시켜 요양서비스를 제공하는 시설을 말한다(법 제3조제6호).

"정신재활시설"은 국가 또는 지방자치단체가 설치·운영하거나 그 외의 자가 정신재활시설 소재지 관할 특별자치시장·특별자치도지사·시장·군수·구청장에게 신고하여 신질환자 또는 정신건강상 문제가 있는 사람 중 정신질환자등의 사회적응을 위한 각종 훈련과 생활지도를 하는 시설을 말한다(법 제3조제7호, 법 제26조).

보건복지부장관은 정신질환자에 대한 효율적인 의료의 제공을 위하여 300병상 이상의 정신의료기관을 개설하려는 경우, 정신의료기관의 병상수를 300병상 미만에서 기존의 병상수를 포함하여 300병상 이상으로 증설하려는 경우, 300병상 이상의 정신의료기관을 운영하는 자가 병상수를 증설하려는 경우 그 정신의료기관의 규모를 제한할 수 있다(법 제19조제3항).

① 국립·공립 정신병원의 설치·운영

국가와 지방자치단체는 국립 또는 공립의 정신의료기관으로서 정신병원을 설치·운영하여야 하며, 그 병원이 지역적으로 균형 있게 분포되도록 하고 정신질환자가 지역사회 중심으로 관리되도록 하여야 한다(법 제21조).

② 정신요양시설의 설치·운영

국가와 지방자치단체는 정신요양시설을 설치·운영할 수 있다. 사회복지법인과 그 밖의 비영리법인이 정신요양시설을 설치·운영하려는 경우에는 정신요양시설 소재지 특별자치시장·특별자치도지사·시장·군수·구청장의 허가를 받아야 한다. 보건복지부장관 또는 시·도지사 및 시장·군수·구청장은 정신요양시설의 장에게 정신질환자의 요양생활에 지장이 없는 범위에서 지역주민·사회단체·언론사 등이 정신요양시설의 운영상황을 파악할 수 있도록 그 시설의 개방을 요구할 수 있으며, 시설의 장은 정당한 사유가 없으면 그 요구에 따라야 한다(법 제22조). 정신요양시설의 장은 정신요양시설에서 요양서비스를 제공할 때 의료와 관련된 부분은 정신건강의학과전문의에게 자문하여야 한다(법 제23조).

③ 정신재활시설의 설치·운영(법 제26조)

국가 또는 지방자치단체는 정신재활시설을 설치·운영할 수 있다. 국가나 지방자치단체 외의 자가 정신재활시설을 설치·운영하려면 해당 정신재활시설 소재지 관할 특별자치시장·특별자치도지사·시장·군수·구청장에게 신고하여야 한다.

정신재활시설에는 정신질환자등이 생활할 수 있도록 주로 의식주 서비스를 제공하는 생활시설과 정신질환자등이 지역사회에서 직업 활동과 사회생활을 할 수 있도록 주로 상담·교육·취업·여간·문화·사회참여 등 각종 재화활동을 지원하는 재활훈련시설과 그 밖에 대통령령으로 정하는 시설이 있다.

④ 정신건강증진시설의 평가

보건복지부장관은 정기적으로 정신건강증진시설에 대한 평가(이하 "정신건강증진시설평가"라 한다)를 하여야 한다. 다만, 「의료법」에 따른 의료기관 인증 또는 「사회복지사업법」에 따른 사회복지시설평가로 정신건강증진시설평가를 갈음할 수 있다. 보건복지부장관은 정신건강증진시설평가 결과가 우수한 정신건강증진시설에 행정적·재정적 지원을 할 수 있다(법 제31조).

(2) 정신건강연구기관

보건복지부장관은 뇌신경 과학과 정신질환 치료 및 재활, 정신건강증진 서비스 전달체계 개선 등 정신건강과 관련된 연구를 위하여 국립정신건강연구기관을 둘 수 있다(법 제16조).

(3) 정신건강전문요원

보건복지부장관은 정신건강 분야에 관한 전문지식과 기술을 갖춘 이들에게 정신건강전문요원의 자격을 줄 수 있는데 전문분야에 따라 정신건강임상심리사, 정신건강간호사 그리고 정신건강사회복지사로 구분된다(법 제17조).

5) 재정

(1) 비용부담 및 비용징수

국가 또는 지방자치단체는 특별자치시장·특별자치도지사·시장·군수·구청장에 의한 입원에 따른 진단과 치료에 드는 비용의 전부 또는 일부를 부담할 수 있다(법 제80조). 정신요양시설과 정신재활시설의 설치·운영자는 그 시설을 이용하는 사람으로부터 보건복지부장관이 정하여 고시하는 비용징수 한도액의 범위에서 시설 이용에 드는 비용을 받을 수 있다(법 제81조).

(2) 보조금

국가는 지방자치단체가 설치·운영하는 정신건강증진시설에 대하여 그 설치·운영에 필요한 비용과 지방자치단체가 수행하는 정신건강증진사업 등, 정신건강심의위원회와 정신건강심사위원회 운영 그리고 정신건강증진시설의 설치·운영자의 소관 업무에 관하여 지도·감독을 하는 데에 드는 비용을 보조할 수 있다(법 제82조).

4. 과제와 전망

기존의 「정신보건법」이 전부 개정된 「정신건강증진 및 정신질환자 복지서비스 지원에 관한 법률」은 2017년 5월 30일 시행을 앞두고 있다. 이 법은 국민의 정신건강증진 도모와 정신질환자에 대한 초기집중치료를 통한 만성화 방지, 정신질환자의 인권보호와 복지지원 강화 등을 골자로 한다. 이 법에서는 이전 법에 없던 자기결정권과 정책결정에 참여할 권리, 필요한 도움을 받을 권리를 기본이념에서 명시하였다. 이에 정신질환자의 입원과 관련된 이슈들이 새로운 방향으로 나아갈 것으로 보인다. 개정된 「정신건강증진 및 정신질환자 복지서비스 지원에 관한 법률」을 통해 기존 사회에서 많은 문제가 되었던 보호의무자에 의한 입원, 응급입원 등과 관련된 비자발적인 입원이 제한되고, 정신질환자의 자발적인 입원 의사가 큰 결정권을 쥐게 될 것이다.

그러나 이 법의 시행을 앞두고 해결되어야 할 과제는 아직 많이 남아 있다. 국민정신건강종합대책에 의해 분명 입원병상 수는 줄어들 것이나 그동안 시설에서 생활하던 적지 않은 수의 정신질환자들이 지역사회로 복귀하게 될 것이다. 그러나 이들이 안전한 삶을 살아갈 수 있도록 지역사회가 준비되어 있다고 보기 어렵다. 퇴원 후 이들이 어떻게 재활되어 지역사회에 적응하고, 인간다운 삶을 살 수 있을지에 대한 논의는 충분히 이루어지지 않고 있다. 정신건강복지센터는 철저한 사례관리를 통하여 정신질환자들의 욕구에 빠르게 대응할 수 있도록 노력하여야 한다. 다른 과제로는 이미 오랜 기간 동안 제기되어온 정신보건전문요원들의 비정규직 문제와 인력 부족문제이다. 서비스 제공자와 서비스 제공기관이 턱없이 부족한 상황에서는 높은 품질의 서비스를 기대할 수 없기 때문에 정신보건전문요원의 확대가 선행될 필요가 있다. 또한 지금까지 제공되지 않았던 다양한 분야에서 복지서비스를 제공하고 정신질환자에 대한 편견이 해소될 수 있도록 인식개선활동과 지속적인 권리옹호 활동이 병행되어야 할 것이다.

제 5 절 기타 장애인복지 관련법

장애인복지 관련법은 지금까지 다루었던 법들이 가장 대표적인 것들이다. 그러나 이 외에도 상당히 많은 장애인관련 복지법이 별도로 존재하고 있다. 여기에서 모든 관련법들을 다 다룰 수는 없고 가장 대표적인 관련법으로 「장애인·노인·임산부 등의 편의증진보장에 관한 법률」(이하 「장애인등편의법」), 「중증장애인생산품 우선구매 특별법」(이하 「중증장애인생산품법」), 「장애아동복지지원법」을 간략히 언급하는 것으로 한다.

1. 장애인·노인·임산부 등의 편의증진보장에 관한 법률

「장애인등편의법」은 장애인·노인·임산부 등이 일상생활에서 안전하고 편리하게 시설과 설비를 이용하고 정보에 접근할 수 있도록 보장함으로써 이들의 사회활동 참여와 복지 증진에 이바지함을 목적으로 한다(법 제1조).

1997년 제정된 이 법에서는 편의시설 설치의 기본원칙, 접근권, 국가 및 지방자치단체의 의무, 대상시설, 편의시설 설치기준, 시설의 지도·감독, 설치 지원, 미설치시의 과태료, 이행강제금 등을 규정하고 있다. 2016년 개정된 법에서는 감독기관의 시설주에 대한 시정명령과 관련한 조항을 보다 명확하게 개정하여 장애인등을 위한 편의시설에 대한 관리 및 감독을 강화하고 장애인등의 권익을 보호하고자 하였다. 이 「장애인등편의법」은 건설교통부(現 국토교통부), 행정자치부(現 행정자치부) 등 각 소관 부처별로 분산되어 있던 규정들을 장애인을 주 대상으로 하여 편의시설을 종합적으로 규정한 법률이라는 점에서는 의의가 있다. 그러나 청각장애인의 정보접근권을 구현하는 데 있어서는 미흡한 점이 많고, 특히 시설에 대한 접근권 위주로 되어 있어 대중교통에 대한 규정이 제외되어 이동권을 충분히 보장하지 못하고 있는 제한점이 있다.

2. 중증장애인생산품 우선구매 특별법

「중증장애인생산품법」은 경쟁고용이 어려운 중증장애인들을 고용하는 직업재활시설 등의 생산품에 대한 우선구매를 지원함으로써 중증장애인의 직업재활을 돕고 국민경제발전에 기여함을 목적으로 한다(법 제1조). 이 법은 급증하는 장애인에 대한 자립성을 보장하고, 인간존중의 차원에서 비장애인과 같은 생활을 유지할 수 있도록 하여 사회통합에 기여한다는 「장애인복지법」의 기본 이념에서 출발하였다. 이 법률을 통해 공공기간이 의무적으로 중증장애인생산물품을 구매하고, 더 나아가 중증장애인이 생산한 물품에 대해 철저한 심사 기준을 거쳐 품질인증까지 함으로써 중증장애인도 자립적으로 정상인과 다름없는 생활을 영위할 수 있도록 하고자 한 것이다.

2008년 9월 제정, 시행된 「중증장애인생산품법」의 주된 내용을 정리하면 다음과 같다. 보건복지부장관 주관 하에 중증장애인생산품 우선구매 촉진에 관한 계획을 수립하고(법 제4조) 이를 위한 중증장애인 생산품 우선구매 촉진위원회를 두도록 하고 있다(법 제5조). 공공기관의 장은 중증장애인생산품에 대한 구매를 우선적으로 촉진하여야 한다(법 제7조).

중증장애인생산품 생산시설에는 ① 일반 작업환경에서는 일하기 어려운 장애인이 특별히 준비된 작업환경에서 직업훈련을 받거나 직업 생활을 할 수 있는 장애인 직업재활시설(「장애인복지법」 제58조제1항제3호), ② 국가와 지방자치단체가 장애인의 복지를 향상하고 자립을 돕기 위하여 보호·육성하는 장애인복지단체(「장애인복지법」 제63조), ③ 정신질환자등이 지역사회에서 직업활동과 사회생활을 할 수 있도록 주로 상담·교육·취업·여가·문화·사회참여 등 각종 재활활동을 지원하는 재활훈련시설(「정신건강증진 및 정신질환자 복지서비스 지원에 관한 법률」 제27조제1항제2호)이 포함된다.

보건복지부장관은 중증장애인생산품의 판매를 촉진하고 품질을 향상시키기 위하여 품질인증 업무를 수행하기 위하여 인증기관을 지정하고, 중증장애인생산품에 대하여 품질인증을 할 수 있다(법 제8조). 또한 정부는 중증장애인생산품 생산시설의 경제력 향상과 사회적인 경쟁력 확보를 적극 지원하기 위하여 세제지원을 명문화하였다(법 제16조).

3. 장애아동 복지지원법

「장애아동 복지지원법」은 국가와 지방자치단체가 장애아동의 특별한 복지적 욕구에 적합한 지원을 통합적으로 제공함으로써 장애아동이 안정된 가정생활 속에서 건강하게 성장하고 사회에 활발하게 참여할 수 있도록 하며, 장애아동 가족의 부담을 줄이는데 이바지함을 목적으로 한다(법 제1조). 이 법은 장애아동을 위한 모든 활동에 있어서 장애아동의 이익이 최우선적으로 고려되고, 장애아동은 자신에게 영향을 미치는 모든 활동에 대하여 자신의 견해를 자유로이 표현할 권리를 최대한 보장받아야 한다는 기본이념(법 제3조) 아래 2011년 6월 제정되었다.

보건복지부장관은 장애아동의 복지지원에 관한 조사·연구, 장애아동의 복지지원 정책에 관한 정보 및 자료 제공, 장애아동의 장애유형별 지원프로그램 개발 등의 업무를 수행하기 위하여 중앙장애 아동지원센터를 설치·운영할 수 있으며(법 제8조), 특별자치도지사·시장·군수·구청장은 장애의 조기발견을 위한 홍보, 장애아동의 복지지원 사업에 관한 정보 및 자료 제공, 장애아동과 그 가족에 대한 복지지원 제공기관의 연계, 장애아동의 사례관리 등의 업무를 수행하기 위하여 지역장애 아동지원센터를 설치·운영할 수 있다(법 제9조). 보건복지부장관은 장애아동 및 그 가족의 복지지원과 관련한 실태조사를 3년마다 실시하여야 하는데, 보건복지부장관이 장애인 복지정책의 수립에 필요한 기초 자료로 활용하기 위하여 3년마다 실시하는 장애실태조사에 포함하여 실시할 수 있다(법 제11조).

장애아동과 가족에게는 의료비, 보조기구, 발달재활서비스, 보육, 돌봄 및 일시적 휴식지원 서비스, 지역사회 전환 서비스, 문화·예술 등 서비스, 가족상담·교육 등의 가족지원 등이 제공된다(법 제19조~제26조).

이 법은 장애아동에 대한 공적 지원체계의 기틀을 마련했다는 점에서 의미 있는 일로 평가할 수 있다. 「장애아동 복지지원법」 제정으로 복지지원에 대한 법적 근거가 확보되고 공공지원체계를 구축할 단초가 마련됐다. 비록 강제조항이 아닌 임의조항이라는 점 등 미비한 사항은 여전하지만, 법 제정을 계기로 장애아동에 대한 사회적 돌봄과 공공지원을 확대 발전시키기 위한 토대가 마련되었다.

제 4 장

아동·청소년복지 관련법

4장에서는 사회복지서비스 관련법 중에서 사회복지서비스의 대표적 대상자인 아동, 청소년과 관련된 법을 다루고자 한다. 「아동복지법」, 「영유아보육법」, 「청소년복지 지원법」, 「아동의 빈곤예방 및 지원에 관한 법률」을 선택하여 사회복지서비스 법의 목적과 이념, 서비스 대상과 공급주체, 전달체계와 재원 등에 대한 법적 근거들을 살펴보고 각 법률의 과제와 전망에 대해 설명하였다.

제 1 절 아동복지법

1. 일반사항

1961년 제정 당시의 아동복리법이라는 법명은 1981년 법의 전면 개정과 함께 「아동복지법」으로 그 이름이 바뀌었다. 아동복지법은 사회서비스 대상인 청소년, 여성, 장애인 등과 관련된 법률과 비교할 때 상대적으로 매우 앞서 제정되었다는데 의의가 있다. 그러나 요보호 아동을 위주로 한 구호적 성격의 법이 제정 후 20년간 한 차례의 개정도 없이 유지되었다는 것은 경제, 사회의 전면적 변화 속에서도 아동복지의 수준은 정체했다고 평가할 수 있다.

2000년 1월 이루어진 전면적 개정의 주요 내용을 살펴보면 이전 법률에서 구체적으로 정의한 바 없는 아동학대를 명확히 규정하였고, 아동학대 신고의무에 대한 조항을 포함시켰다. 아울러 이전 법에서 아동복지시설을 아동과 임산부복지를 위한 시설로 규정하였으나 개정된 법은 아동복지시설의 대상에서 임산부를 제외하고 다양한 아동복지시설의 종류를 명확하게 규정하였다. 이러한 법률 개정은 모자보건법 등 타법의 제정을 통해 법률적 보호 대상을 세분화하고 구체화한 과정이라고 볼 수 있으며 또한 아동복지 수요 확대와 심각해진 아동학대 문제에 대한 대응이라고 할 수 있다. 이후 2014년 「아동학대범죄의 처벌 등에 관한 특례법」 제정에[1] 따라 아동학대와 관련된 조문이 대폭 개정되었다. 2015년 개정에서는 아동학대 사건이 발생한 경우 피해아동의 가족 구성원을 파악하여 사후조치를 실효성 있게 하기 위해 아동보호전문기관의 장이 신분조회를 할 때 그 범위에 가족관계등록부의 증명서를 포함하도록 하고, 아동학대를 1차적으로 발견할 수 있는 사람인 아동학대 신고의무자에 대한 신고의무 고지 및 교육을 강화하며, 아동에 대한 체벌 금지 등을 명시하는 조항이 신설되었다.

제1장 총칙, 제2장 아동복지정책의 수립 및 시행 등, 제3장 아동에 대한 보호서비스 및 아동학대의 예방 및 방지, 제4장 아동에 대한 지원서비스, 제5장 아동복지시설, 제6장 보칙, 제7장 벌칙 등 총 6장 75조로 구성된 아동복지법은 「입양특례법」, 「아동의 빈곤예방 및 지원 등에 관한 법률」, 「아동·청소년의 성보호에 관한 법률」 등과 관련하여 일반법의 위치를 가진다고 할 수 있다.

2. 법의 제정이유와 목적

아동복지법은 아동이 건강하게 출생하여 행복하고 안전하게 자랄 수 있도록 아동의 복지를 보장하는 것을 목적으로 한다(법 제1조). 이 법의 기본 이념은 우선 아동은 자신과 부모의 성별, 연령, 종교, 사회적 신분, 재산, 장애유무, 출생지역, 인종 등에 따른 어떠한 종류의 차별도 받지 아니하고 자라나야 한다는 것이다. 그리고 완전하고 조화로운 인격발달을 위하여 안정된 가정환경에서 행복하게 자라나야 하며 아동에 관한 모든 활동에 있어서 아동의 이익이 최우선적으로 고려되어야 한다. 아울러 이 법은 아동의 권리보장과 복지증진을 위하여 아동은 보호와 지원을 받을 권리를 가지고 있음을 기본 이념으로 표

---

1) 아동학대범죄에 대한 처벌을 강화하고 아동학대범죄가 발생한 경우 긴급한 조치 및 보호를 할 수 있는 제도마련을 위해 제정되었다. 아동학대치사 및 아동학대상해죄에 대해 무기징역까지 처하도록 처벌규정을 강화하고, 상습적으로 아동학대범죄를 저지른 경우 검사가 법원에 친권상실을 청구할 수 있도록 하고, 아동복지시설 종사자 등에 대해서는 아동학대범죄에 대한 신고를 의무화하는 조항이 마련되었다(2014.1. 제정). 이에 따라 아동복지법 제25조(아동학대 신고 의무와 절차), 제27조(아동학대 현장 출동 및 격리 조치 등)는 2014년 개정에 의해 삭제되었다.

방하고 있다(법 제2조).

3. 주요 내용

1) 대상과 주체

아동복지법에서 아동이라 함은 18세 미만인 사람을 말한다. 특정한 보호 혹은 지원이 필요한 아동뿐 아니라 모든 아동이 아동복지법의 대상이다. '보호대상아동'이란 보호자가 없거나 보호자로부터 이탈된 아동 또는 보호자가 아동 학대하는 경우 등 보호자가 아동을 양육하기에 적당하지 않거나 양육 능력이 없는 경우의 아동을 가리키고, '지원대상 아동'은 건강하게 성장하는데 필요한 기초적 조건이 갖춰 있지 않아 사회적·경제적·정서적 지원이 필요한 아동을 가리킨다(법 제3조).

아동의 안전·건강 및 복지 증진을 위한 책무의 일차적 주체는 국가와 지방자치단체이다(법 제4조). 아동지원에 대한 국가와 지방자치단체의 책무내용으로 아동이 태어난 가정에서, 가정과 유사한 환경에서 성장할 수 있도록 하고, 가정에서 분리 보호할 경우 신속한 가정 복귀를 지원할 수 있도록 구체적으로 명시하였다(법 제 5조). 그리고 건강하고 안전한 양육에 대하여 보호자가 책무를 가지고 있으며, 국민은 아동의 권익과 안전을 존중하고 건강하게 양육해야 할 책임이 있음을 규정하고 있어(법 제5조) 아동의 건강한 양육에 대해서 모든 국민이 사회적 책임을 가지고 있음을 보여준다. 한편 시·도지사 또는 시장·군수·구청장은 아동의 보호조치를 함에 있어 아동의 보호자가 아동학대행위자인 경우에는 의견을 듣지 아니한다고 규정하여(법 제5조의 3) 보호자가 아동보호의 주체자에서 제외될 수 있음을 보여준다.

아동복지시설 장은 보호아동의 권리 보장에 대한 의무가 있고 아동복지업무에 종사하였거나 종사하는 자의 비밀 유지의 의무(법 제57조, 제65조)가 명시되어 있어 아동복지서비스를 제공하는 시설장이나 종사자는 아동복지서비스 제공과 전달에서 구체적인 주체로 포함된다.

2) 아동복지서비스 내용

법 제2장에서부터 제4장의 내용은 아동복지의 기본정책을 제시하고 아동을 대상으로 하는 지원서비스에 관한 것으로 구성되어 있다.

(1) 아동정책기본계획의 수립

보건복지부장관은 5년마다 아동정책기본계획을 수립하고 아동정책조정위원회의 심의를 거쳐 확정한 후 관계 중앙행정기관의 장 및 시·도지사에 알려야 한다(법 제7조). 보건복지부 장관과 관계 기관의 장, 그리고 시·도지사는 기본계획에 따라 연도별 시행계획을 수립하고 시행하여야 한다(법 제8조). 보건복지부장관은 5년마다 아동의 양육 및 생활환경, 정서적·신체적 건강, 아동 안전, 아동 학대 등 아동의 종합실태를 조사하고 공표하여 기본계획에 반영하여야 한다(법 제11조).

(2) 아동에 대한 보호서비스

시·도지사 또는 시장·군수·구청장은 관할 구역에서 보호대상 아동을 발견하거나 보호자의 의뢰를 받은 때에 대통령령이 정하는 바에 따라 보호조치를 하여야 한다(법 제15조). 보호조치란 전담공무원 또는 아동위원에게 보호대상 아동 또는 그 보호자에 대한 상담·지도를 수행하게 하는 것, 보호자 또는 대리양육을 원하는 연고자가 그 가정에서 아동을 보호·양육할 수 있도록 필요한 조치를 하는 것, 아동의 보호를 희망하는 사람에게 가정위탁하는 것, 보호대상아동을 적합한 아동복지시설에 입소시키는 것, 약물 및 알코올 중독, 정서·행동·발달 장애, 성폭력·아동학대 피해 등으로 특수한 치료나 요양 등의 보호를 필요로 하는 아동을 전문치료기관 또는 요양소에 입원 또는 입소시키는 것, 그리고 「입양특례법」에 따른 입양과 관련하여 필요한 조치를 하는 것을 가리킨다(법 제15조). 아동 또는 보호자에 대한 상담, 지도를 수행 할 수 없거나 보호자 혹은 연고자에게 양육하도록 조치할 수 없을 경우 광역자치단체 또는 기초자치단체 장은 가정위탁, 아동복지시설 입소, 전문치료기관 또는 요양소 입소 등 조치를 할 수 있는데 보호 조치하기 전 보호대상 아동에 대한 상담, 건강검진, 심리검사 및 가정환경에 대한 조사를 실시하여야 한다(법 제 15조의2, 2019.3.시행).

보호조치를 수행하는 기초 및 광역자치단체장은 보호대상 아동의 개별보호·관리 계획을 세워 보호하여야 한다. 보호조치를 할 때 보호대상 아동의 의사를 존중하여야 하며, 보호자가 있을 경우 그 의견을 들어야 하나(법 제15조제3, 4항) 아동의 보호자가 아동학대행위자인 경우에는 그 의견을 듣지 않는다.

법 제17조에서는 아동보호를 위한 조치로서 금지행위를 규정하고 있다. 아동을 매매한 경우 10년 이하의 징역에 처하고, 금지행위를 위반한 자는 위법 사유에 따라 최고 10년 이하의 징역 또는 5천만 원 이하 벌금에서 최하 1년 이하의 징역 또는 5백만 원 이하의 벌금에 처한다고 동법 71조에 벌칙을 정하고 있다. 금지행위를 처벌의 강도에 따라 나열하면 다음과 같다.

① 아동을 매매하는 행위/ 아동에게 음란한 행위를 시키거나 이를 매개하는 행위 또는 아동에게 성적 수치심을 주는 성희롱 등의 성적 학대행위
② 아동의 신체에 손상을 주거나 신체의 건강 및 발달을 해치는 신체적 학대행위
③ 아동의 정신건강 및 발달에 해를 끼치는 정서적 학대행위/ 아동을 유기하거나 의식주를 포함한 기본적 보호·양육·치료 및 교육을 소홀히 하는 방임행위/ 장애를 가진 아동을 공중에 관람시키는 행위/ 아동에게 구걸을 시키거나 아동을 이용하여 구걸하는 행위
④ 정당한 권한을 가진 알선기관 외의 자가 아동의 양육을 알선하고 금품을 취득하거나 금품을 요구 또는 약속하는 행위/ 아동을 위하여 증여 또는 급여된 금품을 그 목적 외의 용도로 사용하는 행위
⑤ 공중의 오락, 흥행 목적으로 아동의 건강과 안전에 유해한 곡예를 시키는 행위 또는 이를 위하여 아동을 제3자에게 인도하는 행위

법 제19조에서는 아동의 후견인 선임 청구에 대한 의무를 규정하고 있다. 친권자 또는 후견인이 없는 아동을 발견한 경우 아동복지를 위하여 필요하다고 인정할 때에는 법원에 후견인의 선임을 청구하여야 한다. 청구 의무를 가진 주체는 광역 및 기초자치단체장, 아동복지시시설의 장 및 학교의 장이다. 그리고 이상의 주체들과 검사는 후견인이 아동학대 등 비행을 저지르는 경우 후견인 변경을 법원에 청구하여야 한다(법 제19조제2항).후견인의 선임과 변경에 있어서 아동의 의견을 존중하여야 한다.

(3) 아동학대 예방 및 방지

국가와 지방자치단체는 아동학대의 예방과 방지에 대한 의무가 있고, 지방자치단체는 수시로 신고를 받을 수 있도록 긴급전화 설치 의무가 있으며(법 제22조), 보건복지부장관은 아동학대 예방과 방지, 위반 행위자의 계도를 위한 교육 등에 관한 홍보영상을 제작하고 배포해야 한다(법 제24조).

아동학대를 알게 된 경우 누구나 신고할 수 있지만 「아동학대범죄의 처벌 등에 관한 특례법」 제10조에 명시된 신고의무자[2]에 대하여서 관계 중앙행정기관의 장은 그들의 자

2) 어린이집·유치원 교직원, 초·중등 교직원, 학원의 운영자·강사·직원, 아동복지전담공무원·사회복지전담공무원, 아동복지시설 등 사회복지시설의 장과 종사자, 가정위탁지원센터·건강가정지원센터·다문화가족지원센터·정신보건센터의 장과 종사자, 가정폭력 관련 상담소 및 보호시설·성폭력피해상담소 및 성폭력피해자보호시설의 장과 그 종사자, 소방기본법에 따른 구급대원·응급구조사, 의료인,

격취득과정이나 보수교육 과정에 아동학대 예방 및 신고의무화 관련된 교육내용을 포함해야 함을 규정하고 있다(법 제26조의1). 사법경찰관리는 직무 수행 중 아동학대가 있었다고 의심할 만한 사유가 있을 때 아동보호전문기관에 통보할 의무가 있고, 아동보호전문기관은 피해아동을 보호조치해야 한다(법 제27조의2). 그리고 사법경찰관리 또는 아동보호전문기관의 직원이 피해아동을 인도하는 경우 아동학대 관련 보호시설이나 의료기관은 정당한 사유 없이 이를 거부할 수 없다(법 제27조의3).

아동보호전문기관의 장은 아동의 안전 확보와 재학대 방지, 건전한 가정기능의 유지 등을 위하여 피해아동 및 보호자를 포함한 피해아동의 가족에게 상담, 교육 및 의료적·심리적 치료 등의 필요한 지원을 제공하여야 하며(법 제29조), 지원 여부의 결정 및 지원 제공 등 모든 과정에서 피해아동의 이익을 최우선으로 고려하여야 한다. 아동학대 관련 범죄 전력자는 집행종료 후 10년까지의 기간 동안 아동관련기관에 취업 또는 사실상 노무를 제공할 수 없다(법 제29조의3). 보건복지부 또는 관계 중앙기관의 장은 아동학대 관련 범죄 전력자가 아동관련 기관에 취업하고 있는지를 직접 또는 관계 기관 조회 등의 방법으로 점검·확인하도록 하고(법 제29조의4), 취업하고 있는 경우 아동관련기관의 장에게 그의 해임을 요구해야 하고, 이를 위반하여 운영 중인 기관에 대해 폐쇄를 요구해야 한다(법 제29조의5).

(4) 아동에 대한 지원서비스

국가와 지방자치단체는 취약계층 아동과 가정을 대상으로 보건, 복지, 보호, 교육, 치료 등을 종합적으로 지원하는 통합서비스를 실시하는데(법 제37조) 그 대상 선정과 통합서비스 내용은 대통령령으로 정한다. 통합서비스 내용은 건강검진 및 질병예방교육 등 건강증진을 위한 서비스, 아동의 기초학습 및 사회성·정서 발달 교육 지원, 부모의 양육 지도, 그 밖에 아동의 성장과 발달을 도모하기 위하여 필요한 서비스이다. 국민기초생활보장법에 따른 수급자 또는 차상위계층 가정, 그 밖에 보건복지부 장관이 정하는 가정으로 아동이 건강하게 성장하기에는 취약한 여건을 가진 가정이 대상이 된다(시행령 제37조). 통합서비스 지원 업무를 수행하기 위해 보건복지부장관, 광역 및 기초자치단체장은 통합서비스 지원 기관을 설치 운영하여야 하며, 기관에는 공무원과 민간 전문 인력을 배치하여야 한다.

국가와 지방자치단체는 보호대상아동의 위탁보호 종료 또는 아동복지시설 퇴소 이후의

청소년시설 및 청소년단체의 장과 그 종사자, 한부모가족복지시설의 장과 그 종사자, 아이돌보미, 전문상담교사, 취약계층 아동에 대한 통합서비스지원 수행인력 등이 이에 해당한다.

자립을 지원하여야 하고(법 제38조), 가정위탁지원센터 및 아동복지시설의 장은 보호하고 있는 15세 이상의 아동을 대상으로 자립지원계획을 수립하고, 종사자를 대상으로 자립지원에 관한 교육을 해야 하는 의무가 있다(법 제39조). 국가 및 지방자치단체는 자립지원 전담 기관을 설치·운영하거나 위탁할 수 있으며, 보건복지부 장관은 아동자립지원추진 협의회를 둘 수 있다(법 제40, 41조).

3) 전달체계

아동복지서비스 전달체계는 포괄적 서비스를 제공하거나 그 기반을 조성하기 위해 전체 아동을 대상으로 체계적으로 구성하였다기보다는 아동양육의 여건과 사회문제의 성격 변화에 따라 법률 조항을 추가하거나 내용을 확대시켰다고 평가할 수 있다.

(1) 인력

시·도와 자치구에 아동복지 업무를 담당하기 위해 아동복지전담공무원을 둘 수 있다. 전담공무원은 사회복지사 자격을 가진 사람으로 각 지역 단위에서 아동에 대한 상담 및 보호조치, 아동복지시설에 대한 지도·감독 등 아동 복지증진을 위한 업무를 수행한다(법 제13조).

시·군·구에는 아동위원을 둔다(법 제14조). 아동위원은 업무수행을 위해 교육을 받을 수 있으며, 관할 구역 아동에 대한 생활상태 및 가정환경을 파악하고 필요한 원조와 지도를 행하며 아동복지를 위해 관계 전담공무원 및 관계 행정 기관과 협력해야 한다. 그 밖의 아동위원에 관한 사항은 해당 자치구의 조례로 정한다.

아동복지시설의 종사자로 전문 인력을 배치하여야 하고 그 기준은 대통령령으로 정한다(법 제54조). 아동복지시설의 장, 사무국장, 보육사, 생활복지사 등의 자격기준이 시행령 제52조에 제시되어 있다. 그리고 국가와 지방자치단체는 실종 및 유괴 등 아동에 대한 범죄 예방을 위하여 순찰활동 및 아동지도 업무 등을 수행하는 아동안전 보호 인력을 배치·활용할 수 있다(법 제33조).

(2) 위원회

아동의 권리증진과 건강한 출생 및 성장을 위하여 종합적인 아동정책 수립, 관계 부처의 의견 조정, 그리고 정책의 이행을 감독하고 평가하기 위하여 국무총리 소속으로 아동정책조정위원회를 둔다. 위원장을 포함한 25명 이내의 위원으로 구성하되, 위원장은 국무총리가 된다(법 제10조). 위원회는 다음 각 호의 사항을 심의·조정한다.

① 기본계획의 수립에 관한 사항
② 아동의 권익 및 복지 증진을 위한 기본방향에 관한 사항
③ 아동정책의 개선과 예산지원에 관한 사항
④ 아동 관련 국제조약의 이행 및 평가·조정에 관한 사항
⑤ 아동정책에 관한 관련 부처 간 협조에 관한 사항
⑥ 그 밖에 위원장이 부의(附議)하는 사항

시·도지사, 시장·군수·구청장은 아동정책기본계획에 따른 연도별 시행계획 수립 및 시행, 아동에 대한 보호조치, 퇴소조치, 친권행사의 제한이나 친권상실 선고 청구, 아동의 후견인 선임이나 변경 청구, 지원대상아동의 선정과 지원에 관한 사항을 심의하기 위해 아동복지심의위원회를 둔다(법 제12조).

(3) 아동복지시설 및 관련 기관

국가 또는 지방자치단체는 아동복지시설을 설치할 수 있으며, 국가 또는 지방자치단체 외의 자는 관할 기초자치단체장에게 신고하고 아동복지시설을 설치할 수 있고(법 제50조), 신고한 아동복지시설을 폐업 또는 휴업하거나 그 운영을 재개하고자 하는 자는 보건복지부령으로 정하는 바에 따라 미리 시장·군수·구청장에게 신고하여야 한다. 폐업, 휴업하는 경우 시설장은 아동이 다른 아동복지시설로 옮길 수 있도록 조치해야 하며, 기초자치단체장은 시설장이 보호조치를 취했는지 확인하는 등 시행규칙을 정하는 조치를 취해야 한다(법 제51조).

아동복지시설의 종류는 다음과 같이 규정하고 있다(법 제52조). 2011년 전부 개정을 거치면서 아동보호조치시설에서 아동보호치료시설로 명칭이 변경되었고, 아동직업훈련시설 및 아동복지관 등은 삭제되었다. 제시된 아동복지시설은 통합하여 설치할 수 있다.

① 아동양육시설: 보호대상아동을 입소시켜 보호, 양육 및 취업훈련, 자립지원 서비스 등을 제공하는 시설
② 아동일시보호시설: 보호대상아동을 일시보호하고 아동에 대한 향후의 양육대책수립 및 보호조치를 행하는 시설
③ 아동보호치료시설
   가. 불량행위를 하거나 불량행위를 할 우려가 있는 아동으로서 보호자가 없거나 친권자나 후견인이 입소를 신청한 아동 또는 가정법원, 지방법원소년부지원에서 보호 위탁된 19세 미만인 사람을 입소시켜 치료와 선도를 통하여 건전한 사회인으로 육성하는 것을 목적으로 하는 시설

나. 정서적 · 행동적 장애로 인하여 어려움을 겪고 있는 아동 또는 학대로 인하여 부모로부터 일시 격리되어 치료받을 필요가 있는 아동을 보호 · 치료하는 시설

④ 공동생활가정: 보호대상아동에게 가정과 같은 주거여건과 보호, 양육, 자립지원 서비스를 제공하는 시설

⑤ 자립지원시설: 아동복지시설에서 퇴소한 사람에게 취업준비기간 또는 취업 후 일정기간 동안 보호함으로써 자립을 지원하는 시설

⑥ 아동상담소: 아동과 그 가족의 문제에 관한 상담, 치료, 예방 및 연구 등을 목적으로 하는 시설

⑦ 아동전용시설: 어린이공원, 아동회관, 체육 · 연극 · 영화 · 과학실험전시 시설 등 아동에게 건전한 놀이 · 오락, 그 밖의 각종 편의를 제공하여 심신의 건강유지와 복지증진에 필요한 서비스를 제공하는 것을 목적으로 하는 시설

⑧ 지역아동센터: 지역사회 아동의 보호 · 교육, 건전한 놀이와 오락의 제공, 보호자와 지역사회의 연계 등 아동의 건전육성을 위하여 종합적인 아동복지서비스를 제공하는 시설

⑨ 아동보호전문기관: 아동학대 예방사업, 학대받는 아동의 발견, 보호, 치료 제공, 피해아동 가정의 사후관리 등 업무 수행

⑩ 가정위탁지원센터: 가정위탁 희망하는 가정의 발굴, 조사. 가정위탁 대상 아동에 대한 상담, 위탁가정 부모교육, 친부모가정으로 복귀 지원 등 업무 수행

각 시설은 고유의 목적 사업을 해치지 아니하고 시설별 설치기준 및 운영기준을 충족하는 경우 아동가정지원사업, 아동주간보호사업, 아동전문상담사업, 학대아동보호사업, 공동생활가정사업, 방과 후 아동지도 사업 등을 추가로 실시할 수 있고(법 제52조제3항), 기초자치단체장은 공동생활가정 중에서 학대피해 아동쉼터를 지정할 수 있다(법 제 53조의 2).

아동학대예방사업을 활성화하고 지역 간 연계 체계를 구축하기 위하여 국가는 중앙아동보호 전문기관을 두며, 지방자치단체는 지역아동보호 전문기관을 시 · 도 및 시 · 군 · 구에 1개소 이상 두어야 한다. 또한 비영리법인을 지정하여 아동보호전문기관의 운영을 위탁할 수 있다(법 제45조).

가정위탁사업을 활성화하고 지역 간 연계체계를 구축하기 위하여 국가는 중앙가정위탁지원센터를 두며, 지방자치단체는 가정위탁사업 활성화를 위해 시 · 도 및 시 · 군 · 구에 지역가정위탁지원센터를 둔다. 아동보호전문기관과 마찬가지로 지역가정위탁센터를 시 ·

군·구를 통합하여 운영할 수 있으며 비영리법인을 지정하여 운영을 위탁할 수 있다(법 제48조).

아동복지 관련 기관으로서 유괴 등의 위험에 처한 아동을 보호하기 위하여 경찰청장은 아동긴급보호소를 지정·운영할 수 있다(법 제34조). 지정을 원하는 자는 어린이집, 유치원, 초등학교, 학원가, 도시공원 등의 주변에서 사업을 운영하고 있는 자로서(시행령 제34조) 범죄경력을 확인한 후 지정여부를 결정한다.

그리고 아동전용시설이란 아동이 건전하게 자랄 수 있도록 제반 서비스와 프로그램을 제공하는 아동복지시설이다. 국가와 지방자치단체는 아동이 항상 이용할 수 있는 아동전용시설 설치를 위해 노력해야 한다고 규정하고 있다(법 제53조). 아동이 이용할 수 있는 문화·오락 시설, 교통시설, 그 밖의 서비스시설 등을 설치·운영하는 자는 대통령령으로 정하는 바에 따라 아동의 이용편의를 고려한 편익설비를 갖추고 아동에 대한 입장료와 이용료 등을 감면할 수 있다.

4) 재정

아동복지서비스의 재원은 크게 세 가지로 나눌 수 있다. 국가 또는 지방자치단체의 비용보조와 국유·공유재산의 대부, 부양 의무자에 대한 징수 그리고 아동복지시설에 대한 면세이다.

첫째, 국가 및 지방자치단체는 아동복지시설의 설치·운영을 위해 국유·공유 재산을 무상으로 대부하거나 사용·수익하게 할 수 있다(62조). 그리고 대통령령이 정하는 바에 따라 다음에 해당하는 비용의 전부 또는 일부에 대해 국가 및 지방자치단체가 보조할 수 있다고 규정하였다(법 제59조).

① 아동복지시설의 설치 및 운영과 프로그램의 운용에 필요한 비용 또는 수탁보호 중인 아동의 양육 및 보호 관리에 필요한 비용
② 보호대상아동의 대리양육이나 가정위탁 보호에 따른 비용
③ 아동복지사업의 지도, 감독, 계몽 및 홍보에 필요한 비용
④ 아동학대 신고의무 교육에 소요되는 비용
⑤ 취약계층 아동에 대한 통합서비스 지원에 필요한 비용
⑥ 보호대상아동의 자립지원에 필요한 비용
⑦ 보호대상 아동의 자산형성 지원 사업에 필요한 비용
⑧ 아동복지단체의 지도·육성에 필요한 비용

둘째, 시 · 도지사, 시장 · 군수 · 구청장 또는 아동복지시설의 장은 법 제15조의 가정위탁, 아동복지시설 입소, 전문치료기관 또는 요양소 입소, 아동일시보호시설 입소 및 위탁, 문제를 일으킬 가능성 있는 아동의 가정에 대한 예방차원의 적절한 조치 등 보호조치에 대한 비용의 전부 또는 일부를 대통령령으로 정하는 바에 따라 각각 그 아동의 부양의무자로부터 징수할 수 있다고 규정하였다(법 제60조, 2018.3.시행).

셋째, 상대적으로 소극적인 재원이라고 할 수 있는 면세가 있다. 아동복지시설에서 그 보호아동을 위하여 사용하는 건물 및 토지, 시설설치 및 운영에 소요되는 비용에 대하여는 '조세특례제한법'과 그 밖의 관계 법령에서 정하는 바에 따라 조세, 공과금을 면제할 수 있다(법 제63조).

4. 과제와 전망

아동복지의 초기 역사는 한국 전쟁을 거치면서 급증한 전쟁고아, 유기아 문제 등 아동보호에 대한 문제를 해결하기 위해 주로 외원기관의 원조와 시설 보호 중심으로 대응한 것이라고 할 수 있다. 사회문제를 해결하기 위한 사회적 자력기반이 절대적으로 미약했던 시기였던 만큼 가장 우선적인 요보호 대상은 아동이었다. 이러한 배경은 앞서 언급한 대로 사회복지의 다른 대상과 관련된 법에 비해 가장 빠른 시기에 아동복리법(1961년)이란 명칭으로 법이 제정되는데 영향을 주었을 것이다.

아동복지법은 아동의 복지를 위한 기본법으로서 의의를 가지고 있다. 그러나 이상의 시대적 배경을 가지고 출발한 아동복지법은 전체 아동복지에 대한 포괄적 접근과 장기적 구상을 통해서 제정되었다기보다는 당시 가장 취약한 대상인 아동을 보호하기 위한 조치로 제정되었다. 이후 법은 아동과 관련된 사회문제의 심각화 정도를 반영하면서 수차례 전면 개정을 거치며 변화하였다. 법 개정을 통해 요보호 아동에서 전체 아동으로 대상이 확대되고, 사회적 현실과 욕구를 반영한 아동복지시설 및 기관을 규정하고 아동의 건강한 성장을 방해하는 금지 행위 등에 대한 처벌을 더 강화시키는 방향으로 진행되었다.

그럼에도 법 제정 시기의 시대적 어려움과 함께 개정 시점의 당면한 문제 중심으로 법 규정이 신설, 개정되었기에 전체 아동을 대상으로 건강한 양육을 위해 필요한 포괄적이며 체계적인 아동복지의 방향을 선명하게 드러내지 못하고 있어 아동복지법이 아동의 복지와 관련된 여타 법률 등에 대한 기본법 기능이 약하다고 볼 수 있다. 또한 재원과 관련하여 국가 및 지방자치단체의 비용보조가 의무규정으로 되어 있지 않아서 권리보장과 복지증진을 위하여 아동은 보호와 지원 받을 권리가 있다는 법의 기본 이념에 대한 기반으로 충분하다고 보기 어렵다. 따라서 아동복지법은 이후 제정된 영유아보육법, 청소년기본법 등 아동복지와 관련된 타법에 대하여 기본법 기능을 수행함과 동시에 아동의 건강한 성장을 위한 권리가 구체적으로 확보될 수 있도록 보완되어야 하고 기존 법령의 실효성이 강화되어야 할 것이다.

한편 타법과의 관계에서 부가적으로 논의할 사항으로 '아동'의 개념을 규정하는 연령의 기준이 법률마다 달라 이를 합리적으로 조정하는 것이 필요하다. 아동복지법에서 아동은 18세 미만인 자를 가리키나, 「민법」에서는 미성년자를 19세 미만으로, 「아동·청소년의 성보호에 관한 법률」에서 아동을 19세 미만인 자로 규정하고 있다. 「소년법」에서 소년이란 19세 미만인 자로 규정하고 있으며, 「근로기준법」에서 도덕상 또는 보건상 유해·위험한 사업에 사용하지 못하는 대상으로 18세 미만자로 규정하고 있다. 「형법」에서는 처벌에서 제외하는 연령의 기준으로 14세가 되지 아니한 자로 정의하고 있고, 「형법」에서 아동혹사를 금지한 조항에서는 대상 연령을 16세 미만으로 규정하고 있다. 아동복지법에서 아동과 중첩되어 있는 「청소년기본법」에서의 청소년은 9세 이상 24세 이하의 자로 규정하고 있다.

동일한 대상을 아동·소년·청소년·미성년자 등의 이름으로 규정하며 그 연령기준을 다르게 한 것은 각 법률의 목적과 필요에 의한 것일 것이다. 그러나 권리보장과 보호제공의 욕구를 충족시켜야 하는 대상에 대해 연령적용 기준의 차이로 필수적인 권리를 제한하거나 보호를 제공하지 못하는 문제가 발생하지 않도록 합리적인 기준 설정에 대한 논의가 필요하다.

제 2 절 아동학대범죄의 처벌 등에 관한 특례법

1. 일반사항

초기의 아동학대범죄에 대한 처벌은 「아동복지법」 영역에서 규정되어 왔다. 하지만 아동학대가 심각한 사회문제로 인식되면서 더 이상 아동복지법만으로는 아동학대범죄에 대한 체계적인 개입이 어려워졌다. 그로 인해 아동학대범죄에 대한 적절한 접근을 할 수 있는 법의 필요성이 대두되었고, 이는 「아동학대범죄의 처벌 등에 관한 특례법」이라는 별개의 특례법이 제정되는데 영향을 끼쳤다.

이 절에서는 아동학대범죄의 처벌과정을 중심으로 「아동학대범죄의 처벌 등에 관한 특례법」을 이해하고, 아동학대범죄의 처벌과정에서 아동보호전문기관의 역할을 살펴보고자 한다. 제1장 총칙, 제2장 아동학대범죄의 처벌에 관한 특례, 제3장 아동학대범죄의 처리절차에 관한 특례, 제4장 아동보호사건, 제5장 피해아동보호명령, 제6장 벌칙 등 총 6장 64조로 이루어져 있다.

2. 법의 제정이유와 목적

아동의 성장은 가정차원뿐만 아니라 사회의 관심과 접근이 필요하다. 그러므로 아동에 대한 학대행위는 성장단계에 있는 아동에게 심각한 신체적·정신적 상처를 입힐 수 있기 때문에, 성인에 대한 학대보다 더욱 엄격한 처벌과 교화가 필요하다. 아동학대범죄에 대한 강력한 처벌을 하고, 범죄가 신고된 경우 긴급한 보호와 조치가 가능하도록 제도를 만들었다. 그러므로 이 법의 목적은 아동학대범죄의 처벌절차와 피해아동에 대한 보호절차, 아동학대행위자에 대한 보호처분을 규정함으로써 아동이 건강한 사회 구성원으로 성장하도록 보호하는 것이다.

3. 주요 내용

1) 대상

이 법의 대상은 「아동복지법」 제3조제1호에 따른 18세 미만의 '아동'이다(법 제2조). 아동학대는 「아동복지법」 제3조제7호에 따라서 보호자를 포함한 성인이 아동의 건강 또는 복지를 해치거나 정상적 발달을 저해할 수 있는 신체적·정신적·성적 폭력이나 가혹행위를 하는 것과 아동의 보호자가 아동을 유기하거나 방임하는 것이다(법 제2조). 이때의 보호자는 「아동복지법」 제3조제3호에 따라서 친권자, 후견인, 아동을 보호·양육·교육하거나 그러한 의무가 있는 자 또는 업무·고용 등의 관계로 사실상 아동을 보호·감독하는 자를 말한다(법 제2조).

2) 아동학대범죄의 처벌에 관한 특례

일반범죄가 「형법」에 의해 처벌되는 것과는 달리 아동학대범죄는 성인이 아닌 아동에 대한 범죄라는 특수성으로 인해 「아동학대범죄의 처벌 등에 관한 특례법」에 의해 다음과 같이 처벌이 규정되어 있다.

① 아동학대치사: 제2조제4호가목부터 다목까지의 아동학대범죄로 인해 아동이 사망하였을 경우에는 무기 또는 5년 이상의 징역에 처한다(법 제4조).

② 아동학대중상해: 제2조제4호가목부터 다목까지의 아동학대범죄로 인해 아동의 생명에 위험이 발생하거나 아동이 불구 또는 난치의 질병을 가지게 된 경우에는 3년 이상의 징역에 처한다(제 5조).

③ 상습범: 상습적으로 제2조제4호가목부터 파목까지의 아동학대범죄를 저지른 사람은 그 죄에 대한 형을 기존의 형량에 2분의 1까지 가중한다. 다만, 다른 법률에 따라 상습범으로 가중처벌될 때는 가중하지 않는다(법 제6조).

④ 아동복지시설의 종사자 등에 대한 가중처벌: 제10조제2항 각 호에 따른 아동학대 신고의무자가 보호하는 아동에게 학대범죄를 저질렀을 경우에는 그 죄에 대한 형을 기존의 형량에 2분의 1까지 가중한다(법 제7조).

⑤ 형벌과 수강명령 등의 병과[3]: 아동학대행위자에 대하여 유죄판결(선고유예 제외)을 선고하는 동시에 200시간의 범위에서 재범예방에 필요한 수강명령(「보호관찰 등에 관한 법률」에 따른 수강명령) 또는 아동학대 치료프로그램의 이수명령을 부과할 수 있다. 또한 수강명령은 형집행을 유예할 때는 그 기간 내에서 병과하고, 이수명령은 벌금형 또는 징역형의 실형을 선고할 경우에 병과한다. 수강명령 또는 이수명령의 내용은 아동학대 행동의 진단 상담, 보호자로서의 기본 소양을 갖추게 하기 위한 교육, 그 밖에 아동학대행위자의 재범예방을 위하여 필요한 사항이 있다(법 제8조).

⑥ 친권상실청구 등: 피해아동의 친권자나 후견인의 지위에 있는 아동학대행위자가 제5조 또는 제6조의 범죄를 저질렀을 때, 검사는 법원에 「민법」 제924조의 친권상실의 선고 또는 같은 법 제940조의 후견인의 변경 심판을 청구해야 한다. 만일 검사가 친권상실의 선고 혹은 후견인의 변경 심판을 청구를 하지 않았을 경우에는 아동보호전문기관의 장이 검사에게 청구를 요청할 수 있다. 이 경우 검사는 청구를 요청받은 날부터 30일 내에 그 처리결과를 아동보호전문기관의 장에게 알려야 한다. 만일 통보받은 처리결과에 이의가 있을 때는 아동보호전문기관의 장은 통보받은 날부터 30일 이내에 직접 법원에 청구를 할 수 있다(법 제9조).

3) 동시에 두 가지 이상의 형벌을 내림

3) 아동학대범죄의 처벌절차의 주요 내용

「아동학대범죄의 처벌 등에 관한 특례법」은 아동학대범죄의 형사처분절차에 관한 특례법이다. 큰 흐름에서 보면 「가정폭력 관련법 및 피해자 보호 특례법」에 등장하는 형사처분절차와 비슷하지만, 아동보호전문기관이 절차에 개입하는 등의 차이점을 가지고 있다. 아동학대범죄에 대한 처벌절차를 중심으로 주요 내용을 살펴보고자 한다.

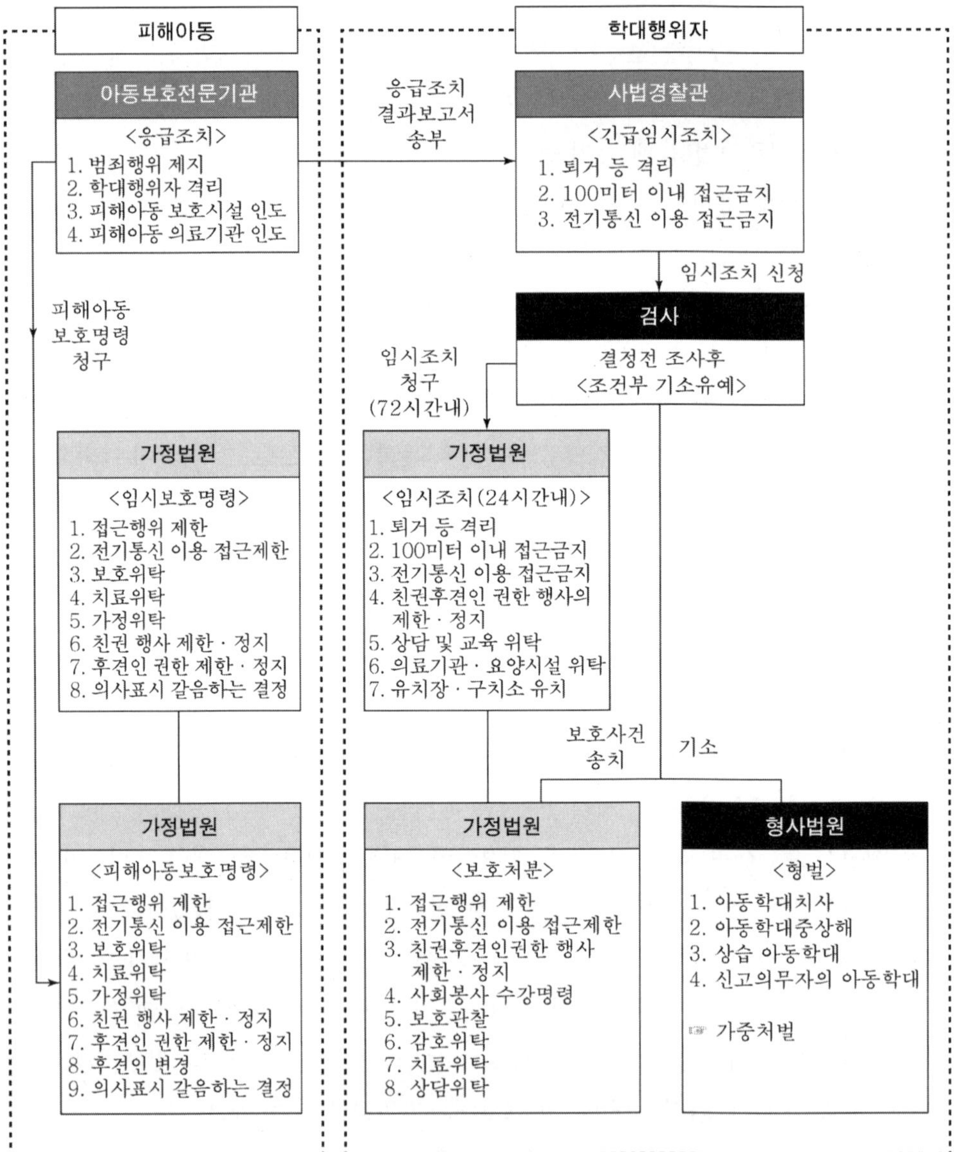

[그림 Ⅲ-1] 아동학대범죄사건 처리 절차[4)]

(1) 아동학대범죄의 처리절차

누구든지 아동학대범죄를 알게 되거나 의심이 있을 때, 아동보호전문기관 또는 수사기관에 신고할 수 있게 하였지만 가정위탁지원센터의 장과 종사자, 아동복지시설의 장과 종사자, 아동복지전담공무원, 가정폭력피해자 보호센터의 장과 종사자 등 아동과의 접촉가능성이 있는 직무를 수행하는 자가 아동학대범죄를 알게 되거나 의심이 있는 경우에는 아동보호전문기관 또는 수사기관에 즉시 신고하여야 함을 규정하고 있다(법 제10조). 또한 누구든지 아동학대범죄신고자 등에게 아동학대범죄신고 등을 이유로 불이익조치를 해서는 안 되며(법 제10조의2), 신고자등에 대하여 「특정범죄신고자 등 보호법」 제7조부터 제13조까지의 규정을 적용하여 보호조치를 취하고 있다(법 제10조의3).

아동학대범죄에 대한 신고를 받은 사법경찰관리나 아동보호전문기관의 직원은 즉시 아동학대범죄현장에 출동해야 한다. 이때 수사기관의 장이나 아동보호전문기관의 장은 서로 동행할 것을 요청할 수 있으며, 그 요청을 받았을 시 정당한 사유가 없는 한 서로 동행하도록 해야 한다. 현장에 출동한 사법경찰관리와 아동보호전문기관의 직원은 아동 또는 아동학대행위자 등 관계인에 대하여 조사를 하거나 질문을 할 수 있다. 단, 아동보호전문기관의 직원은 피해아동의 보호를 위한 범위 내에서만 아동학대행위자 등 관계인에 대한 조사를 하거나 질문할 수 있다(법 제11조).

현장에 출동한 사법경찰관리나 아동보호전문기관의 직원은 피해아동보호를 위해 응급조치를 해야 한다. 조치의 내용으로는 아동학대범죄 행위의 제지, 아동학대행위자를 피해아동으로부터 격리, 피해아동을 아동학대 관련 보호시설로 인도, 긴급치료가 필요한 피해아동을 의료기관으로 인도로 구성되어 있다. 특히 즉각적으로 취해야 하는 아동학대범죄 행위의 제지를 제외한 다른 응급조치는 72시간을 넘을 수 없다. 다만 임시조치를 법원에 청구한 경우에는 법원의 임시조치 결정 시까지 응급조치가 연장된다(법 제12조).

위와 같은 응급조치에도 불구하고 아동학대범죄가 재발될 우려가 있고, 긴급을 요하여 법원의 임시조치결정을 받을 수 없을 경우에는 직권, 피해아동, 그 법정대리인, 변호사, 아동보호전문기관의 장의 신청에 따라 긴급임시조치를 취할 수 있다. 긴급임시조치의 내용은 임시조치 1호부터 3호까지 구성되어 있다(법 제13조).

① 피해아동 또는 가정구성원(「가정폭력범죄의 처벌 등에 관한 특례법」 제2조제2호에 따른 가정구성원을 말한다. 이하 같다)의 주거로부터 퇴거 등 격리

4) 자료: 허남순(2014), 한국 아동학대 범죄의 처벌 등에 관한 특례법의 의미와 과제

② 피해아동 또는 가정구성원의 주거, 학교 또는 보호시설 등에서 100미터 이내의 접근 금지

③ 피해아동 또는 가정구성원에 대한 「전기통신기본법」 제2조제1호의 전기통신을 이용한 접근 금지

앞서 응급조치 및 긴급임시조치를 취한 후에는 검사에게 임시조치를 청구신청해야 하고 청구신청을 받은 검사는 응급조치의 경우 48시간 이내, 긴급임시조치의 경우 72시간 이내에 임시조치를 법원에 청구하여야 한다(법 제15조). 만일 응급조치나 긴급임시조치를 시행하지 않았을 때는 아동학대범죄가 재발될 우려가 있다고 인정할 때 직원 혹은 사법경찰관이나 보호관찰관의 신청에 따라 법원에 임시조치를 청구할 수 있다(법 제14조).

(2) 아동보호사건

검사로부터 임시조치 청구를 받은 판사는 아동학대범죄의 원활한 조사·심리 또는 피해아동 보호를 위하여 필요한 경우에는 아동학대행위자에게 임시조치를 할 수 있다. 이때의 임시조치는 다음의 내용으로 구성되어 있다(법 제19조).

① 피해아동 또는 가정구성원(「가정폭력범죄의 처벌 등에 관한 특례법」 제2조제2호에 따른 가정구성원을 말한다. 이하 같다)의 주거로부터 퇴거 등 격리

② 피해아동 또는 가정구성원의 주거, 학교 또는 보호시설 등에서 100미터 이내의 접근 금지

③ 피해아동 또는 가정구성원에 대한 「전기통신기본법」 제2조제1호의 전기통신을 이용한 접근 금지

④ 친권 또는 후견인 권한 행사의 제한 또는 정지

⑤ 아동보호전문기관 등에의 상담 및 교육 위탁

⑥ 의료기관이나 그 밖의 요양시설에의 위탁

⑦ 경찰관서의 유치장 또는 구치소에의 유치

또한 임시조치의 각 처분은 병과할 수 있다(법 제19조). 아동학대행위자나 그 법정대리인, 보조인은 임시조치 결정의 취소 및 변경을 관할 법원에 신청할 수 있으며, 판사는 정당한 이유가 있다고 인정할 때 해당 임시조치를 취소하거나 변경할 수 있다. 또한 판사는 임시조치를 받은 아동학대행위자가 임시조치 결정을 이행 및 따르지 않으면 직권 또는 검사, 피해아동, 그 법정대리인이나 변호사 또는 위탁기관의 장의 청구에 따라 임시조치를 변경하는 결정을 할 수 있다(법 제22조).

임시조치로 인하여 피해아동에게 친권을 행사하거나 후견인의 임무를 수행할 사람이

없는 경우 판사는 그 임시조치의 기간 동안 특별시장·광역시장·특별자치시장·도지사·특별자치도지사·시장·군수·구청장·아동보호전문기관의 장 및 가정위탁지원센터의 장으로 하여금 임시로 후견인의 임무를 수행하게 하거나 그 임무를 수행할 사람을 선임해야 한다. 또한 그 과정에서 피해아동의 의견을 존중해야 하며, 피해아동 및 피해아동을 보호하고 있는 사람은 그 선임에 대해 의견을 제시할 수 있다.(법 제23조).

사법경찰관은 아동학대범죄를 수사하여 사건을 검사에게 송치해야 하고(법 제24조), 검사는 이를 아동보호사건으로 처리할 시 관할법원에 송치해야 한다(법 제28조). 사건을 송치받은 법원의 판사는 심리결과 보호처분이 필요하다고 인정하는 경우에는 다음과 같은 조치를 취할 수 있다(제 36조).

① 아동학대행위자가 피해아동 또는 가정구성원에게 접근하는 행위의 제한
② 아동학대행위자가 피해아동 또는 가정구성원에게 「전기통신기본법」 제2조제1호의 전기통신을 이용하여 접근하는 행위의 제한
③ 피해아동에 대한 친권 또는 후견인 권한 행사의 제한 또는 정지
④ 「보호관찰 등에 관한 법률」에 따른 사회봉사·수강명령
⑤ 「보호관찰 등에 관한 법률」에 따른 보호관찰
⑥ 법무부장관 소속으로 설치한 감호위탁시설 또는 법무부장관이 정하는 보호시설에의 감호위탁
⑦ 의료기관에의 치료위탁
⑧ 아동보호전문기관, 상담소 등에의 상담위탁

(3) 피해아동보호명령

판사는 직권 또는 피해아동, 그 법정대리인, 변호사, 아동보호전문기관의 장의 청구에 따라서 피해아동의 보호를 위하여 아래와 같은 피해아동보호명령을 할 수 있다(제 47조).

① 아동학대행위자를 피해아동의 주거지 또는 점유하는 방실로부터의 퇴거 등 격리
② 아동학대행위자가 피해아동 또는 가정구성원에게 접근하는 행위의 제한
③ 아동학대행위자가 피해아동 또는 가정구성원에게 「전기통신기본법」 제2조제1호의 전기통신을 이용하여 접근하는 행위의 제한
④ 피해아동을 아동복지시설 또는 장애인복지시설로의 보호위탁
⑤ 피해아동을 의료기관으로의 치료위탁
⑥ 피해아동을 연고자 등에게 가정위탁
⑦ 친권자인 아동학대행위자의 피해아동에 대한 친권 행사의 제한 또는 정지

⑧ 후견인인 아동학대행위자의 피해아동에 대한 후견인 권한의 제한 또는 정지

⑨ 친권자 또는 후견인의 의사표시를 갈음하는 결정

4. 과제와 전망

학대의 대부분은 가정 내에서 보호자에 의해 발생한다는 점에서 아동학대는 가정폭력과 유사점을 가지고 있다. 그럼에도 불구하고 「아동학대범죄의 처벌 등에 관한 특례법」을 제정하여 가정폭력과 구별을 두는 이유는 아동이 성인에 비교하여 신체적·정신적으로 여전히 발달중인 미성숙한 존재이며, 자신이 학대를 당하고 있다고 생각하거나 표현하기 어렵기 때문이다. 이러한 이유로 피해자가 절차과정에서 주된 의사결정을 하는 가정폭력과는 다르게 아동보호전문기관이 아동과 함께 의사결정을 내리는 것이다. 그러므로 아동학대범죄에 접근하는 것은 범죄에 대한 처벌만을 강조하는 것이 아니라 근본적으로 아동을 보호할 수 있어야 함을 의미한다. 이에 학대피해아동이 학대범죄 이후에도 보호를 받을 수 있도록 적극적인 보호조치를 강화하여야 할 필요가 있다.

법에서 규정하는 아동학대는 '보호자를 포함한 성인'으로부터 이루어지는 행위이다. 이는 성인이 아닌 사람의 학대행위가 「아동학대범죄의 처벌 등에 관한 특례법」에 의한 아동학대로 정의되지 않음을 의미하며, 그 결과 학대피해아동은 본 법에 의한 보호대상에서 제외될 가능성이 존재한다. 아동학대가 미성년자에 의해 이루어 질 수 있다는 점을 고려하여 아동학대행위자에 대한 정의를 확대할 필요가 있을 것이다.

제 3 절 영유아보육법

1. 일반사항

보육, 탁아와 관련된 사업은 영유아보육법이 제정되기 이전에는 「아동복지법」, 「유아교육진흥법」, 직장탁아제도를 규정한 「남녀고용평등법」 등의 법률 하에서 여러 부처에서 각각 관리 · 운영되고 있었다. 여성의 사회참여 증가 및 핵가족화에 의한 탁아 수요가 급증하고 아동보호가 개인적인 차원을 넘어서고 있음에도 보육을 관할하고 있는 행정 부처가 다원화 되어 있어 체계적인 보육 사업을 추진하기 어렵다는 문제가 제기되었다. 이에 보

육에 대한 독립된 입법 요청에 따라 보육사업의 통합일원화를 내용으로 한 「영유아보육법」이 1991년 제정되었다. 한때 보건복지가족부에서 여성가족부로 주관부처가 변경되기도 하였으나 현재 보건복지부에서 일원화되어 시행되고 있다.

가족구조 변화, 여성의 사회참여 확대, 다른 사회복지 관련법의 변화 등으로 사회복지 환경이 큰 폭으로 변하고 확대되는 과정에서 영유아보육법은 수십 차례의 개정을 거쳐 오늘에 이르렀다. 그 과정에서 보육시설 종사자의 자격기준 강화, 영유아보육시설의 설치 운영을 신고제에서 인가제로 전환(2004. 1.), 다문화가족 자녀 등의 국공립어린이집 우선 보육대상으로 규정하는 등 취약계층 자녀의 보육시설 우선적 이용을 규정하였고(2008. 12.), 보육시설 및 보육시설 종사자의 명칭이 어린이집, 보육교직원으로 변경(2011. 6.)되었다. 「아동복지법」 제17조에 명시되어 있는 금지행위를 하여 벌금형 이상의 형을 선고받은 사람이 집행 종료 후 일정기간이 지나지 않은 자에게 어린이집 설치·운영·근무를 하지 못하도록 하였고(2013.8.), 일정규모 이상의 사업장이 직장어린이집을 설치·운영하는 의무조항을 강화하는 조항으로 개정하는(2014.5.)과정을 거쳤다.

2015년에는 어린이집의 아동학대범죄가 잇따라 발생하여 어린이집을 이용하고 있는 영유아 보호자들의 불안이 가중되고, 건강하고 안전하게 보호받고 양육되어야 하는 영유아의 권리도 훼손되고 있다고 판단하여 어린이집의 폐쇄회로 텔레비전(CCTV) 설치를 의무화하고, 아동학대자에 대한 제재 및 보육교직원의 자격기준을 강화할 뿐 아니라, 보육교직원의 보수교육에 이들의 인성함양 과목을 추가하였다.

한편, 보육교직원의 처우개선을 위해 육아종합지원센터에 상담전문요원을 두고 보육교사의 업무 부담을 경감할 수 있도록 보조교사 및 대체교사를 배치하고, 위법행위를 고발한 자에게 불이익조치를 하지 않도록 하였다. 또한 어린이집 원장 및 보육교사의 보수교육에 재난대비 안전 등 종합안전교육의 내용뿐만 아니라 그 밖의 보건복지부장관이 정하는 필요한 사항의 교육을 할 수 있도록 하고, 장기 해외 체류아동의 경우 양육수당 지원을 정지하도록 의무화하였으며, 보육비용 신청과 관련하여 서면고지 방식 이외에 다른 방식으로도 고지가 가능하도록 하였다.

영유아보육법은 제1장 총칙, 제2장 어린이집의 설치, 제3장 보육교직원, 제4장 어린이집의 운영, 제5장 건강·영양 및 안전, 제6장 비용, 제7장 지도 및 감독, 제8장 보칙, 제9장 벌칙 등 총 9장 56조로 구성되어 있다.

2. 법의 제정 이유와 목적

보육정책은 주요 선거에서 핵심 공약으로 논의될 정도로 사회적 관심도가 높은 대표적 사회복지서비스 영역으로 자리매김 되었다. 급격한 정책 환경의 변화 속에서 수차례의 개정을 통해 구성된 영유아보육법은 보육을 사회적 부담으로 공유하고 영유아의 보호와 교육뿐만 아니라 영유아 양육 가정에서의 모성보호, 여성의 사회참여 확대를 위한 환경조성 등에도 초점을 맞추고 있다. 이것은 법의 목적에서 잘 나타나 있는데 법 제1조에서 영유아(嬰幼兒)의 심신을 보호하고 건전하게 교육하여 건강한 사회 구성원으로 육성함과 아울러 보호자의 경제적·사회적 활동이 원활하게 이루어지도록 함으로써 영유아 및 가정의 복지 증진에 이바지함을 목적으로 명시하고 있다.

'보육'이란 영유아를 건강하고 안전하게 보호·양육하고 영유아의 발달 특성에 맞는 교육을 제공하는 어린이집 및 가정양육 지원에 관한 사회복지서비스를 말한다(법 제2조). 보육 이념은 영유아의 이익을 최우선적으로 고려하고, 영유아가 안전하고 쾌적한 환경에서 건강하게 성장할 수 있어야 하며 어떠한 종류의 차별도 받지 않고 보육되어야 한다는 것이다(법 제3조). 법 제3조3항에서 차별의 대상이 될 수 없는 요인으로 자신이나 보호자의 성, 연령, 종교, 사회적 신분, 재산, 장애, 및 출생지역과 함께 2011년 개정을 통해 '인종'이 추가되었다. 다문화사회의 진입과 빠른 변화 속도에 따라 법의 실효성을 높이는 대응의 하나라고 할 수 있다.

3. 주요 내용

1) 대상과 주체

이 법의 대상은 우선 '영유아'로서 6세 미만의 취학 전 아동을 말한다(법 제2조). 어린이집 이용대상은 보육이 필요한 영유아를 원칙으로 하되, 필요한 경우 어린이집 원장은 만 12세까지 연장하여 보육할 수 있다(법 제27조). 법 제28조에서는 보육 우선 대상으로 국민기초생활보장법에 따른 수급자와 차상위계층의 자녀, 한부모가족지원법에 따른 보호대상자의 자녀, 장애인복지법에 따라 보건복지부령으로 정하는 장애등급 이상에 해당하는 자의[5] 자녀, 다문화가족의 자녀, 그 밖에 소득수준 및 보육수요 등을 고려하여 보건복지부령으로 정하는 자의 자녀로 규정하고 있다.

영유아 및 가정의 복지 증진에 이바지하는 것이 법의 목적에 명시되어 있으므로 '보호자' 또한 이 법의 주요 대상이라고 할 수 있다. 보호자란 친권자·후견인, 그 밖의 영유아를 사실상 보호하고 있는 자를 말한다.

영유아보육의 책임주체는 모든 국민, 국가와 지방자치단체, 특별자치도지사·시장·군수·구청장이다(법 제4조). 국가와 지방자치단체는 영유아의 보육책임을 지며 보육에 필요한 재원을 안정적으로 확보하도록 노력하여야 한다. 재원 확보에 대한 의무규정은 아니지만 영유아보육에 대한 법적 실효성을 높이는 과정으로서 국가와 지방자치단체의 책임을 강화하는 내용이라고 볼 수 있다. 아울러 국가와 지방자치단체는 영유아 성장과 양육방법 등 보호자 교육을 실시할 수 있다는 조항에서(법 제9조의2. 2017.3.신설) 영유아 보호자 교육의 주체가 될 수 있다.

보건복지부장관, 시·도지사 및 시장·군수·구청장은 보육사업의 원활한 수행을 위하여 어린이집 설치·운영자 및 보육교직원에 대하여 필요한 지도와 명령을 할 수 있으며(법 제41조), 어린이집 설치·운영자에게 어린이집에 관하여 필요한 보고를 하게 하거나 관계 공무원으로 하여금 운영 상황을 조사하게 하거나 서류를 검사하게 할 수 있는(법 제42조) 권한과 책임을 가지고 있다.

2) 영유아보육 서비스 내용

(1) 보육계획수립

보건복지부 장관은 이 법의 적절한 시행을 위하여 보육실태조사를 3년마다 실시하여야 한다(법 제9조). 보건복지부장관, 광역 및 기초자치단체장은 보육사업을 원활하게 추진하기 위하여 보건복지부장관의 경우에는 중앙보육정책위원회, 그 밖의 경우에는 각 지방보육정책위원회의 심의를 거쳐 어린이집 수급계획 등을 포함한 보육계획을 수립·시행하여야 한다(법 제11조). 보육계획에는 국공립 어린이집 공급 계획 및 목표가 포함되어야 한다.

이 법에 따라 보육계획을 5년마다 수립하여야 하고, 매년 2월 말일까지 연도별 시행계획을 수립하여야 한다(시행령 제19조). 보육계획에 포함해야 할 내용으로는 보육사업의 기본방향, 어린이집의 설치 및 수급, 보육교직원, 어린이집 운영 및 평가, 보육비용, 그 밖에 영유아 보육에 관하여 필요한 사항이다(시행령 제19조).

---

5) 장애등급 중 1급 또는 2급에 해당하는 사람, 장애등급 3급에 해당하는 지적장애인 또는 자폐성 장애인으로서 다른 장애가 중복된 사람을 가리킨다(시행규칙 제29조).

(2) 보육 및 지원서비스

영유아보육법을 통한 서비스는 크게 무상보육, 양육수당, 보육서비스 이용권 제공과 일시보육서비스로 나눌 수 있다.

이전에 국가 및 지방자치단체가 저소득층 중심으로 보육비용의 일부를 제공하였지만 법 제34조의 전문개정을(2013.1.) 통해 영유아에 대한 보육서비스를 제공할 때 무상보육을 원칙으로 명시하고 있다. 무상보육의 내용 및 범위는 대통령령으로 정하는 것으로 규정하고 있는데(법 제34조), 시행령에 따르면 매년 1월 1일 현재 만 3세 이상인 영유아로서 어린이집에서 보건복지부장관과 교육부장관이 협의하여 정하는 공통의 보육·교육과정(이하 "공통과정")을 제공받는 경우와, 매년 1월 1일 현재 만 3세 미만인 영유아로서 어린이집에서 보육과정(공통과정은 제외)을 제공받는 경우가 대상이 된다.[6] 장애아가 보육과정을 제공받는 경우 만 12세까지 무상보육을 실시할 수 있다(시행령 제22조).

어린이집이나 유치원을 이용하지 아니하는 영유아에 대하여 영유아의 연령과 보호자의 경제수준을 고려하여 양육에 필요한 비용 즉 양육수당을 지원할 수 있도록(법 제34조의2) 규정하고 있다. 양육 수당 지원 대상자는 해당 가구의 소득액(소득과 보건복지부령으로 정하는 바에 따라 재산을 소득으로 환산한 금액을 합한 금액)이 보건복지부장관이 정하는 금액 이하인 가구의 영유아가 된다(시행령 제21조의8). 일시보육서비스를 이용하는 경우에도 양육수당은 지원될 수 있다(법 제34조의2).

국가와 지방자치단체는 무상보육과 양육수당에 따른 비용 지원을 위하여 보육서비스 이용권을 영유아의 보호자에게 지급할 수 있다(법 제34조의3). 그리고 국가 또는 지방자치단체는 무상보육 및 무상교육을 지원받지 않는 영유아에 대해 필요한 경우 일시보육서비스를 지원할 수 있다(법 제26조의2). 특별자치시장·특별자치도지사·시장·군수·구청장은 육아종합지원센터, 어린이집, 그 밖에 일시보육 서비스를 제공할 수 있는 시설 중에서 보건복지부령으로 정하는 시설에 대하여 일시보육 서비스를 제공하는 기관으로 지정할 수 있다.

---

6) 무상보육의 대상은 어린이집에서 보육·교육과정(공통과정)을 제공받는 만 3~5세와 만 3세 미만의 보육과정을 제공받는 영유아이다. 공통과정이라 함은 어린이집과 유치원에서 3~5세 유아에게 공통으로 제공하는 과정을 가리킨다. 따라서 「유아교육법」 제24조에 따라 유치원에서 제공하는 3~5세 대상의 유아교육도 무상으로 제공되기 때문에 3~5세 유아는 어린이집과 유치원 어느 곳을 이용하든지 무상보육(교육)의 대상이 된다.

3) 전달체계

(1) 인력

어린이집에는 보육교직원을 두어야 하는데(법 제17조), 특별자치도지사 · 시장 · 군수 · 구청장은 보육교직원의 권익 보장과 근로여건 개선을 위하여 보육교직원의 임면(任免)과 경력 등에 관한 사항을 관리하여야 한다. 어린이집의 원장은 보건복지부령에 따라 보육교직원의 임면에 관한 사항을 특별자치도지사 · 시장 · 군수 · 구청장에게 보고해야 한다(법 제19조). 어린이집 원장과 보육교사는 보건복지부장관이 검정 · 수여하는 자격증을 받은 자이어야 한다(법 제21조). 보육교사의 등급은 1 · 2 · 3급으로 하고 자격기준은 대통령령으로 정한다. 대학 또는 이와 같은 수준 이상의 학력이 있다고 인정된 사람으로서 보건복지부령으로 정하는 보육관련 교과목을 이수하고 전문학사 이상을 취득하거나, 고등학교 또는 이와 같은 수준 이상의 학교를 졸업한 자로서 시 · 도지사가 지정한 교육훈련시설에서 소정의 교육과정을 이수한 사람은 보건복지부장관이 교부하는(법 제22조) 자격을 취득하게 된다.

보건복지부장관은 어린이집 원장과 보육교사의 자질 향상을 위한 보수교육을 실시해야 한다(법 제23조, 23조의2). 어린이집 원장과 보육교사는 업무 수행 중 중대한 과실로 영유아에게 손해를 입힌 경우, 즉 영유아의 생명을 해치거나 신체, 정신에 손해를 입힌 경우, 운영기준이나 급식기준을 위반하여 손해를 입힌 경우에 보건복지부 장관이 자격을 정지시킬 수 있고(법 제46조, 47조), 자격 없는 자를 채용하여 해당 업무를 수행하게 하는 경우와 보수교육을 3회 이상 받지 아니한 경우에도 자격을 정지시킬 수 있다.

(2) 위원회

영유아보육법의 목적을 달성하기 위해 조성된 위원회로 보육정책조정위원회, 보육정책위원회가 있다. 보육정책조정위원회는 보육정책에 관한 관계 부처 간 의견을 조정하기 위한 것으로 국무총리 소속이다. 위원장을 포함한 12명 이내의 위원으로 구성하며, 위원장은 국무조정실장이 되고 기획재정부차관, 교육부차관, 보건복지부차관, 고용노동부차관 및 여성가족부차관이 위원이 된다. 그리고 이상의 위원이 추천하는 보육계 · 유아교육계 · 여성계 · 사회복지계 · 시민단체 및 보호자를 대표하는 자 각 1명이 위원이 된다(법 제5조).

보육정책조정위원회는 보육정책의 기본 방향에 관한 사항, 보육 관련 제도개선과 예산지원에 관한 사항, 보육에 관한 관계 부처 간 협조 사항, 그 밖에 위원장이 회의에 부치는 사항을 심의 · 조정한다.

보육에 관한 각종 정책·사업·보육지도 및 어린이집 평가인증사항 등을 심의하기 위하여 보건복지부에 중앙보육정책위원회를, 특별시·광역시·도·특별자치도 및 시·군·구에 지방보육정책위원회를 둔다(법 제6조). 지방보육정책위원회는 그 기능을 담당하기에 적합한 다른 위원회가 있고 위원이 자격을 갖춘 경우에는 조례로 정하는 바에 따라 그 위원회가 지방보육정책위원회의 기능을 대신할 수 있다. 위원은 보육전문가, 어린이집의 원장 및 보육교사 대표, 보호자 대표 또는 공익을 대표하는 자, 관계 공무원 등으로 구성한다.

(3) 시설, 조직

① 어린이집

영유아보육의 핵심 전달체계는 어린이집이다. 어린이집은 국공립어린이집, 사회복지법인어린이집, 법인·단체 등 어린이집, 직장어린이집, 가정어린이집, 협동어린이집, 이상에 해당하지 않는 민간어린이집으로 분류된다(법 제10조). 어린이집을 설치·운영하려는 자는 보건복지부령이 정하는 설치기준을 갖추어야 하며(법 제15조), 보건복지부령으로 정하는 운영기준에 따라 어린이집을 운영하여야 한다(법 제24조). 국공립어린이집 외의 보육시설을 설치·운영하고자 하는 자는 특별자치도지사·시장·군수·구청장의 인가를 받아야 한다(법 제13조).

영유아보육법에 따른 서비스의 중요한 부분으로 지목할 수 있는 것은 국가와 지방자치단체가 국공립어린이집을 설치·운영하는 것이다(법 제12조). 이 경우 보육계획에 따라 도시 저소득 주민이 많이 사는 지역 및 농어촌지역 등 취약지역에 우선적으로 설치해야 하는 의무를 규정하고 있다.

그리고 일정규모 이상 사업장의 사업주에게 직장어린이집을 설치해야 하는 의무를 부여하고 있다. 직장어린이집을 단독으로 설치할 수 없을 때에는 사업주 공동으로 설치·운영하거나, 지역 어린이집과 위탁계약을 맺어 보육을 지원해야 한다(법 제14조)[7]. 직장어린이집을 설치해야 하는 사업장은 상시 여성근로자 300명 이상 또는 상시근로자 500명 이상을 고용하고 있는 사업장으로 규정하고 있다(시행령 제20조).

---

7) 직장어린이집 설치 의무 강화를 위해(2014.12.개정), 이전에 명시되었던 직장어린이집을 설치하거나 보육수당을 지급할 수 있다는 조항에서 보육수당 관련 규정을 삭제하였다. 사업주가 직장어린이집의 설치 등의 의무를 이행하지 않은 경우 시·도지사, 시장·군수·구청장은 사업주가 의무를 이행할 것을 명할 수 있으며(법 제44조의2), 이행을 다시 명하였음에도 이행하지 않을 경우 이행강제금을 부과할 수 있다고 규정하였다(법 제44조의3). 아울러 보건복지부 장관은 실태조사 결과 직장어린이집 의무를 이행하지 아니한 사업장 등의 명단을 보건복지부·고용노동부의 홈페이지에 1년간, 2개 이상의 일간지에 게재한다(법 제14조의2).

보건복지부장관은 표준보육과정을 개발·보급하고 필요하면 그 내용을 검토하여 수정·보완하여야 하며, 어린이집 원장은 표준보육과정에 따라 영유아를 보육하도록 노력하여야 한다(법 제29조). 또한 어린이집의 원장은 영유아 생활지도 및 초등학교 교육과의 연계 지도에 활용할 수 있도록 영유아의 발달상황 등을 종합적으로 관찰·평가하여 보건복지부장관이 정하는 기준에 따라 생활기록부를 작성·관리해야 하는 의무를 가지고 있다(법 제29조의2).

어린이집 원장은 시설, 설치·운영자, 보육교직원 등 기본현황, 보육과정, 보육료와 그 밖의 필요경비, 어린이집 예산·결산 사항, 영유아의 건강·영양 및 안전관리에 관한 사항 등을 매년 1회 이상 공시해야 한다. 공시한 정보를 특별자치시장·특별자치도지사·시장·군수·구청장에게 제출하여야 하고 보건복지부장관은 공시정보와 관련된 자료의 제출을 요구할 수 있다(법 제49조의2). 보건복지부 장관, 광역 또는 기초자치단체장은 행정처분을 받은 어린이집으로서 보조금을 부정하게 교부받거나 보조금을 유용한 경우와 급식기준을 위반하여 피해가 발생한 경우 그 어린이집에 대하여 위반행위, 처분내용, 해당 어린이집의 명칭, 대표자의 성명, 어린이집 원장의 성명 및 그 밖에 다른 어린이집과의 구별에 필요한 사항으로서 대통령령으로 정하는 사항을 공표할 수 있다(법 제49조의3). 또한 행정처분을 받은 사람으로서 「아동복지법」 제17조에 따른 금지행위를 하여 영유아의 생명을 해치거나 신체 또는 정신에 중대한 피해를 입힌 어린이집의 원장 및 보육교사에 대하여 법 위반 이력과 명단, 그 밖에 대통령령으로 정하는 사항을 공표할 수 있다.

② 육아종합지원센터

일시보육 서비스를 제공하거나 보육에 관한 정보의 수집·제공 및 상담을 위하여 보건복지부장관은 중앙육아종합지원센터를, 특별시장·광역시장·특별자치시장·도지사·특별자치도지사 및 시장·군수·구청장은 지방육아종합지원센터를 설치·운영하여야 한다. 이 경우 필요하다고 인정하는 경우에는 영아·장애아 보육 등에 관한 육아종합지원센터를 별도로 설치·운영할 수 있다(법 제7조). 중앙 및 지방 육아종합지원센터에는 센터의 장과 보육에 관한 정보를 제공하는 보육전문요원 및 보육교직원의 정서적, 심리적 상담 업무를 보는 상담전문요원을 둔다.

③ 보육개발원

보건복지부장관은 보육에 관한 연구와 정보 제공, 프로그램 및 교재 개발, 평가척도 개발 및 보육교직원 연수 등의 업무를 위하여 보육개발원을 설치하거나 그 업무를 관련 연구기관 등에 위탁할 수 있다(법 제8조).

④ 어린이집 운영위원회

어린이집의 원장은 어린이집 운영의 자율성과 투명성을 높이고 지역사회와의 연계를 강화하여 지역 실정과 특성에 맞는 보육을 실시하기 위하여 어린이집운영위원회를 설치·운영할 수 있다. 그런데 취약보육(脆弱保育)을 우선적으로 실시하여야 하는 어린이집과 대통령령으로 정하는 어린이집은 어린이집운영위원회의 설치·운영이 의무로 규정되어 있다(법 제25조).

어린이집운영위원회는 그 어린이집의 원장, 보육교사 대표, 학부모 대표 및 지역사회 인사(직장어린이집의 경우에는 그 직장의 어린이집 업무 담당자)로 구성하되 위원 정수를 5명 이상 10명 이내의 범위에서 어린이집의 규모 등을 고려하여 정할 수 있다.

⑤ 부모 모니터링단

법 제25조의2의 부모 모니터링단 조항은 부모와 보육·보건전문가가 직접 어린이집의 보육환경을 모니터링하고 컨설팅할 수 있도록 어린이집에 부모 모니터링단을 설치·운영할 수 있는 법적 근거가 된다.

광역 또는 기초자치단체장은 어린이집 보육환경의 모니터링과 컨설팅을 위하여 부모, 보육·보건 전문가로 점검단을 10명 이내로 구성하여 운영할 수 있다(법 제25조의2). 부모 모니터링단은 어린이집의 급식, 위생, 건강 및 안전관리 등 운영상황, 보육환경 개선을 위한 컨설팅, 그 밖에 보육과 관련된 보건복지부령으로 정하는 사항의 직무를 수행한다. 모니터링단은 직무 수행을 위해 어린이집에 출입할 수 있으며, 이 경우 미리 시·도지사 또는 시장·군수·구청장의 승인을 받아야 하고, 공무원과 동행할 경우 승인을 생략할 수 있다.

4) 재정

영유아보육법에 따른 재원은 국가나 지방자치단체의 비용보조, 사업주의 비용부담, 어린이집 이용자로부터의 보육료, 어린이집 설치와 보육료 부담에 대한 세제지원이 있다.

무상보육 대상 확대와 양육수당 도입을 위한 영유아보육의 절대적 재원은 국가와 지방자치단체의 보조이다. 국가나 지방자치단체는 대통령령에 따라 어린이집의 설치, 보육교사(대체교사 포함)의 인건비, 초과보육(超過保育)에 드는 비용 등 운영 경비 또는 지방육아종합지원센터의 설치·운영, 보육교직원의 복지 증진, 취약보육의 실시 등 보육 사업에 드는 비용, 폐쇄회로TV 설치비용의 전부 또는 일부를 보조한다(법 제36조).[8)]

8) 시행령 제23조에 따르면 3세이상 영유아의 무상보육 실시에 드는 비용은 예산의 범위에서 부담하되,

한편 법 제14조에 따라 어린이집을 설치한 사업주의 부담이 있다. 사업주는 대통령령으로 정하는 바에 따라 어린이집의 운영과 보육에 필요한 비용의 전부 또는 일부를 부담해야 한다(법 제37조). 어린이집의 소재지를 관할하는 시·도지사가 정하는 범위에서 어린이집 운영자가 어린이집 이용자로부터 수납한 보육료와 그 밖의 필요경비 등도(법 제38조) 재원의 한 부분이 된다.

어린이집을 설치한 사업주와 보육비를 부담하고 있는 보호자에 대한 세제지원은 조세감면 또한 조세지출의 하나로서 영유아보육 재원의 한 부분이다. 사업주가 직장어린이집을 설치·운영하는데 드는 비용과 보호자가 영유아의 보육을 위하여 지출한 보육료와 그 밖의 보육비용에 관하여는 「조세특례제한법」에서 정하는 바에 따라 조세를 감면하고(법 제39조), 직장어린이집을 제외한 어린이집의 운영비에 대해서도 「조세특례제한법」에서 정하는 바에 따라 조세를 감면한다.

4. 과제와 전망

영유아보육법은 상대적으로 법 제정의 역사가 길지 않음에도, 여성의 사회참여 확대, 가족구조 변화, 저출산 문제 해결 등을 위한 사회적 욕구의 증가와 함께 여타 다른 사회복지의 발전과 변화의 영향을 받으며 수십 차례의 개정을 거쳐 오늘에 이르렀다. 영유아보육은 사회적 보육의 필요성에 대한 공감대가 크게 확대되는 과정에서 보육책임의 분담 효율화와 효과적인 보육정책 운영이 우리의 당면과제가 된다.

영유아보육법이 법적인 타당성을 보다 충실히 갖추기 위해서는 사회적 필요를 충족시키고 나아가 제도를 선도하는 것이 필요하다. 문제 발생에 대한 대응으로 부분적으로 개정하거나 혹은 공약 실천을 뒷받침하기 위해 후속으로 법률을 개정하는 것이 아니라 영유아보육법의 목적과 이념을 구체적으로 실현하기 위해 법이 선도성을 가지는 것이 필요하다. 또한 최근 크게 문제가 되었던 어린이집 운영상의 비리문제, 종사자의 자질 문제와 영유아 학대문제를 예방하기 위해서는 법 규정에 의한 관리와 감독, 부당 행위에 대한 처벌 등이 합리적으로 이루어져 법이 실효성을 갖추도록 해야 할 것이다. 그리고 법 개정을

「지방교육재정교부금법」에 따른 보통교부금으로 부담한다(2017.1.~2019.12.까지는 유아교육지원특별회계에서 부담한다, 시행령 제23조제1항). 3세 미만 영유아의 무상보육 및 장애아 무상보육 실시에 드는 비용은 「보조금 관리에 관한 법률 시행령」 제4조 및 영유아 보육 사업에 대한 지원 비율에 따라 국가와 지방자치단체가 부담한다(개정 2013.2.28.). 보조금 지급 기준 보조율 표에 의하면 영유아 보육사업 지원 비율은 서울 35%, 지방 65%로 규정되어 있다.

통해 사업장의 직장어린이집 설치 의무를 강화하는 조항들이 실질적인 영향력을 발휘할 수 있어야 할 것이다.

영유아보육법에는 무상보육과 양육수당이 있으며 둘 중 한 제도를 선택하여 이용해야 한다. 영유아를 직접 돌보는 것이 시설에 맡기는 것보다 경제적 부담이 결코 적지 않음에도 불구하고, 무상보육을 선택했을 때 지원받을 수 있는 금액이 양육수당에 비해 훨씬 높게 책정되어 있다. 이는 제도를 선택할 때 양육수당보다는 무상보육을 선택할 요인으로 작용할 수 있음을 의미한다. 경제적 부담 없이 영유와 부모의 상황에 맞는 적절한 제도를 선택하기 위해서는 무상보육과 양육수당 간 지원액의 합리적인 조정이 필요할 것이다.

영유아가 만 3세 이상이 되면 부모들은 서비스를 이용하기 위해서 「영유아보육법」에 근거한 어린이집이나 「유아교육법」에 근거한 유치원 중 한곳을 선택할 수 있다. 어린이집은 영유아를 보호 및 양육하는 기관으로 유치원은 유아를 교육하는 기관으로 인식되어 왔으나, 최근의 사회문화적 변화로 인해 두 기관사이의 기능이 상당부분 유사해졌고 같은 맥락에서 누리과정이 시행되었다. 그럼에도 불구하고 두 기관이 각각 다른 부처에서 운영하고 있으며 각 기관을 선택했을 때 받는 지원이 다르기에 혼란스러운 문제점이 존재한다. 아동을 돌보는 제도의 발전을 위해서는 이러한 문제점을 해결할 수 있는 대안이 필요할 것이다.

제 4절 청소년복지 지원법

1. 일반사항

청소년이 주요 대상이 되는 법은 「청소년기본법(1991년 제정)」, 「청소년보호법(1997년 제정」, 「아동·청소년의 성보호에 관한 법률(2000년 제정)」, 「청소년활동진흥법(2004년 제정)」 그리고 「청소년복지 지원법(2004년 제정)」, 「학교 밖 청소년 지원에 관한 법률(2014년 제정)」 등이 있다.

청소년기본법은 청소년 관련 다른 법률의 기본법의 위치를 가지고 있으며, 이 법의 목적을 보다 구체적으로 실현하기 위해 제반 법률이 제정되었다고 볼 수 있다. 청소년기본법 제49조 1항에서 국가는 청소년들의 의식·태도·생활 등에 관한 사항을 정기적으로 조사하고 이를 개선하기 위하여 청소년의 복지향상정책을 수립·시행하여야 하고, 2항에서 국가 및 지방자치단체는 기초생활의 보장, 직업재활훈련, 청소년활동지원 등의 시책을 추진할 때 정신적·신체적·경제적·사회적으로 특별한 지원을 필요로 하는 청소년을 우선적으로 배려하여야 하며, 3항에서 청소년 삶의 질을 향상하기 위하여 구체적인 시책을 마련하여야 한다고 규정하고 있다. 그리고 제4항에서는 청소년 복지향상을 위한 1~3항의 규정에 대해 따로 법률로 정할 것을 규정하고 있다. 이 절에서 논의하게 될 「청소년복지 지원법」은 청소년복지의 향상을 규정한 청소년기본법 제49조에 의해 후속으로 제정된 법이다.

청소년복지 지원법은 2004년에 제정되어 이후 수차례 부분 개정을 거쳐 2012년 전부개정되었다. 전부 개정(2012. 12.)의 이유는 청소년복지에 대한 다양한 수요에 대응하고 청소년을 체계적으로 지원하기 위하여 지역사회 청소년통합지원체계를 구축·운영하도록 하고, 위기청소년의 유형별로 다양한 지원 방안을 마련하는 등 위기청소년에 대한 보호 및 지원을 강화하고자 하는 것이었다. 그리고 한국청소년상담원을 한국청소년상담복지개발원으로 명칭을 변경하여 설립근거 법령을 「청소년기본법」에서 이 법으로 이관하고, 종전의 시·도 및 시·군·구 청소년상담지원센터를 청소년상담복지센터로 변경하며, 청소년복지시설의 종류를 청소년쉼터, 청소년자립생활관, 청소년치료재활센터로 정하는 등 동법 및 「청소년기본법」에 개별적으로 규정되어 있던 청소년복지 지원기관 및 청소년 복지시설에 관한 조항을 정비하였다.

청소년복지 지원법은 제1장 총칙, 제2장 청소년의 우대 등, 제3장 청소년의 건강보장, 제4장 지역사회 청소년통합지원체계 등, 제5장 위기청소년 지원, 제6장 교육적 선도, 제7장 청소년복지지원기관, 제8장 청소년복지시설, 제9장 보칙, 제10장 벌칙 등 총 10장 45조로 구성되어 있다.

2. 법의 제정이유와 목적

청소년복지 지원법은 「청소년기본법」 제49조에 따라 청소년복지 향상에 관한 사항을 규정하는 것을 목적으로 한다(법 제1조). 따라서 법의 이념은 청소년기본법에 근거하고 있다. 청소년이 사회구성원으로서 정당한 대우와 권익을 보장받고 아울러 스스로 생각하고 자유롭게 활동할 수 있도록 하며 보다 나은 삶을 누리고 유해한 환경으로부터 보호하여 국가와 사회가 필요로 하는 건전한 민주시민으로 자랄 수 있도록 함을 기본이념으로 한다(청소년기본법 제2조). 청소년복지 지원법에서 '청소년복지'란 청소년기본법 제3조제4

호에 따라 청소년이 정상적인 삶을 누릴 수 있는 기본적인 여건을 조성하고 조화롭게 성장·발달할 수 있도록 제공되는 사회적·경제적 지원을 말한다.

3. 주요 내용

이 법은 청소년의 우대, 건강보장, 지역사회 청소년통합지원체계, 위기청소년 지원, 교육적 선도, 청소년복지 지원기관, 청소년 복지시설에 대해 규정하고 있다.

1) 대상과 주체

이 법의 대상이 되는 '청소년'이란 「청소년기본법」 제3조 제1호에 해당하는 사람으로 정의하고 있는데(법 제2조) 만 9세 이상 24세 이하의 자를 말한다. '위기청소년'이란 가정문제가 있거나 학업 수행 또는 사회 적응에 어려움을 겪는 등 조화롭고 건강한 성장과 생활에 필요한 여건을 갖추지 못한 청소년을 말한다(법 제2조).

국가와 지방자치단체는 청소년의 우대(법 제3조)와 건강한 심신의 보존(법 제5조)을 위해 노력하여야 하며, 위기청소년 특별지원(법 제14조), 이주배경청소년에 대한 지원(법 제18조)[9] 등의 주체가 된다. 광역 및 기초자치단체장은 청소년통합지원체계의 구축·운영, 운영위원회 구성, 교육적 선도를 실시하는(법 제19조) 주체라고 할 수 있다. 청소년복지 지원기관 및 청소년 복지시설 또는 청소년복지 업무를 위탁받은 기관이나 단체를 대상으로 평가하는 주체는 여성가족부장관 및 시·도지사이다(법 제41조).

법 제11조에는 국가 및 지방자치단체는 지역 주민들이 자발적으로 단체를 구성하여 위기청소년의 발견·보호 및 지원을 위한 활동을 하는 경우 그 단체의 활동을 지원할 수 있다는 규정을 볼 때 위기청소년 발견·보호 및 지원 활동의 주체로 주민도 포함된다.

2) 청소년복지서비스

(1) 청소년의 우대와 건강보장

국가 또는 지방자치단체는 운영하는 수송시설·문화시설·여가시설 등을 청소년이 이용하는 경우 그 이용료를 면제하거나 할인할 수 있고, 국가 또는 지방자치단체의 재정적

9) '학업중단청소년'에 대한 지원을 명시하였던 법 제17조는 조항은 「학교 밖 청소년 지원에 관한 법률」(2014.5. 제정)이 제정됨으로써 삭제되었다. 국가와 지방자치단체는 학교 밖 청소년에 대한 사회적 차별 및 편견을 예방하고 학교 밖 청소년을 존중하고 이해할 수 있도록 조사·연구·교육 및 홍보 등 필요한 조치를 해야 하고 학교 밖 청소년 지원 프로그램을 마련하기 위하여 필요한 시책을 수립해야 한다(「학교 밖 청소년 지원에 관한 법률」 제3조).

보조를 받거나 세제혜택을 받는 자 혹은 위탁을 받은 자가 청소년이 이용하는 시설을 운영하는 경우 이용료 할인을 권할 수 있다(법 제3조).

그리고 국가 및 지방자치단체는 청소년의 건강 증진 및 체력 향상을 위한 질병 예방, 건강 교육 등 필요한 시책을 수립하여야 하며, 보호자는 양육하는 청소년의 건강 증진 및 체력 향상을 위해 노력해야 한다(법 제5조). 이와 관련하여 청소년의 체력검사와 건강진단을 할 수 있다(법 제6조).

(2) 상담 및 교육

국가 및 지방자치단체는 위기청소년에 대한 적합한 지원을 위해 위기청소년의 가족 및 보호자에 대한 상담 및 교육을 실시할 수 있다(법 제13조). 위기청소년의 가족 및 보호자가 상담 및 교육을 권고 받은 경우에는 협조하여 성실히 상담 및 교육을 받아야 한다.

특별자치도지사 또는 시장·군수·구청장은 비행·일탈을 저지른 청소년, 일상생활에 적응하지 못하여 가정 또는 학교 외부의 교육적 도움이 필요한 청소년에 대하여 청소년 본인, 해당 청소년의 보호자 또는 청소년이 취학하고 있는 학교의 장의 신청에 따라 교육적 선도를 실시할 수 있다(법 제19조).

그리고 위와 같은 특정 지원이 필요한 청소년이 아니라도 모든 청소년이 필요한 사항에 관하여 전문가의 상담을 받을 수 있도록 국가 및 지방자치단체에게 의무 규정을 두고 있다(법 제12조). 상담을 위하여 국가 및 지방자치단체는 전화를 설치·운영하거나 정보통신망을 운영하여야 하는데, 상담전화는 전국적으로 동일 번호로 하루 24시간 운영하여야 하며, 인터넷과 무선통신 등 다양한 방식의 정보통신망을 통한 청소년 상담시스템을 구축하도록 노력해야 한다(시행령 제6조). 현재 한국청소년상담복지개발원과 지방자치단체가 번호 1388로 상담서비스를 제공하고 있다.

(3) 청소년 유형별 지원

위기 청소년에게 필요한 사회적·경제적 지원을 할 수 있다. 생활지원, 학업지원, 의료지원, 직업훈련지원, 청소년활동지원 등 대통령령으로 정하는 내용에 따라 물품 또는 서비스 형태로 제공하며, 반드시 필요하다고 인정되는 경우는 금전 형태로도 제공할 수 있다(법 제14조).

이주배경청소년 즉 다문화가족의 청소년, 국내로 이주하여 사회적응 및 학업 수행에 어려움을 겪는 청소년에 대해 사회적응 및 학습능력 향상을 위한 상담 및 교육 등 필요한 시책을 마련하고 시행하여야 한다(법 제18조). 그리고 청소년 가출을 예방하고 가출한 청소년의 가정·사회복귀를 돕기 위해 상담을 제공하고, 청소년 쉼터 운영, 쉼터 퇴소 청소년에 대한 사후 지원을 제공한다(법 제16조).

3) 청소년통합지원체계와 청소년복지시설

(1) 청소년통합지원체계

2012년 전부개정을 통해 지방자치단체에 새롭게 부여된 의무는 청소년통합지원체계를 구축하고 운영하는 것이다. 관할구역의 위기청소년을 조기에 발견하여 보호하고, 청소년복지 및 청소년보호를 효율적으로 수행하기 위하여 지방자치단체, 공공기관, 청소년단체 등이 협력하여 업무를 수행하기 위해서이다(법 제9조). 국가는 통합지원체계를 구축하고 운영을 지원할 의무가 있다. 지방자치단체의 장은 통합지원체계의 원활한 운영을 위하여 필요하다고 인정하는 경우 특별지원 대상자의 선정 등 대통령령으로 정하는 청소년 지원에 관한 사항을 심의하는 지역사회 청소년통합지원체계 운영위원회를 둘 수 있다(법 제10조).

통합지원체계에 반드시 포함해야 대상을 필수연계기관이라고 하는데 해당하는 기관은 지방자치단체, 청소년상담복지센터, 청소년복지시설, 청소년기본법에 따른 청소년단체, 교육청, 학교, 지방경찰청 및 경찰서, 공공보건의료기관, 보건소, 청소년 비행예방센터, 지방고용노동청 및 지청 등이다(시행령 제4조).

(2) 청소년복지 지원기관

청소년복지 지원기관으로 대표적인 것은 한국청소년상담복지개발원(법인)이다. 청소년 상담 및 복지와 관련된 정책의 연구, 청소년 상담·복지 사업의 개발 및 운영·지원, 청소년 상담기법의 개발 및 상담 자료의 제작·보급, 청소년 상담·복지 인력의 양성 및 교육, 관련 기관 간의 연계 및 지원, 지방자치단체 청소년복지 지원기관의 청소년 상담·복지 관련 사항에 대한 지도 및 지원, 청소년 가족에 대한 상담·교육, 청소년에 관한 상담·복지 정보체계의 구축·운영 등의 사업을 수행하기 위해 설립되었다(법 제22조).

한국청소년상담복지개발원이 중앙정부에 의한 기관이라면 청소년상담복지센터는 지방자치단체가 설립할 수 있는 기관을 가리킨다. 광역 및 기초자치단체장은 청소년에 대한 상담·긴급구조·자활·의료지원 등의 업무를 수행하기 위하여 청소년상담복지센터를 설치·운영할 수 있다(법 제29조). 시장·군수·구청장은 시·군·구에 설치하는 지방청소년활동진흥센터와 통합하여 운영할 수 있으며 청소년단체에 위탁하여 운영하도록 할 수 있다.

사회환경 변화에 따른 대응이라고 할 수 있는 기관인 이주배경청소년지원센터를 여성가족부 장관이 설치 운영할 수 있는 규정을 마련하였다(법 제30조). 이 센터는 이주배경청소년 복지에 관한 종합적 안내, 이주배경청소년과 그 부모에 대한 상담 및 교육, 청소년 지원을 위한 인력의 양성 및 연수, 이주배경청소년에 대한 국민의 올바른 이해를 돕기 위한 사업, 이주배경청소년의 실태에 관한 조사·연구, 이주배경청소년의 사회 적응을 위한 프로그램 개발 및 보급 등의 사업을 수행한다(시행령 제15조).

(3) 청소년 복지시설

청소년기본법 제17조에 따른 청소년 복지시설의 종류는 청소년쉼터, 청소년자립지원관, 청소년치료재활센터, 청소년회복지원시설을 가리킨다(법 제31조). 청소년쉼터는 가출청소년에 대하여 가정·학교·사회로 복귀하여 생활할 수 있도록 일정 기간 보호하면서 상담·주거·학업·자립 등을 지원하는 시설이며, 청소년자립지원관은 일정 기간 청소년쉼터의 지원을 받았는데도 가정·학교·사회로 복귀하여 생활할 수 없는 청소년에게 자립하여 생활할 수 있는 능력과 여건을 갖추도록 지원하는 시설이다. 그리고 청소년치료재활센터는 학습·정서·행동상의 장애를 가진 청소년을 대상으로 정상적인 성장과 생활을 할 수 있도록 해당 청소년에게 적합한 치료·교육 및 재활을 종합적으로 지원하는 거주형 시설이다. 2016년 5월 개정을 통해 추가된 청소년회복지원시설은 소년법에 의해 감호위탁 처분을 받은 청소년에 대하여 보호자를 대신해 상담, 주거, 학업, 직업 등을 제공하는 시설이다.

청소년 복지시설의 설치·운영의 의무는 국가 또는 지방자치단체에 있으며(법 제32조), 국가 또는 지방자치단체 외의 자가 청소년 복지시설을 설치하려면 관할 지역의 시·도지사 또는 시장·군수·구청장에게 신고하여야 한다. 그리고 휴업 또는 폐업하거나 그 운영을 재개하려면 미리 시·도지사 또는 시장·군수·구청장에게 신고하여야 한다(법 제33조).

4) 재정

청소년복지 지원법 하에서의 재정은 정부, 지방자치단체의 보조금과 개인 또는 법인의 재산 출연 혹은 기부를 규정하고 있다.

정부는 예산의 범위에서 청소년복지상담개발원의 사업 및 운영에 드는 경비를 출연하거나 보조할 수 있으며(법 제25조), 국가 및 지방자치단체는 예산의 범위에서 청소년복지 지원기관 및 청소년 복지시설, 관련 단체의 운영에 필요한 예산의 전부 또는 일부를 보조할 수 있다고(법 제40조) 규정하고 있다. 의무규정이 아닌데다 '예산의 범위 내에서'

로 제한하고 있어 지속적이고 안정적인 재원으로 보기에는 한계가 있다.

그리고 타법과 달리 민간 재원에 대한 규정을 두어, 개인·법인 또는 단체는 청소년상담원의 운영 또는 사업 등을 지원하기 위하여 금전이나 그 밖의 재산을 출연하거나 기부할 수 있다고 명시하고 있다(법 제25조).

4. 과제와 전망

청소년이 사회구성원으로서 정당한 대우와 권익을 보장받고 보다 나은 삶을 누리고 국가와 사회가 필요로 하는 건전한 민주시민으로 자랄 수 있도록 하는 것이 청소년기본법의 이념이다. 청소년복지 지원법은 이 이념을 실현하기 위한 하위법률의 하나이다. 「청소년기본법」이 1991년에 제정되었다는 것을 고려할 때 2004년에 이르러서야 청소년복지 지원법이 제정되었다는 것은 기본법의 법적 실효성을 갖추기 위한 하위법률 제정까지의 공백 기간이 길었다고 평가할 수 있다.

청소년복지 지원법은 2012년 개정을 통해 일반 청소년통합지원체계 구축에 대한 조항을 신설하였는데, 이것은 일반 청소년 혹은 위기 청소년을 효과적으로 지원하기 위해서는 청소년과 관련되어 있는 지역사회 주요 기관이 모두 협력하고 동원되어야 한다는 것을 명시한 것이다. 아울러 청소년지원을 위한 방법으로 상담을 넘어서 통합적 접근의 필요성을 반영하여 한국청소년상담복지개발원과 청소년상담복지센터로 명칭을 변경한 것도 의미 있는 변화이다. 청소년복지 지원법의 의의는 청소년의 건전한 육성에 있어서 복지서비스 지원이 필요하다는 것을 명시하고, 이를 위한 지역사회의 통합 연계에 대한 법적 근거를 마련했다는 점이다.

한편 아동복지법, 노인복지법, 영유아보육법, 다문화가족지원법 등이 「사회복지사업법」에서 사회복지사업을 정의한 법률에 서술되어 있는 것과는 달리 청소년복지 지원법은 포함되어 있지 않다. 청소년 기본법을 상위법으로 두고 있기 때문이라고도 할 수 있으나 우리 사회에서 청소년은 사회복지의 지원이 필요한 대상으로서 우선순위가 낮음이 반영된 것으로도 볼 수 있다. 사회복지사업법 목록에서는 제외되어 있으나 사회복지사업의 가치를 높이기 위해 복지 지원이 필요한 청소년이 배제되지 않도록 해야 할 것이며, 지원과정에서 나타날 수 있는 위법성에 대해서는 엄격한 규제를 적용할 수 있어야 할 것이다.

제 5 절 아동의 빈곤예방 및 지원에 관한 법률

1. 일반사항

「아동의 빈곤예방 및 지원에 관한 법률(약칭: 아동빈곤예방법)」은 2011년 7월에 제정되었고 법의 목적, 기본계획 수립 및 위원회 구성 등 총 11조로 구성되어 있다. 이 법은 경기침체로 가족이 해체되는 경우가 많아지면서 빈곤 상황에 놓이는 아동이 급격하게 증가하고 있음에도 아동복지정책은 아동의 빈곤 문제를 해결하지 못하는 실정에 대한 대응적 성격을 가지고 있다. 경제적 · 사회적 · 문화적 · 정서적으로 빈곤상태에 있는 아동을 위하여 국가가 아동빈곤위원회를 설치하여 기본계획과 추진전략을 수립하며 통합적인 사회복지지원체계를 마련하여 모든 아동이 사회의 구성원으로 건강하게 자랄 수 있도록 법적 · 제도적 기반을 마련하기 위해 제정되었다.

2. 법의 제정이유와 목적

아동빈곤예방법은 빈곤아동이 복지 · 교육 · 문화 등의 분야에서 소외와 차별을 받지 않고 한 사회의 구성원으로 건강하게 자랄 수 있도록 제도적 기반을 마련하는 것을 목적으로 한다(법 제1조). 기본 이념은 빈곤아동이 부모의 사회적 · 경제적 지위와 상관없이 태어나서 자립할 때까지 충분한 역량을 갖출 수 있도록 균형 있고 조화로운 성장과 건강하고 행복한 삶을 누릴 수 있도록 하는 것이다(법 제2조).

3. 주요 내용

1) 대상과 주체

아동이란 「아동복지법」 제3조에 따라 18세 미만인 사람을 말한다. 아동의 빈곤예방 및 지원에 관한 법률의 주 대상은 '빈곤아동'이다. 빈곤아동이란 생활여건과 자원의 결핍으로 인한 복지 · 교육 · 문화 등의 격차를 해소하기 위하여 지원이 필요한 아동을 말하며(법

제3조), 구체적으로는 보호자가 없거나 보호자로부터 이탈된 아동 등을 가리키는 보호대상 아동, 건강하게 성장하는데 필요한 기초적인 조건이 갖추어지지 아니하여 지원이 필요한 아동, 국민기초생활보장법에 따른 수급자인 아동, 한부모가족 및 다문화가족의 아동 등이 이에 해당한다(시행규칙 제2조).

이러한 아동에 대해 정책을 수립하고 시행하여야 할 주체는 국가 및 지방자치단체이다. 복지·교육·문화 등의 지원 등 빈곤아동정책의 수행에 필요한 법적·제도적 장치 마련과 업무수행에 필요한 재원을 안정적으로 확보하기 위하여 노력하고, 빈곤아동의 안전·건강 및 복지증진을 위하여 빈곤아동과 그 보호자 및 가정을 지원하기 위한 정책을 수립·시행하여야 한다(법 제4조).

2) 기본계획의 수립

보건복지부장관은 빈곤아동의 복지·교육·문화 등의 기본적인 욕구 등에 대하여 5년마다 실태조사를 하여(법 제5조의2) 다음 각 호의 사항이 포함된 빈곤아동의 복지·교육·문화 등 지원에 관한 기본계획을 5년마다 수립하여야 한다(법 제6조).

① 빈곤아동의 복지·교육·문화 등 지원 정책의 기본 방향

② 빈곤아동 지원 관련 전달체계의 구축 및 제도의 개선

③ 빈곤아동 지원에 관한 부처별 주요 시책과 협조에 관한 사항

④ 그 밖에 빈곤아동 지원을 위하여 대통령령으로 정하는 사항

위의 법 제6조 제1항 제4호에서 대통령령으로 정하는 사항이란 빈곤 아동을 지원하는데 필요한 재원의 규모와 조달방법을 말한다(시행령 제2조). 기본계획을 수립할 때는 아동빈곤예방위원회의 심의를 거쳐야 한다(법 제5조).

기본계획에 따라 보건복지부장관, 관계 중앙행정기관의 장, 시·도지사 및 시·도교육감은 연도별 시행계획을 각각 수립·시행하여야 한다(법 제7조). 연도별 시행계획을 효율적으로 수립하기 위하여 보건복지부장관은 시행계획 수립지침을 마련하여 관계 중앙행정기관의 장, 시·도지사 및 시·도교육감에게 통보하여야 한다(시행령 제4조). 관계 중앙행정기관의 장, 시·도지사 및 시·도교육감은 시행계획 수립지침에 따라 소관별로 다음해의 시행계획을 수립하여 매년 12월 31일까지 보건복지부장관에게 제출하여야 한다. 이 경우 시행계획의 내용에 관하여 보건복지부장관 및 관계 중앙행정기관의 장과 미리 협의하여야 한다(시행령 제4조).

3) 위원회

종합적인 빈곤아동정책의 수립 및 관계 기관 간의 연계·조정과 상호협력을 위하여 「아동복지법」 제10조 제1항에 따른 아동정책조정위원회의 분과위원회로 아동빈곤예방위원회를 둔다(법 제8조). 위원회는 빈곤아동정책의 기본방향, 빈곤아동정책 관련 제도 개선과 예산지원, 여러 부처가 협력하여 추진하여야 하는 빈곤아동정책, 빈곤아동 관련 국제조약의 이행·평가 및 조정, 그리고 그 밖에 위원장이 필요하다고 인정하는 사항에 대하여 심의·조정한다.

아동빈곤예방위원회는 위원장을 포함한 15명 이내의 위원으로 구성하되, 위원장은 보건복지부장관이 된다. 위원은 기획재정부장관, 교육부장관, 행정자치부장관, 문화체육관광부장관, 여성가족부장관과 위원회의 심의사항과 관련하여 국무총리가 지명하는 장관, 아동관련 단체의 장이나 아동에 대한 학식과 경험이 풍부한 사람 중 위원장이 위촉한 위원(아동복지법 제10조제3항제2호) 중 국무총리가 지명하는 사람으로 구성한다(법 제9조). 위원의 임기는 2년이며, 공무원인 위원의 임기는 그 재임기간으로 한다.

지방자치단체에서는 지역아동빈곤예방위원회를 둔다. 아동빈곤의 예방 및 빈곤아동의 지원에 관한 중요 사항을 심의하기 위하여 광역 및 기초자치단체에 지역아동빈곤예방위원회(이하 '지역위원회')를 둔다. 다만, 지역위원회는 그 기능의 수행에 적합한 다른 위원회가 있는 경우에는 시·도 또는 시·군·구의 조례로 정하는 바에 따라 그 위원회가 지역위원회의 업무를 수행할 수 있다(법 제10조).

지역위원회 위원은 광역 또는 기초자치단체장이 빈곤아동의 복지 및 지원에 관하여 학식과 경험이 풍부한 사람, 빈곤아동 지원시설의 운영자, 학부모 단체, 아동·청소년 단체 또는 비영리민간단체가 추천하는 사람 중에서 위촉한다.

4. 과제와 전망

아동의 빈곤예방 및 지원 등에 관한 법률은 빈곤예방과 지원을 위한 정책과 제도의 근거가 되는 구체적인 법률이라기보다는 빈곤아동정책의 수행에 필요한 실태조사와 기본계획 수립과 연도별 시행계획에 대한 법적 근거로서, 필요한 재원을 안정적으로 확보하기 위한 국가 및 지방자치단체에 대한 노력을 규정하기 위한 법률이다. 아동복지법에 의한 아동정책조정위원회에서 '아동빈곤'에 초점을 맞춘 아동빈곤예방위원회를 두고, 지방자치단체에서는 지역아동빈곤예방위원회를 두도록 함으로써 종합적인 빈곤아동정책을 수립하고 관계기관 간의 연계·조정(調整)과 상호협력을 도모하는데 필요한 근거로서 법률적 의의를 가지고 있다.

제 5 장

가족과 여성복지 관련법

5장에서는 사회복지서비스법 중에서 모성보호와 관련된 법으로서 「모자보건법」, 가족복지 관련법으로서 「한부모가족지원법」, 「다문화가족지원법」, 「건강가정기본법」, 그리고 가정폭력 관련법을 다루고자 한다. 더불어 고용과 관련된 것이지만 일·가정의 양립을 지원한다는 측면에서 모성보호와 가족복지를 지원하는 성격을 가지고 있는 「남녀고용평등과 일·가정 양립지원에 관한 법」에 대해, 마지막으로 「성매매방지 및 피해자 보호 등에 관한 법률」을 살펴본다.

제 1 절 모자보건법

1. 일반사항

1973년 제정된 모자보건법의 명시된 법 제정 목적은 모성의 생명과 건강을 보호하고 건전한 자녀의 출산과 양육을 도모함으로써 국민의 보건 향상에 기여하는 것이었다. 이후 모자보건사업과 가족계획사업을 연계하여 실시할 수 있도록 제도화하고, 인구증가 억제시책을 보다 효율적으로 추진하려는 목적이 추가되어(1986. 5.) 개정되기도 하였다. 그러나 최근에 이르러서는 오히려 저출산 문제를 해결하기 위한 대응의 하나로서, 모성을 임산부와 가임기 여성을 포함하는 개념으로 정의하고 모자보건사업의 확대와 난임 극복 지원사업의 법적 근거를 마련하기 위해 개정되었다(2009.1.개정).

모자보건법은 모성(母性) 및 영유아의 생명과 건강을 보호하고 건전한 자녀의 출산과 양육을 도모함으로써 국민보건 향상에 이바지함을 목적으로 한다(법 제1조). 법은 모자보건기구, 임산부·영유아·미숙아 등의 건강관리 등 모자보건사업, 난임 극복 지원사업, 산후조리원 등의 내용으로 총 28조로 구성되어 있다.

2. 주요 내용

1) 대상과 주체

이 법의 대상은 '모성'으로 임신 중이거나 분만 후 6개월 미만인 여성인 '임산부'와 가임기 여성을 가리킨다. 그리고 출생 후 28일 이내의 영유아인 '신생아'와 출생 후 6년 미만인 '영유아'와 '미숙아', '선천성이상아'인 영유아가 대상으로 포함된다(법 제2조). 제3조의3에 의해 결혼이민자도 이 법의 적용대상이 되었다.

법의 목적을 실현하기 위한 책임 주체인 국가와 지방자치단체는(법 제3조) 모성과 영유아의 건강을 유지·증진하기 위한 조사·연구와 그 밖에 필요한 조치를 하여야 하며, 모자보건사업 및 가족계획사업에 관한 시책을 마련하여 국민보건 향상에 이바지하도록 노력해야 한다. 보건복지부 장관은 기본계획 수립과 시행의 주체이다(법 제5조). 또한 임산부와 가임기 여성 또한 임신 및 자신의 건강관리에 대해 노력해야 하며, 영유아의 보호자는 영유아의 건강을 유지하고 증진하는데 적극적으로 노력할 것을 규정하고 있어(법 제4조) 모성과 영유아의 보호자가 책임 주체의 한 부분이 된다.

2) 모자보건 서비스 내용

(1) 모자보건사업 및 가족계획사업에 대한 기본계획 수립

보건복지부 장관은 대통령령으로 정하는 바에 따라 모자보건사업 및 가족계획사업에 관한 시책을 종합·조정하고 그에 관한 기본계획을 세워야 하고, 관계 중앙행정기관의 장과 지방자치단체의 장은 기본계획을 시행하는 데에 필요한 세부계획을 수립·시행하여야 한다(법 제5조).

기본계획에는 임산부·영유아 및 미숙아 등에 대한 보건관리와 보건지도, 인구조절에 관한 지원 및 규제, 모자보건 및 가족계획에 관한 교육·홍보 및 연구, 모자보건 및 가족계획에 관한 정보의 수집 및 관리에 대한 사항이 포함되어야 한다(시행령 제2조).

(2) 임산부 및 신생아 지원

특별자치시장·특별자치도지사 또는 시장 · 군수 · 구청장은 임산부 · 영유아 · 미숙아 등에 대하여 정기적으로 건강진단 · 예방접종을 실시하거나 모자보건전문가에게 그 가정을 방문하게 하는 등 보건관리에 필요한 조치를 하여야 한다. 그리고 임산부 · 영유아 · 미숙아등 중 입원진료가 필요한 사람에게 진찰, 약제나 치료재료의 지급, 처치(處置), 수술, 그 밖의 치료, 의료시설에의 수용, 간호, 이송 등의 의료 지원을 할 수 있다(법 제10조). 국가와 지방자치단체는 고위험 임산부와 미숙아 등의 건강을 보호 · 증진하기 위하여 필요한 의료를 적절하게 제공할 수 있는 집중치료 시설 및 장비를 지원할 수 있다(법 제10조의2). 아울러 다태아 임산부의 출산과 다태아로 태어난 영유아의 건강을 위해 필요한 지원과(법 제10조의4) 필요한 경우 산전 · 산후 우울증 검사 관련 지원을 할 수 있다(법 제10조의5).

그리고 국가와 지방자치단체는 영유아의 건강을 유지 · 증진하기 위하여 필요한 모유수유시설의 설치를 지원할 수 있으며(법 제10조의3), 모유수유를 권장하기 위하여 필요한 자료조사 · 홍보 · 교육 등을 적극 추진하여야 한다.

(3) 난임극복 사업지원과 인공임신중절 예방 사업

국가와 지방자치단체는 난임 등 생식건강 문제를 극복하기 위한 지원을 할 수 있다(법 제11조). 보건복지부장관은 난임시술의료기관을 지정할 수 있고(법 제11조의3) 난임관련 상담교육, 난임전문 상담센터 종사자 교육, 난임극복 위한 조사 및 연구 등을 수행하는 중앙난임전문상담센터를 설치 운영할 수 있고, 시 · 도지사는 권역별로 센터를 설치 운영, 위탁할 수 있다(법 제11조의4). 그리고 여성의 건강보호 및 생명존중 분위기를 조성하기 위하여 인공임신중절의 예방 등 필요한 사업을 실시할 수 있으며, 보건복지부장관, 특별자치시장 · 특별자치도지사 또는 시장 · 군수 · 구청장은 보건복지부령으로 정하는 바에 따라 원하는 사람에게 피임약제나 피임용구를 보급할 수 있다(법 제12조).

3) 위원회 및 유관기관

국가와 지방자치단체는 모자보건사업 및 가족계획사업에 관한 사항을 관장하기 위하여 모자보건기구를 설치 · 운영할 수 있는데, 지방자치단체가 설치할 때에는 그 지방자치단체가 설치한 보건소에 설치함을 원칙으로 한다(법 제7조). 국가가 모자보건기구를 설치할 때 '모자보건종합센터'라는 이름으로 보건복지부 장관이 정하는 권역별로 설치한다(시행령 제10조).

모자보건사업 및 출산 지원에 관한 조사·연구·교육 및 홍보 등의 업무를 위한 조직으로 인구보건복지협회가 있다. 협회는 법인으로 하며 협회의 회원이 될 수 있는 사람은 협회의 설립취지와 사업에 찬성하는 사람으로 한다(법 제16조). 인구보건복지협회는 저출산대책사업, 생식보건의료사업, 고령화대책사업, 청소년 성교육·성상담 사업, 교육연수사업, 국제협력사업, 임신·출산·육아상담 등을 주요사업으로 운영하고 있다(인구보건복지협회, www.ppfk.or.kr).

모자보건법 제15조에서 제15조의20까지는 산후조리원에 대한 조항이다. 산후조리원을 운영하려는 자는 특별자치시장·특별자치도지사 또는 시장·군수·구청장에게 신고하여야 하며(법 제15조), 산후조리업자는 임산부 및 영유아의 건강·위생 관리와 위해(危害)방지 등을 위하여 임산부와 영유아의 건강상태를 기록, 관리하고 질병 예방을 위해 필요한 조치를 하는 등의 의무를 준수해야 한다(법 제15조의4). 산후조리업에 종사하는 사람은 건강진단을 받아야 하며(법 제15조의5), 감염 예방 등에 관한 교육을 정기적으로 받아야 한다(법 제15조의6). 산후조리원이 시정명령을 위반하면 지방자치단체장은 산후조리업의 정리나 폐쇄를 명할 수 있다(법 제15조의9). 또한 산후조리업을 폐업·휴업 또는 재개하려면 지방자치단체장에게 미리 신고하여야 하며(법 제15조의10), 산후조리업을 하기 위해 명칭에서 '산후조리원'이라는 글자를 사용해야 한다(법 제15조의14). 산후조리원 이용으로 감염 등 이용자에게 손해를 입힌 경우 손해 배상책임이 있으며, 이를 보장하기 위한 책임보험가입의무를 규정하고 있다(제 15조의15).

지방자치단체도 산후조리원을 설치 운영할 수 있으며(법 제15조의7) 가정에서 산후조리를 원하는 임산부에게 산후조리도우미 이용을 지원할 수 있다(법 제15조의8). 그리고 국가와 지방자치단체는 산후조리와 관련된 실태조사를 3년마다 실시하여야 한다(법 제15조의20).

4) 재정

모자보건법에서는 국가가 예산의 범위 내에서 경비를 보조할 수 있는 항목을 규정하고 있다(법 제21조). 모자보건기구의 설치비용, 부대비용, 운영비용의 일부, 임산부·영유아·미숙아의 건강관리를 위한 건강진단 등의 경비, 신생아 집중치료 시설 및 장비 지원 경비, 모유수유시설 설치 지원 경비, 난임전문센터에서 위탁받은 업무 수행 비용 등에 대해 보조한다. 지방자치단체는 예산의 범위에서 경비 중 국가에서 보조하는 부분 외의 경비를 보조한다.

3. 과제와 전망

모자보건법이라는 법명은 제정 이후 계속 유지되고 있지만 법의 내용 변화를 살펴보면 법의 목적 자체가 크게 변화하거나 다양화된 것을 알 수 있다. 법의 내용은 가족계획사업을 위한 지원에서부터 시작하여 산후조리업의 법적 근거 마련, 인공임신중절수술의 허용범위 축소, 난임극복사업 지원 등 모자보건사업의 확대까지 이른다.

그 결과 이 법에서 다루고 있는 내용이 모성보호에 집중되어 있다고 보기가 어렵다. 인구보건복지협회의 경우가 그러한 예의 하나로 협회의 구체적 기능과 사업이 시행령이나 시행규칙에서 다루어지지 않고 있다. 또한 상대적으로 지원과 사업에 대해서는 추상적으로 규정되고 있는 반면, 주로 민간에 의해 설치·운영되는 산후조리원 관련 조항들이 구체적인 내용들로 나열되어 있어 법의 목적을 고려할 때 법조항들이 균형적이지 않게 기능하고 있는 듯하다. 이것은 시대와 사회적 욕구의 변화에 대응하기 위해 법 내용들이 변화되었던 과정에서 가지는 한계이기도 할 것이다. 한편 최근 법 개정을 통해 산후조리원 운영주체로 지방자치단체장을 포함하고, 산후조리원 평가, 관련 실태조사 등의 조항이 추가된 것은 민간중심의 산후조리원 운영의 한계를 넘어서기 위한 시도로 볼 수 있다.

제 2 절　한부모가족지원법

1. 일반사항

「한부모가족지원법」은 모자복지법이라는 이름으로 출발한 법이다. 이 법은 2002년 모·부자 복지법으로 법명이 변경되었다가 2007년에 이르러 현재의 한부모가족지원법으로 제명이 변경되었다. 이십여 년의 기간 동안 두 차례의 제명 변경, 수차례 이루어진 법 개정 내용을 보면 그 동안의 사회복지환경 변화와 더불어 여성, 가족, 한부모 등에 대한 관점의 변화를 관찰할 수 있다.

법 제정 이전의 모자가정에 대한 복지는 「아동복지법」과 「생활보호법(국민기초생활보장법의 전신)」에 의하여 이루어졌다고 볼 수 있는데 대상이 경제적으로 영세한 모자가정으로 제한되어 있고 한부모가정의 다양한 서비스 욕구와는 무관하게 급여내용도 생계지원으로 제한되어 있었다. 여러 가지 사유로 배우자가 없거나 배우자가 있어도 노동능력이 없어 여성이 생계를 책임지는 모자가정이 늘어나고 모자복지를 위한 독자적인 입법이 필요하다는 여성단체들의 논의를 시작으로 여성개발원의 법제정을 위한 연구조사 등이 기초가 되어(현외성, 2011) 1989년 제정되었다.

한부모가족이 가지고 있는 어려움은 아버지와 자녀들로 이루어진 가족에게도 동일하다는 측면에서 법 개정을(2002. 12.) 통해 동일조건의 남성이 세대주인 부자가정에 대하여도 지원하게 된다. 이후 동일 조건의 결혼이민자도 지원 대상으로 포함시켰으며(2006. 12.), 2007년 개정을 통해 제명 변경과 함께 65세 이상의 고령자들과 손자녀로 구성되어 있는 조손가정도 이 법에 따른 보호 대상자로 포함시켰다. 이후 주요 개정 내용을 보면 법원이 이혼 판결 시 활용할 수 있도록 여성가족부장관은 자녀양육비 산정을 위한 자녀양육비 가이드라인을 마련한다는 자녀양육비 이행지원 조항을 신설하였고(법 제17조의3, 2012.2.), 한부모 가족 아동이 병역의무를 이행하고 취학 중인 경우 아동의 연령기준을 높여 적용하도록 하였다(2014.1.).

한부모가족지원법은 제1장 총칙, 제2장 복지의 내용과 실시, 제3장 한부모가족복지시설, 제4장 비용, 제5장 보칙 등 총 5장 31조로 구성되어 있다.

2. 법의 제정이유와 책임 주체

이 법은 한부모가족이 건강하고 문화적인 생활을 영위할 수 있도록 함으로써 한부모가족의 생활 안정과 복지 증진에 이바지함을 목적으로 한다(법 제1조). 법 제정 목적을 달성하기 위한 책임의 주체는 국가와 지방자치단체, 모든 국민, 한부모가족으로 구분하여 명시하고 있다.

먼저 국가와 지방자치단체는 한부모가족의 복지를 증진할 책임을 지며, 한부모가족의 권익을 보호하기 위하여 노력하여야 한다(법 제2조). 그리고 한부모가족에 대한 사회적 편견과 차별을 예방하고, 사회구성원이 한부모가족을 이해하고 존중할 수 있도록 교육 및 홍보 등 필요한 조치를 해야 하고(법 제2조제3항), 청소년 한부모 가족의 자립을 위하여 노력해야 한다(법 제2조제4항). 교육부장관과 시·도 교육감은 학교에서 한부모 가족에 대한 이해를 돕는 교육 실시를 위한 시책을 수립·시행하여야 한다(법 제2조제4항). 한부모가족지원법에서 '보호기관'을 이 법에 따른 보호를 행하는 국가나 지방자치단체로 정의하고 있어(법 제4조) 한부모가족지원의 일차적 책임주체가 국가와 지방자치단체임을 명확히 규정하고 있다.

둘째, 한부모가족의 복지 증진에 대해 모든 국민이 협력하여야 함을 규정하고 있다(법 제2조). 셋째, 한부모가족의 모(母) 또는 부(父)와 아동은 자산과 노동능력 등을 최대한으로 활용하여 자립과 생활 향상을 위하여 노력해야 한다고 규정하고 있어(법 제3조) 한부모가족 복지증진의 책임주체로 포함된다.

3. 주요 내용

1) 보호대상자와 권리

한부모가족지원법의 대상자 중 보호대상자의 범위는 여성가족부령으로 정한다(법 제5조). 여성가족부장관이 매년 보호대상자의 최저생계비·소득수준 및 재산의 정도 등을 고려하여 보호 종류별로 정하여 고시하여 범위를 정한다(시행규칙 제3조).

이 법의 적용대상자가 되는 '모'와 '부'는 다음 각 목에 해당하는 자로서 아동인 자녀를 양육하는 자를 말한다(법 제4조).

① 배우자와 사별 또는 이혼하거나 배우자로부터 유기(遺棄)된 자

② 정신이나 신체의 장애로 장기간 노동능력을 상실한 배우자를 가진 자

③ 교정시설·치료감호시설에 입소한 배우자 또는 병역복무 중인 배우자를 가진 사람

④ 미혼자(사실혼(事實婚) 관계에 있는 자는 제외)

⑤ ①에서 ④까지 규정된 자에 준하는 자로서 여성가족부령으로 정하는 자

24세 이하의 모 또는 부를 가리키는 '청소년 한부모'와 18세 미만인(취학 중인 경우에는 22세 미만을 말한다) '아동'도 이 법의 지원대상이 된다(법 제4조). 보호대상자 중 아동의 연령을 초과하는 자녀가 있는 한부모가족의 경우 그 자녀를 제외한 나머지 가족구성원을 보호대상자로 한다(법 제5조).

그리고 출산 후 해당 아동을 양육하지 아니하는 미혼모가 미혼모자가족복지시설을 이용할 때에는 이 법의 보호대상자에 포함된다(법 제5조의2). 부모의 사망, 노동능력 상실, 이혼 등으로 부양할 수 없는 아동과 그 아동을 양육하는 조부 또는 조모도 보호대상자가 되며, 대한민국 국민과 혼인하여 대한민국 국적의 아동을 양육하고 있는 사람이 제5조에 해당하면 외국인에 대한 특례로 이 법에 따른 보호대상자가 된다(법 제5조의2).

보호대상자에 대해서는 책임과 함께 권리에 대해서도 명시되어 있다. 한부모가족의 모

또는 부는 임신과 출산 및 양육을 사유로 합리적인 이유 없이 교육·고용 등에서 차별을 받지 아니하며(법 제3조), 또한 이 법에 지급된 복지급여와 이를 받을 권리는 다른 사람에게 양도하거나 담보로 제공할 수 없으며, 다른 사람은 이를 압류할 수 없도록 하여(법 제27조) 수급권을 보호하고 있다.

수급권의 실질적인 보장을 위해 보호대상자 또는 그 친족이나 그 밖의 이해관계인은 이 법에 따른 복지 급여 등에 대하여 이의가 있으면 그 결정을 통지받은 날부터 90일 이내에 서면으로 해당 복지실시기관에 심사를 청구할 수 있으며(법 제28조), 복지실시기관은 30일 이내에 이를 심사·결정하여 청구인에게 통보하여야 한다.

2) 사회복지서비스 내용

(1) 실태조사와 보호대상자 조사

여성가족부장관은 한부모가족 지원을 위한 정책수립에 활용하기 위하여 3년마다 한부모가족에 대한 실태조사를 실시하고 그 결과를 공표하여야 한다(법 제6조). 그리고 특별자치시장·특별자치도지사·시장·군수·구청장은 매년 1회 이상 관할구역 보호대상자의 가족상황, 생활실태 등을 조사해야 하고, 지방자치단체장은 조사결과를 작성·비치하여야 한다(법 제10조). 가족상황, 소득 및 자산보유상황 등 생활상태, 부양의무자가 있으면 부양능력 유무 등 조사 내용을 복지대상자 통합관리카드에 기록하여야 한다(시행규칙 제5조).

(2) 복지급여와 지원

보호대상자 또는 그 친족이나 그 밖의 이해관계인은 복지 급여를 관할 특별자치시장·특별자치도지사·시장·군수·구청장에게 신청할 수 있다(법 제11조). 급여 신청이 있으면 국가나 지방자치단체는 생계비, 아동교육지원비, 아동양육비 등 급여를 실시하여야 한다(법 제12조). 국민기초생활보장법 등 다른 법령에 따라 보호를 받고 있는 경우에는 그 범위에서 이 법에 따른 급여를 하지 않는다. 그리고 미혼모나 미혼부(혹은 모 또는 부의 직계존속)가 5세 이하의 아동을 양육하거나 청소년 한부모가 아동을 양육하면 예산의 범위에서 추가적인 복지급여를 실시하여야 한다(법 제12조). 보호대상자가 신청하는 경우 직업훈련비와 훈련기간 중 생계비를 추가적으로 지급할 수 있다.

아울러 한부모가족에게 국가나 지방자치단체는 가족지원서비스를 제공하도록 노력하여야 한다(법 제17조). 가족지원서비스란 아동의 양육 및 교육 서비스, 장애인, 노인, 만성질환자 등의 부양 서비스, 취사, 청소, 세탁 등 가사 서비스, 교육·상담 등 가족 관계 증진 서비스, 인지청구 및 자녀양육비 청구 등을 위한 법률상담, 소송대리 등 법률구조서비스(법 제17조), 한부모가족에 대한 상담·심리치료(시행령 제17조의2) 등을 말한다.

또한 국민주택을 분양하거나 임대할 때에는 한부모가족에게 일정 비율을 우선 분양할 수 있도록 노력하도록 규정되어 있어(법 제18조) 주거 지원도 급여의 한 영역이 된다.

(3) 자립과 고용 지원

국가 또는 지방자치단체는 한부모가족의 모 또는 부와 아동의 직업 능력을 개발하기 위하여 직업능력개발훈련을 실시하여야 하며, 고용 촉진을 위하여 적합한 직업을 알선하고 각종 사업장에 모 또는 부와 아동이 우선 고용되도록 노력하여야 한다(법 제14조). 또한 취업기회를 확대하기 위해 한부모가족 관련 시설 및 기관과 「직업안정법」 제2조의2 제1호에 따른 직업안정기관[1] 간 효율적인 연계를 도모해야 한다(법 제14조의2).

국가나 지방자치단체는 생활안정과 자립 촉진을 위해 사업에 필요한 자금, 아동교육비, 의료비, 주택자금 중 어느 하나의 자금을 대여할 수 있고(법 제13조), 또한 자립지원의 한 방법으로 국가나 지방자치단체가 운영하는 공공시설의 장은 공공시설에 각종 매점 및 시설 설치를 허가하는 경우 이를 한부모가족 또는 한부모가족복지단체에 우선적으로 허가할 수 있도록 하였다(법 제15조).

(4) 청소년 한부모에 대한 교육지원

청소년 한부모란 24세 미만의 모 또는 부를 가리킨다. 국가나 지방자치단체는 청소년 한부모가 학업을 할 수 있도록 청소년 한부모의 선택에 따라 다음 각 호의 어느 하나에 해당하는 지원을 할 수 있다(법 제17조의2).

① 학교에서의 학적 유지를 위한 지원 및 교육비 지원 또는 검정고시 지원

② 학력인정 평생교육시설에 대한 교육비 지원

③ 「초·중등교육법」 제28조에 따른 교육 지원

④ 그 밖에 청소년 한부모의 교육 지원을 위하여 여성가족부령으로 정하는 사항

여성가족부장관은 청소년 한부모가 학업을 계속할 수 있도록 교육부장관에게 협조를 요청하여야 하며, 시·도 교육감은 한부모가족복지시설에 순회교육 실시를 위한 지원을 할 수 있다(법 제17조의2). 그리고 국가나 지방자치단체는 청소년 한부모가 주거마련 등 자립에 필요한 자산을 형성할 수 있도록 재정적 지원을 할 수 있다(법 제 17조의4).

---

1) '직업안정기관'이란 직업소개, 직업지도 등 직업안정업무를 수행하는 지방고용노동행정기관을 말한다(직업안정법 제2조의2).

3) 한부모가족복지시설

국가나 지방자치단체는 한부모가족복지시설을 설치할 수 있으며, 국가나 지방자치단체 외의 자가 시설을 설치·운영하려면 특별자치시장·특별자치도지사·시장·군수·구청장에게 신고하여야 한다(법 제20조). 또한 설치 신고를 한 자가 그 시설을 폐지하거나 운영을 일시적으로 중단하려면 미리 해당 기초자치단체장에게 신고해야 한다(법 제21조). 한부모가족복지시설이 시설 기준에 미달하게 되는 경우, 수탁 의무를 위반한 경우, 정당한 이유 없이 시설의 상황에 대해 보고하지 않거나 조사·검사를 거부하거나 기피하는 경우 기초자치단체장은 사업의 정지나 시설을 폐쇄할 수 있다(법 제24조).

한부모가족복지시설의 종류는 다음과 같다(법 제19조).

① 모자가족복지시설: 생계가 어려운 모자가족에게 주거와 생계 지원, 독립적인 생활이 어려운 모자가족에게 공동생활을 통하여 자립을 준비할 수 있도록 주거 지원, 혹은 자립욕구가 강한 모자가족에게 주거 지원을 일정 기간 동안 제공하는 시설

② 부자가족복지시설: 생계가 어려운 부자가족에게 주거와 생계 지원, 독립적인 생활이 어려운 부자가족에게 공동생활을 통하여 자립을 준비할 수 있도록 주거 지원, 자립욕구가 강한 부자가족에게 주거 지원을 일정 기간 동안 제공하는 시설

③ 미혼모자가족복지시설: 미혼 여성의 임신·출산 시 안전 분만 및 심신의 건강 회복과 출산 후의 아동양육 지원을 위하여 일정 기간 동안 주거와 생계 지원, 출산 후 해당 아동을 양육하지 아니하는 미혼모 또는 미혼모자가족에게 일정 기간 동안 자립을 준비할 수 있도록 주거 등을 지원하는 시설

④ 일시지원복지시설: 배우자의 물리적·정신적 학대로 아동의 건전한 양육이나 모의 건강에 지장을 초래할 우려가 있을 경우 일시적 또는 일정 기간 동안 모와 아동 또는 모에게 주거와 생계를 지원하는 시설

⑤ 한부모가족복지상담소: 한부모가족에 대한 위기·자립 상담 또는 문제해결 지원 등을 목적으로 하는 시설

4) 재정

이 법에서는 국가나 지방자치단체가 대통령령으로 정하는 바에 따라 한부모가족복지사업에 드는 비용을 보조할 수 있음을 규정하고 있고(법 제25조), 부정수급한 개인과 시설이나 시설에 대해 반환명령을 내릴 수 있도록 규정하고 있다.

거짓이나 그 밖의 부정한 방법으로 복지 급여를 받거나 타인으로 하여금 복지 급여를

받게 한 경우 급여를 지급한 보호기관은 비용의 전부 또는 일부를 부정수급자로부터 징수할 수 있고(법 제25조의2), 한부모가족복지 시설의 장이나 한부모가족 복지단체의 장이 보조금의 교부 조건을 위반한 경우, 거짓이나 그 밖의 부정한 방법으로 보조금을 받은 경우, 한부모가족 복지시설을 경영하면서 개인의 영리를 도모하는 행위를 한 경우, 이 법에 따른 명령을 위반한 경우의 어느 하나에 해당하면 이미 내준 보조금의 전부 또는 일부의 반환을 명할 수 있다(법 제26조).

보호기관 즉 국가와 지방자치단체는 복지 급여의 변경 또는 복지 급여의 정지·중지에 따라 보호대상자에게 이미 지급한 복지 급여 중 과잉지급분이 발생한 경우에는 즉시 보호대상자에 대하여 그 전부 또는 일부의 반환을 명하여야 한다(법 제26조).

4. 과제와 전망

동법 12조 급여에 대한 조항을 보면 보호대상자가 「국민기초생활 보장법」 등 다른 법령에 따라 보호를 받고 있는 경우에는 그 범위에서 이 법에 따른 급여를 하지 아니한다고 규정하고 있다. 이것은 급여대상자 선정에 있어서 모순을 가져와 한부모가족의 생활안정과 복지증진에 이바지한다는 동법의 목적에 부합하지 않은 결과를 초래한다. 국민기초생활보장제도의 급여 대상자에 해당한다는 이유로 한부모가족이 가지는 특수한 욕구를 해결하기 위한 지원에서 제외되기 때문이다. 대상자 선정에서 공공부조대상자인가 아닌가가 먼저가 아니라 한부모가족 여부를 우선적 기준으로 해야만 법의 목적을 구체적으로 실현할 수 있는 것이다. 한부모가족으로서 필요한 다양한 급여를 제공하고 부가적으로 최후 사회보장의 수단으로 공공부조가 적용되도록 해야 할 것이다.

한편 법률 개정을 통해 부자가족이 한부모가족에 포함되어 지원 대상이 되었지만 실질적인 지원부분에서 매우 미약하여 실효성 확보가 어렵다는 것에 주의할 필요가 있다. 법 제19조에서 한부모가족복지시설에 대해 규정하고 있는데 부자가족을 위한 시설은 매우 부족하다. 2016년 기준 미혼모 관련 시설은 전국 59개소가 있고 모자가족복지시설은 기본생활지원, 공동생활지원, 자립생활지원 시설을 합해 48곳인데 비해 부자가족복지시설은 4곳뿐이다. 자립생활지원형 부자가족복지시설은 전무한 상태이다. 한부모가족 지원에 있어서 부자가족의 필요를 충족시키는 시설의 확대, 예를 들어 경제활동과 양육 관련 지원을 개발하고 시행하는 것을 통해 법 실효성을 확보할 수 있을 것이다.

제 3 절 다문화가족지원법

1. 일반사항

중국과 동남아시아 출신 여성 결혼이민자의 증가는 이주노동자의 유입증대와 더불어 다문화시대로 진입하는 두드러진 현상이다. 2005년 기점으로 증가율은 다소 낮아지고 있지만 절대 수는 여전히 증가하고 있는 결혼이민자 수는 2015년 현재 151,608명이며 그중 여성이 84.6%를 차지하고 있다.[2] 도농경계를 넘어서 국제결혼 확대가 가시화됨에 따라 다문화사회의 도래에 대한 사회문화적 논의와 다문화가족에 대한 사회적 지원에 대한 논의가 확대되었고, 민간단체는 물론이고 정부의 다양한 부처에서 각기 다른 정책적 지원을 확대하였다. 「재한외국인처우기본법」의 제정과 「다문화가족지원법」의 제정은 이러한 사회변화에 대한 대응이라고 할 수 있다.

2008년 제정되어 총 17조로 구성된 다문화가족지원법은 몇 차례의 개정을 통해 다문화가족의 범위에 출생에 따른 국적취득자뿐만 아니라 인지(認知)와 귀화(歸化)에 따른 국적취득자도 포함하도록 하는 다문화가족 범위 확대와, 다문화가족에 대한 이해 증진을 위한 교육실시(2011.4.), 다문화가족지원센터 설치에 대한 근거를 마련하고, 전문 인력의 보수교육의 의무화(2012.2.) 등이 새롭게 규정되었다. 이후 결혼이민자인 모 또는 부의 모국어 교육을 지원할 수 있는 법적 근거를 마련하였고, 다문화가족의 생활적응과 정착을 돕기 위한 다국어로 상담과 통역이 가능한 다문화가족 종합정보전화센터 설치와 관련한 조항(법 제11조의2, 2013.8))을 신설하였다.

2. 법의 제정 이유와 목적

다문화가족지원법은 언어 및 문화적 차이로 인하여 사회부적응과 가족구성원 간 갈등 및 자녀교육에 어려움을 겪고 있는 다문화가족 구성원이 우리 사회의 구성원으로 순조롭게 통합되어 안정적인 가족생활을 누릴 수 있도록 하고(법 제1조) 문화 차이 등을 고려

---

2) 출입국·외국인정책본부 홈페이지, 〈http://www.immigration.go.kr〉 〔인용 2017.3.19〕.

한 언어통역, 법률상담 및 행정지원 등의 전문적인 서비스 제공 등 다문화가족에 대한 지원정책의 제도적 틀을 마련하기 위해 제정되었다.

법 목적을 달성하기 위한 책임주체는 국가와 지방자치단체로 규정되어 있다. 국가와 지방자치단체는 다문화가족 구성원이 안정적인 가족생활을 영위할 수 있도록 필요한 제도와 여건을 조성하고 이를 위한 시책을 수립·시행하여야 하고(법 제3조), 특별시·광역시·특별자치시·도·특별자치도 및 시·군·구에는 다문화가족 지원을 담당할 기구와 공무원을 두어야 한다는(법 제3조) 의무규정을 두었다.

제5조제5호에는 다문화가족에 대한 이해를 돕는 교육을 학교에서 실시하는 시책의 수립·시행 의무를 교육부장관과 시·도 교육감에게 부여하고 있어, 이들도 다문화가족에 대한 이해 증진의 책임 주체로 볼 수 있다.

3. 주요 내용

1) 대상

다문화가족지원법의 대상은 '다문화가족'과 '결혼이민자'이다. 다문화 가족이란 「재한외국인처우기본법」 제2조제3호의 결혼이민자와 국적법 제2조부터 제4조[3]까지의 규정에 따라 국적을 취득한 자로 이루어진 가족, 국적법 제3조 및 제4조에 따라 국적을 취득한 자와 국적법 제2조부터 제4조까지의 규정에 따라 국적을 취득한 자로 이루어진 가족을 말한다(법 제2조). 결혼이민자란 다문화가족의 구성원으로서 대한민국 국민과 혼인한 적이 있거나 혼인관계에 있는 재한외국인 혹은 귀화허가를 받은 자를 가리킨다(법 제2조). 다문화가족을 위한 서비스에 대해서 대한민국 국민과 사실혼 관계에서 출생한 자녀를 양육하고 있는 다문화가족 구성원도 법의 대상이 된다(법 제14조).

2) 주요사업 및 급여내용

(1) 다문화가족 지원 기본계획 수립과 실태조사

여성가족부장관은 다문화가족을 지원하기 위하여 5년마다 다문화가족정책에 관한 기본계획을 수립하여야 한다(법 제3조의2). 기본계획에는 다문화가족 지원 정책의 기본 방향, 다문화가족 지원을 위한 분야별 발전시책과 평가에 관한 사항, 다문화가족 지원 제도 개

3) 국적법 제2조는 출생에 의한 국적 취득, 제3조는 대한민국 국민이 아닌 자로서 대한민국의 부 또는 모에 의해 인지(認知)된 자의 국적 취득, 제4조는 귀화에 의한 국적 취득에 관한 조항이다.

선에 관한 사항, 재원 확보 및 배분에 관한 사항, 그 밖에 다문화가족 지원을 위하여 필요한 사항을 포함하여야 한다. 그리고 여성가족부장관, 관계 중앙행정기관의 장과 시·도지사는 매년 기본계획에 따라 다문화가족정책에 관한 시행계획을 수립·시행하여야 한다(법 제3조의3). 그리고 전년도의 시행계획에 따른 추진실적 및 다음 연도의 시행계획을 대통령령으로 정하는 바에 따라 매년 여성가족부장관에게 제출하여야 한다.

여성가족부장관은 다문화가족의 현황 및 실태를 파악하고 다문화가족 지원 정책수립에 활용하기 위하여 3년마다 다문화가족에 대한 실태조사를 실시하고 그 결과를 공표하여야 한다(법 제4조). 실태조사를 할 때 외국인정책 관련 사항에 대하여는 법무부장관과 협의를, 다문화가족 구성원인 아동의 교육에 관한 사항에 대하여는 교육부장관과 협의를 거쳐 실시한다.

(2) 결혼이민자 및 가족지원

결혼이민자와 그 가족을 위한 복지급여로 생활정보 및 교육지원, 평등한 가족관계 유지를 위한 조치, 가정폭력 피해자에 대한 보호와 지원, 의료 및 건강관리를 위한 국가와 지방자치단체의 지원이 있다.

결혼이민자 등이 대한민국에서 생활하는데 필요한 기본 정보를 제공하고, 사회적응교육과 직업교육·훈련 및 언어소통 능력 향상을 위한 한국어교육 등 필요한 지원을 할 수 있고(법 제6조), 「가정폭력방지 및 피해자보호 등에 관한 법률」에 따라 다문화가족 내 가정폭력을 예방하기 위해 노력하고 가정폭력으로 피해를 입은 결혼이민자 등에 대해 보호하고 지원하도록 한다. 가정폭력으로 혼인관계를 종료하는 경우 의사소통의 어려움과 법률체계 등에 관한 정보 부족 등으로 불리한 입장에 놓이지 않도록 언어통역, 법률상담 및 행정지원 등 필요한 서비스를 제공할 수 있다(법 제8조). 그리고 결혼이민자 등이 건강하게 생활할 수 있도록 영양·건강에 대한 교육, 산전·산후 도우미 파견, 건강검진 등의 의료서비스를 지원할 수 있다(법 제9조).

사회문제를 예방하기 위한 장기적인 관점에서의 지원이라 할 수 있는 것으로 평등한 가족관계 유지를 위한 조치를(법 제7조) 들 수 있다. 국가 및 지방자치단체는 다문화가족이 민주적이고 양성평등한 가족관계를 누릴 수 있도록 가족상담, 부부교육, 부모교육, 가족생활교육 등을 추진해야 하고 이 경우 문화의 차이 등을 고려한 전문적인 서비스가 제공될 수 있도록 노력하여야 한다. 그리고 여성가족부장관은 다국어에 의한 상담·통역 서비스 등을 결혼이민자등에게 제공하기 위하여 다문화가족 종합정보 전화센터를 설치·운영할 수 있다(법 11조의2).

(3) 아동보육 및 교육 지원

다문화가족의 구성원인 아동이 학교생활에 신속히 적응할 수 있도록 교육지원 대책을 마련하여야 하고, 시·도 교육감은 다문화가족 구성원인 아동·청소년에 대하여 학과 외 또는 방과 후 교육 프로그램 등을 지원할 수 있다(법 제10조).

한편 결혼이민자인 부 또는 모의 모국어 교육 지원의 법적인 근거를 명확히 하고 다문화가족 자녀가 다양한 문화적 잠재력을 발현하도록 지원하기 위해 초등학교 취학 전 보육 및 교육 지원과 함께 아동의 언어발달을 위하여 한국어교육과 부 또는 모의 모국어 교육을 위해 지원할 수 있는 규정을 마련하였다(법 제10조). 유치원장, 어린이집, 각급 학교장은 보육·교육에 있어 다문화 가족 아동·청소년이 차별받지 않도록 조치를 취해야 함을 의무로 규정하고 있다(법 제10조제4호).

(4) 다문화가족에 대한 이해 증진

이상의 사업과 급여가 결혼이민자 등 다문화가족을 대상으로 하는 것이었다면 법 제5조는 전체 사회구성원을 대상으로 하는 것이다. 국가와 지방자치단체는 다문화가족에 대한 사회적 차별 및 편견을 예방하고 사회구성원이 문화적 다양성을 인정하고 존중할 수 있도록 다문화 이해교육을 실시하고 홍보 등 필요한 조치를 하여야 한다(법 제5조).

특히 교육부장관과 시·도 교육감에게 부여된 의무로서 유치원에서부터 초중등 학교에서 다문화가족에 대한 이해를 돕는 교육을 실시하기 위한 시책을 수립·시행하여야 한다(법 제5조제5호).

3) 위원회와 다문화가족지원센터

(1) 다문화가족정책위원회

다문화가족정책위원회는 다문화가족의 삶의 질 향상과 사회통합에 관한 중요 사항을 심의·조정하기 위하여 국무총리 소속으로 둔다(법 제3조의4). 위원회는 다문화가족정책에 관한 기본계획의 수립 및 추진, 시행계획의 수립과 추진실적 점검 및 평가, 다문화가족과 관련된 각종 조사, 연구 및 정책의 분석·평가, 각종 다문화가족 지원 관련 사업의 조정 및 협력, 다문화가족정책과 관련된 국가 간 협력에 관한 사항, 그 밖에 다문화가족의 사회통합에 관한 중요 사항으로 위원장이 필요하다고 인정하는 사항을 심의·조정한다.

위원장 1명을 포함한 20명 이내의 위원으로 구성하고 위원장은 국무총리가 되며, 위원은 대통령령으로 정하는 중앙행정기관의 장과 다문화가족정책에 관하여 학식과 경험이 풍부한 사람 중에서 위원장이 위촉하는 사람이다. 그리고 정책위원회에서 심의·조정할 사항을 미리 검토하고 대통령령에 따라 위임된 사항을 다루기 위하여 정책위원회에 실무위원회를 둔다.

(2) 다문화가족지원센터

국가와 지방자치단체는 다문화가족지원센터를 설치·운영할 수 있다. 그리고 대통령령으로 정하는 법인(사회복지법인, 다문화가족 지원 관련 비영리법인, 공익법인, 다문화가족 지원 관련 비영리단체 등, 시행령 제12조의2)이나 단체에 위탁할 수 있다(법 제12조). 국가 또는 지방자치단체 아닌 자가 지원센터를 설치·운영하고자 할 때에는 미리 광역 또는 기초자치단체장의 지정을 받아야 한다.

지원센터는 다문화가족을 위한 교육·상담 등 지원사업의 실시, 결혼이민자 등에 대한 한국어교육, 다문화가족 지원서비스 정보제공 및 홍보, 다문화가족 지원 관련 기관·단체와의 서비스 연계, 일자리에 관한 정보제공 및 알선, 다문화가족을 위한 통역·번역 지원사업, 그 밖에 다문화가족 지원을 위하여 필요한 사업을 수행한다. 다문화가족지원센터에는 다문화가족에 대한 교육·상담 등의 업무를 수행하기 위하여 관련 분야에 대한 학식과 경험을 가진 전문인력을 두도록 되어 있다(법 제12조).

4) 재정

다문화가족지원법 전체를 포괄하는 재정에 대한 조항은 없다. 다만 다문화가족지원지원센터에 대하여 예산의 범위에서 사업 수행에 필요한 비용의 전부 또는 일부를 국가 및 지방자치단체가 보조할 수 있다(법 제12조제6항)는 규정만 있다.

4. 과제와 전망

다문화사회 진입 현상이 가시화되면서 법이 제정되기도 전에 민간을 중심주체로 하여 결혼이민자 대상의 사회서비스가 제공되었다. 이후 사회적 욕구의 확대로 공공기관까지 적극적으로 프로그램을 개발하고 서비스를 제공하게 되었기에, 다문화가족지원법의 제정은 새로운 사회적 욕구의 발생과 그에 대한 대응이 먼저 시작되고 그 이후 법적 근거를 마련하게 된 경우라고 할 수 있다.

2008년 제정으로 법의 역사가 길지 않지만 몇 차례의 개정을 거쳐, 취약한 대상으로서 결혼이민자와 다문화가정만을 대상으로 한 내용에서 전 국민을 대상으로 다문화 가족에 대한 이해 증진을 도모하고 학생들 대상으로 교육해야 하는 의무규정을 포함함으로써 법의 대상이 확대되었다. 이러한 규정들은 다문화사회 진입으로 인한 문제와 해결에 있어서 사회구성원 모두가 함께 참여하고 해결해야 한다는 법 의지를 보여주는 것이라고 할 수 있다.

그러나 이러한 법 개정의 내용이 실효성을 가지려면 하위법률이 마련되어야 한다. 예를 들어 2013년 9월부터 시행이 시작되는 법 제5조제5항에서 다문화가족에 대한 이해를 돕는 교육 실시를 위한 시책을 수립하고 시행해야 하는 의무를 규정하고 있지만, 구체적 시행의 뒷받침이 될 시행령과 시행규칙은 아직 마련되어 있지 않다. 의무규정이 실효성을 가질 수 있도록 하위법률을 제정해야 할 것이다.

한편 다문화가족지원과 관련하여 전체를 포괄하는 재정에 대한 조항이 없으며 다문화가족지원센터에 대하여 예산 범위 내에서 지원할 수 있다는 규정만 존재한다. 재정과 관련된 규정 없이는 법적 실효성을 확보하기 어렵다. 이에 대한 각종 복지급여와 관련하여 재정지원에 대한 규정을 확보함으로써 법의 목적을 실현시킬 수 있도록 해야 할 것이다.

제 4 절 건강가정기본법

1. 일반사항

「건강가정기본법」은 2004년 제정되어 오늘에 이른다. 법 제정 이유로 명시되어 있는 내용은 다음과 같다. 건강한 가정생활의 영위와 가족의 유지 및 발전을 위한 국민의 권리·의무와 국가 및 지방자치단체 등의 책임을 명확히 하고, 다양한 가정문제의 해결방안을 강구하기 위해서 제정되었고 가족원의 복지 증진을 위해 정책을 시행함으로써 건강가정을 구현하고, 나아가 사회통합에 기여하기 위해 제정되었다. 건강가정기본법은 제1장 총칙, 제2장 건강가정 정책, 제3장 건강가정지원사업, 제4장 건강가정전담조직 등, 제5장 보칙 등 총 37조로 이루어져 있다.

2. 법의 제정이유와 목적

법의 목적은 건강한 가정생활의 영위와 가족의 유지 및 발전을 위한 국민의 권리·의무와 국가 및 지방자치단체 등의 책임을 명백히 하고, 가정문제의 적절한 해결방안을 강구하며 가족구성원의 복지증진에 이바지할 수 있는 지원정책을 강화함으로써 건강가정 구현에 기여하는 것이다(법 제1조). 가정은 개인의 기본적인 욕구를 충족시키고 사회통합을 위하여 기능할 수 있도록 유지・발전되어야 한다는 것이 법의 기본이념이다(법 제2조).

국가 및 지방자치단체가 노력해야 할 규정을 통해 이 법이 지향하는 가치를 확인할 수 있다. 민주적인 가정형성, 가정친화적 환경조성, 양성평등한 가족가치 실현 및 가사노동에 대한 정당한 가치평가를(법 제5조) 노력해야 할 내용으로 제시하고 있다. 또한 법 제7조에서 가족구성원은 부양・자녀양육・가사노동 등 가정생활의 운영에 함께 참여하여야 하고 서로 존중하며 신뢰하여야 한다는 것을 가족가치로 제시하고 있다.

3. 주요 내용

1) 국민의 권리와 국가의 의무와 책임

국민은 가정의 구성원으로서 안정되고 인간다운 삶을 유지할 수 있는 가정생활을 영위할 권리를 가지고 있음과 함께 가정의 중요성을 인식하고 복지향상을 위해 노력해야 할 의무가 모든 국민에게 있음을(법 제4조) 규정하고 있다.

국가 및 지방자치단체는 건강가정을 위하여 필요한 제도와 여건을 조성하고 이를 위한 시책을 강구하여 추진해야 하고, 시책을 강구함에 있어 가족구성원의 특성과 가정유형을 고려하여야 한다(법 제5조). 그리고 가족구성원 모두는 혼인과 출산의 사회적 중요성을 인식하여야 하고(법 제8조) 가족해체 예방을 위해 노력해야 한다(법 제9조). 국가 및 지방자치단체는 출산과 육아에 대한 사회적 책임을 인식하고 적절한 출산・육아 환경을 조성하기 위해 지원해야 하고(법 제8조), 가족해체를 예방하기 위해 필요한 제도와 시책을 강구해야 함을 규정하고 있다(법 제9조).

2) 건강가정기본계획의 수립과 실태조사

여성가족부장관은 관계 중앙행정기관의 장과 협의하여 건강가정기본계획을 5년마다 수립하여야 하며, 국무회의의 심의를 거쳐 확정한 기본계획을 관계중앙행정기관의 장 및 지방자치단체의 장에게 통보하여야 한다(법 제15조). 기본계획에는 다음의 사항이 포함되어야 한다.

① 가족기능의 강화 및 가정의 잠재력 개발을 통한 가정의 자립 증진 대책

② 사회통합과 문화계승을 위한 가족공동체문화의 조성
③ 다양한 가족의 욕구충족을 통한 건강가정 구현
④ 민주적인 가족관계와 양성평등적인 역할분담
⑤ 가정친화적인 사회 환경의 조성
⑥ 가족의 양육·부양 등의 부담완화와 가족해체 예방을 통한 사회비용 절감
⑦ 위기가족에 대한 긴급 지원책
⑧ 가족의 건강증진을 통한 건강사회 구현
⑨ 가족지원정책의 추진과 관련한 재정조달 방안

여성가족부장관, 관계중앙행정기관의 장 및 지방자치단체의 장은 매년 기본계획에 따라 건강가정시행계획을 수립·시행하고 평가하여야 한다. 아울러 관계중앙행정기관의 장 및 지방자치단체의 장은 그 시행계획 및 추진실적을 매년 여성가족부장관에게 제출하여야 한다(법 제16조).

그리고 국가 및 지방자치단체는 개인과 가족의 생활실태를 파악하고, 건강가정 구현 및 가정문제예방 등을 위한 서비스의 욕구와 수요를 파악하기 위하여 5년마다 가족실태조사를 실시하고 그 결과를 발표하여야 한다(법 제20조). 여성가족부장관은 전국을 대상으로 하는 가족실태조사를 실시하고, 광역 또는 기초자치단체장은 관할 지역을 대상으로 필요한 경우에 가족실태조사를 실시한다(시행규칙 제2조).

3) 건강가정사업

(1) 가정지원과 가족의 복지와 건강 증진

법 제21조에서는 국가 및 지방자치단체가 가정의 원활한 기능을 수행하도록 지원해야 할 사항으로 다음과 같이 제시하였다.

① 가족구성원의 정신적·신체적 건강지원
② 소득보장 등 경제생활의 안정
③ 안정된 주거생활
④ 태아검진 및 출산·양육의 지원
⑤ 직장과 가정의 양립
⑥ 음란물·유흥가·폭력 등 위해환경으로부터의 보호
⑦ 가정폭력으로부터의 보호
⑧ 가정친화적 사회분위기의 조성

⑨ 그 밖에 건강한 가정의 기능을 강화·지원할 수 있는 관련 사항

이와 함께 임신·출산·수유 및 육아와 관련된 모성·부성권 보장을 위한 육아휴직 및 유급휴가시책이 확산되도록 노력하고, 한부모가족, 노인단독가정, 장애인가정, 미혼모가정, 공동생활가정, 자활공동체 등 사회적 보호를 필요로 하는 가정에 대하여 적극적으로 지원하여야 한다(법 제21조). 그리고 대통령령으로 정하는 자연·사회적 재난에 의해 가족기능이 현저하게 저하된 경우 필요한 범위 내에서 지원해야 한다(법 제21조의2). 가족단위 복지증진을 위해 국가 및 지방자치단체는 사회보험·공공부조 등 사회보장제도의 운용과 관련하여 보험료의 산정·부과, 급여 등을 운용함에 있어서 가족을 지지하는 시책을 개발·추진하여야 하고, 각 분야의 제도·정책 및 사업을 수립·추진함에 있어 가족을 우대하는 방안을 강구하여야 한다(법 제23조). 또한 영·유아, 아동, 청소년, 중·장년, 노인 등 생애주기에 따르는 가족구성원의 종합적인 건강증진대책을 마련하여야 한다(법 제24조).

국가 및 지방자치단체는 이혼조정의 내실화에 필요한 조치를 강구하여야 하고 이혼 의사가 정해진 가족에 대하여 자녀양육·재산·정서 등의 제반문제에 도움을 주는 지원서비스를 제공해야 하며, 양육비에 대한 집행력의 실효성을 강화하고 그 적용대상을 확대하도록 하여야 한다(법 제31조).

(2) 자녀양육 지원과 가족부양 지원

자녀를 양육하는 가정에 대하여 자녀양육으로 인한 부담을 완화하고 아동의 행복추구권을 보장하기 위하여 보육, 방과 후 서비스, 양성이 평등한 육아휴직제 등의 정책을 적극적으로 확대 시행하여야 하며, 다양한 가족형태를 고려하여 아동양육지원사업 시책을 수립·시행하여야 한다(법 제22조).

가족부양에 대한 지원으로서 영·유아 혹은 노인 등 부양지원을 요하는 가족구성원이 있는 가정에 대하여 부양부담을 완화하기 위한 시책을 강구하여야 하고, 질환이나 장애로 가족 내 수발을 요하는 가족구성원이 있는 가정을 적극 지원하며, 보호시설을 이용할 수 있도록 전문보호시설을 확대하여야 한다. 그리고 가족구성원 중 장기요양을 필요로 하는 질병이나 사고로 간병을 요할 경우 가족간호를 위한 휴가 등의 시책을 마련하여야 한다(법 제25조).

(3) 가족관계 증진과 가정생활문화 발전에 대한 지원

건강가정기본법에서는 가족갈등이 있는 경우 이를 예방·상담하고 민주적이고 양성평등한 가족관계를 증진시킬 수 있도록 가족지원서비스를 확대하고 다양한 가족생활교육·

부모교육·가족상담·평등가족홍보 등을 추진하여야 하며, 가정폭력이 있는 가정의 경우 피해자와 가족에 대한 전문적 서비스가 이루어지도록 노력해야(법 제26조) 함을 규정하고 있다.

국가와 지방자치단체는 가족이 시민으로서 역할을 증진할 수 있는 기회와 서비스를 제공하고 가족단위 자원봉사 참여가 확대되도록 노력해야 한다(법 제27조). 아울러 건강가정의 생활문화를 고취하고 그에 대한 지원정책을 수립해야 하며(법 제28조), 가정의례 확립을 위한 지원정책을 수립해야 한다(법 제29조). 더불어 결혼준비교육, 부모교육, 가족윤리 교육 등의 내용이 포함된 건강가정교육을 실시해야 한다(법 제32조).

4) 전담조직과 전문인력

국가 및 지방자치단체는 가정문제의 예방·상담 및 치료, 건강가정의 유지를 위한 프로그램의 개발, 가족문화운동의 전개, 가정 관련 정보 및 자료제공 등을 위하여 건강가정지원센터를 설치·운영하여야 한다(법 제35조). 센터의 운영은 여성가족부령이 정하는 바에 의하여 민간에 위탁할 수 있다.

건강가정지원센터에는 센터장과 건강가정사업의 수행에 필요한 팀을 두며, 센터장은 연도별로 사업계획을 수립해야 한다. 지방자치단체가 설치·운영하는 건강가정지원센터의 조직과 운영에 필요한 사항은 해당 지방자치단체의 조례로 정한다(시행령 제3조). 센터에는 건강가정사업을 수행하기 위하여 관련분야에 대한 학식과 경험을 가진 전문가(이하 "건강가정사")를 두어야 한다(법 제35조).

법 제34조의2에서는 다양한 가족의 삶의 질 제고와 가족역량 강화를 위한 가족정책을 체계적으로 지원하기 위해 한국건강가정진흥원 설립에 대하여 규정하고 있다. 진흥원이 수행하는 사업은 가족상담 및 가족교육사업, 아이 돌봄 및 자녀양육지원 사업, 양육비 이행 전담기관 운영, 다문화가족의 사회통합 지원, 건강가정지원센터·다문화가족지원센터 등의 종사자 교육 훈련 등이다.[4)]

5) 재정

국가 및 지방자치단체는 아동양육지원사업을 예산의 범위 안에서 지원할 수 있고, 가정봉사원에게 예산의 범위 안에서 일정금액을 지급할 수 있다고 규정하고 있다(법 제22조, 30조). 그리고 정부는 진흥원의 사업과 운영에 필요한 경비를 출연할 수 있다(법 34조의2).

---

4) 이 법에 근거하여 2015년 1월 여성가족부 산하 특수법인으로 설립되어 운영 중이다. 건강가정사업, 가족친화 사회환경 조성사업, 다문화가족사업, 양육비이행관리원이 주요 사업이다.

4. 과제와 전망

건강가정기본법이라는 제명에서 표명하듯이 각 조항들은 기본법이 가지는 성격을 반영하고 있어서인지 법의 목적으로 규정된 건강가정구현과 사회통합에서부터 각 조항의 내용들이 선언적이고 추상적이다. 여타 사회복지서비스 법들이 거의 제정된 이후인 2004년에 제정된 법인데다 많은 조항들이 다른 법률에서 추구하고 규정한 내용들과 중복되는 부분이 많다. 예를 들어 법 제21조제4항에서 한부모가족, 장애인가정, 미혼모 가정, 공동생활가정 등 사회적 보호를 필요로 하는 가정에 대한 적극적 지원에 대한 내용도 다른 개별법들과 중첩되고, 제22조 자녀 양육지원, 가정폭력으로부터 보호 등의 조항도 선언적 성격이 강하고 역시 기존의 법률을 통해 구현되고 있는 부분들이다. 또한 총칙, 건강가정사업 등 법 전체를 구성하고 있는 조항들 간에도 그 내용이 중첩되어 있으며, 방향은 제시되어 있으나 법의 실효성을 확보할 수 있는 기반이 부족한 조항들이 있다. 예를 들어 법 제32조에 건강가정 교육 실시 규정에 대해 대상과 방법 등에 대한 언급이 없으며 하위법률에서조차도 교재, 교구 개발 보급 관련 내용 정도만 규정되어 있다. 이러한 부분은 법 존재의 의의를 약화시키고 있어 법의 목적에 부합하도록 각 조항들의 정비가 필요해 보인다.

제 5 절 가정폭력 관련법 및 피해자 보호 특례법

1. 일반 사항

가정폭력은 가정 내에서 부부간 혹은 가까운 친척 간에 발생하기 때문에 가정 내의 문제로만 생각되기 쉽고 외부에 공개되기 어려운 특징을 가지고 있다. 그 결과 공권력의 접근을 어렵게 하고 피해자 쪽에서도 법의 도움을 외면하는 경향으로 이어진다. 따라서 과거에는 폭력의 결과가 극히 중대하거나 피해자의 고소가 있을 때에만 국가기관이 개입하였고, 그 절차도 일반 형사절차에 따라 처벌에만 중점을 두었을 뿐이었다(이중엽, 2013:433). 그러나 가정폭력을 심각한 사회문제로 인식하고 1994년 한국여성단체가 전국연대를 결성하며 가정폭력방지법 제정 활동을 출발로 하여 1997년 「가정폭력방지 및 피해자보호 등에 관한 법률(약칭: 가정폭력 방지법)」이 제정되었다.

같은 시점에 함께 제정된 것이 「가정폭력범죄의 처벌 등에 관한 특례법(약칭: 가정폭력처벌법)」이다. 법의 제정이유에도 서술되어 있듯이 직무 또는 상담을 통하여 가정폭력범죄를 알게 된 의료기관·가정폭력관련 상담소 등의 장에 대하여 신고의무를 부과하고, 검사는 가정폭력범죄로서 사건의 성질·동기 및 결과, 행위자의 성행 등을 고려하여 보호처분으로 처리할 수 있도록 한 것이 이 법의 의의라고 할 수 있다. 또한 「형사소송법」 제224조에 따르면 "자기 또는 배우자의 직계존속을 고소하지 못한다"고 규정하고 있는데 특례법 제정을 통해 피해자가 가정폭력의 행위자가 자기 또는 배우자의 직계존속인 경우에도 고소할 수 있도록 하였다.

이 절에서는 소관부처가 여성가족부인 「가정폭력방지법」에서 복지 급여와 시설 중심의 내용을 우선적으로 살펴보고, 가정폭력범죄의 처벌과정 중심으로 「가정폭력처벌법」에 대해 살펴보고자 한다. 가정폭력방지법은 국가 등의 책무, 보호시설, 가정폭력 상담원 교육훈련, 수사기관 협조, 긴급전화센터 등 총 22조로 구성되어 있으며, 가정폭력처벌법은 제1장 총칙, 제2장 가정보호사건, 제3장 피해자보호명령, 제4장 민사처리에 관한 특례, 제5장 벌칙 등 총 5장 66조로 이루어져 있다.

2. 법의 제정이유와 목적

가정폭력이란 가정구성원 사이의 신체적, 정신적 또는 재산상 피해를 수반하는 행위를 말한다(가정폭력범죄의 처벌 등에 관한 특례법 제2조). 「가정폭력방지 및 피해자보호 등에 관한 법률」은 가정폭력을 예방하고 가정폭력 피해자를 보호·지원함을 목적으로 한다(법 제1조). 이를 위해 국가와 지방자치단체가 책무를 가지고 있는데 가정폭력의 예방·방지와 피해자의 보호·지원을 위하여 다음의 조치를 취하여야 한다(법 제4조).

① 가정폭력 신고체계의 구축 및 운영

② 가정폭력의 예방과 방지를 위한 조사·연구·교육 및 홍보

③ 피해자를 위한 보호시설의 설치·운영, 임대주택의 우선 입주권 부여와 그 밖에 피해자에 대한 지원 서비스 제공

④ 피해자의 보호와 지원을 원활히 하기 위한 관련 기관 간의 협력체계 구축 및 운영

⑤ 가정폭력의 예방·방지와 피해자의 보호·지원을 위한 관계 법령의 정비와 각종 정책의 수립·시행 및 평가

⑥ 피해자와 관련 기관의 상담원 등 종사자의 신변보호를 위한 안전대책 마련

⑦ 피해자 신변노출 방지 및 보호·지원체계 구축

특별시・광역시・도・특별자치도 및 시・군・구는 가정폭력의 예방・방지 및 피해자의 보호・지원을 담당할 기구와 공무원을 두어야 하는 책무를 가지고 있다(법 제4조).

3. 주요 내용

1) 주요사업 및 급여

(1) 실태조사와 홍보영상 제작・배포

여성가족부장관은 3년마다 가정폭력에 대한 실태를 조사하여 그 결과를 발표하고, 이를 가정폭력을 예방하기 위한 정책수립의 기초자료로 활용하여야 한다(법 제4조의2). 실태조사는 가정폭력에 관한 전문성과 인력 및 장비를 갖춘 연구기관・법인 또는 단체에 의뢰하여 실시할 수 있다. 일반가구와 가정폭력 피해가구로 구분하여 실시하고, 가족구성원의 일반적 특성에 관한 사항과 가정폭력 발생 요인, 발생 유형, 폭력 유형 등 가정폭력 피해 등에 관한 사항 등을 포함하여 조사해야 한다(시행령 제2조).

여성가족부장관은 가정폭력의 예방과 방지를 위하여 가정폭력의 위해성 및 가정폭력피해자 지원 등에 관한 홍보영상을 제작하여 「방송법」 제2조제3호에 따른 방송사업자에게 배포하여야 한다(법 제9조의3).

(2) 아동 취학지원

국가나 지방자치단체는 피해자나 피해자가 동반한 가정구성원 즉 피해자의 보호나 양육을 받고 있는 자(가정폭력처벌법 제2조제2호)가 아동인 경우 주소지 외의 지역에서 취학(입학・재입학・전학 및 편입학을 포함)할 필요가 있을 때에는 그것이 원활히 이루어지도록 지원하여야 한다(법 제4조의4).

(3) 임대주택 우선 입주권 부여

피해자를 위한 급여의 하나로 임대주택의 우선 입주권을 부여하는데 우선 입주권 부여의 대상자 선정기준 및 선정방법 등에 필요한 사항은 대통령령으로 정하도록(법 제8조의5) 되어 있는데, 보호시설에 6개월 이상 입소한 피해자로서 퇴소일부터 2년이 지나지 아니한 사람, 여성가족부장관이 지원하는 피해자를 위한 주거지원시설에 2년 이상 입주한

피해자로서 퇴거일부터 2년이 지나지 아니한 사람 중 하나에 해당하면 입주권을 우선적으로 부여한다(시행령 제4조의2).

(4) 유관기관의 의무와 협조

먼저 「초·중등교육법」에 따른 각 급 학교의 장은 대통령령으로 정하는 바에 따라 가정폭력의 예방과 방지를 위하여 필요한 교육을 실시하고 그 결과를 여성가족부장관에게 제출하여야 한다(법 제4조의3).

수사기관의 협조를 규정한 법 제9조의2에서는 긴급전화센터, 상담소 또는 보호시설의 장은 피해자를 긴급히 구조할 필요가 있는 경우 관할 경찰관서의 장에게 그 소속 직원의 동행을 요청할 수 있다. 이 경우 요청을 받은 경찰관서의 장은 특별한 사유가 없으면 이에 따라야 함을 규정하고 있다.

한편 피해자를 고용하고 있는 자는 누구든지 「가정폭력처벌법」에 따른 가정폭력범죄와 관련하여 피해자를 해고(解雇)하거나 그 밖의 불이익을 주어서는 안 된다고(법 제4조의5) 규정하여 피해자에 대한 불이익처분을 금지하였다.

2) 가정폭력 관련 복지기관 및 인력

(1) 긴급전화센터

여성가족부장관 또는 특별시장·광역시장·도지사·특별자치도지사는 긴급전화센터를 설치·운영하여야 한다. 긴급전화센터의 설치·운영을 대통령령으로 정하는 기관 또는 단체에 위탁할 수 있다(법 제4조의6). 위탁할 수 있 기관은 사회복지법인, 법률구조법인, 가정폭력 방지 및 피해자 보호를 주된 업무로 하는 비영리법인 및 단체를 가리킨다(시행령 제1조의4). 긴급전화센터는 피해자의 신고접수 및 상담, 관련 기관·시설과의 연계, 피해자에 대한 긴급한 구조의 지원 등의 업무를 수행한다(법 제4조의6).

(2) 상담소

국가나 지방자치단체는 가정폭력 관련 상담소를 설치·운영할 수 있다. 국가나 지방자치단체 외의 자가 상담소를 설치·운영하려면 특별자치도지사·시장·군수·구청장에게 신고하여야 한다(법 제5조).

상담소는 가정폭력을 신고받거나 이에 관한 상담에 응하는 일, 가정폭력으로 인해 정상적인 가정생활과 사회생활이 어렵거나 그 밖에 긴급히 보호가 필요한 피해자 및 피해자가 동반한 가정구성원을 임시로 보호하거나 가정폭력피해자 보호시설로 인도(引渡)하는 일, 행위자에 대한 고발 등 법률적 사항에 관한 자문을 얻기 위해 법률구조법인 등에 대한 필요한 협조와 지원의 요청, 경찰관서 등으로부터 인도받은 피해자등의 임시 보호, 가정폭력의 예방과 방지에 관한 홍보, 그 밖에 가정폭력과 그 피해에 관한 조사・연구 등의 업무를 수행한다(법 제6조). 그리고 가정폭력을 신고하거나 이에 관한 상담을 요청한 사람과 그 가족에 대한 상담(제 6조의1의2)업무가 추가되었다.

(3) 보호시설

국가나 지방자치단체는 가정폭력피해자 보호시설을 설치・운영할 수 있다. 사회복지법인과 그 밖의 비영리법인은 시장・군수・구청장의 인가(認可)를 받아 보호시설을 설치・운영할 수 있다(법 제7조). 보호시설에는 상담원을 두어야 하고, 보호시설의 규모에 따라 생활지도원, 취사원, 관리원 등의 종사자를 둘 수 있다. 상담소, 교육훈련시설과 마찬가지로 보호시설을 운영을 중단 또는 폐지하려고 할 경우 시설 이용자의 권익을 보호하기 위한 조치를 해야 하며, 기초자치단체장은 조치 여부 확인 등을 수행해야 한다(법 제10조 제2,3호).

보호시설은 다음과 같이 분류된다(법 제7조의2). 피해자 등을 6개월의 범위에서 보호하는 시설인 단기보호시설, 2년의 범위에서 자립을 위한 주거편의(住居便宜) 등을 제공하는 시설인 장기보호시설, 배우자가 대한민국 국민인 외국인 피해자 등을 2년의 범위에서 보호하는 외국인보호시설, 장애인인 피해자 등을 2년의 범위에서 보호하는 장애인보호시설이다.

보호시설은 피해자 등에 대하여 다음의 업무를 행한다(법 제8조).

① 숙식의 제공
② 심리적 안정과 사회적응을 위한 상담 및 치료
③ 질병치료와 건강관리(입소 후 1개월 이내의 건강검진 포함)를 위한 의료기관에의 인도 등 의료지원
④ 수사기관의 조사와 법원의 증인신문(證人訊問)에의 동행
⑤ 법률구조기관 등에 필요한 협조와 지원의 요청
⑥ 자립자활교육의 실시와 취업정보의 제공
⑦ 다른 법률에 따라 보호시설에 위탁된 사항
⑧ 그 밖에 피해자등의 보호를 위하여 필요한 일

(4) 가정폭력 관련 상담원 교육훈련시설

국가나 지방자치단체는 상담원(상담원이 되려는 자를 포함)에 대하여 교육·훈련을 실시하기 위하여 가정폭력 관련 상담원 교육훈련시설을 설치·운영할 수 있다. 학교법인, 법률구조법인, 사회복지법인 및 그 밖의 비영리법인이 교육훈련시설을 설치하려는 자는 시장·군수·구청장에게 신고하여야 한다(법 제8조의3). 상담소·보호시설과 마찬가지로 교육훈련시설의 운영을 일시적으로 중단하거나 폐지하려면 여성가족부령으로 정하는 바에 따라 시장·군수·구청장에게 신고하여야 한다(법 제10조).

(5) 인력

긴급전화센터, 상담소 및 보호시설에 근무하는 상담원은 여성가족부령으로 정하는 요건에 해당하는 자로서 제8조의3에 따른 가정폭력 관련 상담원 교육훈련시설에서 여성가족부령으로 정하는 상담원 교육훈련과정을 마친 자로 한다(법 제8조의2).

가정폭력 관련 상담원의 자질 향상을 위하여 여성가족부장관 또는 시·도지사는 긴급전화센터·상담소 및 보호시설 종사자를 대상으로 보수교육을 실시하여야 한다(법 제8조의4). 한편 긴급전화센터, 상담소 또는 보호시설의 장이나 이를 보조하는 자 또는 그 직에 있었던 자는 그 직무상 알게 된 비밀을 엄수할 의무를 가지고 있다(법 제16조).

3) 재정

가정폭력방지법에서는 국가 등의 책무를 규정한 법 제4조에서 책무를 다하기 위하여 이에 따르는 예산상의 조치를 취하여야 한다는 규정을 명시하고 있다. 더불어 피해자 보호 및 시설 운영에 필요한 비용을 지원할 수 있다는 규정을 관련 조항에서 각각 제시하고 있다.

보호시설에 입소한 피해자나 피해자가 동반한 가정 구성원의 보호를 위하여 필요한 경우 생계비, 아동교육지원비, 아동양육 등 보호비용을 보호시설의 장 또는 피해자에게 지원할 수 있다(법 제7조의5 보호시설에 대한 보호비용 지원).[5] 여성가족부장관 또는 시·도지사는 긴급전화센터의 설치·운영을 위탁할 경우 그에 필요한 경비를 지원하여야 한다(법 제4조의6). 그리고 피해자가 치료보호비를 신청하는 경우에는 가정폭력행위자를 대신하여 치료보호에 필요한 비용을 의료기관에 지급하도록 하고 있다(법 제18조).

---

5) 단 보호시설에 입소한 피해자나 동반 가정 구성원이 「국민기초생활보장법」 등 다른 법령에 따라 보호를 받고 있는 경우에는 그 범위에서 이 법에 따른 지원을 하지 않는다고 규정하였다(법 제7조의5).

4) 구상권(求償權)과 벌칙

한편 법 제8조에서 보호시설의 업무를 규정하면서 보호시설의 장은 보호시설에서 피해자 보호로 인한 비용의 전부 또는 일부를 가정폭력행위자로부터 구상(求償)할 수 있음을 명시하고 있다(법 제8조). 아울러 기본적으로 치료보호에 필요한 일체의 비용은 원칙적으로 가정폭력행위자가 부담하도록 규정하고 있으며, 피해자가 치료보호비를 요청하여 의료기관에 비용을 지급한 경우 국가나 지방자치단체는 가정폭력행위자에 대하여 구상권을 행사할 수 있다(법 제18조제4항).

상담소, 보호시설 등에 종사하면서 비밀 엄수의 의무를 위반한 자나 인가를 받지 않고 상담소 및 보호시설을 설치 운영하거나, 정지 및 폐쇄 명령을 받고도 계속 운영하는 자에 대해 1년 이하의 징역 또는 1천만 원 이하의 벌금을 규정하고 있다(법 제20조). 유관 시설의 감독에 필요한 보고를 하지 않거나 거짓으로 보고한 경우 또는 조사·검사를 거부하거나 기피한 자와 유사명칭 사용 금지를 위반한 자에 대해서는 과태료를 부과한다(법 제22조).

5) 가정폭력범죄의 처벌 등에 관한 특례법의 주요 내용

가정폭력처벌법은 가정폭력범죄의 형사처분절차에 관한 특례법이다. 법의 목적은 가정폭력범죄를 범한 사람에 대하여 환경의 조정과 성행(性行)의 교정을 위한 보호처분을 함으로써 가정폭력범죄로 파괴된 가정의 평화와 안정을 회복하고 건강한 가정을 가꾸며 피해자와 가족구성원의 인권을 보호하는 것이다(법 제1조). 여기에서는 가정폭력범죄에 대한 처벌절차에 따라 주요 내용을 살펴보고자 한다.

(1) 신고와 고소

누구든지 가정폭력범죄를 알게 된 경우 수사기관에 신고할 수 있으며, 아동의 교육과 보호를 담당하는 기관의 장과 종사자, 의료인 및 의료기관의 장, 노인·아동·장애인 등 복지시설의 종사자와 기관장, 다문화가족지원센터의 전문 인력과 그 장, 「결혼중개업의 관리에 관한 법률」에 따른 국제결혼중개업자와 그 종사자, 구조대·구급대의 대원, 사회복지 전담공무원, 건강가정지원센터의 장과 종사자 등은 직무수행 과정에서 가정폭력범죄를 알게 된 경우 수사기관에 신고할 의무가 있다. 그리고 아동상담소, 가정폭력 관련 상담소 및 보호시설, 성폭력피해상담소 및 보호시설 등에 근무하는 상담원과 그 기관장은 피해자 또는 피해자의 법정대리인 등과의 상담을 통해 가정폭력범죄를 알게 된 경우에는 가정폭력피해자의 명시적인 반대의견이 없으면 즉시 신고하여야 한다(법 제4조).

피해자는 피해자의 법정대리인이 가정폭력행위자인 경우 또는 가정폭력행위자와 공동으로 가정폭력범죄를 범한 경우에는 피해자의 친족이 고소할 수 있다. 그리고 「형사소송법」 제224조에도 불구하고 가정폭력 행위자가 자기 또는 배우자의 직계존속인 경우에도 고소할 수 있다(법 제6조).

(2) 응급조치와 임시조치 등 수사기간 동안의 피해자보호

진행 중인 가정폭력범죄에 대해 신고를 받은 사법경찰관리는 즉시 현장에서 응급조치를 해야 한다(법 제5조). 조치의 내용으로는 폭력행위의 제지, 가정폭력행위자·피해자의 분리 및 범죄수사, 피해자를 가정폭력 관련 상담소 또는 보호시설로 인도(피해자가 동의한 경우만 해당), 긴급치료가 필요한 피해자를 의료기관으로 인도, 폭력행위 재발 시 제8조에 따라 임시조치를 신청할 수 있음을 통보하는 것이다.

임시조치는 검사의 직권 또는 사법경찰관의 신청에 의해 청구할 수 있는데(법 제8조), 판사의 결정으로 가정보호사건의 원활한 조사·심리 또는 피해자 보호를 위하여 필요하다고 인정하는 경우에는 가정폭력행위자에게 다음의 임시조치를 할 수 있다(법 제29조).

① 피해자, 가정구성원의 주거 또는 점유하는 방실(房室)로부터의 퇴거 등 격리

② 피해자, 가정구성원의 주거, 직장 등에서 100미터 이내의 접근 금지

③ 피해자, 가정구성원에 대한 전기통신을 이용한 접근 금지

④ 의료기관이나 그 밖의 요양소에 위탁

⑤ 국가경찰관서의 유치장 또는 구치소에 유치

법원은 조치를 결정한 경우 검사와 피해자에게 통지하여야 하며(법 29조제3항), 가정폭력 행위자에게 임시조치의 내용, 불복 방법 등을 고지하여야 한다(제29조의2).

가정폭력 재범의 우려가 있고 긴급을 요하는 경우에 피해자 신청 또는 사법경찰관의 직권으로 긴급임시조치를 할 수 있다(법 제8조의2). 동법 제29조제1항 1호에서 3호에 해당하는 조치인 가해자에 대한 퇴거 등 격리, 주거·직장 등에서 100m 이내 접근 금지, 전기통신 이용 접근 금지 중 어느 하나를 조치할 수 있다.

(3) 가정폭력범죄자에 대한 보호처분

형사기소가 되면 법원에서 「형사소송법」 상 절차에 따라 사건을 진행 하여 집행유예, 벌금형, 징역형 등의 처벌을 받게 된다. 그러나 「가정폭력처벌법」에 의해 검사가 보호처분이 적절하다고 인정하는 경우 가정보호사건으로 처리할 수 있는데, 이 경우 검사는 피

해자의 의사를 존중하여야 한다(법 제9조). 또한 수사 결과 가정폭력행위자의 성행 교정을 위하여 필요하다고 인정하는 경우 상담조건부 기소유예를 할 수 있다(법 제9조의2).

법원은 가정보호사건을 조사·심리할 때에는 의학, 심리학, 사회학, 사회복지학, 그 밖의 전문적인 지식을 활용하여 가정폭력행위자, 피해자, 그 밖의 가정구성원의 성행, 경력, 가정 상황, 가정폭력범죄의 동기·원인 및 실태 등을 밝혀 적정한 처분이 이루어지도록 노력하여야 한다(법 제19조).

심리의 결과 보호처분이 필요하다고 인정하는 경우에 판사는 다음의 어느 하나에 해당하는 처분을 할 수 있다(법 제40조).

① 가정폭력행위자가 피해자 또는 가정구성원에게 접근하는 행위의 제한
② 가정폭력행위자가 피해자 또는 가정구성원에게 「전기통신기본법」 제2조제1호의 전기통신을 이용하여 접근하는 행위의 제한
③ 가정폭력행위자가 친권자인 경우 피해자에 대한 친권 행사의 제한
④ 「보호관찰 등에 관한 법률」에 따른 사회봉사·수강명령
⑤ 「보호관찰 등에 관한 법률」에 따른 보호관찰
⑥ 「가정폭력방지 및 피해자보호 등에 관한 법률」에서 정하는 보호시설에 감호위탁
⑦ 의료기관에 치료위탁
⑧ 상담소등에 상담위탁

법원은 보호처분의 결정을 한 경우에는 지체 없이 그 사실을 검사, 가정폭력행위자, 피해자, 보호관찰관 및 보호처분을 위탁받아야 하는 보호시설, 의료기관 또는 상담소등의 장에게 통지하여야 한다(법 제40조).

4. 과제와 전망

법의 실효성 체계를 구성하는 요소로는 전달체계로서의 조직, 인력, 재원조달 방법, 권리구제절차, 규정 위반 시의 처벌 규정을 들 수 있다(윤찬영, 2002). 가정폭력 방지 및 피해자 보호 등에 관한 법률은 법의 실효성을 갖추기 위해 필요한 조항을 갖추고 그 내용이 매우 구체적으로 명시되어 있어 사회제도가 수립되고 실질적으로 수행되도록 하는 법의 기능을 수행하고 있다고 할 수 있다.

그럼에도 법 내용에서는 피해자 보호 중심으로 구성되어 있고 법명에 나와 있는 가정폭력 방지를 위한 내용은 가정폭력 예방 교육과 방송 홍보 정도로 매우 제한적으로 규정

되어 있다. 가정폭력은 예방이 무엇보다 중요한 만큼 실질적 법적 효과를 이끌어 낼 수 있는 내용들이 더 보완되어야 할 것이다.

최근 가정폭력범죄의 처벌 등에 관한 특례법에 대해서 여성계를 중심으로 문제제기가 있었다. 특례법의 목적이 가정의 평화와 안정을 회복하고 건강한 가정을 가꾸며 피해자와 가족 구성원의 인권을 보호한다고 명시되어 있는 것은 폭력 가해자를 처벌하기 보다는 가정의 유지와 보호에 초점을 맞추고 있어 구성원들의 인권보장이라는 입법취지를 훼손하고 있다는 것이다(여성신문, 2013.6.26.). 일반 사건에 비해 불법 정도나 위험이 결코 적지 않음에도 가정폭력범죄를 가정보호사건으로 처리하는 것은 문제가 있으며 상담조건부 기소유예제도(법 제9조의2)의 경우 가정폭력처벌법을 무력화시켰다고(연합뉴스, 2013.5.22.) 비판하기도 하였다. 이러한 제도가 가정폭력 재발 방지와 피해자 보호에 제대로 기여하고 있는가에 대한 문제제기라고 할 수 있다.

위 쟁점에 대해서는 가정폭력 문제를 보는 관점에서 그리고 해결 방향을 모색하는 과정에서의 균형점을 어떻게 찾을 것인가에 대한 고민이 필요하다. 사법 시스템을 이용하는 과정에서 가해자에 대한 처벌 완화로 인해 오히려 가정폭력이 재발되거나 혹은 보복성 폭행 등 더 심각한 상태로 가는 것을 방지할 수 있는 처벌과 수위 조정이 필요하다는 의미이다. 한편 인권보호의 대상으로 가해자도 포함되어야 한다는 것은 이론의 여지가 없을 것이다. 가해자 역시 사회구조 속에서 잠재되어 있었던 또 다른 피해자일 수도 있다는 측면에서 이들에 대한 상담, 치료 등의 지원이 더 강화될 필요도 있다는 것도 고려해야 한다. 이러한 과정을 통해 가정과 인권을 보호하겠다는 법 본래의 목적을 달성하도록 해야 할 것이다.

제 6 절 남녀고용평등과 일 · 가정 양립 지원법

1. 일반사항

「남녀고용평등과 일 · 가정 양립지원에 관한 법률」은 1987년 남녀고용평등법이라는 이름으로 제정된 것으로 2007년 개정을 통해 법명이 변경되었다. 법 제정의 목적은 근로여성의 복지증진에 기여하려는 것이었다. 고용에 있어서의 남녀평등을 보장하고 근로여성의 모성보호에 관한 사항을 포함하여 여성이라는 이유로 취업 현장에서 차별받지 않도록 하는 법적 근거를 마련하는 것이었다.

몇 차례 개정을 거치면서 여성근로자 채용에서의 차별금지, 직장 내 성희롱의 예방과 피해근로자 보호를 위한 의무 부과(2001. 1. 개정), 직장과 가정생활의 양립을 위해 육아휴직제도의 개선(2007.12.개정), 저출산·고령화 시대에 여성인력의 경제활동 참여를 늘리기 위한 정책이 강화되는 등 법 내용이 변화되었다. 이후 주요 개정 내용 중에서 육아휴직 대상 자녀의 연령을 만 6세 이하에서 만 8세 이하로 상향조정 한 것과(2014.1.개정), 사업주가 육아지원을 하도록 규정한 조항에서 대상 자녀의 연령을 육아휴직과 동일하게 조정한 것(2015.1.개정)이 있다.

이 법은 제1장 총칙, 제2장 고용에 있어서 남녀의 평등한 기회보장 및 대우 등, 제3장 모성보호, 제3장의2 일·가정 양립 지원, 제4장 분장의 예방과 해결, 제5장 보칙, 제6장 벌칙으로 총 6장 39조로 구성되어 있다. 근로를 중심으로 여성에게 발생하는 문제를 총체적으로 접근하고 있다는 점에서 여성고용, 여성복지와 직접적으로 관련된 법률이라고 할 수 있다. 본 장에서는 모성보호와 가족복지 관련법을 선택하여 살펴보고 있기에 이 법의 내용 중 모성보호와 일·가정 양립지원에 대한 법 제3장과 제3장의2를 중심으로 살펴보고자 한다.

2. 법의 제정이유와 책임 주체

이 법은 「대한민국헌법」의 평등이념에 따라 고용에서 남녀의 평등한 기회와 대우를 보장하고 모성 보호와 여성 고용을 촉진하여 남녀고용평등을 실현함과 아울러 근로자의 일과 가정의 양립을 지원함으로써 모든 국민의 삶의 질 향상에 이바지하는 것을 목적으로 한다(법 제1조).

법의 목적을 달성하기 위해 국가와 지방자치단체, 근로자 및 사업주의 책무를 규정하고 있다. 국가와 지방자치단체는 국민의 관심과 이해를 증진시키고 여성의 직업능력 개발 및 고용 촉진을 지원하여야 하며, 남녀고용평등의 실현에 방해가 되는 모든 요인을 없애기 위하여 필요한 노력을 해야 한다(법 제4조). 그리고 일·가정의 양립을 위한 근로자와 사업주의 노력에 대해 지원하여야 하며 일·가정의 양립 지원에 필요한 재원을 조성하고 여건을 마련하기 위하여 노력하여야 한다.

사업주와 근로자 또한 이 법의 실현을 위한 주체이다. 근로자는 상호 이해를 바탕으로 남녀가 동등하게 존중받는 직장문화를 조성하기 위하여 노력하여야 하며(법 제5조), 사업주는 해당 사업장에서 남녀고용평등의 실현에 방해가 되는 관행과 제도를 개선하여 남녀 근로자가 동등한 여건에서 자신의 능력을 발휘할 수 있는 근로환경을 조성하기 위하여 노력하여야 한다. 또한 사업주는 일·가정의 양립을 방해하는 사업장 내의 관행과 제도를 개선하고 일·가정의 양립을 지원할 수 있는 근무환경을 조성하기 위하여 노력하여야 한다(법 제5조).

3. 주요 내용

1) 정책, 기본계획 수립과 실태조사

고용노동부장관은 남녀고용평등과 일·가정의 양립을 실현하기 위하여 다음 각 호의 정책을 수립·시행하여야 한다(법 제6조).

① 남녀고용평등 의식 확산을 위한 홍보
② 남녀고용평등 우수기업의 선정 및 행정적·재정적 지원
③ 남녀고용평등 강조 기간의 설정·추진
④ 남녀차별 개선과 여성취업 확대를 위한 조사·연구
⑤ 모성보호와 일·가정 양립을 위한 제도개선 및 행정적·재정적 지원
⑥ 그 밖에 남녀고용평등의 실현과 일·가정의 양립을 지원하기 위하여 필요한 사항

고용노동부장관은 남녀고용평등 실현과 일·가정의 양립에 관한 기본계획을 수립하여야 한다(법 제6조의2). 기본계획에는 여성취업의 촉진, 남녀의 평등한 기회보장 및 대우, 동일 가치 노동에 대한 동일 임금 지급의 정착, 여성의 직업능력 개발, 여성근로자의 모성 보호, 일·가정의 양립 지원, 여성 근로자를 위한 복지시설의 설치 및 운영 등의 내용이 포함되어야 한다. 그리고 고용노동부장관은 사업 또는 사업장의 남녀차별개선, 모성보호, 일·가정의 양립 실태를 파악하기 위하여 조사를 실시해야 하는데(법 제6조의3), 상시 5명 이상 근로자를 고용하는 사업장을 대상으로 표본조사를 매년 1회 정기적으로 실시해야 한다(시행규칙 제5조).

2) 모성보호를 위한 출산전후 휴가와 육아휴직

(1) 출산전후 휴가

국가는 「근로기준법」 제74조에 따른 출산전후휴가(출산 전과 후 90일) 또는 유산·사산 휴가를 사용한 근로자 중 일정한 요건에 해당하는 자에게 그 휴가기간에 대하여 통상

임금에 상당하는 금액을 지급할 수 있다(법 제18조). 출산전후휴가급여 등을 지급하기 위하여 필요한 비용은 국가재정이나 「사회보장기본법」에 따른 사회보험에서 분담할 수 있다.

사업주는 근로자가 배우자의 출산을 이유로 휴가를 청구하는 경우에 5일의 범위에서 3일 이상의 휴가를 주어야 한다. 이 경우 사용한 휴가기간 중 최초 3일은 유급으로 한다(법 제18조의2).

(2) 육아 휴직

사업주는 근로자가 만 8세 이하 또는 초등학교 2학년 이하의 자녀를 양육하기 위하여 휴직을 신청하는 경우에 이를 허용하여야 하며(법 제19조), 그 기간은 1년 이내로 한다. 사업주는 육아휴직을 이유로 해고나 그 밖의 불리한 처우를 해서는 아니 되며, 육아휴직 기간에는 그 근로자를 해고하지 못한다. 사업주는 육아휴직을 마친 후에는 휴직 전과 같은 업무 또는 같은 수준의 임금을 지급하는 직무에 복귀시켜야 하며, 육아휴직 기간은 근속기간에 포함한다(법 제19조).

3) 육아기 근로시간 단축과 그 외 지원

2007년 개정을 통해 육아휴직 대신 육아기 근로시간 단축을 신청할 수 있도록 하였다. 사업주는 육아휴직을 신청할 수 있는 근로자가 육아휴직 대신 근로시간의 단축을 신청하는 경우에 이를 허용하여야 한다. 사업주가 해당 근로자에게 육아기 근로시간 단축을 허용하는 경우 단축 후 근로시간은 주당 15시간 이상이어야 하고 30시간을 넘어서는 아니 된다. 육아기 근로시간 단축을 허용하지 않을 경우에는 근로자에게 사유를 서면통보하고 육아휴직을 사용하게 하거나 그 밖의 조치를 통하여 지원할 수 있는지를 해당 근로자와 협의하여야 한다. 사업주는 육아기 근로시간 단축을 이유로 해당 근로자에게 해고나 그 밖의 불리한 처우를 하지 않아야 하고, 단축기간이 끝난 후에 근로자를 단축 전과 같은 업무 또는 같은 수준의 임금을 지급하는 직무에 복귀시켜야 한다(법 제19조의2).

사업주는 육아기 근로시간 단축을 하고 있는 근로자에 대하여 근로시간에 비례하여 적용하는 경우 외에는 육아기 근로시간 단축을 이유로 그 근로조건을 불리하게 해서는 안 된다(법 제19조의3). 그리고 육아기 근로시간 단축을 한 근로자에 대하여 「근로기준법」에 따른 평균임금을 산정하는 경우에는 그 근로자의 육아기 근로시간 단축 기간을 평균임금 산정기간에서 제외한다. 이는 근로시간 비례에 따라 임금이 하향된 기간을 평균임금 산정기간에 포함시키지 않음으로써 근로자의 피해를 줄이고자 하는 것이다.

4) 일 · 가정 양립을 위한 사업주 지원

국가는 일 · 가정 양립을 위하여 사업주를 지원할 수 있다. 국가는 사업주가 근로자에게 육아휴직이나 육아기 근로시간 단축을 허용한 경우 그 근로자의 생계비용과 사업주의 고용유지비용의 일부를 지원할 수 있다(법 제20조). 또한 소속 근로자의 일 · 가정의 양립을 지원하기 위한 조치를 도입하는 사업주에게 세제 및 재정을 통한 지원을 할 수 있다.

사업주는 근로자의 취업을 지원하기 위해 영유아보육법에 따라 직장어린이집을 설치하여야 한다. 이때 고용노동부장관은 근로자의 고용을 촉진하기 위하여 직장어린이집의 설치 · 운영에 필요한 지원 및 지도를 하여야 한다(법 제21조). 사업주 외의 사업주가 직장어린이집을 설치하려는 경우에는 직장어린이집의 설치 · 운영에 필요한 정보 제공, 상담 및 비용의 일부 지원 등 필요한 지원을 할 수 있도록(법 제21조의2) 규정하고 있다.

고용노동부장관은 일 · 가정 양립프로그램의 도입 · 확산, 모성보호 조치의 원활한 운영 등을 지원하기 위하여 조사 · 연구 및 홍보 등의 사업을 하고, 전문적인 상담 서비스와 관련 정보 등을 사업주와 근로자에게 제공함으로써(법 제22조의3) 일 · 가정 양립 지원 기반을 조성해야 한다.

5) 가족 돌봄 등을 위한 지원

근로자의 가족 돌봄 등을 위한 지원을 규정한 제22조의2에서 가족돌봄휴직 신청에 대한 허용을 의무화하였다. 사업주는 근로자가 부모, 배우자, 자녀 또는 배우자의 부모의 질병, 사고, 노령으로 인하여 그 가족을 돌보기 위한 휴직(이하 "가족돌봄휴직"이라 한다)을 신청하는 경우 이를 허용하여야 한다. 다만 대체인력 채용이 불가능한 경우, 정상적인 사업 운영에 중대한 지장을 초래하는 경우 등 대통령령으로 정하는 경우에는 그렇게 하지 않는다(법 제22조의 2). 가족돌봄휴직을 허용하지 않는 경우에는 업무 시간 조정, 근로시간 단축, 탄력적 운영 등의 근로시간 조정, 연장근로제한 중 어느 하나에 해당하는 조치를 하도록 노력해야 한다.

가족돌봄휴직 기간은 연간 최장 90일로 하며 이를 나누어 사용할 수 있다. 이 경우 나누어 사용하는 1회의 기간은 30일 이상이 되어야 한다. 사업주는 가족돌봄휴직을 이유로 해당 근로자를 해고하거나 근로조건을 악화시키는 등 불리한 처우를 해서는 아니 된다. 가족돌봄휴직 기간은 근속기간에 포함하되, 「근로기준법」 제2조제1항제6호에 따른 평균임금 산정기간에서는 제외한다(법 제22조의2). 또한 사업주는 소속 근로자가 건전하게 직장과 가정을 유지하는 데에 도움이 될 수 있도록 필요한 심리상담 서비스를 제공하도록 노력하여야 한다.

6) 벌칙과 과태료

육아휴직을 이유로 해고나 그 밖의 불리한 처우를 하거나, 사유가 없는데도 육아휴직 기간동안 해당 근로자를 해고한 경우, 육아기 근로시간 단축을 이유로 해당 근로자에 대하여 해고나 그 밖의 불리한 처우를 한 경우, 근로시간에 비례하여 적용하는 경우 외에 육아기 근로시간 단축을 이유로 그 근로조건을 불리하게 한 경우, 가족돌봄휴직을 이유로 해당 근로자를 해고하거나 근로조건을 악화시키는 등 불리한 처우를 한 경우에 3년 이하의 징역 또는 2천만 원 이하의 벌금에 처한다(법 제37조).

해당 근로자가 명시적으로 청구하지 아니하였는데도 육아기 근로시간 단축을 하고 있는 근로자에게 연장근로를 요구한 경우에는 1천만원 이하의 벌금에 처한다. 근로자의 육아휴직 신청을 받고 허용하지 않거나 육아휴직을 마친 후 휴직 전과 같은 업무 또는 같은 수준의 임금을 지급하는 직무에 복귀시키지 아니한 경우, 육아기 근로시간 단축기간이 끝난 후에 전과 같은 업무 또는 같은 수준의 임금을 지급하는 직무에 복귀시키지 아니한 경우에는 사업주에게 500만원 이하의 벌금에 처한다.

배우자의 출산을 이유로 휴가를 청구하였는데도 5일 범위에서 3일 이상의 휴가를 주지 아니하거나 근로자가 사용한 휴가 중 3일을 유급으로 하지 않은 경우, 육아기 근로시간 단축을 허용하지 않으면서도 그 사유를 서면으로 통보하지 않거나, 육아휴직의 사용 또는 그 밖의 조치를 통한 지원 여부에 관하여 해당 근로자와 협의하지 아니한 경우, 육아기 근로시간 단축을 한 근로자의 근로조건을 서면으로 정하지 않는 경우, 육아기 근로시간 단축 신청을 받고 허용하지 않는 경우, 가족돌봄휴직의 신청을 받고 허용하지 않는 경우 중 어느 하나에 해당하는 위반행위를 한 경우에 500만원 이하의 과태료를 부과한다(법 제39조).

4. 과제와 전망

고용에서의 남녀 불평등을 제거하여 근로여성의 복지 증진을 위해 출발한 이 법은 '일 중심'에서 '가정과의 균형'을 중시하는 근로자들의 의식변화에 대응한 것이다. 여성 인력의 경제활동 참여를 늘리고 일·가정 양립을 위한 정책을 강화하기 위해 법명도 변경되었을 뿐 아니라 그 내용이 대폭적으로 보완되어 온 법이라고 할 수 있다. 국가와 지방자치단체의 책무에 대해서도 다른 법률에 비해 더 구체적으로 규정되어 있지만 무엇보다 근로자복지를 확보하기 위해 사업주의 책임을 상세히 규정하고 또한 각 규정에 대해 위반했을 시의 벌칙을 명확히 규정하고 있다는 것은 법적 실효성을 확보할 수 있는 요인이 될 것이다.

배우자 출산휴가, 가족돌봄휴직 등의 조항은 상시 300명 미만의 근로자를 사용하는 사업장에서는 2013년 2월부터 시행이 적용되었다. 법의 실질적인 실효성을 보다 강화되도록 다른 제반 근로 조건의 변화와 함께 영세한 사업장 혹은 고용조건이 취약한 근로자에게도 예외 없이 적용될 수 있도록 사회적인 감독이 이루어져야 할 것이다.

그리고 출산전후휴가, 육아휴직, 육아기 근로기간 단축 등의 조항은 고용보험법에도 포함되어 있다. 이때 고용보험법은 해당 조항에 대한 현금급여도 지급하고 있기 때문에, 근로자가 고용보험에 가입했다면 그는 고용보험법에 의한 급여를 지급받는다. 그러나 시간제, 비기간제 등 비정규직 근로자들은 정규직에 비해 고용보험에서 소외되어 있기 때문에 제도에 의한 휴직을 할 시 급여를 받지 못한다. 이는 곧 소득단절을 의미하기 때문에 비정규직 근로자들이 본 제도를 이용하기로 결심하는데 어려움으로 작용한다. 모성보호 및 일·가정양립지원이 더 많은 근로자에게 도움이 되기 위해서는 본 법에서 휴직제도 외에도 실질적인 지원방안을 마련해야 할 것이다. 또한 초저출산사회에 대응하기 위한 중장기적인 관점에서 모성보호와 일·가정양립제도는 모든 국민에게 해당되어야 할 제도이다. 그렇기 때문에 본 제도에 대한 급여지원은 고용보험법이 아니라 모든 국민에게 적용되는 건강보험에서 시행하여야 할 것이다.

제 7 절 성매매방지 및 피해자보호 등에 관한 법률

1. 법의 제정이유와 목적

「성매매방지 및 피해자보호 등에 관한 법률(약칭: 성매매피해자보호법)」은 「성매매알선행위의 처벌에 관한 법률」과 함께 2004년 제정되었다. 후자가 성매매, 성매매알선 등 행위 및 성매매 목적의 인신매매를 근절하고자 한 것이라면 이 절에서 다루는 성매매피해자보호법은 성매매된 자 및 성을 파는 행위를 한 사람의 보호, 피해회복 및 자립·자활의 지원을 목적으로 한다. 지원시설 및 상담소의 설치 및 운영을 활성화하고, 이용자의 의사에 따라 의료지원·취업교육 및 법률지원 등을 자유롭게 이용할 수 있도록 하여 원활한 사회복귀와 성매매행위의 재발을 방지하기 위해 제정된 법률이다. 그럼에도 여전히 성매매가 줄어들지 않고 성매매피해자 등에 대한 지원 또한 그 내용이 한정되어 있어 성매매 방지 등을 위하여 현행의 법·제도를 정비하고 국가 및 지방자치단체의 책무를 강화하는 등 적극적인 대응을 촉구하기 위해 2014년 3월 법률 내용 전부를 개정하였다. 성매매방지법은 성매매 실태조사, 지원시설 종류, 자활지원센터 설치, 수사기관 협조, 비용의 보조, 벌칙 등 총 38조로 구성되어 있다.

2. 주요 내용

1) 대상과 주체

이 법의 대상은 '성매매피해자'이다. 성매매피해자란 「성매매알선 등 행위의 처벌에 관한 법률」 제2조제1항제4호에 명시한 사람을 말하는데 위계, 위력, 그 밖에 이에 준하는 방법으로 성매매를 강요당한 사람과 업무관계, 고용관계, 그 밖의 관계로 인하여 보호 또는 감독하는 사람에 의하여 마약 등에 중독되어 성매매를 한 사람, 청소년, 사물을 변별하거나 의사를 결정할 능력이 없거나 미약한 사람 또는 대통령령으로 정하는 중대한 장애가 있는 사람으로서 성매매를 하도록 알선·유인된 사람, 성매매 목적의 인신매매를 당한 사람을 가리킨다. 상담소 등의 장은 성매매피해자 등이 밝힌 의사에 반하여 상담 혹은 임시 보호시설, 지원시설에 들어가게 할 수 없다고(법 제22조) 명시하여 성매매피해자 등의 의사를 존중하고 피해자 보호 대상자의 권리를 보장하고 있다.

법 목적을 달성하기 위한 일차적인 책임주체는 국가와 지방자치단체이다. 국가와 지방자치단체는 성매매를 방지하고, 성매매피해자 및 성을 파는 행위를 한 사람의 보호, 피해회복 및 자립·자활을 지원하기 위하여 법적·제도적 장치를 마련하고 필요한 행정적·재정적 조치를 해야 하고(법 제3조제1항), 성매매 목적의 인신매매 방지를 위한 국제협력을 증진하기 위하여 노력하여야 한다(법 제3조제2항).

그리고 국가기관, 지방자치단체 및 초·중·고등학교의 장, 그 밖에 대통령령으로 정하는 공공단체의 장은 성에 대한 건전한 가치관 함양과 성매매 방지 및 인권보호를 위하여 성매매 예방교육을 실시하고 그 결과를 여성가족부장관에게 제출해야한다(법 제5조).

유흥종사자를 둘 수 있는 식품접객업의 영업자 또는 대통령령으로 정하는 업소의 영업자는 해당 사업장에 성매매 알선 등 행위의 신고에 관한 것, 보호와 지원을 위한 상담소 업무와 연락처, 성매매와 관련된 채권은 불법원인으로 인한 무효라는 정보를 게시할 의무가 주어졌다(법 제32조) 이를 위반한 자에게는 500만 원 이하의 과태료를 부과하도록 되어 있다(법 제38조). 이는 성매매피해가 우려되는 사람이 필요한 정보에 대한 접근성을 높여 성매매로 인한 피해를 당하지 않게 하고 계속되는 성매매피해로부터 벗어날 수 있게 하려는 것이 목적이라 할 수 있다.

2) 실태조사와 예방교육

여성가족부장관은 3년마다 국내외 성매매 실태조사(성접대 실태조사를 포함)를 실시하여 성매매 실태에 관한 종합보고서를 발간하고, 이를 성매매 예방을 위한 정책수립에 기초자료로 활용하여야 한다(법 제4조).

국가기관, 지방자치단체 및 초·중·고등학교의 장, 대학, 공공단체의 장은 성에 대한 건전한 가치관 함양과 성매매 방지 및 인권보호를 위하여 성매매 예방교육을 실시하고 그 결과를 여성가족부 장관에게 제출하여야 한다(법 제5조).

3) 지원시설과 기관

성매매피해자 등을 위한 지원시설 종류는 성매매피해자 등을 대상으로 1년 이내의 범위에서 숙식을 제공하고 자립을 지원하는 일반지원시설, 19세 미만 성매매 피해자 등을 대상으로 19세가 될 때까지 숙식을 제공하고, 취학·교육 등을 통하여 자립을 지원하는 청소년지원시설, 외국인여성인 성매매피해자 등을 대상으로 3개월 이내의 범위에서 숙식을 제공하고, 귀국을 지원하는 외국인여성 지원시설, 성매매피해자 등을 대상으로 2년의 범위에서 숙박 등의 편의를 제공하고 자립을 지원하는 자립지원 공동생활시설이 있다(법 제9조).

국가나 지방자치단체가 지원시설을 설치·운영할 수 있으며, 그 외의 자가 지원시설을 설치·운영하려면 특별자치시장·특별자치도지사, 시장·군수·구청장에게 신고하여야 한다(법 제10조). 일반지원시설은 숙식 제공, 심리적 안정과 사회 적응을 위한 상담 및 치료, 질병치료와 건강관리를 위하여 의료기관에 인도(引渡)하는 등의 의료지원, 수사기관의 조사와 법원의 증인신문(證人訊問)에의 동행, 법률구조기관 등에 필요한 협조와 지원 요청, 자립·자활교육의 실시와 취업정보 제공, 「국민기초생활보장법」 등 사회보장 관련 법령에 따른 급부(給付)의 수령 지원, 기술교육(위탁교육 포함), 다른 법률에서 지원시설에 위탁한 업무 등을 수행한다(법 제11조). 자립지원 공동생활시설은 숙박지원, 취업 및 창업을 위한 정보제공, 그 밖에 사회 적응을 위하여 필요한 지원으로서 여성가족부령으로 정하는 사항에 따른 업무를 수행한다.

성매매피해자 보호를 위한 기관으로 상담소와 성매매중앙지원센터가 있다. 국가나 지방자치단체 등은 설치기준·운영기준, 상담원 등 종사자의 자격기준 및 수에 대해 규정한 여성가족부령에 따라 성매매피해상담소를 설치·운영할 수 있다(법 제17조). 상담소는 상담 및 현장 방문, 지원시설 이용에 관한 고지 및 지원시설에의 인도 또는 연계, 성매매피해자의 구조(救助), 의료지원, 증인신문에의 동행, 법률구조기관 등에 필요한 협조와 지원요청 등의 업무, 다른 법률에서 상담소에 위탁한 사항, 성매매피해자 등의 보호를 위한 조치로서 여성가족부령으로 정하는 사항 등의 업무를 수행한다(법 제18조).

국가는 성매매방지활동 및 성매매피해자 등에 대한 지원서비스 전달체계의 효율적인 연계·조정 등을 위하여 성매매방지중앙지원센터를 설치·운영할 수 있다(법 제19조). 지원시설·자활지원센터·상담소간 종합 연계망 구축, 성매매피해자 구조체계 구축·운영 및 구조활동 지원, 법률·의료 지원단 운영 및 법률·의료지원체계 확립, 자립·자활 프로그램 개발·보급, 성매매 실태조사 및 성매매방지대책 연구, 예방교육프로그램 개발 등의 업무를 수행한다. 중앙지원센터의 운영은 여성가족부령으로 민간에 위탁할 수 있는데 현재 한국여성인권진흥원에 위탁하여 운영하고 있다.

여성가족부장관은 3년마다 지원시시설과 상담소의 운영실적을 평가하고, 그 결과를 감독 및 지원에 반영할 수 있다(법 제26조). 그리고 여성가족부장관, 광역 또는 기초자치단체장은 지원시설의 장이나 상담소 등의 장으로 하여금 필요한 보고를 하도록 명하거나 자료를 제출하게 할 수 있으며, 관계 공무원으로 하여금 상담소 등에 출입하여 관계 서류 등을 검사하게 할 수 있다(법 제27조). 지원시설 또는 상담소가 설치기준에 미달하거나 지도·감독에 필요한 보고 거부 혹은 거짓 보고, 영리목적 운영 등의 법률 위반의 경우 여성가족부장관, 시·도지사 또는 시장·군수·구청장은 업무정지 또는 폐지를 명하거나 상담소 등을 폐쇄할 수 있다(법 제31조).

한편 중앙지원센터의 장과 종사자의 자격기준은 대통령령으로(시행령 제7조), 상담원 등의 종사자 자격기준은 여성가족부령으로 규정되어 있다(시행규칙 제7조). 여성가족부장관 또는 특별시장·광역시장·특별자치시장·도지사·특별자치도지사 이들의 자질을 향상시키기 위하여 보수교육을 실시하여야 한다(법 제20조).

4) 재정

국가 또는 지방자치단체는 일반·청소년·외국인 지원시설에 입소한 성매매피해자 등의 보호를 위하여 생계비, 아동교육지원비, 아동양육비 등 보호비용을 해당 지원시설의 장 또는 지원시설에 입소한 피해자 등에게 지원할 수 있다(법 제14조). 그리고 상담소 등의 장이 의료기관에 질병치료 등을 의뢰한 경우에는 「의료급여법」 상의 급여가 지급되지 아니하는 치료항목에 대한 의료비용의 전부 또는 일부를 지원할 수 있다(법 제23조). 그리고 상담소 등의 설치·운영에 드는 비용을 보조할 수 있으며, 해외에서 발생한 성매매피해자에 대한 보호·지원 활동을 하는 비영리법인이나 단체에 예산의 범위에서 그 경비를 보조할 수 있다(법 제25조).

3. 과제와 전망

2004년 제정된 이 법은 2014년에 전면적으로 개정되었다. 성매매 피해자 등에 대한 지원의 제한성을 극복하고 성매매 예방에 대한 강화 등을 위해 전부 개정함으로써 법의 실효성을 높이려 한 것이다. 성매매 예방교육을 실시해야 하는 의무 규정과 함께 교육 실시 결과를 여성가족부 장관에게 제출하게 하는 것, 교육 실시에 대한 점검을 통하여 평가에 반영하도록 하는 조항들을 그 예로 들 수 있다.

더불어 성매매피해자 등에 대한 보호와 자립을 목적으로 하는 것에서 전부 개정한 법률에서는 보호·피해회복 및 자립·자활을 목적으로 함을 규정함으로써 법률의 목적을 보다 확대시켰다. 성매매피해자 등을 보호하는 법률 시행과정에서 기존 법률이 규정하지 않은 영역에서 피해자 보호에 대한 필요가 확대되거나 보호에 대한 관점을 변화시켜야 하는 과정이 법률 개정에 영향을 주었을 것이다. 따라서 이러한 변화 속에서 해당부처 중심으로 국가 책임을 준수하는 것과 함께 교육기관, 지원기관 등에서의 적극적인 참여가 개정된 법률의 실효성을 더욱 높이게 될 것이다.

제 6 장

기타 사회복지서비스 관련법

제 1 절　의사상자 등 예우 및 지원에 관한 법률

1. 일반사항

의사상자 예우 제도는 수난, 화재, 교통사고 및 천재지변 등 타인의 생명·신체 또는 재산상의 위해를 구하다가 사망하거나 신체상의 중대한 장해를 입은 자를 국가가 보상하기 위하여 「재해구제로인한의사상자구호법」이 1970년 8월에 제정되었다.

1990년 전부개정을 통해 법명칭을 「의사상자보호법」으로 변경하면서 의사자의 범위를 확대하고 의상자 및 의사자의 유족에게 의료보호와 취업보호를 실시하고 자녀에게는 교육보호를 실시하도록 하였다. 1996년에는 일부개정을 통해 법명칭을 「의사상자예우에관한법률」로 다시 변경하였으며, 구법에서는 의사상자를 단순히 공적부조 대상자로 보아서 국가가 이들을 보호하였지만, 이들이 사회유지와 발전에 현저한 공로가 있는 자이므로 이들을 예우하고 이들의 손실을 국가가 보상하다는 것이 당연하다는 이념 아래 법률 명칭이 개정되었다.

2007년 8월 「의사상자 등 예우 및 지원에 관한 법률」(이하 「의사상자법」)로 전면 개정을 통해 경미한 부상자도 의상자로 인정하고 의사상자의 물질적 피해도 보상하는 등 의사상자에 대한 지원 강화 및 예우 범위를 확대하고자 하였다. 의상자가 구조행위로 인하여 입은 부상이 악화될 경우 해당 부상등급을 재조정할 수 있도록 하고, 보상금의 산정

근거인 종전 국가유공자의 기본연금월액 기준제도가 폐지됨에 따라 의사상자의 희생과 부상정도에 알맞은 보상금의 산정방법을 새롭게 마련하였다. 2014년 1월 일부개정을 통해 의사상자 인정신청을 청구한 사람이 보건복지부장관의 결정에 이의가 있을 경우, 보건복지부장관에게 이의를 신청할 수 있는 법적 근거를 마련하였다.

2. 법의 제정이유와 목적

「의사상자법」은 직무 외의 행위로 위해(危害)에 처한 다른 사람의 생명·신체 또는 재산을 구하다가 사망하거나 부상을 입은 사람과 그 유족 또는 가족에 대하여 그 희생과 피해의 정도 등에 알맞은 예우와 지원을 함으로써 의사상자의 숭고한 뜻을 기리고 사회정의를 실현하는 데에 이바지하는 것을 목적으로 한다(법 제1조).

3. 주요 내용

1) 대상

직무 외의 행위로서 구조행위를 하다가 사망하여 이 법에 따라 보건복지부장관이 의사자로 인정한 사람을 "의사자(義死者)"라고 한다. "구조행위"란 자신의 생명 또는 신체상의 위험을 무릅쓰고 급박한 위해에 처한 다른 사람의 생명·신체 또는 재산을 구하기 위한 직접적·적극적 행위를 말한다. "의상자(義傷者)"란 직무 외의 행위로서 구조행위를 하다가 신체상의 부상을 입어 이 법에 따라 의상자로 인정한 사람을 말한다. "의사상자"란 의사자 및 의상자를 말한다(법 제2조).

이 법은 다음의 어느 하나에 해당하는 때에 적용한다. 강도·절도·폭행·납치 등의 범죄행위를 제지하거나 그 범인을 체포하다가 사망하거나 부상을 입는 구조행위를 한 때; 자동차·열차, 그 밖의 운송수단의 사고로 위해에 처한 다른 사람의 생명·신체 또는 재산을 구하다가 사망하거나 부상을 입는 구조행위를 한 때; 천재지변, 수난(水難), 화재, 건물·축대·제방의 붕괴 등으로 위해에 처한 다른 사람의 생명·신체 또는 재산을 구하다가 사망하거나 부상을 입는 구조행위를 한 때; 천재지변, 수난, 화재, 건물·축대·제방의 붕괴 등으로 일어날 수 있는 불특정 다수인의 위해를 방지하기 위하여 긴급한 조치를 하다가 사망하거나 부상을 입는 구조행위를 한 때; 야생동물 또는 광견 등의 공격으로 위해에 처한 다른 사람의 생명·신체 또는 재산을 구하다가 사망하거나 부상을 입는 구조행위를 한 때; 해수욕장·하천·계곡, 그 밖의 장소에서 물놀이 등을 하다가 위해에 처한 다른 사람의 생명 또는 신체를 구하다가 사망하거나 부상을 입는 구조행위를 한 때; 국가 또는 지방자치단체의 요청에 따라 구조행위를 위하여 대통령령으로 정하는 통상적인 경로와 방법으로 이동하던 중에 사망하거나 부상을 입은 때; 그 밖에 이와 유사한 형태의 위해에 처한 다른 사람의 생명·신체 또는 재산을 구하다가 사망하거나 부상을 입는 구조행위를 한 때(법 제3조제1항).

2) 급여

이 법의 적용을 받으려는 사람은 그 주소지 또는 구조행위지를 관할하는 시장·군수·구청장에게 의사상자 인정신청을 하여야 한다. 신청을 받은 시장·군수·구청장은 특별시장·광역시장·도지사 또는 특별자치도지사(이하 "시·도지사")를 거쳐 보건복지부장관에게 의사상자 인정 여부의 결정을 청구하여야 한다. 보건복지부장관은 보고를 받은 뒤 의사상자의 인정 및 의상자의 부상등급의 결정에 관한 사항을 심사·의결하기 위하여 '의사상자심사위원회'를 열고 60일 이내에 결정을 내려야 한다. 인정신청 절차는 [그림 Ⅲ-2]와 같으며, 예우 종류로는 보상금, 의료급여, 교육보호, 취업보호 등이 있다.

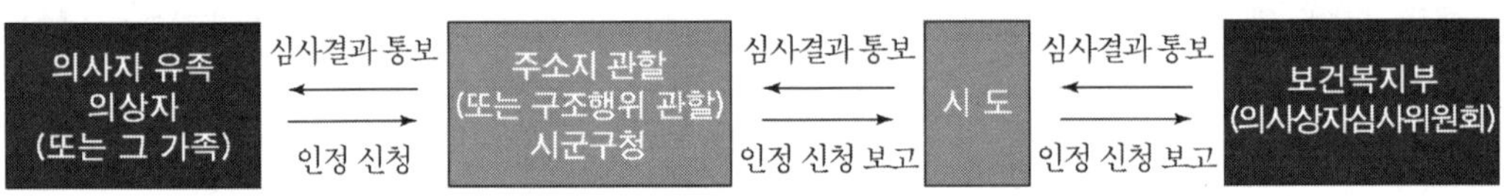

[그림 Ⅲ-2] 의사상자 인정 절차

(1) 의사상자 보상금

국가는 의상자 및 의사자유족에게 보상금을 지급한다. 다만, 다른 법률에 따라 국가 또는 지방자치단체로부터 보상금을 지급받은 때에는 그 금액에 상당한 보상금을 지급하지 아니한다. 보상금의 지급수준은 통계청장이 지정하여 고시하는 통계 중 가계조사통계의 전국가구 가계소비지출액 등을 고려하여 의사상자의 의로운 행위에 대한 희생과 부상의 정도에 상응하게 결정하여야 한다. 보상금은 일시금으로 지급하되, 지급액·지급방법이나 그 밖에 지급에 관하여 필요한 사항은 대통령령으로 정한다(법 제8조).[1]

보상금은 의상자의 경우에는 그 본인에게, 의사자유족의 경우에는 그 배우자·자녀·부

1) 2015년도 의사자 유족에 대한 보상금은 202,913,000원으로서 이를 100분의 100으로 보고 최저 5/100까지 부상의 정도(1급~9급)에 따라 지급하도록 하고 있다.

모·조부모 및 형제자매의 순으로 지급한다. 이 경우 같은 순위의 유족이 2인 이상인 때에는 보상금을 같은 금액으로 나누어 지급한다(법 제10조제1항). 의상자에 대한 부상등급별 보상금은 〈표 Ⅲ-7〉과 같다.

〈표 Ⅲ-7〉 의상자의 부상등급별 보상금

등 급	보 상 금
제1급	제12조제1항에 따른 의사자유족에 대한 보상금 (이하 '의사자보상금'이라 한다) 100/100
제2급	의사자보상금의 88/100
제3급	의사자보상금의 76/100
제4급	의사자보상금의 64/100
제5급	의사자보상금의 52/100
제6급	의사자보상금의 40/100
제7급	의사자보상금의 20/100
제8급	의사자보상금의 10/100
제9급	의사자보상금의 5/100

(2) 물건의 멸실·훼손에 대한 보상금

국가는 의사상자의 구소행위로 인하여 의사상자의 물건이 멸실·훼손된 때에는 의상자 또는 의사자유족에게 그 손해액에 상당한 보상금을 지급한다. 다만, 다른 법률에 따라 손해배상을 받은 경우는 그러하지 아니하며, 물건의 교환가격 또는 필요한 수리비로 한다(법 제9조제1, 2항).

(3) 기타 급여

의상자 및 의사자유족에게는 「의료급여법」이 정하는 의료급여와(법 제11조제1항) 「국민기초생활 보장법」에 근거하여 의사자의 자녀 및 의상자와 그 자녀에게는 교육급여를 그리고 의사자에 대하여는 장제급여를 실시한다(법 제12조, 제14조). 의사자 및 의상자로서 사망한 사람의 유골 또는 시신은 국립묘지에 안장될 수 있으나, 유족이 이를 원하지 아니하는 경우에는 그러하지 아니하다(「국립묘지의 설치 및 운영에 관한 법률」 제5조제1항제1호차목). 의상자·의사자유족 및 의상자가족의 생활안정을 도모하기 위하여 취업보호를 실시한다(법 제13조). 의료급여, 교육급여의, 취업보호의 경우 대통령령으로 정하는 경미한 신체상의 부상을 입은 의상자와 그 자녀 및 가족은 급여를 받지 않는다.

4. 과제와 전망

의사상자에 대한 보장 수준이 과거에는 공공부조 기준에서 크게 상향 조정된 것은 다행스러운 일이다. 그러나 실제 의사상자 본인이나 가족의 생계를 위해서는 현재 일시금 방식을 연금 방식으로 전환하는 것이 요청된다. 또한 의사상자 범위에 대해서도 여전히 혼란이 있는 것이 사실이다.

「의사상자법」의 적용을 받으려는 사람은 의사상자 인정신청을 하여야 한다. 그러나 주민등록번호가 없거나 오류가 난 경우 또는 부득이한 사유로 신청을 하지 못한 경우 의사상자 심사가 불가능하며, 인정절차가 상당히 복잡하고 엄격하다. 도덕적 의무를 다해 사회의 모범이 되는 의사상자들의 희생정신이 귀감이 될 수 있기 위해 관련 예산을 확보하고 의사상자를 적극적으로 발굴해 알리고 심사기준의 예측 가능성을 높이는 등 제도를 개선할 필요가 있다.

제 2 절 사회복지공동모금회법

1. 일반사항

1970년 「사회사업법」에 공동모금 조항이 삽입되고 1972년 최초로 한국사회복지협의회 주도로 공동모금 캠페인이 시도되었으나 당시 경제적인 어려움과 국민의 인식부족 등으로 인해 성과를 내지 못하였다. 이후 1975년 정부주도로 불우이웃돕기운동이 시작되고 1980년 이후 보건사회부가 사회복지사업기금을 직접 관리하였다. 그러나 1994년 사회복지사업기금의 관리 허술함이 드러나자 관 주도의 성금모금 및 관리·운영을 지양하고 민간단체가 이웃돕기성금을 직접 모금·배분 및 관리하도록 함으로써 이웃돕기운동의 자율성을 보장하며 민간의 참여를 활성화하기 위하여 1997년 3월 「사회복지공동모금법」을 제정하였다.

1999년 3월 「사회복지공동모금회법」으로 전부개정된 것은 국민의 자발적인 성금으로 공동 모금된 재원을 효율적으로 관리·운용함으로써 국민의 사회복지 참여를 확대하고,

민간 사회복지 재원의 확대를 꾀하기 위하여 공동모금의 적용범위를 사회복지사업과 기타 사회복지활동으로 확대하는 등 현행 규정의 운영상 나타난 일부 미비점을 개선·보완하려는 목적을 가지고 있다. 이후 2001년부터 2016년까지 총 6차례의 일부개정이 이루어졌다.

2008년 3월 일부 개정된 「사회복지공동모금회법」은 국민의 자발적인 성금으로 조성된 재원을 효율적이고 전문적이며 공정·투명하게 배분·관리하기 위하여 세입·세출결산서에 회계법인의 감사보고서를 첨부하도록 하고, 기부금품의 접수사실을 장부에 기재하고 영수증을 교부하도록 하며, 우리나라 경제규모에 걸맞은 해외 원조 수준을 제고하기 위하여 사용용도가 지정되지 않은 기부금품의 일정 비율을 개발도상국 및 북한의 지원 사업에 사용할 수 있도록 하는 등 현행 제도의 운영과정에서 나타난 일부 미비점을 개선·보완하기 위하여 개정되었다. 2016년 「사회복지공동모금회법」이 개정되면서 사회복지공동모금회 업무의 지도·감독을 위하여 그 운영상황을 조사하거나 서류를 검사하는 경우 소속 공무원으로 하여금 그 권한을 표시하는 증표뿐만 아니라 조사기간, 조사범위 등이 기재된 서류를 제시하도록 하면서 두 개의 조로 구성된 시행규칙이 제정되었으나 시행령은 여전히 제정되지 않았다.

2. 법의 제정이유와 목적

「사회복지공동모금회법」은 사회복지공동모금회의 공동모금을 통하여 국민이 사회복지를 이해하고 참여하도록 함과 아울러 국민의 자발적인 성금으로 조성된 재원(財源)을 효율적이고 공정하게 관리·운용함으로써 사회복지증진에 이바지함을 목적으로 한다(법 제1조). 이 법에 의하여 이루어지는 "사회복지사업"이란 「사회복지사업법」 제2조 제1호에 나열된 27개의 법률에 따라 행하여지는 사회복지사업을 말한다. "사회복지공동모금"이란 사회복지사업이나 그 밖의 사회복지활동 지원에 필요한 재원을 조성하기 위하여 이 법에 따라 기부금품을 모집하는 것을 말한다(법 제2조).

3. 주요 내용

「사회복지공동모금회법」은 37조와 부칙으로 구성되어 있다.

1) 기본원칙

「사회복지공동모금회법」의 기본원칙은 다음과 같다. 기부하는 자의 의사에 반하여 기부금품을 모집하여서는 아니 된다. 공동모금재원은 지역·단체·대상자 및 사업별로 복지수요가 공정하게 충족되도록 배분하여야 하고, 이 법의 목적 및 용도에 맞도록 공정하게 관리·운용하여야 한다. 공동모금재원의 배분은 객관적인 기준에 따라 효율적으로 이루어지도록 하고, 그 결과를 공개하여야 한다(법 제3조).

2) 전달체계

(1) 설립

사회복지공동모금사업을 관장하도록 하기 위하여 사회복지공동모금회(이하 "모금회")를 둔다. 모금회는 「사회복지사업법」 제2조제3호의 사회복지법인으로 한다. 모금회는 정관을 작성하여 보건복지부장관의 인가를 받아 등기함으로써 설립된다(법 제4조).

(2) 사업

모금회가 수행하는 사업은 다음과 같다. 사회복지공동모금사업, 공동모금재원의 배분, 공동모금재원의 운용 및 관리, 사회복지공동모금에 관한 조사·연구·홍보 및 교육·훈련, 사회복지공동모금지회의 운영, 사회복지공동모금과 관련된 국제교류 및 협력증진사업, 다른 기부금품 모집자와의 협력사업과 그 밖에 모금회의 목적 달성에 필요한 사업(법 제5조).

모금회는 사회복지사업이나 그 밖의 사회복지활동을 지원하기 위하여 연중 기부금품을 모집·접수할 수 있다. 모금회는 효율적인 모금을 위하여 기간을 정하여 집중모금을 할 수 있다. 모금회는 집중모금을 하려면 그 모집일부터 15일 전에 그 내용을 보건복지부장관에게 보고하여야 하며, 그 모집을 종료하였을 때에는 모집종료일부터 1개월 이내에 그 결과를 보건복지부장관에게 보고하여야 한다(법 제18조제1항, 제4항, 제5항).

모금회는 사회복지사업이나 그 밖의 사회복지활동 등을 지원하기 위한 재원을 조성하기 위하여 복권을 발행할 수 있다. 복권을 발행하려면 그 종류·조건·금액 및 방법 등에 관하여 미리 보건복지부장관의 승인을 받아야 한다(법 제18조의2제1항, 제2항).

모금회는 매년 8월 31일까지 공동모금재원의 배분대상, 배분한도액, 배분신청기간 및 배분신청서 제출 장소, 배분심사기준, 배분재원의 과부족(過不足) 시 조정방법 등의 사항이 포함된 다음 회계연도의 공동모금재원 배분기준을 정하여 공고하여야 한다. 모금회는 재난구호 및 긴급구호 등 긴급히 지원하여야 할 필요가 있는 경우에는 제1항에 준하여 별도의 배분기준에 따라 지원할 수 있다(법 제20조). 모금회는 배분신청서를 배분분과실행위원회에 회부하여 배분금액, 배분순위 및 배분시기 등을 심의하도록 하여야 한다(법 제22조제1항). 모금회는 매년 공동모금재원의 배분결과를 평가하고 그 평가결과를 이사회에 보고하여야 한다(법 제23조의2).

기부금품의 기부자는 배분지역, 배분대상자 또는 사용 용도를 지정할 수 있다. 모금회는 지정 취지가 이 법의 목적·취지나 「공직선거법」을 위반하는 경우 그 사실을 기부자에게 설명하고 이 법의 목적·취지와 「공직선거법」을 위반하지 아니하도록 지정할 것을 요구하거나 그 지정을 철회할 것을 요구하여야 한다. 기부자가 이에 따르지 아니하는 경우에는 기부금품을 접수하지 아니하여야 한다. 모금회는 지정이 있는 경우 그 지정 취지에 따라 기부금품을 사용하여야 한다(법 제27조).

(3) 분과실행위원회

모금회의 기획·홍보·모금·배분 업무에 관한 사항을 심의하기 위하여 해당 분야의 전문가와 시민대표 등으로 구성되는 기획분과실행위원회, 홍보분과실행위원회, 모금분과실행위원회 및 배분분과실행위원회 등 분과실행위원회를 둔다. 분과실행위원회의 위원장은 1명 이상의 이사로부터 추천을 받은 이사 중에서 이사회의 의결을 거쳐 회장이 위촉하며, 그 위원은 해당 위원장의 제청(提請)과 이사회의 의결로 회장이 위촉한다. 분과실행위원회는 위원장 1명을 포함하여 20명 이내의 위원으로 구성한다. 다만, 모금분과실행위원회 및 배분분과실행위원회는 각각 20명 이상의 위원으로 구성한다(법 제13조).

3) 재원

모금회의 사업에 필요한 경비는 다음의 재원으로 조성한다. 사회복지공동모금에 의한 기부금품, 법인이나 단체가 출연하는 현금·물품 또는 그 밖의 재산, 「복권 및 복권기금법」에 의하여 배분받은 복권수익금과 그 밖의 수입금(법 제17조).

4. 과제와 전망

「사회복지공동모금회법」이 1998년 7월 시행되고 지금까지 모금회는 모금사업과 배분사업에서 괄목할 만한 성장을 하였으며, 민간복지의 중요한 축으로 발전하였다. 우리나라의 사회복지가 빠르게 발전하고 있음에도 불구하고 우리사회에는 인구고령화, 사회양극화, 경제상황의 악화 등으로 인하여 아직까지 해결되어야 할 사회문제가 많이 남아있다.

역사적으로 모금회가 탄생한 배경에는 민간자원을 동원하여 취약한 공공복지를 보충하려는 정부의 정책의도가 있었던 것이 사실이다. 이러한 정책의도에 부합하여 모금회는 앞으로도 공적 사회안전망을 통해 보장받지 못하고 사각지대에 처한 대상자를 발굴하여 지원하는 공공복지의 보충 및 보완적 역할을 수행해야 할 것이다. 또한 모금회는 그동안 의사결정과 조직운영과정에서 드러난 한계점과 투명성 문제를 보완하고, 자발성과 창의성을 특징으로 하는 민간단체로서의 정체성과 비전을 재정립할 필요가 있다.

제 3 절 사회복지사 등의 처우 및 지위 향상을 위한 법률

1. 일반사항

사회복지시설에 종사하는 사회복지사들이 지역단위의 사회복지서비스 전달체계의 주요한 구성요소임에도 열악한 근로환경, 낮은 임금 수준, 과중한 업무량으로 이직률이 타 직종에 비해 높다. 사회복지서비스 제공의 지속성과 전문성을 위협함은 물론 사회복지 역량을 극대화하는데 장애가 되고 있다. 사회복지사는 기본 신분보장이나 복지혜택에 대한 법적장치가 마련되지 않아 사회복지시설직원의 사기저하의 원인이 되고 있다는 지적이 오랜 기간 제기되어 왔다.

이에 따라, 국가와 지방자치단체가 사회복지사 등의 처우와 지위 향상을 위하여 지속적이고 적극적으로 노력하도록 책무를 부여하고, 사회복지사 등의 생활안정과 복지증진을 도모하기 위하여 사회복지공제회를 설립하여 운영하도록 함으로써 사회복지사 등의 처우를 개선하고 궁극적으로 국민의 복지를 증진하려는 것이다.

민간부문 사회복지종사자의 사기 진작을 위해서 2007년부터 논의가 시작되어 2011년 「사회복지사 등의 처우 및 지위 향상을 위한 법률」(이하 「사회복지사법」)이 제정되고 2012년에 시행되게 되었다. 주요한 내용으로는 한국 사회복지공제회를 설립하고, 사회복지사 등의 보수수준 등 지급실태 등을 조사하는 것으로 되어 있다.

2. 법의 제정이유와 목적

「사회복지사법」은 사회복지사 등에 대한 처우를 개선하고 신분보장을 강화하여 사회복지사 등의 지위를 향상하도록 함으로써 사회복지 증진에 이바지하는 것을 목적으로 한다(법 제1조).

3. 주요 내용

「사회복지사법」은 10조와 부칙으로 구성되어 있다.

1) 대상과 주체

"사회복지사 등"이란 사회복지사업을 행할 목적으로 설립된 사회복지법인, 사회복지사업을 행할 목적으로 설치된 사회복지시설, 그 밖에 대통령령으로 정하는 사회복지 관련 단체 또는 기관에서 사회복지사업에 종사하는 자를 말한다(법 제2조).

국가와 지방자치단체는 사회복지사 등의 처우를 개선하고 복지를 증진함과 아울러 그 지위 향상을 위하여 적극적으로 노력하여야 한다. 국가와 지방자치단체는 사회복지사 등의 보수가 사회복지전담공무원의 보수수준에 도달하도록 노력하여야 한다. 보건복지부장관과 지방자치단체의 장은 사회복지사 등의 보수 수준 및 지급실태 등에 관하여 3년마다 조사하여야 한다(법 제3조).

2) 한국사회복지공제회

사회복지사 등은 생활안정과 복지증진을 도모하기 위하여 보건복지부장관의 인가를 받아 한국사회복지공제회(이하 "공제회")를 설립할 수 있다(법 제4조제1항). 공제회는 그 목적을 달성하기 위하여 회원에 대한 공제급여의 지급, 사회복지시설의 안전·화재 등에 대한 공제사업, 자금조성을 위한 사업, 회원의 복지·후생을 위한 사업과 필요한 범위에서 수익사업을 할 수 있다(법 제6조제1항, 제2항).

공제회의 회원은 사회복지사업에 종사하는 자 중 다음의 어느 하나에 해당하는 사람으로 한다(법 제4조의3제1항). 「사회복지사업법」에 따른 사회복지사, 사회복지법인 및 사회복지시설 등에 종사하는 사람, 다른 법률에 따라 설립된 법인 등에서 사회복지 관련 업무에 종사하는 자 중 대통령령으로 정하는 사람, 그 밖에 공제회 정관으로 정하는 사람.

3) 재원

공제사업에 필요한 자금은 회원의 부담금, 정부 또는 지방자치단체 외의 자의 출연금, 공제사업의 운영으로 발생하는 수익금 등을 제원으로 조성한다. 다만, 보건복지부장관은 공제회의 주된 사무소의 설치 및 운영에 필요한 비용의 일부를 지원할 수 있다(법 제7조).

4. 과제와 전망

사회복지사는 우리국민이 「헌법」 제10조에서 보장하는 '행복추구권'과 '인간다운 생활을 할 권리'가 실현될 수 있도록 삶의 현장에서 지원하는 가장 중요한 사회복지 전달체계이다. 그러나 최근 열악한 노동조건으로 인한 사회복지사의 자살, 과로사 등 사회적 약자의 복지를 담당하는 이들의 인권이 주요한 사회문제로 제기되고 있다.

「사회복지사법」 제1조에서 분명하게 이 법의 목적을 사회복지사의 처우개선과 지위 향상이라고 하고 있음에도 불구하고 대부분 조항에서 '한국사회복지공제회' 설치에 관한 사항을 규정하고 있을 뿐 본래의 입법 목적과 실효성을 담보할 수 없다는 지적이 있어 왔다. 이 법 제3조에서 국가와 지방자치단체가 사회복지사의 처우개선과 복지 증진, 지위 향상을 위하여 노력하여야 한다고 명시하고는 있으나 이는 임의적일 뿐 구체적 실현은 담보할 수 없다.

사회복지사가 서비스대상자에게 좋은 품질의 서비스를 연속적으로 제공할 수 있도록 이들의 직무상 권리와 신분보장, 적정한 보수수준 등에 대한 근거규정이 마련되어야 할 것이다.

제4절 노숙인 등의 복지 및 자립지원에 관한 법률

1. 일반사항

우리나라에서 노숙인을 위한 사회복지서비스는 1975년 '내무부 훈령 410호'에서 "부랑인 신고, 단속, 수용보호와 귀향 및 사후관리에 관한 업무지침"이 마련되면서부터 부랑인에 대한 단속과 규제로부터 시작되었다. 1981년부터 부랑인에 대한 보호체계를 구성하고 1986년까지 대대적으로 부랑인복지시설을 확충하였으며, 시설종사자의 인건비와 관리비 등 시설운영비도 정부에서 지원하기 시작하였다.

1997년 후반 외환위기로 인해 많은 실직 노숙인이 급증하면서 심각한 사회문제로 대두되었다. 2000년 정부는 보건복지부령 제165로 "부랑인복지시설운영규칙"을 제정하였으며, 2003년 6월 「사회복지사업법」 개정안이 통과되면서 사회복지사업의 범위에 '노숙자'가 포함되었다. 2005년 기존의 "부랑인복지시설설치운영규칙"이 "부랑인및노숙인복지시설운영규칙"으로 개편되어 노숙인 쉼터와 복지시설에 관한 규정을 명문화하였다.

이후 「노숙인 등의 복지 및 자립지원에 관한 법률」(이하 「노숙인복지법」)이 2011년 6월에 제정되어 2012년 6월부터 시행되고 있다. 새로 제정된 「노숙인복지법」의 특징은 다음과 같다. 첫째, '부랑인 및 노숙인' 용어를 '노숙인 등'으로 통일하였다. 둘째, 노숙인 등의 권리와 의무를 규정하고 국가 및 지자체의 책임을 강화하였다. 셋째, 노숙인 시설 설치근거를 마련하였다. 넷째, 국가 및 지자체는 노숙인 등에게 주거지원, 급식지원, 의료지원, 고용지원, 응급조치 등 복지서비스를 제공할 수 있도록 하였다. 다섯째, 노숙인 등의 인권보호를 강화하였다.

2015년 1월 노숙인 등에게 응급상황이 발생한 경우 경찰이나 노숙인 관련 업무 종사자 외에 소방공무원도 치료와 응급이송 등의 필요한 조치를 하도록 하는 내용으로 첫 번째 일부개정이 이루어졌다. 2015년 2월 일부개정에서는 복지부장관의 노숙인 등의 복지 및 자립지원 종합계획의 국회에 대한 보고 의무 조항이 신설되었다.

2. 법의 제정이유와 목적

노숙인 등의 복지 및 자립지원에 관한 법률은 노숙인(露宿人) 등의 인간다운 생활을 할 권리를 보호하고 재활 및 자립을 위한 기반을 조성하여 이들의 건전한 사회복귀와 복지증진에 이바지하는 것을 목적으로 한다(법 제1조).

3. 주요 내용

「노숙인복지법」은 제1장 총칙, 제2장 노숙인 등을 위한 종합계획의 수립 등, 제3장 복지서비스 제공, 제4장 노숙인시설, 제5장 보칙, 제6장 벌칙 등 총 6장 28조와 부칙으로 구성되어 있다.

1) 대상과 주체

“노숙인 등”이란 다음의 어느 하나에 해당하는 사람 중 보건복지부령으로 정하는 사람을 말한다(법 제2조제1호). 상당한 기간 동안 일정한 주거 없이 생활하는 사람, 노숙인 시설을 이용하거나 상당한 기간 동안 노숙인 시설에서 생활하는 사람, 상당한 기간 동안 주거로서의 적절성이 현저히 낮은 곳에서 생활하는 사람.

국가와 지방자치단체는 노숙 등을 예방하고, 노숙인 등의 권익을 보장하며, 보호와 재활 및 자활을 지원하기 위한 정책을 마련하여 노숙인 등의 사회복귀 및 복지를 향상시킬 책임을 진다. 국가와 지방자치단체는 노숙인 등을 위한 지원사업을 원활히 추진하기 위하여 관련 민간단체와 협력하여야 한다(법 제3조).

보건복지부장관은 노숙인 등의 보호 및 자립 등을 지원하기 위하여 5년마다 노숙인 등의 복지 및 자립지원종합계획을 수립 · 시행하고(법 제7조), 노숙인 등의 현황 · 욕구 및 심리와 이들에 대한 공공 및 민간의 지원상황에 대하여 5년마다 실태조사를 실시하고 그 결과를 공표하여야 한다(법 제9조).

보건복지부장관, 관계 중앙행정기관의 장 및 시 · 도지사는 종합계획에 따라 노숙인 등 정책에 관한 시행계획을 매년 수립 · 시행하고, 관계 중앙행정기관의 장 및 시 · 도지사는 다음 연도 시행계획 및 전년도 시행계획에 따른 추진실적을 매년 보건복지부장관에게 제출하여야 한다. 보건복지부장관은 매년 시행계획에 다른 추진실적을 평가하여야 한다(법 제8조). 보건복지부장관은 매년 종합계획의 주요 내용, 해당 연도의 시행계획, 전년도 시행계획의 추진실적, 추진실적의 평가를 확정한 후 지체 없이 국회 소관 상임위원회에 보고하여야 한다(제8조의2).

2) 급여

노숙인을 위한 복지서비스로는 주거지원, 급식지원, 의료지원, 고용지원, 응급조치 등이 있다.

국가와 지방자치단체는 노숙인 등의 적절한 주거생활을 위하여 노숙인 복지시설에 의한 보호, 사회복지시설 및 보호시설에 의한 보호, 임대주택의 공급, 임시주거비 지원과 그 밖에 대통령령으로 정하는 주거지원을 할 수 있다(법 제10조).

국가와 지방자치단체는 노숙인 등에게 필요한 급식서비스를 제공하기 위하여 노숙인 급식시설을 설치 · 운영할 수 있다. 국가와 지방자치단체 외의 자가 노숙인 급식시설을 설치 · 운영하려면 보건복지부령으로 정하는 바에 따라 시장 · 군수 · 구청장에게 신고하여야 한다(법 제11조).

국가와 지방자치단체는 노숙인 등에게 필요한 의료서비스를 제공하기 위하여 노숙인 진료시설을 설치·운영할 수 있다. 국가와 지방자치단체는 국공립병원, 보건소 또는 민간 의료기관을 노숙인 진료시설로 지정할 수 있다. 국가와 지방자치단체는 전문적인 처치와 수술 등을 필요로 하는 노숙인 등에 대한 전문 의료서비스의 제공을 국공립병원, 보건소 또는 민간의료기관에 의뢰하거나 위탁할 수 있다. 국가와 지방자치단체 외의 자는 보건복지부령으로 정하는 바에 따라 노숙인 진료시설을 설치·운영할 수 있다(법 제12조).

국가와 지방자치단체는 노숙인 등의 고용을 지원하고 촉진하기 위하여 고용정보의 제공, 직업지원, 취업알선, 직업능력개발 등 필요한 조치를 할 수 있다. 국가와 지방자치단체는 노숙인 등의 고용을 촉진하기 위하여 공공일자리 제공 등 자활지원사업을 실시할 수 있다. 국가와 지방자치단체 외의 자가 자활지원사업을 실시하려면 보건복지부령으로 정하는 바에 따라 시장·군수·구청장에게 신고하여야 한다(법 제13조).

경찰 또는 노숙인 등 관련 업무 종사자는 중대한 질병, 동사(凍死) 등 노숙인 등에 관한 응급상황을 신고 받거나 발견한 때에는 지체 없이 필요한 조치를 하여야 한다. 응급상황, 필요한 조치의 내용 및 노숙인 등 관련 업무 종사자의 범위 등에 필요한 사항은 대통령령으로 정한다(법 제14조).

3) 전달체계 및 인력

(1) 노숙인 시설

국가와 지방자치단체는 노숙인 등의 자립과 사회복귀 등을 지원하기 위하여 노숙인 시설을 설치·운영하거나 사회복지법인 또는 비영리법인에 위탁하여 운영할 수 있다. 국가와 지방자치단체 외의 자가 노숙인 복지시설을 설치·운영하고자 하는 때에는 보건복지부령으로 정하는 바에 따라 시장·군수·구청장에게 신고하여야 한다(법 제15조).

노숙인복지시설의 종류는 다음과 같다(법 제16조).

① 노숙인일시보호시설: 노숙인 등에게 일시보호 및 복지서비스 연계 등을 제공하는 시설

② 노숙인자활시설: 노숙인 등의 자립을 지원하기 위하여 전문적인 직업상담·훈련 등의 복지서비스를 제공하는 시설

③ 노숙인재활시설: 신체 및 정신장애 등으로 자립이 어려운 노숙인 등에게 치료 및 재활서비스를 제공하는 시설

④ 노숙인요양시설: 건강상의 문제 등으로 단기간 내 가정 및 사회복귀가 어려운 노숙인 등에게 요양서비스를 제공하는 시설

⑤ 노숙인급식시설: 국가와 지방자치단체가 설치·운영하거나 국가와 지방자치단체 외의 자가 시장·군수·구청장에게 신호가고 설치·운영하는 급식시설

⑥ 노숙인진료시설: 제12조에 따른 진료시설국가와 지방자치단체가 설치·운영하는 노숙인진료시설, 국가와 지방자치단체가 노숙인진료시설로 지정한 국공립병원, 보건소 또는 민간의료기관, 국가와 지방자치단체가 전문 의료서비스의 제공을 의뢰하거나 위탁한 국공립병원, 보건소 또는 민간의료기관, 보건복지부령으로 정하는 바에 따라 국가와 지방자치단체 외의 자가 설치·운영하는 노숙인진료시설

⑦ 그 밖에 보건복지부령으로 정하는 시설

노숙인종합지원센터는 주거·의료·고용 지원을 위한 상담 및 복지서비스 연계, 응급조치, 복지서비스 이력 관리, 심리상담, 그 밖에 보건복지부령으로 정하는 사항 등의 업무를 수행한다(법 제19조).

(2) 노숙인시설 종사자

"노숙인시설 종사자"란 노숙인시설에서 노숙인 등의 보호, 상담, 복지서비스 연계 및 노숙인 등의 복지에 관한 업무를 담당하는 사람으로서 노숙인시설의 장 및 그 종사자를 말한다(법 제2조제3호). 노숙인시설 종사자는 노숙인 등에 대한 인권침해를 예방하기 위한 교육을 받아야 한다(법 제20조제1항).

4. 과제와 전망

노숙인이 지역사회에 복귀할 수 있기 위해서는 사회적 투자가 더 활발히 이루어져야 한다. 노숙인시설의 경우 노인, 장애인, 각종 질환자 등이 혼합되어 수용되어 있어 개별 대상자의 욕구를 반영하는 사례관리와 전문서비스가 제공되어야 한다. 특히 노숙인재활·요양시설에서는 전문적인 서비스가 제공되어야 하나 인력 등의 부족으로 서비스 품질저하 문제까지 발생하고 있다. 따라서 노숙인 복지시설 종사자 배치기준이 현실의 상황에 맞게 시행규칙 개정을 통해 상향조정될 필요가 있다.

가장 근본적으로는 노숙인의 기본권이 보장되어야 한다. 이를 위하여 「노숙인복지법」에 노숙인 차별 금지나 근로의 권리 등 노숙인의 권리를 명시하고, 사회복지급여수급권을 보호하기 위하여 수급권의 처분·압류·양도금지 등의 조항이 추가되어야 한다.

참고문헌

• 온라인자료

국가법령정보센터 http://www.law.go.kr

법제처 http://www.moleg.go.kr

보건복지부 http://www.mw.go.kr

대법원 http://www.scourt.go.kr

통계청 http://kostat.go.kr

출입국 · 외국인정책본부 홈페이지 http://www.immigration.go.kr

http://www.lsv.de(Landwirtschaftliche Sozialversicherung)

http://www.mfp.fr

http://www.svb.at(Sozialversicherungsanstalt der Bauern)

http://www.vstl.ch(Vorsorgestiftung der schweizerischen Landwirtschaft)

• 오프라인자료

곽효문, 『사회복지법제론』, 제일법규, 2000.

고용노동부, 『고용보험백서』, 각 년도.

국가인권위원회. 2013. 사회복지사 인권상황 실태조사.

권영성, 『헌법학원론』, 법문사, 2003.

김용득 편, 『한국 장애인 복지의 이해(5판)』, 인간과 복지, 2007.

________, 『장애와 사회복지』, EM 커뮤니티, 2012.

김인재, "노동과 사회보장 분야의 유엔 사회권위원회 권고의 이행상황." [노동법 연구]. 33: 1-46., 2012.

김철수, 『헌법학개론』, 박영사, 2002.

김태성 · 김진수, 『사회보장론』, 청목출판사, 2008.

노대명 · 이은혜 · 원일, [기초생활보장제도 효과성에 관한 연구 I]. 연구보고서 2007-17-4. 한국보건사회연구원, 2007.

박정선, "사회적 기본권과 권리구제", 한국사회복지조사연구, 36권, 2013.

보건복지부. 2012. 노숙인 복지 및 자립지원 종합계획 수립에 관한 연구.

보건복지부. 2015 노숙인 등의 복지사업 안내.

엄영진, 『법학입문』, 대왕사, 1989.

유경준 외, 『사회보험사각지대해소시범사업성과평가연구』, 한국개발연구원, 2012. 8.

________, 『취약계층고용안전망강화방안연구』, 한국개발연구원, 2011. 12.

유경준 편, 『성장과고용의선순환구축을 위한 패러다임전환Ⅱ): 고용창출을 위한 사회안전망구축』, 연구보고서012-07, 한국개발연구원, 2012.

윤찬영, 『사회복지법제론』, 나남출판, 2007.

이병희 외, 『고용안전망과활성화연구』, 한국노동연구원, 2008.
이상광, 『사회법』, 박영사 2002.
이소희, 『한국사회복지법』, 문음사, 2007.
이용재 · 배화숙, "결혼이민자의 사회서비스 및 정보의 접근성에 관한 연구" 한국도서관정보학회지. Vol. 39, Vo.4. pp. 479-504. 2008.
이인재, 『고용보험개혁방향에 대한 시론 실업보험저축계좌제 도입을 중심으로』, KDI 재정 · 사회정책 포럼발제자료, 2011. 6.
이재환, 『사회복지행정론』, 홍익재, 1988.
이준일, 『헌법과 사회복지법제』, 세창출판사, 2010.
이중엽, 『사회복지법제론』, 양서원, 2013.
이흥재, 『사회보장판례연구』, 법문사, 2010.
전광석, 『한국사회보장법론』, 법문사, 2010.
______, 『한국 사회와 장애인 정책』, 인간과 복지, 2011.
정원오 · 김진우 · 신영석, [긴급복지지원제도의 사업성과 평가 및 제도개선 방안], 성공회대학교 산학협력단, 2008.
지원림, 『민법강의』, 홍문사, 2007.
한국정신보건사회복지사협회 편, 『정신보건사회복지의 이론과 실제』, 양서원, 2012.
현외성, 『사회복지법제개설, 공동체, 2007.
______, 『한국사회복지법제론』, 양서원, 2011.
홍정선, 『행정법특강』, 박영사, 2007.

Achatz W., Grigg S.,(Hrsg.). 1993. AHVB 1993 - Erläuterung zu den Allgemeinene Haftpflichtversicherungsbedingungen, Wien.
Barr, N. A. 2001. The welfare state as piggy bank : information, risk, uncertainty, and the role of the state, Oxford University Press, Oxford.
Beck, Ulrich, 1992, Risk Society, Towards a New Modernity, Sage: London.
____________, 1997, The Reinvention of Politics: Rethinking Modernity in the Global Social Order, Polity: Cambridge, UK.
____________, 1999, World Risk Society, Blackwell: Oxford, UK.
____________, 2000, What is Globalization?, Blackwell Publishers, UK
Biswanger P. 1986. Geschichte der AHV, Pro Senectute Schriftenreihe Band 3, Zurich.
BM fur Sozial, 2002. Sozialrecht.
Bound, J. and Johnson, G. 1992. Changes in the structure of wages in the 1980s: An evaluation
Bundesministerium des Inneren, 2005. Dritter Versorgungsbericht der Bundesregierung
Bundesministerium für Gesundheit und Soziale Sicherung, 2005. Übersicht über das Sozialrecht.
Bundesverband der landwirtschaftlichen Berufsgenossenschaften, 2005. Landwirtschaftliche Unfallversicherung. Arbeitsunfallstatistiken der LBG fuer das Jahr 2005, Hauptstelle fuer Sichereit und Gesundheitsschutz.

C.E.C., 1992. Social protection in the member states of the Community, MISSOC.

Coelho, R., Ramos, E., Prata, J., Barros, H., 2000. Psychosocial Indexes and Cardiovascular Risk Factors in a Community Sample, Psychother Psychosom. 69:261-274.

Colquhoun, D., Keech, A., Hunt, D., Marschner, I., Simes, J., Glasziou, P., White, H., Barter, P., Tonkin, A., 2004. Effect of Pravastatin on cornory events in 2073 patients with low levels of both low-density lipoprotein cholesterol and hight-density lipoprotein cholesterol: results from the LIPID study, Europen Heart Journal. 25, 771-777.

Davis M. C, Matthews K. A, McGrath C. E. 2000. Hostile attitudes predict elevated vascular resistance during interpersonal stress in men and women. Psychosom Med. 62:17-25.

De Sauvage Nolting, P.R.W., Defesche, J. C., Buirma, R.J.A., B. A., Lansberg, P. J., Kastelein, J.J.P., 2003. Prevalence and significance of cardiovascular risk factors in a large cohort of patients with familial hypercholesterolaemia, Journal of Internal Medicine. 253:161-168.

Denck Zur betrieblichen Tätigkeit als Voraussetzung für die privilegierte Arbeitnehmerhaftung, 1986. DB.

Dertouzos, M. L. 1997. What will be : how the new world of information will change our lives, Piatkus, London.

Deutscher Beamtenwirtschaftsring e.V., Berufsstart, 2004.

Deutscher Beamtenwirtschaftsring e.V., Die Beamtenversorgung, 2004.

Deutscher Beamtenwirtschaftsring e.V., Die Beihilfe, 2004.

Deutscher Beamtenwirtschaftsring e.V., Gesundheit von A - Z, 2004.

Deutscher Beamtenwirtschaftsring e.V., Nebentätigkeitsrecht, 2004.

Deutscher Beamtenwirtschaftsring e.V., Rund ums Geld, 2004.

Deutscher Beamtenwirtschaftsring e.V., Wissenswertes für Beamtinnen und Beamte, 2004.

Die Bundesregierung. 2001. Zweiter Versorgungsbericht der Bundesregierung.

Dieter Farny. 1989. Versicherungsbetriebslehre, Karlsruhe.

Dupeyroux J. J. 1988. Droit de la Sécurité sociale, Paris, Dalloz.

European Commission. 2000. Evolution of Social Protection in the Member States. Employment and Social Affairs, Unit EMPL/E.2, Aug.

Fang, X. H., Kronmal, R. A., Li, S. C., Longstreth, W. T., Cheng, X. M., Wang, W. Z., Wu, s., Du, X. L., Siscovick, D., 1999. Prevention of Stroke in Urban China A Community-Based Intervention Trial, Stroke. 30:495-501.

Friedman B. H. Thayer J. F. 1998. Anxiety and autonomic flexibility: a cardiovascular approach. Biol Psychiatry. 47:243-263.

Fruchart, J. M., Nierman, M. C., Stroes, S. G., Kastelein, J.J.P., Duriez, P., 2004. New Risk Factors for Atherosclerosis and Patient Risk Assessment, Circulation. 109[suppl Ⅲ]: Ⅲ-15-Ⅲ-19.

Fuchs, 1996. Die Legitimation der gesetzlichen Unfallversicherung, BG.

______, 1999. Die Legitimation der gesetzlichen Unfallversicherung, BG.

Fuchs/Preis, 2009. Sozialversicherungsrecht, köln.

Gamillscheg/Hanau, Die Haftung des ArbNs.

Gazmaraian, J. A., Foxamn, B., Louis Tze, C. Y., 1991. Morgenstem, H., Edington, D.W., Comparing the Predictive Accuracy ofHealth Risk Appraisal: The Centers for disease Control Versus Carter Center Program, Am Journal of Public Health. 81, N.10:1296-1301.

Gesamtverband der Deutschen Versicherungswirtschaft e. V(GDV). 1996. Versicherungen-Staatluiche und Privat, Bonn.

Gitter, Schadensausgleich im Arbeitsunfallrecht, 1969.

Gotoh, F., Terayama, Yasuo,. Amano, T., 2001. Development od a Novel, Weighted, Quantifiable Stroke Scale Japen Stroke Scale, Stroke. 32:1800-1807.

Grundy S. C., D'Asgostino, R. B., Mosca, L., Burke, G. L., Wilson, P.W.F., Rader, D.J., Cleeman, J. I., Roccrlla, E. J., Cutler, J. A., Friedman, L. M., 2001. Cardiovascular Risk Assessment Based on US Cohort Studies, Circulation. 104:491-496.

Gullette ECD, Blumenthal J. A, Babyak M, Jiang W, Waugh R. A, Frid D. J, O'Connor CM, Morris J. J, Krantz D. S. 1997. Effects of mental stress on myocardial ischemia during daily life. JAMA. 277:1521-1526.

Hackam, D. G., Anand, S. S., 2003. Emerging RiskFActors for Atherosclerotic Vascular Disease A Critical Review of the Evidence, JAMA: Aug20, 290,7:AMA Tiltes pg.932.

Hadjiev, D. I., Mineva, P. P., Vukov, M. I., 2003. Multiple modifiable risk factors for first ischemic stroke: a population-based epidemiological study, European Journal of Neurology. 10:577-582.

Hajat, C., Dundas, R., Stewart, J. A., Lawrence, E., Rudd, A. G., Howard, R., Wolfe, C.D.A., 2001. Cerebrovascular Risk Factors and Stroke Subtypes Differences Between Ethnic Groups, Stroke. 32:37-42.

Haller M. 1975. Sicherheit durch Versicherung, St. Gallen.

Hanau, 1970, JurA.

Hayashi S, Toyoshima H, Sato T, Tanabe N, Seki N, Miyanishi K. 1997.Seasonal variation in the incidence of sudden death according to occupation of householder in Japan. Jpn Circ J. 61:814-818.

Hayashi T, Kobayashi Y, Yamaoka K, Yano E. 1996. Effect of overtime work on 24 hour ambulatory B. P. J Occup Environ Med. 38(10):1007-1011.

He, J., Klag, M. J., Wu, Z., Whelton, P. K., 1995. Stroke in the People's Republic of China I. Geographic Variations in Incidence and Risk Factors, Stroke. 26:2222-2227.

Heinz Barta. 1983. Kausalität im Sozialrecht: Entstehung und Funktion der sogenannten Theorie der wesentlichen Bedingung, Duncker und Humbold: Berlin.

Helbling C. 2000. Personalvorsorge und BVG, Bern.

Hofmeister H., 1981. Ein Jahrhundert Sozialversicherung in Oesterreich, Schriftenreihe fuer International und Vergleichendes Sozialrecht Band 6b, Berlin.

Holzmann, R. and Palmer, E. E. 2005. Pension reform : issues and prospects for non-financial defined contribution (NDC) schemes, World Bank, Washington, D.C.

Holzmüller H. H./ Schwarzer S. 1985. Krise und Krisenbewältigung, Wien.

Huang, E. S., Meigs, J. B., Singer, D. E., 2001. The Effect of Interventions to Prevent Casrdiovascular Disease in Patients with Type2 Diabetes Mellitus, Am J Med. 111:633-642.

Imbusch. 2001. Neue Tendenzen zur Auslegung des Haftungsausschlusses nach §106 Abs. 3 Alt. 3 SGB VII, VersR.

Iso, H., Kitamura, A., Shimamoto, T., Sankai, T., Sato, S., Kiyama, M., Iida, M., Komachi, Y., 1995. Alcohol Intake and Risk of Cardiovascular Diease in Middle-Aged Japenese Men, Storke. 26:767-773.

Janus, E. D., Wat, N.M.S., Lam, K.S.L., Cockram, C. S., Siu, S.T.S., Liu, L.J., Lam, T.H., 2000. The prevalence of diabetes. asscociation with cardiovascular risk and implications of diagnostic criteria(ADA 1997 and WHO 1998) in a 1996 community-based population study in Hong Kong Chinese, Diabetes UK. Diabetic Medicine. 17:741-745.

Jee, S. H., Appel, L. J., Suh, I., Whelton, P. K., Kim, I. S., 1998, Prevalence fo Cardiovascular Risk Factorin South Korean Adults: Results from the Korea Medical Insurance Corporation(KMIC) Study, Ann Epidemiol. 8:14-21.

Jee, S. H., Appel, L. J., Suh, I., Whelton, P. K., Kim, I. S., Prevalence of Cardiovascular

Jee, S. H., Suh, I., Kim, S., Appel, L. J. 1999. Smoking and Atherosclerotic Cardiovascular Disease in Men with Low Levels of Serum Cholesterol: The Low Korean Medical Insurance Corporation Study, JAMA, vol. 282, no 22, pp. 2149-2155.

Jeppesen, J., Hein, H. O., Suadjcani, P., Gyntelberg, F., 1998. Triglyceride Concentration and Heart Diease An Eight-Year Follow-up in the Copenhagen Male Study, Circulation. 97:1029-1036.

Jern C, Eriksson E, Tengborn L, Risberg B, Wadebvik H, Jern S. 1989. Changes of plasma coagulation and fibrinolysis in response to mental stress. Thromb Haemost. 62:767-771.

Jiang W, Babyak M, Krantz D. S, Waugh R. A, Coleman RE, Hanson M. M, Frid D. J, McNulty S, Morris J. J, O'Connor C. M, Blumenrhal J. A. 1996. Mental stress-induced myocardial ischemia and cardiac events. JAMA. 275:1651-1656.

Jiang W, Jain D, Burg M, Soufer R, Zaret B. L. 1995. Prognostic implications of mental stress-induced silent left ventricular dysfunction in patients with stable angina pectoris. Am J Cardilol. 76:31-35.

Johnson JV, Hall EM, Theorell T. 1989. Combined effects of job strain and social isolation on cardiovascular disease morbidity and mortality in a random sample of the Sweden male working population. Scand J Work Environ Health, 15(4):271-279.

Kannel, W. B., Mcgee, D. L., 1979. Diabetes and Cardiovascular Risk Factors: The Framingham Study, Circulation 59, No. 1.

Kaprio J, Koskenvuo M, Rita H. 1987. Mortality after bereavement: a prospective study of 95,647 person. Am J Public Health. 77:283-287.

Kaprio K, Matsuo T, Kobayashi H, Yamamoto K, Shmiada K. 1977. Earthquake-induced potentiation of acute risk factors in hypertensive elderly patients: possible triggering of cardiovascular events after a major earthquake. J Am Coll Cardiol. 29:926-933.

Karasek R.A, Baker D, Marxer F, Ahlbom A, Theorell T. 1981. Job decision atitude, job demands, and cardiovascular disease: a prospective study of Swedish men. Am J Public Health. 71:694-705.

Karen Belkic. 1994. Mechanism of cardiac risk of professional driver. Scand J Work Environ Health. 20:73-86.

Kawachi I, Sparrow D, Vokonas P, Weiss S. 1995. Decreased heart rate variability on men with phobic anxiety(data from the normative ageing study). Am J Cardiol. 5:882-885.

Keltikangas-Jarvinen L, Raikkonen K, Hautanen A, Adlercreutz H. 1996. Vital exhaustion, anger expression, and pituitary and adrenocortical hormones. Implications for the insulin resistance syndrome. Atherosclerosis, Thrombosis Vasc Biol. 16:275-280.

Kim Jin Soo, 1989. Vergleich der Staatlichen Alterssicherung in Ősterreich und in der Schweiz, Wien.

______________, 1992. Ein Soziales Altesversicherungssytem fűr die Entwicklungsländer, Wien.

Köhler, P. A., Zacher, H. F., Partington, M. and Max-Planck-Institut fèur Auslèandisches und Internationales Sozialrecht. 1982. The Evolution of social insurance, 1881-1981 : studies of Germany, France, Great Britain, Austria and Switzerland, Frances Pinter, London.

Kohli et al., 2006. Landwirtschaftlisches Versicherungswesen, Schweizerischer Bauernverband (SBV).

Koller M, Kundi M, Cervinka R. 1978. Field studies of shift work at an Austrian oil refinery. I: Health and psychosocial wellbeing of workers who drop out of shiftwork. Ergonomics. 21(10):835-847.

KOSIS. 2010. Household Survey (http://kosis.kr), Korean Statistical Information Service.

Kranig/Aulmann, 1995. Das Wegeunfallrisiko als Gegenstand der gesetzlichen Unfallversicherung, NZS 1995/6.

Landwirtschaftlichen Berufsgenossenschaften, 2005. Geschaeftsergebnisse, LBG.

Larenz, 1965. Die Prinzipien der Schadenszurechnung, JuS.

Maguire, M., 1988. Organisation for Economic Co-operation and Development. Manpower and Social Affairs Committee. and Organisation for Economic Co-operation and Development. Working Party on Social Policy. Ageing populations : the social policy implications, OECD, Paris.

Mauerer A. 1981. Geschichte des schweizerischen Sozialversicherungsrechts, Schriftenreihe fuer International und Vergleichendes Sozialrecht Band 6c, Berlin.

Maurer A., 1981. Schweizerliches Sozialversicherungsrecht Ⅰ, Ⅱ. Bern.

Mishra, R. 1984. The Welfare State in crisis : social thought and social change, Wheatsheaf Books, Brighton.

Mugler J., Nitsche M. 1996. Versicherung, Risiko und Internationalisierung, Wien.

Nussbaum W, 1998. The Swiss Pension Benefit System, Mimeo. Pensionskassenstatistiken, Statistisches Jahrbuch der Schweiz, 1996.

Nussbaum W., 1999. Das System der beruflichen Vorsorge in der U.S.A.

OECD. 2001. Pension Fund Governance, April 2001.

OECD. 2007. OECD health data 2007, Organisation for Economic Co-operation and Development, Paris.

OECD. 2008. Growing Unequal? Income Distribution and Poverty in OECD Countries, Organisation for Economic Co-operation and Development, Paris.

Otto/Schwarze. 1998. Die Haftung des Arbeitnehmers, 2. Aufl.

Rein, 1968. Die Schmerzgeldfrage bei Arbeitsunfällen, BB 1968.

Risk in South Korea Adults: Results from the Korea Medical Insurance Corporation (KMIC) Study, 1998. Ann Epidemiol. 8:14-21

Robert D. Rondinelli, Richard T. Katz. 2000. Impairment Rating and Disability Evaluation.

Rolfs, 1996. Die Neyregelung der Arbeitgeber- und Arbeitnehmerhaftung bei Arbeitsunfällen durch das SGB VII, NJW.

______, 1996. Privatrechtliche Haftung und Unfallversicherungsschutz bei Schulunfällen, VersR.

______, 2002. Die Haftung unter Arbeitskollegen.

______, 2001, Akuelle Entwicklungen beim unfallversicherungsrechtlichen Haftungsausschluss, DB, S. 2294ff.

Runggalldier U. 1985. Funktionen und Regelungsprobleme der betrieblichen Altersversorgung, am Beispiel Österreich, Heidelberg, 1988. Sachständigekommission, Band1.

Schmähl W. 1985. Gesetzliche und betriebliche Alterssicherung für verschiedene Gruppen der Bevölkerung in der BRD, Berlin.

Schrammel, 2000. Allgemeiner Teil des Leistungsrechts, in System des Osterreichschen Sozialversicherungsrechts.

Schulz, U. 1989. Grundfragen des berufsgenossenschaftlichen Gefahrtarifs, St. Augustin.

Schweizerischen Bankgesellschaft, 1994. Soziale Sicherung in der Schweiz-Finanzielle Perspektiven und Sienarien bis 2040, Zűrich.

Sommer J. H.., Schütz S. 1996. Wandel der Lebensformen und soziale Sicherheit, Bern.

Sozialversicherungsanstalt der Bauern. 2005. "Jahresbericht 2005", SVB.

Spark K, Cooper C. L, Fried Y, Shirom A. 1997. The effects of hours of work on health: a meta-analytic review. J Occup Organizational Psychol.

Spitzenverbaende der landwirtschaftlichen Sozialversicherung, 2006. Presse, Spitzenverbaende der landwirtschaftlichen Sozialversicherung.

Stummvoll G. 1992. Sozialversicherung für die betriebliche Praxis, Wien.

SUVA, 1994. Wegleitung der SUVA durch die Unfallversicherung, Lurern.

SVB. 2006. Farmer's Social Security in Austria. An Overview, Farmer's Social Security Authority.

SVB. 2006. Leitfaden der baeuerlichen Sozialversicherung", SVB.

Tieber M. 1996. Gesetzliche Pflichtversicherung kontra Versicherungspflicht am Beispiel der Schweiz oder die Halben Wahrheiten in der politischen Diskussion in Soziale Sicherheit, Wien.

Tomandl T., 2000. Das Leistungsrecht der Unfallversicherung, Wien.

__________, 1977; 2002. Grundriβ des österreichischen Sozialrechts, Manz, Wien.

Waltermann, 2002. Aktuelle Fragen der Haftungsbeschränkung bei Personenschäden, NJW, S.

Zacher H.,(Hrsg). 1979. Bedingungen fuer die Entstehung und Entwicklung von Sozialversicherung, Schriftenreihe fuer International und Vergleichendes Sozialrecht Band 3. Berlin.

Zacher H.,(Hrsg). 1983. Beitraege zu Geschichte und aktueller Situation der Sozialversicherung, Schriftenreihe fuer International und Vergleichendes Sozialrecht Band 8. Berlin.

Zoeller D. 1981. Ein Jahrhundert Sozialversicherung in Deutschland, Schriftenreihe fuer International und Vergleichendes Sozialrecht Band 6a, Berlin.

찾아보기

[저자 소개]

• 김진수

연세대학교 사회복지학과 교수
오스트리아 Wien Univ.(사회경제학 박사)
오스트리아 Wien Univ.(사회경제학 석사)
오스트리아 Wien Univ.(사회경제학 학사)

• 권혁창

현)경남과학기술대학교 사회복지학과 교수
전)국민연금연구원 부연구위원
미국 Wisconsin-madison Univ.(사회복지학 박사)
서울대학교 사회복지학과(석사)
서울대학교 사회복지학과(학사)

• 정창률

단국대학교 사회복지학과 교수
영국 University of Sheffield(사회정책 박사)
연세대학교 사회복지대학원(사회복지 석사)
연세대학교 경제학과(경제학사)

• 배화숙

부산가톨릭대학교 사회복지상담학과 교수
부산대학교 사회복지학과(사회복지학 박사)
부산대학교 사회복지학과(석사)
부산대학교 사회복지학과(학사)

• 남현주

가천대학교 사회복지학과 교수
오스트리아 Wien Univ.(사회경제학 박사)
오스트리아 Wien Univ.(사회경제학 석사)
오스트리아 Wien Univ.(사회경제학 학사)

사회복지법제론(제2판)

2018년 8월 20일 제2중판인쇄
2018년 8월 25일 제2중판발행

저 자 김진수 · 권혁창 · 정창률 · 배화숙 · 남현주
발행인 유 성 열
발행처 **형지사**
서울특별시 영등포구 신길로 40길 20
전화 (02) 833-6090 · 6091
FAX (02) 849-0817
등록 제318-2005-000030호

파본은 바꾸어 드립니다. 값 22,000원

http : //www.chongmok.co.kr

ISBN 979-11-5908-031-9